本书为国家社科基金青年项目
《康熙朝来华传教士拉丁文儒学译述整理与研究》
（项目编号：15CZJ012）的研究成果

儒学与欧洲文明研究丛书　主编：张西平　罗莹

SUMMARY AND STUDY OF LATIN TRANSLATIONS AND
WRITINGS ON CONFUCIANISM IN THE LATE MING AND
EARLY QING DYNASTIES

明末清初拉丁文儒学译述提要与研究

罗莹 / 著

北京大学出版社
PEKING UNIVERSITY PRESS

图书在版编目 (CIP) 数据

明末清初拉丁文儒学译述提要与研究 / 罗莹著 . —北京：北京大学出版社，2023.10

（儒学与欧洲文明研究丛书）

ISBN 978-7-301-34148-3

Ⅰ．①明⋯　Ⅱ．①罗⋯　Ⅲ．①儒学 – 拉丁语 – 翻译 – 研究 – 中国 – 明清时代　Ⅳ．① B222 ② H771.59

中国国家版本馆 CIP 数据核字 (2023) 第 122993 号

书　　　名	明末清初拉丁文儒学译述提要与研究 MINGMO QINGCHU LADINGWEN RUXUE YISHU TIYAO YU YANJIU
著作责任者	罗　莹　著
责任编辑	严　悦
标准书号	ISBN 978-7-301-34148-3
出版发行	北京大学出版社
地　　　址	北京市海淀区成府路 205 号　100871
网　　　址	http://www.pup.cn　新浪微博：@ 北京大学出版社
电子邮箱	编辑部 pupwaiwen@pup.cn　总编室 zpup@pup.cn
电　　　话	邮购部 010-62752015　发行部 010-62750672　编辑部 010-62754382
印　刷　者	大厂回族自治县彩虹印刷有限公司
经　销　者	新华书店
	720 毫米 ×1020 毫米　16 开本　20.5 印张　320 千字 2023 年 10 月第 1 版　2023 年 10 月第 1 次印刷
定　　　价	98.00 元

未经许可，不得以任何方式复制或抄袭本书之部分或全部内容。
版权所有，侵权必究
举报电话：010-62752024　电子信箱：fd@pup.cn
图书如有印装质量问题，请与出版部联系，电话：010-62756370

序言一

16世纪末以后中欧思想文化的交流互鉴及影响

中欧之间思想文化交流和互学互鉴的历史源远流长，对各自的发展都起到了取长补短、相得益彰之效。梳理和总结中欧思想文化交流和互学互鉴的历史，是一件有意义的事情。

从欧洲中世纪晚期以来，以儒学为主干的中国文明，就已通过来华的欧洲人和到欧洲留学的中国人，传入欧洲各国。意大利的耶稣会士利玛窦，是最早把中国历史文化介绍到欧洲的文化名人之一。他在中国生活了28年。1594年，利玛窦将儒学的经典著作"四书"即《大学》《中庸》《论语》《孟子》，翻译成拉丁文在欧洲传播，他认为孔子的儒家思想同基督教的教义如出一辙。在这之后的1626年，法国耶稣会士金尼阁又将"五经"即《诗经》《尚书》《周易》《礼记》《春秋》，译成拉丁文在欧洲传播。来华传教的耶稣会士们对中国儒学和其他历史文化典籍的介绍与提倡，在欧洲的思想文化界产生了很大影响。从16世纪末到18世纪将近二百年间，整个欧洲出现了"中国文化热"。一大批德国、法国、英国、意大利、俄罗斯等欧洲国家的著名学者，十分关注并不断研究中国的哲学、文学、历史和经济、政治、军事，发表了许多解读和推崇中国文明的卓识之见。

法国的启蒙思想家们，是最先研究中国儒学和中国历史文化并深受其影响的一批学者。1713年，孟德斯鸠曾同在法国皇家文库工作的中国福建人黄加略进行过长谈。他的《论法的精神》等著作，就受到儒学特别是宋明理学的影响。伏尔泰认为儒学的哲学思想没有迷信和谬说，没有曲解自然，是最合人类理性的哲学。狄德罗认为中国哲学的基本概念是"理性"，孔子的学说是以道德、理性治天下。霍尔巴赫认为"中国是世界上唯一的把政治和伦理道德相结合的国家"。以上这些学者都是法国百科全书派的领军人物。法国"重农学派"的创始人魁奈，也认为中国文明是欧洲政治经济应该学习的圭臬，他的重农主义思想就受到儒学"以农立国"的"自然之理"思想的影响。担任过法国财政部长的重农学派改革家杜尔哥，还提出过法国的发展需要借助中国文明的经验。

当中国的历史文化传入德国时，学者们的研究也是盛况空前。当时德国的不少学者不仅可以阅读到拉丁文本的中国先秦儒学典籍，而且可以阅读佛兰恺用德文翻译的董仲舒的《春秋繁露》。德国著名的思想家、哲学家、文学家，如莱布尼茨、康德、费尔巴哈、歌德、席勒等，都对中国历史文化进行过研究并发表了许多精辟的见解。莱布尼茨是欧洲第一位肯定中国文明对于欧洲文明十分有用的思想巨匠。在他倡导建立的柏林、维也纳、彼得堡的科学院中，探讨中国哲学与文化被列为重要的研究项目。他在1715年写的《论中国哲学》的长信中，表达了对中国先哲们的思想开放、独立思考、富于思辨、崇尚理性的尊崇和向往。他主张欧洲应该学习吸收中国的政治、伦理文化，中国则应该学习吸收欧洲的理论科学。莱布尼茨从《周易》中得到灵感而撰写的二进制学说，为德国哲学增加了辩证的思想因素。康德从儒家的哲学思想中受到启发而创建的用辩证的、联系的、发展的观点考察自然界的科学方法，开了德国古典哲学区别于英国经验主义和法国理性主义的先河。费尔巴哈认为孔子的"己所不欲，勿施于人"的思想，是"健全的、纯朴的、正直的道德体现"，是一种高尚的哲学伦理。被誉为德国文学史上最耀眼的"双子星座"的歌德与席勒，对中国文学怀有浓厚的兴趣，他们曾创作过《中德四季朝暮吟》《图兰朵》等关于中国的文学作品。

是不是可以这样说，中国儒家和道家、法家等诸子百家学说中的哲学伦理、政治思想、人文精神的精华，中国历史上的物质文明、精神文明、政治文明的精华，为欧洲的思想家、政治家所吸取和借鉴，对于冲破欧洲中世纪神学政治的禁锢，对于欧洲启蒙运动的兴起和欧洲近现代文明的发展，曾经提供过思想养料和政治动力，提供过四大发明为代表的物质技术条件，从而对欧洲文明的进步起到了积极的影响和作用。每忆及此，我们为中国文明能够对欧洲文明和世界文明作出重要贡献而感到光荣。

毫无疑义，思想文化的交流、传播及其影响，从来都是相互的。中国从欧洲的思想文化和经济、科学技术中，也学习、吸收、借鉴过不少进步思想、发展经验和先进技术。欧洲文明的精华，对中国文明的发展也起到过积极的影响和作用。对此中国人民是记忆犹新的。

就在利玛窦来华传教期间，中国明代的不少学者和官员，就向他学习过欧洲的思想文化和科学技术知识。其中最有名的是徐光启、李之藻。徐光启当过明朝礼部尚书，同时是一位杰出的农学家、科学家。1600年，他结识了利玛窦，抱着"一物不知、儒者之耻"的虚心态度向利玛窦请教西方科学。他同利玛窦合译了欧几里得的数学名著《几何原本》，并根据利玛窦的讲授撰写了介绍欧洲水利科学的著作《泰西水法》，还吸收欧洲的天文历法知识制定了《崇祯历书》。徐光启是明代末年中国学者中学习西方科学文化的领袖群伦的人物，是中西文化交流的先驱之一。李之藻精通天文、数学，也是明代杰出的科学家。他曾同利玛窦合作撰写和编译了《浑盖通宪图说》《同文算指》等介绍欧洲天文、数学等自然科学知识的著作，同葡萄牙人傅汎际合译了亚里士多德的名著《论天》和《辩证法概论》。这些欧洲的思想文化和科学技术知识在中国的传播，对于中国社会的发展和进步所起的促进作用是功不可没的。

近代以来，欧洲的各种思潮更是纷纷传到中国。欧洲各国的许多人文科学和自然科学的重要典籍，从哲学、历史、文学、艺术到经济、政治、法律、科技，先后在中国翻译出版发行。这些读物，其涉及领域之广、数量之多，可以用中国的一句成语来形容，叫作"山阴道上，应接不暇"。就德国而言，我想举出在文学艺术和哲学方面的几位大家及其作品，他们给中国人民留下了深刻印象与认识。歌德的《浮士德》《少年维特之烦恼》，席勒的《阴谋与爱情》《欢乐颂》，在中国几乎是耳熟能详的。王国维、梁启超、鲁迅、郭沫若等中国文化名家，对这些作品都曾给予高度评价。康德、费尔巴哈、黑格尔可以说是中国人了解最多也是对中国近现代哲学产生过重要影响的德国哲学家。在20世纪初，随着马克思、恩格斯的学说在中国广泛传播，作为其先驱思想来源之一的费尔巴哈、黑格尔的哲学思想在中国也传播开来，影响了中国的哲学界。中国的伟大领导者毛泽东的重要哲学著作《实践论》《矛盾论》，显然也是吸收了费尔巴哈、黑格尔的哲学思想中关于唯物论和辩证法思想的合理内核。马克思、恩格斯无疑是对中国现代文明的进步和现代历史的发展影响最大的德国人。在中国人民的心目中，马克思、恩格斯不仅是伟大的哲学家、思想家、经济学家，而且是为中国的革命和建设提供了科学指导思想的理论导师。1899年2月至5月《万国公报》第121—124期连载了英国传教士李提摩太翻译、上海人蔡尔康笔述的介绍英国社会学家本杰明·颉德的著作《社会进化》一书主要内容的文章，1899年5月这些文章结集出版，书名定为《大同学》。从这本书中，中国人最早知道了马克思、恩格斯的名字及马克思主义学说。其后，中国共产党的早期领导人李大钊、陈独秀、李达等人，成为马克思主义在中国的主要传播者。马克思主义学说一旦与中国实际相结合，包括与中国优秀传统文化相结合，就给近代以来积贫积弱的半殖民地半封建的中国，带来了翻天覆地的历史巨变。中国共产党领导中国人民经过长期奋斗和艰苦探索，终于成功地走上了建设中国特色社会主义的康庄大道。

历史发展到现在，世界已进入经济全球化时代，科学技术日新月异，各国的经济文化社会联系日益紧密，人类文明无论在物质还是精神方面都取得了巨大进步。但是经济全球化的发展和新自由主义的盛行，也带来了许多问题和弊端。诸如无限度地追逐高额利润、无休止地争夺和滥用资源、无节制地追求高消费的生活方式，以及脱离实体经济追逐金融投机等，由此造成资源破坏、环境污染和各种冲突不断，造成国家之间、地区之间、社会成员之间的贫富悬殊，造成物质至上而精神道德沦丧的现象，造成经济危机和社会危机。这些问题，是国际社会亟待解决的紧迫问题。解决这些问题的出路和办法在哪里，可以借鉴的历史经验和历史智慧在哪里？各国的政治家、有识之士和专家学者，都在思考和探索。要解决这些问题，当前最重要的是世界各国要加强平等协商，各种不同文明要加强对话和交流，要充分吸取不同国家、不同文明的思想文化精华。不论是经济还是社会的发展，都应实现同合理利用资源和保护环境相协调的可持续发展；不论是国家之间还是地区之间，都应消除政治军事冲突而实现持久和平；不论是发达国家还是发展中国家，都应实现互利互惠和共同繁荣。这是全世界人民所希望达到的目的。

在解决上述问题的过程中，儒学文化是可以而且能够发挥重要作用的。世界上一些有识之士已认识到了这一点。1988年，诺贝尔获奖者在巴黎举行主题为"面向二十一世纪"的集会。在会议的新闻发布会上，瑞典的汉内斯·阿尔文博士就指出：人类要生存下去，就必须去吸取孔子和儒家学说的智慧。美国著名学者约翰·奈斯比特在其著作《亚洲大趋势》中也指出：要重新重视孔子为代表的儒家思想，借以抵御日下的世风，防止职业道德破坏、享乐式消费、个人主义膨胀以及政治狂热。他们的这些看法，可以说在不少国家的政要和专家学者中已成为共识。

儒学作为一种具有世界影响的思想文化遗产，蕴含着丰富的思想财富。这些思想财富，无论是对解决当今国家与社会治理和经济文化发展中的问题，还是对处理当今国家与国家关系、各种经济社会关系以及人与自然关系等方面的问题，仍然具有自己的价值。比如，儒学中包含着关于安民、惠民、保民、"以民为本"的思想，关于敬德、明德、奉德、"惟德是辅"的思想，关于中和、泰和、和谐、"和而不同"的思想，关于仁者爱人、以己度人、以德为邻、"协和万邦"的思想，关于自强不息、厚德载物、俭约自守、"天人合一"的思想，关于安不忘危、存不忘亡、治不忘乱、"居安思危"的思想等。从这些思想中，是可以找到解决经济全球化和新自由主义带来的问题和弊端所需要的重要智慧、经验与历史借鉴的。我们国际儒学联合会的同仁，愿意同各国的思想家、政治家和专家学者们一道，共同为此作出努力。

国际儒学联合会会长　滕文生
2019年7月

序言二

在与西方思想的对话中展开儒学研究

一、全球史观下新的思考

在19世纪后由西方所主导的人文社会科学研究中,西方文化是人类思想的中心,它代表着人类的未来。其根据是现代化的社会发展模式和思想都是由西方人所确立的。西方之所以取得现代化的显著成就,获得这样的地位,那是因为西方有一整套的思想文化传统。文化的优越导致了发展的优越,文化的先进导致了社会的先进。西方文化的这种地域性的经验就成为全球性的经验,放之四海而皆准;西方文化的自我表述就成为全球各类文化的统一表述。希腊,文艺复兴,地理大发现,启蒙运动……西方成为所有非西方国家的榜样,西方的道路应是全球各个国家的发展道路,西方的政治制度和文化观念应成为全球所有国家的制度和理念。于是就有了目前被人们广泛接受的"东西之分""现代与传统"之别的二元对峙的模式。东方是落后的,西方是先进的;西方代表着现代,东方或者非西方代表着传统。东方或者非西方国家如果希望走上现代之路,就一定要和传统决裂,就一定要学习西方。"化古今为中西",只有向西方学习,走西方之路,东方或非西方国家与民族才能复兴。

不可否认，西方文化中确有许多有价值的东西，也为人类的文明与文化提供了宝贵的经验和理念，有不少经验和理念也的确值得东方去学习。但中西对峙、现代与传统二分的模式显然有着它的弊端。仅就历史而言，这样的思路美化了西方的道路，把西方文化与精神发展史说成了一个自我成长的历史，把在漫长历史中阿拉伯文化、东方文化对其的影响与贡献完全省略掉了。特别是西方在启蒙时期的东西文化之间的交流与融合的历史完全被忽视了，当然同时，自大航海以后西方在全球的殖民历史以及对其他文化的灭绝与罪恶也统统都不见了。从全球史的观点来看，这是有问题的。

弗兰克和吉尔斯认为："当代世界体系有着至少一段5000年的历史。欧洲和西方在这一体系中升至主导地位只不过是不久前的——也许是短暂的——事件。因此，我们对欧洲中心论提出质疑，主张人类中心论。"① 世界的历史是各个民族共同书写的历史，西方的强大只不过是近代以来的事情，而这种强大的原因之一就是西方不断地向东方学习。在希腊时期，"对俄耳甫斯（Orpheus）、狄俄尼索斯（Dionysus）、密特拉斯（Mithras）的崇拜充斥着整个希腊—罗马世界，这说明在耶稣之后的若干世纪里，基督教学说和信仰很有可能与印度宗教共享了一种遗产。这些问题都值得深思，关于孰先孰后的疑虑很难决断，但是有一点确凿无疑，即任何试图将西方剥离出东方传统的行为都是一种人为的划分"②。文艺复兴前的几百年中，世界文明的中心是阿拉伯文明，文艺复兴起始阶段就是意大利人学习阿拉伯文，从阿拉伯文中翻译回他们已失的经典。之后在佛罗伦萨的顶楼上发现了希腊文献的手稿，重点才回到意大利本土。③ "就连像弗雷德里克·特加特这样的一些西方史学家，早在数代人之前业已批判过'以欧洲为中心的'历史著作，主张撰写单一的'欧亚地区'史。特加特1918年指出：'欧、亚

---

① 安德烈·冈德·弗兰克、巴里·K.吉尔斯主编，郝名玮译：《世界体系：500年还是5000年？》，北京：社会科学文献出版社，2004年，第3页。
② [美]J.J.克拉克著，于闽梅、曾祥波译：《东方启蒙：东西方思想的遭遇》，上海：上海人民出版社，2011年，第55页。
③ 参见[英]约翰·霍布森著，孙建党译，于向东、王琛校：《西方文明的东方起源》，济南：山东画报出版社，2009年；[德]瓦尔特·伯克特著，刘智译：《东方化革命：古风时代前期近东对古希腊文化的影响》，上海：上海三联书店，2010年。

两大地区是密不可分的。麦金德曾指出过：若视欧洲史附属于亚洲史，即可非常深刻地认识欧洲史。……史学家们的老祖宗（希罗多德）认为，欧洲史各时期均留有跨越将东西方隔开的假想线而交替运动的印记。'"①有了这样一个长时段、大历史的全球化史观，有了对西方文化自我成圣的神秘化的破除，我再来讨论16—18世纪启蒙时期与中国古代文化的关系。②

二、关于18世纪欧洲中国热

关于西方思想和中国思想在启蒙时期的相遇，要从大航海时代开始，"任何试图弄清楚欧洲和亚洲思想会面问题的研究都必须在这一语境下展开"③。

从社会侧面来看，启蒙时期中国古代文化对欧洲的影响表现在18世纪的中国热。"启蒙时期正是中国清朝的早期和中期，这时中国在世界历史上的影响达到了巅峰。……中国在世界历史和世界地理上都引人注目，其哲学、花卉和重农思想受到密切的关注，其经验被视为典范。……世界历史上任何一个时期都没有像启蒙时期这样，使得中国的商业贸易相对而言如此重要，世界知识界对中国的兴趣如此之大，中国形象在整个世界上如此有影响。"④在社会生活层面，当时的欧洲上流社会将喝中国茶，穿中国丝绸的衣服，坐中国轿，建中国庭院，讲中国的故事，作为一种使命和风尚。Chinoiserie这个词汇的出现，反映了法国当时对中国的热情。这"突出地反映了这样一个事实：在一个相当长的时期中，各

---

① 安德烈·冈德·弗兰克、巴里·K.吉尔斯主编，郝名玮译：《世界体系：500年还是5000年？》，北京：社会科学文献出版社，2004年，第15页。
② 近来学界亦开始出现试图摆脱西方中心主义的视角，分别从中国与西方两个角度，来分析明清之际中国社会的转变，并将其与西方国家同期发展进行对比的出色研究，例如：[美]王国斌著，李伯重、连玲玲译：《转变的中国：历史变迁与欧洲经验的局限》（南京：江苏人民出版社，1998年）一书。
③ [美] J.J.克拉克著，于闽梅、曾祥波译：《东方启蒙：东西方思想的遭遇》，上海：上海人民出版社，2011年，第57页。
④ [英]S. A. M. 艾兹赫德著，姜智芹译：《世界历史中的中国》，上海：上海人民出版社，2009年，第275—276页。也参见：Berger, Willy R., *China-Bild und China-Mode in Europa der Aufklärung*, Cologne: Böhlau, 1990. Chen Shouyi, "The Chinese Garden in Eighteenth Century England," *T'ien Hsia Monthly 2* (1936), pp. 321-339; repr. in Adrian Hsia (ed.), *The Vision of China in the English Literature of the Seventeenth and Eighteenth Centuries,* Hongkong: The Chinese Univ. Press, 1998, pp. 339-357。

个阶层的欧洲人普遍关心和喜爱中国,关心发生在中国的事,喜爱来自中国的物"①。

正如我们在前面所研究的,来华耶稣会士的关于中国的著作在欧洲的不断出版,特别是柏应理的《中国哲学家孔子》的出版,在欧洲思想界产生了深刻的影响。来华耶稣会士的这些介绍儒家思想的著作,所翻译的儒家经典,引起了欧洲思想界的高度重视。

德国哲学家莱布尼茨是当时欧洲最关心中国的哲学家。他和来华传教士有着直接的接触和联系,他见过闵明我,他与白晋保持了长期的通信;他出版了德国历史上第一本关于中国的书《中国近事》;在礼仪之争中,他明确站在耶稣会一边,写了《论尊孔民俗》这一重要文献;晚年他写下了他哲学生涯中关于中国研究最重要的文献《中国自然神学论》。

从思想而言,中国思想的两个关键点是和莱布尼茨契合的。其一,他对宋明理学的理解基本是正确的,尽管他并没有很好地看到宋明理学中"理"这一观念的伦理和本体之间的复杂关系,但他看到理的本体性和自己的"单子论"的相似一面。其二,他从孔子的哲学中看到自己自然神论的东方版本。在西方宗教的发展中,斯宾诺莎的自然神论开启了解构基督教人格神的神学基础,传统神学将自然神论视为洪水猛兽。从此斯宾诺莎只能生活在阿姆斯特丹,靠磨眼镜片为生。莱布尼茨通过自然神论来调和孔子与基督教的思想,在这个意义上,"莱布尼兹是当时唯一重要的哲学家,认为中国人拥有一门唯理学说,在某些方面可与基督教教义并存"②。尽管,莱布尼茨的理解有其欧洲自身思想发展的内在逻辑,但

---

① 许明龙:《欧洲18世纪"中国热"》,太原:山西教育出版社,1999年,第121页。关于18世纪欧洲各国中国热的专题研究,亦可参阅严建强:《18世纪中国文化在西欧的传播反其反应》,杭州:中国美术学院出版社,2002年。

② [法]艾田浦著,许钧、钱林森译:《中国之欧洲》(上),郑州:河南人民出版社,1992年,第427页。

他看到孔子学说中非人格神的崇拜是很明确的。①

如果说莱布尼茨从哲学和宗教上论证了孔子学说的合理性，那么伏尔泰则从历史和政治上论证了孔子学说的合理性。卫匡国的《中国上古史》《中国哲学家孔子》在欧洲出版后引起了思想的轰动，这两本书中的中国纪年彻底动摇了中世纪的基督教纪年。②"《风俗论》是伏尔泰的一部重要著作，在这部著作中，伏尔泰第一次把整个人类文明史纳入世界文化史之中，从而不仅打破了以欧洲历史代替世界史的'欧洲中心主义'的史学观，……他说东方的民族早在西方民族形成之前就有了自己的历史，我们有什么理由不重视东方呢？'当你以哲学家身份去了解这个世界时，你首先把目光朝向东方，东方是一切艺术的摇篮，东方给了西方一切。'"③如果中国的历史纪年是真实的，基督教的纪年就是假的，梵蒂冈就在骗人，欧洲的历史也就是一部谎言的历史。借助中国，借助孔子，启蒙思想家们吹响了摧毁中世纪思想的号角。而伏尔泰这位18世纪启蒙的领袖是穿着孔子的外套出场的，他的书房叫"孔庙"，他的笔名是"孔庙大主持"。④

魁奈也是推动18世纪法国中国热的重要人物。魁奈对孔子充满了崇敬之情，他说："中国人把孔子看作是所有学者中最伟大的人物，是他们国家从其光辉的

---

① 参见[德]莱布尼茨著，[法]梅谦立、杨保筠译：《中国近事：为了照亮我们这个时代的历史》，郑州：大象出版社，2005年；李文潮编：《莱布尼茨与中国》，北京：科学出版社，2002年；桑靖宇：《莱布尼茨与现象学：莱布尼茨直觉理论研究》，北京：中国社会科学出版社，2009年；胡阳、李长锋：《莱布尼茨二进制与伏羲八卦图考》，上海：上海人民出版社，2006年；孙小礼：《莱布尼茨与中国文化》，北京：首都师范大学出版社，2006年；[美]方岚生著，曾小五译，王蓉蓉校：《互照：莱布尼茨与中国》，北京：北京大学出版社，2013年；张西平：《欧洲早期汉学史：中西文化交流与西方汉学的兴起》，北京：中华书局，2000年。Mungello, David E., *Leibniz and Conpcianism: The Search tor Accord*, Honolulu: Univ. of Hawaii Press, 1977, Mungello, David E., "Confucianism in the Enlightenment: Antagonism and Collaboration Between the Jesuits and the Philosophes", *in China and Europe* (1991), pp. 95-122. Gottfried W. Leibniz, *Discours sur la theologie naturelle des Chinois, à M. de Remont*. Translation of *Discours and Novissinw Sinica* in Daniel J. Cook & Henry Rosemont, *Gonfried Wilhelm Leibniz: Writings on China*, Chicago Open Court, 1994.
② 参见吴莉苇：《当诺亚方舟遭遇伏羲神农——启蒙时代欧洲的中国上古史论争》，北京：中国人民大学出版社，2005年。
③ 张西平：《中国与欧洲早期宗教和哲学交流史》，北京：东方出版社，2001年，第371页。
④ 参见孟华：《伏尔泰与孔子》，北京：中国书籍出版社，2015年；张国刚、吴莉苇：《启蒙时代欧洲的中国观：一个历史的巡礼与反思》，上海：上海古籍出版社，2006年；张西平：《中国与欧洲早期宗教和哲学交流史》，北京：东方出版社，2001年。

古代所留传下来的各种法律、道德和宗教的最伟大的革新者。"① 他从孔子学说中找到自己经济学说的思想基础——自然法则。重农学派的自然秩序理论主要受益于中国古代思想，魁奈说："中华帝国不是由于遵守自然法则而得以年代绵长、疆土辽阔、繁荣不息吗？那些靠人的意志来统治并且靠武装力量来迫使人们服从于社会管辖的民族，难道不会被人口稠密的中华民族完全有根据地看作野蛮民族吗？这个服从自然秩序的广袤帝国，证明造成暂时的统治经常变化的原因，没有别的根据或规则，只是由于人们本身的反复无常，中华帝国不就是一个稳定、持久和不变的政府的范例吗？……由此可见，它的统治所以能够长久维持，绝不应当归因于特殊的环境条件，而应当归因于其内在的稳固秩序。"② 这个内在固有的秩序就是"自然秩序"，这正是他的学说的核心思想。

魁奈重农学派与中国古代思想之间的渊源和联系，这是经过学者反复研究得到证明的问题。利奇温认为，魁奈的学说"特别得力于中国的文化传统"③，中国学者谈敏认为："重农学派创立自然秩序思想，其重要思想来源之一，是得自中国的文化传统；尤其是这一思想中那些在西方学者看来不同于欧洲主流思想的独特部分，几乎都能在中国古代学说中找到其范本。"④

---

① [法]弗朗斯瓦·魁奈著，谈敏译：《中华帝国的专制制度》，北京：商务印书馆，1992年，第37—38页。

② L. A. 马弗利克：《中国：欧洲的模范》，转引自谈敏：《法国重农学派学说的中国渊源》，上海：上海人民出版社，1992年，第162页。

③ 参见[德]利奇温著，朱杰勤译：《十八世纪中国与欧州文化的接触》，北京：商务印书馆，1962年，第93页。

④ 谈敏：《法国重农学派学说的中国渊源》，上海：上海人民出版社，1992年，第161页。有的学者从魁奈的书名《中华帝国的专制制度》（*Le despotism de la Chine*）就认为魁奈是批评中国专制主义，是法国中国热的一个转折点，正像看到孟德斯鸠对中国专制主义的批评一样。实际上即便在孟德斯鸠的批评中，他自己也感到把专制主义一词完全套用在中国是不完全合适的，在魁奈这里更是如此。这里并非为中国的制度辩护，只是在理解这些西方学者的思想时，要实事求是。把重农学派说成"回到封建的农业社会""从重农角度讲，他们是维护封建制度的""重农主义推崇中国重视农业"，亚当·斯密比重农学派更加重视经济的自由发展等，这些议论基本上没有读懂重农学派的基本理论，不了解这一学派在西方经济学说中的地位。马克思对于魁奈的《经济表》，给予很高评价。他说："重农学派最大的功劳，就在于他们在自己的《经济表》中，首次试图对通过流通表现出来的年生产的形式画出一幅图画。"（[德]马克思：《马克思恩格斯全集》第二十三卷，北京：人民出版社，1972年，第648页）他还指出"魁奈医生使政治经济学成为一门科学，他在自己的名著"经济表"中概括地叙述了这门科学"。（[德]马克思：《哲学的贫困》，《马克思恩格斯全集》第四卷，北京：人民出版社，1958年，第138页。）

在启蒙运动中始终有两种声音，从孟德斯鸠到卢梭，启蒙思想也在不断发生着演进与变化，这种变化最终在1793年孔多塞（Marie-Jean-Antoine-Nicolas de Caritat, Marquis de Condorcet, 1743—1794）的《人类精神进步史表纲要》中表达了出来，此时，以进步为核心的启蒙观念确定了下来。此时中国成为与进步对峙的"停滞的国家"。如他所说："我们就必须暂时把目光转到中国，转到那个民族，他们似乎从不曾在科学上和技术上被别的民族所超出过，但他们却又只是看到自己被所有其他的民族——相继地超赶过去。这个民族的火炮知识并没有使他们免于被那些野蛮国家所征服；科学在无数的学校里是向所有的公民都开放的，惟有它才导向一切的尊贵，然而却由于种种荒诞的偏见，科学竟致沦为一种永恒的卑微；在那里甚至于印刷术的发明，也全然无助于人类精神的进步。"①

这样我们看到启蒙运动从伏尔泰到孔多塞，它走过了一个完整的过程，对中国从赞扬变为批判。其实中国仍是中国，这种中国观的变化是欧洲自身思想变化的结果。"中国形象发生颠覆性的转变，归根结底是欧洲人看待中国时的坐标已经斗转星移，从尊敬古代变为肯定当今，从崇尚权威变为拥戴理性，从谨慎地借古讽今变为大胆地高扬时代精神。因此中国曾经被作为圣经知识体系的从属物而被尊敬，被作为古老文明的典范而被尊敬，但瞬间又因为同样的原因被轻视。借耶稣会士之手所传递的中国知识在17—18世纪的欧洲人眼里堆积起的中国形象其实没有太大变化，只是这个形象的价值随着欧洲人价值观的变化而改变了。"②

应该如何看待启蒙时代的这种变化的中国观呢？中国思想在启蒙时代的影响应该如何评断呢？

三、中国思想在启蒙运动中的价值

历史说明了文化之间的互动和交错，单一的文化中心论是不成立的，无论是西方文化中心主义还是中国文化中心主义，当我们指出中国文化对18世纪欧洲的

---

① [法]孔多塞著，何兆武、何冰译：《人类精神进步史表纲要》，北京：生活·读书·新知三联书店，1998年，第36—37页。
② 张国刚、吴莉苇：《启蒙时代欧洲的中国观：一个历史的巡礼与反思》，上海：上海古籍出版社，2006年，第324页。

影响时，并不是倡导一种"西学中源说"，历史早已证明那是把中国文化引向封闭的错误思潮。在如何看待中国思想在启蒙运动中的影响时，有两个问题需要特别注意。

第一，中国思想是否传播到了欧洲，启蒙思想家们是否读到了中国古代哲学儒家的作品，这是一个知识论的问题。在这个问题上有的学者将其分为两种立场："研究西方的中国观，有两种知识立场：一是现代的、经验的知识立场；二是后现代的、批判的知识立场。这两种立场的差别不仅表现在研究对象、方法上，还表现在理论前提上。现代的、经验的知识立场，假设西方的中国观是中国现实的反映，有理解与曲解，有真理与错误；后现代的、批判的知识立场，假设西方的中国观是西方文化的表述（Representation），自身构成或创造着意义，无所谓客观的知识，也无所谓真实或虚构。"①不可否认，从后现代主义的理论出发，可以揭示出西方中国形象的一些特点，但将现代经验的知识立场和后现代的批判知识立场对立起来本身就是有问题的，尽管从后现代主义的立场来看，这种对立是天经地义的事。知识的传播和知识的接受是两个密不可分的阶段。知识是否流动？知识流动的具体内容如何？接受者如何接受和理解知识？他们的文化身份对所接受知识的影响如何？这些理解和他们所在的时代思想关系如何？这是一个问题的两个方面。"启蒙思想家在关于中国讨论时，绝大多数情况下是建立在误读基础上的"，这样的判断只说明了问题的一个方面。不能因为接受者对知识的理解受到自身文化的影响而产生了对异文化的"误读"，就否认知识在传播中的真实性，同样，不能因传播者在传播知识时受其自身文化的影响，对其所传播的知识附上自身的色彩，就完全否认了所传播知识仍具有真实的一面。中国后现代主义的知识立场夸大了知识传播和接受主体的自身文化背景对知识传播和接受的影响，并且将文化之间的交流、知识在不同文化之间的流动完全龟缩为一个主体自身文化背景问题，将丰富的历史过程仅仅压缩为主体自己的文化理解问题。这样也就"无所谓客观的知识，也无所谓真实或虚构"。显然，这种理解是片面的。

---

① 周宁：《西方的中国形象》，周宁编：《世界之中国：域外中国形象研究》，南京：南京大学出版社，2007年，第4页。

这涉及启蒙时期欧洲知识界所了解到的关于中国的知识，所接触到的中国古代文化思想究竟是真实的，还是虚假的。或者启蒙时期所形成的中国观和中国有关还是根本和中国没有关系，中国仅仅是一个方法，一个参照系，在这些学者看来："关于西方的中国观的客观认识与真实知识这一假设本身就值得商榷。我们分析不同时代西方的中国观的变异与极端化表现，并不是希望证明某一个时代西方的某一种中国观错了而另一种就对了，一种比另一种更客观或更真实，而是试图对其二元对立的两极转换方式进行分析，揭示西方的中国观的意义结构原则。"①西方对中国的认识自然有其自身的原因，但所接触和了解的外部因素的多少和真假当然对其内部因素的理解有着直接的影响。把外部因素作为一个虚幻的存在，其内部思想和文化转换的结构当然无法说清。

在笔者看来，尽管后现代主义的知识立场有一定的价值，但完全否认现代知识立场是有片面性的。中国知识和思想在启蒙运动中引起了巨大的思想震动，这本身是欧洲思想内部的原因所造成的，但正是在耶稣会士所介绍的儒家思想的观照下，儒家自然宗教的倾向，中国历史编年的真实性，中国政治制度在设计上比欧洲的更为合理，例如科举考试制度等，才会引起了欧洲思想的震动。如果中国思想文化不具备一定的特质，就不会引起启蒙思想家如此大的兴趣。就伏尔泰来说，毋庸讳言，伏尔泰论及中国、宣传孔子，在一定程度上是出于实际斗争的需要，即所谓的"托华改制"。这一点，尤其在"反无耻之战"中更显突出。但儒家本身的特点无疑是重要的，如孟华所说："孔子思想的核心是'仁'，它的基本含义是'爱人'。而伏尔泰终其一生不懈追求的，正是这种将人视为人，能够建立起人际间和谐关系的人本主义。"②就魁奈来说，中国的思想对他来说是真实的，是他经济思想的重要来源，如谈敏先生所说，他的研究就是"试图以确凿的事实和大量的资料，系统地论证法国重农学派经济学说甚至西方经济学的中国思想渊源，具体地勾勒出重农学派在创建他们的理论体系时从中国所获得的丰富滋养及其对后代经济学家的影响；展示中西文化交流对于18世纪经济科学发展的重要意义，驳斥那些无视东方经济思想对于世界经济思想的贡献与影响的荒谬言

---

① 周宁：《西方的中国形象》，周宁编：《世界之中国：域外中国形象研究》，南京：南京大学出版社，2007年，第6页。
② 孟华：《伏尔泰与孔子》，北京：新华出版社，1993年，第146页。

论,弘扬中国古代经济思想的光辉成就"①。

中国思想和文化在16—18世纪的传播是一个复杂的历史过程,欧洲启蒙时期对中国古代思想与文化的接受也是一个复杂的历史过程,中国思想和文化在16—18世纪产生如此大的影响,在欧洲形成了持续百年的中国热,这既是欧洲自身社会发展的一个自然过程,也是中国思想文化融入欧洲社会发展的一个过程,这既是欧洲思想变迁的内部需要的一个表现,也揭示了中国思想文化特点所具有的现代性内涵。我们不能仅仅将其看成欧洲精神的自我成圣,完全否认中国知识在启蒙运动中的作用,完全无视中国思想文化的现代性内涵对启蒙思想的影响,将此时的启蒙发展完全归结于欧洲思想自身发展的逻辑,这不仅违背了历史,也反映出了这种观点对欧洲思想自身成圣的神话的相信和迷恋。将欧洲的发展史神化,这正是欧洲逐步走向"欧洲中心主义"的重要一步。如果我们运用后现代的理论来证明这一点,按照后现代主义思潮来说,这才恰恰是"自我殖民化"。

我们必须看到,这段历史不仅彰显出了中国古代文化的世界性意义,同时"这段历史又告诉我们:中国的传统并不是完全与近现代社会相冲突的,中国宗教和哲学思想并不是与现代思想根本对立的,在我们的传统中,在我们先哲的思想中有许多具有同希腊文明一样永恒的东西,有许多观念同基督教文明一样具有普世性。只要我们进行创造性的转化,中国传统哲学的精华定会成为中国现代文化的有机内容。东方在世界体系中也并非无足轻重,在西方走向世界时,东方无论在思想上还是在经济上都起着不可取代的作用"②。因此,1500—1800年间是中西文化的伟大相遇,这是人类文明史上少有的平等、和平交流的一段历史,是中国和西方文化交流史中最重要、最具有现代意义的一段历史,它是中国与西方共同的文化遗产,"未来的中西交流将更多地呈现出1500年到1800年间中西方的互动与互惠"③。

第二,对启蒙运动后期所确立的进步史观应进行解构。孔多塞最终所确立的以进步为核心的启蒙观是欧洲思想走向自我中心主义的开始。孔多塞写于1793

---

① 谈敏:《法国重农学派学说的中国渊源》,上海:上海人民出版社,1992年,第366页。
② 张西平:《中国与欧洲早期宗教和哲学交流史》,北京:东方出版社,2001年,第492页。
③ [美]孟德卫著,江文君、姚霏译:《1500—1800:中西方的伟大相遇》,北京:新星出版社,2007年,第188页。

年的《人类精神进步史表纲要》，以进步史观为核心，将人类历史发展分为九个时期，由低到高，最终达到完美阶段。他把中国安排在人类历史发展的第三个时代，他对中国历史与文明的安排为以后黑格尔的《历史哲学》对中国思想的评价打下了基础。[1]正如学者所说："启蒙主义者努力在知识与观念中'发现'并'建设'一个完整的、体现人类幸福价值观的世界秩序，该秩序的核心就是进步，进步的主体是西方，世界其他地区与民族只是对象，这其中既有一种知识关系——认识与被认识，又有一种权力关系，因为发现与被发现、征服与被征服往往是同时发生的。启蒙主义者都是欧洲中心的世界主义者。他们描述世界的目的是确定欧洲在世界中的位置，他们叙述历史是为了确立自由与进步的价值，并将欧洲文明作为世界历史主体。启蒙运动为西方现代文明构筑了一个完整的观念世界，或者说是观念中的世界秩序。它在空间中表现为不同民族、国家、风俗及其法律的多样的、从文明到野蛮的等级性结构；在时间中表现为朝向一个必然的、目标的、线性的、可以划分为不同阶段的进步。启蒙主义者都是历史主义者，他们将世界的空间秩序并入时间中，在世界历史发展的过程中理解不同民族文明的意义和价值。其线性的、进步的历史观念已不仅是人类经验时间的方式，甚至是人类存在的方式。所有的民族、国家都必须先在历史中确认自己的位置，无论是停滞的或进步的，在历史之外或在历史之中，然后才在世界的共时格局——即文明、野蛮的等级秩序——中找到自己的位置。"[2]这个分析是正确的，指出了孔多塞所代表的后期启蒙思想家的问题所在——一种强烈的西方中心主义，说明了孔多塞的历史观的西方立场。

实际上当孔多塞这样来解释中国时，当时的中国并未停滞，不但没有停滞，当时的中国仍是一个强大的中国。1800年前的中国是世界上人口最多，经济规模最大、国民总产值第一的强盛大国，当时的中国正处在康乾盛世时期。弗兰克说得更为明确："整个世界经济秩序当时名副其实地是以中国为中心的。哥伦布以及在他之后直到亚当·斯密的许多欧洲人都清楚这一点。只是到了19世纪，欧洲

---

[1] 参见张国刚：《18世纪晚期欧洲对于中国的认识——欧洲进步观念的确立与中国形象的逆转》，《天津社会科学》2005年第3期。

[2] 周宁：《西方的中国形象》，周宁编：《世界之中国：域外中国形象研究》，南京：南京大学出版社，2007年，第49—50页。

人才根据新的欧洲中心论观念名副其实地'改写'了这一历史。正如布罗代尔指出的，欧洲发明了历史学家，然后充分地利用了他们对各自利益的追求，而不是让他们追求准确或客观的历史。"①

所以，揭示出启蒙时期思想的实际发展过程，说明欧洲思想不是一个自我成圣的过程，仅仅回到希腊，西方思想家发展不出来近代的启蒙思想观念。但西方思想的当代叙述完全不再提到这段历史，他们改写西方思想文化的发展史，并设置一个二元对峙的思想和文化发展的模式，将其作为训导东方国家的思想文化模式。在这个意义上，这种做法不仅无耻，也反映出西方思想自启蒙后的堕落，尤其至今一些西方文化思想领袖希望按照这样的逻辑继续改造这个世界时，将其称为文化帝国主义是完全可以的。后殖民主义理论的意义在于揭示出启蒙以来西方思想发展形成的真实历史和逻辑，说明了东方的价值和西方的虚伪。但绝不是用后殖民主义理论去论证西方思想的合理性、开放性，西方思想自我调节、自我成圣，西方近代思想自我发展的逻辑的合理性。我们决不能从这段历史的叙述中，按照后现代主义的理论框架，强化西方在启蒙后所形成的思想文化特征的合理性。这样的论述将重点放在西方思想的自我成圣、自我逻辑的发展，强调西方思想自身发展的逻辑的合理性、自洽性，东方只是一个没有实际价值的他者，西方近代思想的形成全在西方自身的内因。这样的一种研究实际上仍只是研究西方，东方只是个陪衬，中国只是个背景，从而没有真正从全球化的角度考虑文化与思想的互动，没有揭示在这个历史过程中东方思想的价值，没有用这段真实的历史去揭示当代西方思想和文化主流叙述的虚伪性。因而，这样一种用后殖民主义理论来论证启蒙思想的内在形成逻辑的合理性的做法，恰恰违背了后殖民主义理论的初衷，这是用后殖民主义逻辑为西方辩护的一种自我殖民化。对于这种思想和认识应该给予足够的认识。

这说明，当启蒙思想家以进步史观设计历史时，在历史事实上就存在问题，即便当时中国相比于欧洲发展慢了一些，但并未停滞。在启蒙后期孔多塞、马戛尔尼把中国说成停滞的帝国肯定是不符合事实的。历史是一个长时段的发展，

---

① [德]贡德·弗兰克著，刘北成译：《白银资本——重视经济全球化中的东方》，北京：中央编译出版社，2000年，第169页。

100年是一个短暂的瞬间,今天中国重新崛起,其道路和特点都和西方的道路与特点有很大的不同,历史已经对启蒙后期开始形成的欧洲中心主义和19世纪主导世界的西方中心主义做出了最好的回答。从今天反观历史,启蒙后期的思想家的傲慢是多么的可笑。

四、启蒙精神与中国传统文化

历史充满了复杂性。启蒙时期中国古代文化在欧洲的影响也呈现出多元的色彩。学术界在理解启蒙与中国文化的关系时,大都不注意启蒙运动真实历史与中国文化之间的多元复杂关系,从而对启蒙思想和中国文化关系不能做出学理与历史的综合性分析与解释。

通过弘扬启蒙思想,来批判中国传统文化——这是一种看法。这种思维实际上已经接受了现代与传统、东方与西方二元对峙的思维方式,加之缺乏比较文化的立场和对全球史研究进展的关注,因而,完全不知中国文化在1500—1800年间与西方文化的基本关系和状态,不知当时中国在全球化初期的地位。所以,当弗兰克说出当时的中国是世界经济中心时,在中国学术界引起轩然大波,一些学者极为震惊。这种看法自然无法理解中国传统文化,尤其是儒家文化为何被启蒙思想所接受、所赞扬。在他们赞扬启蒙之时,内心已经将中国文化作为启蒙思想的对立面,而完全不知中国文化恰恰曾是启蒙思想家的思想源泉之一,也无法理解从这段历史可以看出中国传统文化,特别是儒家文化具有现代思想的内涵,只要经过创造性转换完全可以成为中国当代文化的重要资源。在这个意义上,这些学者并未真正理解启蒙运动。历史的吊诡在于,20世纪80年代的文化热中,对启蒙的崇拜和信仰有其合理性,就是到今天启蒙精神仍有其文化和思想价值,因为,启蒙运动所留给人类的"自由""民主""科学""理性"仍有其重要的价值。但将这些启蒙精神和中国传统思想完全对立起来是对启蒙思想形成历史的不了解。同时,对启蒙时期思想家们所提出的"科学""理性""进步"的一味赞扬,说明这样的看法不了解启蒙思想家在形成这些观念时的缺失,尤其启蒙思想后期所形成的"进步"观念背后的"欧洲中心主义"的立场,从而缺乏一种对启蒙的反思,特别是对西方近百年来在启蒙思想下所走过的实际历史过程的反思。①

　　通过批判启蒙思想，来弘扬中国文化——这是另一种。很长时间以来，在西方思想文化上启蒙运动都是作为一场伟大的思想文化运动而载入史册的。正如著名的罗兰·N.斯特龙伯格所指出，18世纪为世界贡献了这样的观念："人类现在和将来都会'进步'，科学技术对推动人类进步起了最大作用，人类的目的就是享受世俗的幸福。虽然有越来越多的知识分子对这些说法表示怀疑，但大多数平民百姓可能还是信奉它们。与许多社会科学一样，现代自由主义和社会主义都是在18世纪孕育出来的。今天的公共政策的目标也是由启蒙运动确定的：物质福利、幸福。人们还会想到宗教宽容、人道主义、法律面前人人平等、言论自由以及民主和社会平等。所有这些都主要源于这个世纪。更深入地看，很显然，我们的基本思维习惯以及我们的语言方式，也主要受到启蒙运动的影响。"②

　　以批判当代西方社会思想为其特点的后现代思潮兴起后，启蒙运动的地位发生了变化，启蒙开始成为批判的对象。后现代主义是对启蒙的一种反思、质疑和批判。一些思想家"开始对现代性的总体观念提出批判，并提出'后现代'以同'现代'相对抗，这些思想家的思想被称为'后现代主义'。"③这样一种反叛倾向首先是从尼采开始的，在他看来现代社会不是一个健康的社会，它是由废物组成的病态胶合物。沿着这条思路，利奥塔、德里达、福柯、罗蒂等西方哲学家

---

① "'人本主义在上世纪（19世纪）末叶达到顶峰。帝国主义的欧洲统治全球，但文化的欧洲则相信这是对世界文明进步的贡献'；'一些欧洲人发觉他们的人本主义掩盖了和包庇了一场可怕的非人惨剧。他们还发觉自己所认为是惟一的文化其实只是世界文化之林中的一枝文化，而自己的这个文化曾居然认为有权蔑视其他文化并予以毁灭之。'"[法]莫兰著，康征、齐小曼译：《反思欧洲》，"文化批判与文化自觉——中文版序"，北京：生活·读书·新知三联书店，2005年，第7页；参见[英]汤林森著，冯建三译，郭英剑校订：《文化帝国主义》，上海：上海人民出版社，1999年。当下中国学术与思想界如何创造性地转化中国传统文化，如何在合理吸收西方近代思想文化精神合理内核的基础上清理"西方中心主义"，是一个根本性的问题。在中国即将成为一个世界性大国之时，思想的创造与独立、本土资源的发掘和百年西方中心主义的清理成为我们绕不过的一个重大问题。20世纪80年代的启蒙已经瓦解，思想已经分野，那种思想方案更适合于崛起的中国，这要待历史回答。参见许纪霖、罗岗等：《启蒙的自我瓦解：1990年代以来中国思想文化界重大论争研究》，长春：吉林出版集团有限责任公司，2007年。

② [美]罗兰·斯特龙伯格著，刘北成、赵国新译：《西方现代思想史》，北京：中央编译出版社，2005年，第196页。

③ 姚大志：《现代之后——20世纪晚期西方哲学》，北京：东方出版社，2000年，第229页。

各自展开了自己的论述,从而形成了后现代思潮,而另一些哲学家如哈贝马斯将继续沿着启蒙的方向完善这个理论。

西方这样的思考自然引起中国学者的注意,学者杜维明认为:"启蒙心态从18世纪以来,是人类文明史到现在为止最有影响力的一种心态。科学主义、物质主义、进步主义,我们现在熟悉的话语,都和启蒙有密切关系。社会主义和资本主义都是从启蒙发展出来的。市场经济、民主政治、市民社会,还有后面所代表的核心价值,比如说自由、理智、人权、法制、个人的尊严,这些价值也都从启蒙发展而来,而这个力量不仅是方兴未艾,而且在各个地方已经成为文化传统中间不可分割的部分。所以我进一步说,在文化中国的知识界,文化的传统之中,启蒙心态的影响远远要超出儒家的、道家的、法家的、佛教的、道教的、民间宗教带来的影响。"①启蒙的问题在于:第一,人类中心主义(anthropocentrism);第二,工具理性(instrumental rationality)以及宰制性的科学主义;第三,个人主义;第四,西方中心主义。由此,杜先生认为:"经过了西化,经过了现代化,儒家传统的人文精神,人文关怀,可以和启蒙所带来的最强势的人文主义进行深层的对话,现代西方启蒙所开发出来那么多的光辉灿烂的价值,特别是科学技术方面的价值,和人的个人的个性解放,人的精神的发展,儒家的人文精神和现代西方人文主义之间的对话和互动的空间有没有,有哪些课题需要讨论,这是我关注的问题。"②正如学者所概括的:"作为儒家的现代传人,如何在启蒙反思中发挥儒家思想的积极作用,是杜维明相关思考的理论兴奋点之一。"③对此,一些学者的基本主张是:"儒家天人合一的人文主义可以在自身、社群、自然和上天四层面为超越启蒙凡俗的人文主义提供思想资源。"④

启蒙思想还是中国传统思想?看起来似乎有些对立。但一旦我们进入实际的历史境遇,就会看到将启蒙与中国传统思想对立起来的认识是值得反思的。

从我们上面所介绍的启蒙思想家对中国文化的接受来看,儒家思想和启蒙思

---

① [美]杜维明:《"启蒙的反思"学术座谈》,《开放时代》2006年第3期,第6页。
② 同上文,第8页。
③ 李翔海:《杜维明"启蒙反思"论述评》,《中国社会科学院研究生院学报》2011年第5期,第33页。
④ 同上文,第29页。

想并不是对立的，儒家思想曾是滋润启蒙思想的重要外部资源，它与启蒙精神相连，而又有别于西方启蒙思想。因此，在重建中国文化传统的现代意义时，我们不能完全将儒家思想和启蒙思想对立起来，而是可以从启蒙思想家当年对中国文化的跨文化理解中，纠正其偏误，赋予儒家文化以符合现代生活的新意，开出启蒙思想之新意。

例如，启蒙思想家利用中国文化的理性精神来解构中世纪的宗教，这说明儒家思想中的理性精神有其合理的一面。但启蒙思想家在理解儒家的理性精神时，并不全面，启蒙思想所确立的理性最终演化成为工具理性主义。这样他们并未深刻理解儒家思想的理性精神和宗教精神的融合，儒家思想的半哲学和半宗教特点。儒家的理性主义和启蒙思想的工具理性之间有着契合与差别，这样如何在保持启蒙理性精神的同时，发挥儒家理性与神圣性合一的资源，人文理性主义的资源，克服启蒙以来的工具理性之不足；同时，如何学习启蒙精神，将儒家实用理性转化成为不同于工具理性的现代理性，这都给我们留下宽阔的学术空间。

又如，启蒙思想家通过耶稣会士所介绍的中国富足的世俗生活，赞扬了个人主义。因此，将中国传统文化说成是一个压制个人的专制文化史是说不过去的，即便在孟德斯鸠那里，他对中国的专制文化也做了特别的处理，而魁奈专制主义并非是在批评意义上的使用，如克拉克所说："必须记住，启蒙思想家口中的'专制'绝非批评之辞，在这里中国乃是被视为受开明统治者治理的国家典范，也就是说，这种类型的国家不会根据统治者的一时兴起而作出决定，它将视法律而定，它将以全体人民的幸福为目的，它将以社会一切方面的和谐运转作为统治者最关注的核心问题。魁奈自己和他的同时代人一样，把中国视为理想社会，它为欧洲提供了一个可供模仿的范本。"①

但中国文化中对个人的肯定又不同于启蒙所开启的物质主义的个人主义，或者说凡俗的个人主义，乃至人类中心主义。儒家的人文主义正如陈荣捷教授在《中国哲学文献选编》中指出的："中国哲学史的特色，一言以蔽之，可以说是人文主义，但此种人文主义并不否认或忽视超越力量，而是主张天人可以合

---

① [美] J.J.克拉克著，于闽梅、曾祥波译：《东方启蒙：东西方思想的遭遇》，上海：上海人民出版社，2011年，第71页。

一。"①按照这样的理解,中国的天人合一的人文主义既不是启蒙思想家所倡导的世俗个人主义,也不是后来由此演化成为的人类中心主义。

自然,孔多塞等后期启蒙思想家所提出的"进步"观念也有其合理性,进步总是比落后要好。但这种进步不是一种以欧洲为中心的线性进步观,不是一种人类中心主义的无限索取自然的进步观,不是以西方文化取代其他多元文化的进步观。在这个意义上,中国传统的"天人合一"的自然观,"和而不同"的文化观,都可以作为修正孔多塞所代表的启蒙思想家进步观的重要思想资源。

目前关于启蒙思想与中国思想的讨论大都是在纯粹理论范围内展开的,但思想是历史的思想,没有历史的思想是永远无法高飞的。历史是智慧的源泉,只有在一个长时段的历史中,我们才会体悟到真理。通过对1500—1800年间中西文化交流史的研究,通过对中国传统文化在启蒙时期的传播和影响接受研究,我们可以从根源上对启蒙做更为全面的反思,可以走出启蒙思想与中国传统思想对立的思考模式,克服后现代主义对启蒙片面批判和固守在启蒙思想内部发展思想的两种倾向,从中国的历史和启蒙的历史做出新的解释,将历史重新激活,将中西思想重新融合。这是我们的祈盼,亦是我们编订此套丛书的初衷。②

因应目前学界关于儒学研究的最新学术动向,一并汇总极具代表性的重要研究成果,本套丛书既收录有视野恢弘、横跨明清两代中西哲学交流史的通论型研究著作,例如张西平《中国和欧洲早期思想交流史》和堀池信夫《中国哲学与欧洲的哲学家》;亦有专门针对目前学术界未能给与充分重视、实则能充分体现儒家思想在启蒙现代性构建过程中的地位和作用的研究专题,例如井川义次的《宋学西渐——欧洲迈向近代启蒙之路》便侧重于考察18世纪儒学与启蒙运动之间的互动关系,探讨儒家以"仁"为核心的伦理道德观,以及"仁政德治"的政体主张,对欧洲启蒙思想家的启迪作用并为他们的宗教、社会、政体改革提供了精神养料和可资借鉴的模式。张西平和李颖主编的《启蒙的先声:中国文化与启蒙运动》则经由梳理"中学西传"的历史脉络,展现儒家思想与启蒙运动和西方汉学兴起的紧密关系。梅谦立《从邂逅到相识:孔子与亚里士多德相遇在明清》

---

① 陈荣捷编著,杨儒宾等译:《中国哲学文献选编》,南京:江苏教育出版社,2006年,第1页。
② 参见许纪霖、罗岗等:《启蒙的自我瓦解:1990年代以来中国思想文化界重大论争研究》,长春:吉林出版集团有限公司,2007年。

一书则反向探讨了明清来华耶稣会士用儒家术语翻译、书写的亚里士多德主义的汉语著作，经由这种经典的交织使亚里士多德思想在中国文化土壤上呈现出新的阐释可能和丰富内涵。此外，丛书亦关注目前国内年轻学者对"西文文献中的中国"的最新研究成果，例如韩凌《洛克与中国：洛克"中国笔记"考辨》一书借助英国经验主义哲学家洛克的"中国笔记"手稿，系统梳理洛克的"中国观"，进而弥补17世纪中西文化交流史研究链条中所缺失的重要一环，亦即洛克对中国的认识和评价；罗莹《明末清初拉丁文儒学译述提要与研究》一书在对明末清初来华三大天主教修会传教士拉丁文儒学译述进行文献编目整理的基础上，细致呈现出当时来华传教士内部围绕儒学宗教性问题，分裂为"支持中国文化适应政策""反对文化适应政策"及"文化调和激进派"等不同态度并试图分析其儒学观的根本性分歧所在。

我们期待借助不同文化本位和新老代际的研究者的多元研究视角，来呈现这一关注儒家思想的学术共同体，对其在不同历史阶段发展特点的审视及评论，从而反观中国人的哲学精神和宗教追求有别于西方的种种特点，经由文本上的旅行来实现横亘千古中西之间跨文化的对话，进而减弱自我认识的片面性，坦诚面对那个褒贬不一却始终具备丰沛生命力的儒家思想，及其在人类思想史进程中所蕴含的世界性意义。愿我们能以史为鉴，以更为广阔的胸怀迎接一个以文明交流超越文明隔阂、以文明互鉴超越文明冲突、以文明共存超越文明优越的伟大历史时代。

张西平　罗　莹

2019年7月

目录

绪论 ··· 1
  一、研究对象和范围 ·· 1
  二、研究现状 ·· 3
  三、研究意义及方法 ·· 7

第一章 明末清初来华天主教传教士群体概况及其儒学译述 ········ 9
  第一节 明末清初来华天主教修会概况 ······························ 9
    一、耶稣会概况及其成员的神学训练背景 ························ 9
    二、多明我会及方济各会的神学训练背景 ······················ 13
    三、明清三大天主教修会入华及其之间的关系 ················ 14
  第二节 中国礼仪之争与来华天主教修会之间的纷争 ········· 17
    一、中国礼仪之争的出现及其历史背景 ·························· 18
    二、中国礼仪之争产生的原因分析 ································ 22
  第三节 传教士研习儒学典籍及出版儒学译述的目的 ········· 32
    一、耶稣会士的译介动机 ·· 32
    二、托钵会士的译介动机 ·· 34

第四节　明末清初来华传教士儒学译述编目及提要 ………………… 35
　　　一、明末清初来华耶稣会士中、拉儒学译述书目 ………………… 35
　　　二、明末清初来华多明我会士儒学译述书目 ……………………… 72
　　　三、明末清初来华方济各会士儒学译述书目 ……………………… 88

第二章　儒家形象的缔造与分裂 …………………………………………… **103**
　第一节　传教士对儒家形象的缔造 …………………………………… 103
　　　一、从游记汉学进入传教士汉学 …………………………………… 103
　　　二、传教士对"中国知识"的编纂 ………………………………… 107
　第二节　在原儒身上发现宗教性：支持文化适应政策一派的儒学观 … 110
　　　一、17—18世纪来华耶稣会士的四书译介团队 ………………… 111
　　　二、17—18世纪来华耶稣会士四书译文特点 …………………… 113
　　　三、支持文化适应政策一派的儒学观 ……………………………… 126
　第三节　原儒与今儒皆为无神论者：反对文化适应政策一派的儒学观 … 137
　　　一、坚决反对文化适应路线的代表：闵明我及龙华民的观点 …… 138
　　　二、由全然反对转向部分适应的代表：利安当 …………………… 149
　第四节　儒家形象的重构：文化调和派的努力 ……………………… 162
　　　一、卫方济及其《中国哲学》 ……………………………………… 162
　　　二、法国耶稣会士的译经活动以及"索隐派"的兴起 …………… 194

第三章　明末清初来华传教士儒学观分析 ………………………………… **219**
　第一节　三种传教士儒学观的根本性分歧及其评判标准 …………… 219
　第二节　对于重要儒学概念的认知异同及立论分析 ………………… 222
　　　一、"天"/"上帝"与Deus ………………………………………… 223
　　　二、"鬼神"与spiritus，angelus …………………………………… 228
　　　三、"仁"与amor/charitas …………………………………………… 243

第四章　结语 ………………………………………………………………… **252**
　　　一、体悟式表达：反思传教士对"地方性知识"的处理 ………… 252

  二、在西方参照系之下中国文化的身份转换 ················ 254
  三、对跨文化译介的启示 ································ 257

参考文献 ··· **261**
  原始文献 ··· 261
  辞典及书目 ··· 264
  中外文专著及论文 ····································· 265

索引 ··· **283**

后记 ··· **297**

绪论

一、研究对象和范围

明清来华天主教传教士是"西学东渐"与"中学西传"的最早践行者,伴随着近年来传教士中文文献整理及出版工作的快速推进,"西学东渐"研究领域的新作迭出,积累深厚。相比之下,学界在"中学西传"领域,尤其是针对不同天主教修会的来华传教士用外文表述其中国文化观(以儒家思想及中国礼仪的性质为核心)的文献整理分析亟待加强。本书所涉时段始于明末耶稣会士入华直至康熙朝后期禁教令的颁布,重点关注康熙朝(1662—1722)来华传教士有关儒学典籍的拉丁文译本及其评点儒家思想的著述,借助目前国内外已出版的明清天主教文献目录,完成《明末清初来华传教士中外文儒学译述编目》(涵盖笔者目前所能搜集到的中、拉刊本及外文手稿,并附内容提要,详见第一章第四节),从而对当时三大来华天主教修会传教士的儒学译述进行初步的系统整理;在此基础上,亦试图借助代表性文献,对传教士群体儒学观的多样性,尤其是他们在拉丁文儒学译述中对于儒学宗教性的辨析予以总结。

在此需先行予以说明的是本书的时段选择:天主教传教士入华始于明末,其在华传教活动被明令禁止则是在雍正年间。本书选择康熙朝作为研究传教士拉丁文著述中儒学观的核心时段,一方面是因为来华耶稣会士(the Jesuits)在此期间出版了一系列关于儒家四书的拉丁文译本，基于修会在中国所践行的"文化适应政策"，针对如何维护中国教友自身的身份认同，避免入教后其族群身份与个人信仰形成对立（亦即信教后是否可以继续践行祭祖、祭孔等中国礼仪）以及如何维护基督信仰纯粹性等问题展开充分的思考讨论；另一方面作为中国礼仪之争中耶稣会士的主要论战对手，来华多明我会士（the Dominicans）和方济各会士（the Franciscans）——随后1684年入华的巴黎外方传教会（Missions étrangères de Paris，M.E.P.）亦积极参与其中①——在此时亦大量撰述并部分出版了论述其反对观点的代表性著作，进一步激化彼此之间的意见分歧。来华传教士这一时期的激烈论争及著述，随即在欧洲启蒙思想界产生回响，促使莱布尼茨（Gottfried Wilhelm Leibniz，1646—1716）、马勒伯朗士（Nicolas de Malebranche，1638—1715）等加入有关中国神学问题的讨论。因此，以明末清初来华传教士中外文儒

---

① 天主教的修会及布道团体众多，他们围绕中国礼仪之争所撰述的外文文献更是浩如烟海。因耶稣会和以多明我会、方济各会为代表的托钵修会（mendicant orders）最早入华，亦是中国礼仪之争爆发的始作俑者，故本书重点整理和分析来华耶稣会、方济各会和多明我会的儒学拉丁文译述，不过多谈及礼仪之争中后期才入华的巴黎外方传教会。但巴黎外方传教会作为礼仪之争后期来华耶稣会的主要论争对手，其重要性不可低估。作为1660年成立于巴黎的新兴传教团体，巴黎外方传教会乃是教廷希望借助法国势力抗衡乃至削弱葡萄牙保教权在远东地区影响的产物。它在内部管理机制上有别于传统的使徒修会（亦即由会长全权领导整个修会的"一元框架"），乃由教宗任命的宗教代牧管理传教事务，并由教廷直接领导管理其神学院，这种"二元框架"明显加强了教廷对该传教团体的控制权；而在工作重点上，不同于传统修会兼顾本土福音布道（各个修会亦有其在教育、医疗、社会救济或是隐修等方面不同的侧重点）和海外传教，外方传教会是首个全力以赴从事海外传教的天主教组织。正因其以海外布道为己任，外方传教会在神学主张上极为强调维护基督信仰的纯粹性，拒绝基督宗教与异教文化调和的做法，亦坚决拒斥迷信和偶像崇拜活动，与托钵修会所秉持的理念近似。因此入华后，它随即开始猛烈批评在华耶稣会的文化适应政策，陆方济（François Pallu，1626—1684）、颜珰（Charles Maigrot，1652—1730）等人都撰写了大量反对中国礼仪的外文著述。关于巴黎外方传教会入华传教史的研究，参见吴旻、韩琦：《礼仪之争与中国天主教徒——以福建教徒和颜珰的冲突为例》，载《历史研究》2004年第6期，第83—91，191页；郭丽娜、陈静：《论巴黎外方传教会对天主教中国本土化的影响》，载《宗教学研究》2006年第4期，第128—134页；韦羽：《清中前期巴黎外方传教会与中国礼仪问题——以丧葬为中心》，载《社会科学论坛（学术研究卷）》2009年第5期，第180—185页；郭丽娜：《法国巴黎外方传教会的中国学研究及其影响》，载《汕头大学学报（人文社会科学版）》2010年第4期，第72—76、93、95页；汤开建、周孝雷：《清前期来华巴黎外方传教会会士及其传教活动（1684—1732）——以该会〈中国各地买地建堂单〉为中心》，载《清史研究》2018年第4期，第61—86页；谢子卿：《中国礼仪之争和路易十四时期的法国（1640—1710）：早期全球化时代的天主教海外扩张》，上海：上海远东出版社，2019年，第75—210页等。

学译述作为研究对象,无论是在传教士儒学观多样性及其成因的呈现上,还是对儒家究竟隶属于无神论抑或具备宗教性的思考论争上,又或是从接受史角度考察儒家思想对欧洲启蒙运动的深远影响方面,都具有鲜明的代表性意义。

本书各章节内容安排的总体思路如下:

1. 从传教士中外文儒学译述的编目整理及提要撰写起步,一方面结合前人研究成果勾勒出明末清初"儒学西传"的整体面貌;另一方面使各个修会内部以及来华三大修会之间儒学译述的系谱传承、相互借鉴抑或回应问难等隐含的脉络获得清晰化梳理;

2. 依据传教士对待儒家文化的不同态度,分别选取"支持文化适应政策""反对文化适应政策"及"文化调和派"三派的代表作进行深入的研读分析,进而呈现礼仪之争时期来华传教士理解儒家经典的实际情况及其对于儒学宗教性的深入思考;

3. 综合考量三种儒学观的异同,以"天""上帝""鬼神""太极"等极具争议性的儒学概念理解为线索,由其立论依据(对不同儒学典籍的选择性翻译及引用)、论证手法及最终结论,总结三种儒学观的根本性分歧所在,并对其评判标准进行反思。

二、研究现状

国内研究:目前国内关于传教士儒学译述的研究主要集中于四个方面:1. 以来华传教士的生平及著述简介为纲,介绍其在中国天主教史上的贡献,如方豪、阎宗临、徐宗泽等人的研究;[①] 2. 以国别及欧洲启蒙思想家为例,梳理传教士译介的儒家思想在域外的接受与影响,如朱谦之、庞景仁、张立文、林金水、孟

---

① 方豪:《方豪六十自订稿》,台北:学生书局,1969年;方豪:《中国天主教史人物传》,北京:宗教文化出版社,2007年;阎宗临:《传教士与法国早期汉学》,郑州:大象出版社,2003年;徐宗泽:《明清间耶稣会士译著提要》,上海:上海书店出版社,2006年。

华、许明龙、孙小礼等；① 3. 以传教士汉语文献为核心，从思想史角度深入探讨明末清初来华耶稣会士对儒家思想的理解、诠释与运用及其有关儒家"宗教性"争议的起源，如陈卫平、孙尚扬、李天纲、刘耘华、纪建勋等。② 4. 以传教士外文文献为核心的文献综述及个案研究。其中，赵晓阳、谭树林、李新德等③先后针对明清来华耶稣会士四书、五经外文译本篇目进行详尽的文献调查；吴孟雪、张西平、张国刚、吴莉苇等④则率先分析耶稣会士外文著述中对于中国宗教哲学、历史地理、政治体制以及语言文字的介绍，不仅直观呈现中国文化带给欧洲启蒙思想界的思想冲击，也试图厘清明清中国天主教史与欧洲早期汉学史之间的关系。上述研究虽有首开先河之功，但其分析未能直接从外文原始文献出发。直

---

① 朱谦之：《中国哲学对欧洲的影响》，福州：福建人民出版社，1983年；庞景仁：《马勒伯朗士的"神"的观念和朱熹的"理"的观念》，冯俊译，北京：商务印书馆，2005年；张立文、李甦平：《中外儒学比较研究》，北京：东方出版社，1998年；林金水：《明清之际士大夫与中西礼仪之争》，载《历史研究》1993年第2期；林金水：《明清之际朱熹理学在西方的传播与影响（续）》，载《朱子学刊》1995年第1辑；孟华：《伏尔泰与孔子》，北京：中国书籍出版社，2016年；许明龙：《欧洲十八世纪中国热》，北京：外语教学与研究出版社，2007年；孙小礼：《莱布尼茨与中国文化》，北京：首都师范大学出版社，2006年；范存忠：《中国文化在启蒙时期的英国》，上海：上海外语教育出版社，1991年。

② 陈卫平：《第一页与胚胎——明清之际的中西文化比较》，上海：上海人民出版社，1992年；孙尚扬：《基督教与明末儒学》，北京：东方出版社，1994年；孙尚扬、[比]钟鸣旦：《一八四〇年前的中国基督教》，北京：学苑出版社，2004年；李天纲：《跨文化的诠释——经学与神学的相遇》，北京：新星出版社，2007年；刘耘华：《诠释的圆环：明末清初传教士对儒家经典的解释及其本土回应》，北京：北京大学出版社，2005年；纪建勋：《历史与汉语神学——明末清初天主（上帝）存在的证明研究》，知网博士论文库，2012年；许苏民：《王夫之与耶儒哲学对话》，载《武汉大学学报（人文科学版）》2012年第1期。

③ 赵晓阳：《传教士与中国国学的翻译——以〈四书〉〈五经〉为中心》，载《恒道》第2辑，2003年；谭树林：《传教士与中西文化交流》，北京：生活・读书・新知三联书店，2013年；李新德：《明清时期西方传教士中国儒道释典籍之翻译与诠释》，北京：商务印书馆，2015年。

④ 吴孟雪、曾丽雅：《明代欧洲汉学史》，北京：东方出版社，2000年；吴孟雪：《明清时期欧洲人眼中的中国》，北京：中华书局，2000年；张西平：《中国与欧洲早期宗教和哲学交流史》，北京：东方出版社，2001年；张西平：《欧洲早期汉学史——中西文化交流与西方汉学的起》，北京：中华书局，2009年；张西平：《儒学西传欧洲研究导论——16—18世纪中学西传的轨迹与影响》，北京：北京大学出版社，2016年；张国刚、吴莉苇：《启蒙时代欧洲的中国观——一个历史的巡礼与反思》，上海：上海古籍出版社，2006年；吴莉苇：《当诺亚方舟遭遇伏羲神农》，北京：中国人民大学出版社，2005年；吴莉苇：《天理与上帝：诠释学视角下的中西文化交流》，北京：宗教文化出版社，2014年。

至近年来专注于明清之际来华耶稣会士拉丁文、法文译述中"耶儒互释"思想研究的梅谦立、潘凤娟、黄正谦等①，扎实的原典个案分析逐步涌现，但这些研究皆集中于来华耶稣会士的译著，对其他修会的儒学文献甚少提及，无法全面呈现明清之际中国天主教史的全貌。至于最早从事明清来华托钵修会（以多明我会和方济各会为代表）研究的张铠、张先清、崔维孝等人②，多着眼于托钵会士入华传教史，并未触及传教士儒学观的探讨。

国外研究：尽管日韩等国在明清来华传教士文献的整理出版以及儒教域外传播史领域有所积累，欧美学界仍凭借语言优势和利用原始档案的便捷成为上述领域的研究重镇。他们率先编订、出版明清来华传教士中外文著述的索引目录，在此基础上涌现出安田朴（René Etiemble）、毕诺（Virgile Pinot）、利奇温（Adolf Reichwein）、谢和耐（Jacques Gernet）等人的史论名作③。当代研究则以原典分析为中心，研究视角上趋于多元：例如最早梳理来华耶稣会士四书西

---

① [法]梅谦立：《〈孔夫子〉：最初西文翻译的儒家经典》，载《中山大学学报（社会科学版）》2008年02期；梅谦立：《重新思考耶稣会士与新儒家之间的关系》，纪念《几何原本》翻译四百周年暨徐光启国际学术研讨会，2007年；梅谦立：《耶稣会士与儒家经典：翻译者，抑或叛逆者？》，载《现代哲学》2014年06期；梅谦立：《从邂逅到相识：孔子与亚里士多德相遇在明清》，北京：北京大学出版社，2019年；潘凤娟：《中国礼仪之争脉络中的孝道：卫方济与〈孝经〉翻译初探》，载《道风：基督教文化评论》第33辑，2010年；潘凤娟：《早期耶稣会士与〈道德经〉翻译：马若瑟、聂若望与韩国英对"夷希微"与"三一"的讨论》，载《香港中文大学中国文化研究所学报》2017年第65期；潘凤娟：《龙华民、利安当与中国宗教：以〈论中国宗教的几点问题〉的四幅图像与诠释为中心》，载《澳门理工学报》（人文社会科学版）2018年第70期；黄正谦：《论耶稣会士卫方济的拉丁文〈孟子〉翻译》，载《中国文化研究所学报》2013年第57期；黄正谦（Felix Wong），"The Unalterable Mean", in *Journal of Chinese Studies*, 2015: Vol.60.

② 张铠：《庞迪我与中国——耶稣会"适应"策略研究》，北京：北京图书馆出版社，1997年；张铠：《西班牙的汉学研究（1552—2016）》，北京：中国社会科学出版社，2017年；张先清：《多明我会与明末中西交往》，载《学术月刊》2006年第10期；张先清：《多明我会士黎玉范与中国礼仪之争》，载《世界宗教研究》2008年第3期；崔维孝：《明清之际西班牙方济会在华传教研究（1579—1732）》，北京：中华书局，2006年；崔维孝：《方济各会中国教区中、西文档案史料介绍》，载《暨南史学》2002年第1辑。

③ [法]安田朴：《中国文化西传欧洲史》，耿昇译，北京：商务印书馆，2000年；[法]毕诺：《中国对法国哲学思想形成的影响》，耿昇译，北京：商务印书馆，2013年；[德]利奇温：《十八世纪中国与欧洲文化的接触》，朱杰勤译，北京：商务印书馆，1991年；[法]谢和耐：《中国与基督教——中西文化的首次撞击》，耿昇译，上海：上海古籍出版社，2003年。

译史并考证其翻译底本的孟德卫（David Mungello）；从比较哲学视角考察耶稣会士"理学"观、索隐思想及其如何对儒学形象进行"理性化"建构的龙伯格（Knud Lundbaek）、郎宓榭（Michael Lackner）和詹启华（Lionel Jensen）；从接受史角度研究耶稣会士儒学论述与莱布尼茨"自然神学"、沃尔夫"实践伦理观"相互关系的李文潮和秦家懿，以及在其传教士汉学史料研究中谈及16—18世纪来华耶稣会士儒学译述的德礼贤（Pasquale D'Elia）、达仁利（Francesco D'Arelli）、钟鸣旦（Nicolas Standaert）、柯兰霓（Claudia von Collani）、魏若望（John Witek）、鲁保禄（Paul Rule）、夏伯嘉（R. Po-chia Hsia）等①，但均

---

① David Mungello, "The Jesuits' Use of Chang Chü-cheng's Commentary in their Translation of the Confucian Four Books (1687)", in *China Mission Studies (1550—1800)* Bulletin III, 1981; [丹]龙伯格：《清代来华传教士马若瑟研究》，李真等译，郑州：大象出版社，2009年；Knud Lundbaek, "The First Translation from a Confucian Classic in Europe", in *China Mission Studies (1550—1800)* Bulletin I, 1979; Knud Lundbaek, "Chief Grand Secretary Chang Chü-cheng & the Early China Jesuits", in *China Mission Studies (1550—1800)* Bulletin III, 1981; Knud Lundbaek, "The Image of Neo-Confucianism in *Confucius Sinarum Philosophus*", in *Journal of the History of Ideas* 44, 1983; [德]郎宓榭：《"'孔子：中国哲人'与'中庸'的理性化"》，载《德国汉学的回顾与前瞻：德国汉学史研究论集》，北京：外语教学与研究出版社，2013年，第113—122页；Michael Lackner, "A Figurist at Work. The Vestigia of Joseph de Prémare S.J.", in *L'Europe en Chine. Interactions scientifiques, religieuses et culturelles aux XVII et XVIII siècles*, Paris: Collège de France, Mémoires de l'Institut des Hautes Etudes Chinoises, Vol. 34, pp. 23-56; Michael Lackner, "Jesuit Figurism", in *China and Europe*, Hong Kong: Hong Kong University Press, 1991, pp. 129-149; Lionel M. Jensen, *Manufacturing Confucianism, Chinese Tradition and Universal Civilization*, Durham and London: Duke University Press, 1997; Li Wenchao, *Die Christliche China-Mission im 17. Jahrhundert, Verständnis, Unverständnis, Missverständnis. Eine Geistesgeschichliche Studie zum Christentum, Buddhismus und Konfuzianismus*, Stuttgart: Franz Steiner Verlag, 2000；Li, Wenchao, "Confucius and the Early Enlightenment in Germany", 感谢作者经由邮件赠阅该文；秦家懿（编译）：《德国哲学家论中国》，北京：生活·读书·新知三联书店，1993年；Pasquale D'Elia, *Fonti Ricciane*, Roma: Libreria dello Stato, 1942—1949; Francesco D'Arelli, "Matteo Ricci S.I. e la traduzione latina dei Quattro Libri (Sishu) dalla tradizione storiografica alle nuove ricerche," in *LE MARCHE E L'ORIENTE, Atti del Convegno Internazionale Macerata, 23-26 ottobre 1996*, Roma: Istituto Italiano per l'Africa e l'Oriente, 1998; Nicolas Standaert, *Chinese Voices in the Rites Controversy*, Rome: Institutum Historicum Societatis Iesu, 2012; Nicolas Standaert ed., *Handbook of Christianity in China*, Volume One: 635-1800, Leiden, Boston: Brill, 2001; [德]柯兰霓：《耶稣会士白晋的生平与著作》，李岩译，郑州：大象出版社，2009年；[美]魏若望：《耶稣会士傅圣泽神甫传：索隐派思想在中国及欧洲》，吴莉苇译，郑州：大象出版社，2006年；Paul A. Rule, *K'ung-tzu or Confucius? The Jesuit Interpretation of Confucianism*, Sydney, London, Boston: Allen & Unwin, 1986; R. Po-chia Hsia, "The Catholic mission and translations in China, 1583—1700", in *Cultural Translation in Early Modern Europe*, Cambridge: Cambridge University Press, 2007.

未总结或反思明清来华耶稣会士整体的儒学观。至于海外有关来华托钵修会儒学译述的分析，亦只有Lothar Knauth、陈庆浩、刘莉美等①对于多明我会士高母羡（Juan Cobo，1546—1592）、闵明我（Domingo Navarrete，1610/1618—1686）《明心宝鉴》西文译本的研究，系统的儒学译述梳理工作尚未展开。

三、研究意义及方法

针对上述国内外研究现状中存在的薄弱环节，本书主要围绕明末清初来华传教士拉丁文儒学译述的文献整理和分析展开，具有下列研究意义：

1. 从世界宗教史及全球化史的角度看，明末清初来华耶稣会士对儒学典籍的译介，直接促成"中学西传"与欧洲启蒙思想界之间的互动，他们与来华托钵修会在礼仪之争中围绕儒学宗教性问题展开的讨论，亦引发中国天主教史上的重大转折。除去借助中国奉教文人润色出版的中文儒学文献，来华传教士个人的真实想法以及彼此间的意见分歧直观地保留在大量的外文书信手稿中。传教士的外文儒学著述，不仅呈现西方宗教思想史的认识进程，亦是明清天主教史及中国思想史的重要组成部分。本课题的开展有助于从中国自身的研究立场直接审视这批天主教拉丁文文献，反观国外的研究成果并与之进行辩难，进而拓展中国宗教学的研究范式，并为汉语基督神学乃至传统儒学研究提供新思路。

2. 从中国基督教文献整理与传教士汉学研究的角度看，本课题注重传教士拉丁文文献的编目整理与研究，试图揭示明末清初来华耶稣会及托钵修会对于儒学宗教性研究的全貌，可为中国学界的研究提供新材料。

3. 从比较宗教学的角度看，围绕"耶儒"异同以及中国礼仪性质，明清来华天主教传教士最早针对儒学宗教性问题进行系统的比较，并依据西方的宗教话语体系及神哲学判断标准，将自己的观察、问询、思考凝练为一系列理论著述，

---

① Lothar Knauth, "El inicio de la sinologia occidental. Las traducciones españolas del Ming Hisin Pao Chien", Segundo Congreso Sinologoco Internacional, Taipei, 1969；陈庆浩：《第一部翻译成西方文字的中国书〈明心宝鉴〉》，载《中外文学》第21卷第4期，1992年；刘莉美：《当西方遇见东方——从〈明心宝鉴〉两本西班牙黄金时期译本看宗教理解下的偏见与对话》，载《中外文学》第33卷第10期，2005年。

而在此过程中其宗教观亦不断受到中国文化的冲击及丰富。本课题由外文原典出发，总结其儒学观的多样性、矛盾性及理论依据，可进一步深化"中学西传"研究。

4. 从跨文化译介的角度看，本课题借助传教士译介儒学典籍的真实历史经验，可丰富中国文化典籍外译的个案研究及理论思考。

研究中所使用的研究方法具体如下：

1. 使用中西方版本学及校勘学研究法，考定明末清初来华传教士中外文儒学译述的篇目，为其中的重要文献撰写提要，以厘清文献著述者的生平，考证其成书及刊刻时间，概括其主要内容并试图将其置于明清中西文化交流的历史背景下阐述其价值，以目录与内容提要的形式展示此批天主教文献的全貌；

2. 采用形象学及阐释学的方法，从文献中选择三种儒学观的代表作，基于传教士的主观描述，结合时代背景及其"接受视域"中的前见（经院哲学及神学训练、对中西文化意象不自觉的比附、基督宗教中心观等限制因素），解析不同儒家形象的具体成因，及其形象塑造对欧洲受众产生的相应影响；

3. 运用概念史的分析方法，选取不同的儒学观共同关注或是存在明显意见分歧的儒学概念，反思传教士群体进行跨文化译介时，如何采取"以耶释儒""以史注经""割裂或有意倒置概念的历史语境"等译介手法，实现儒学概念"名"与"实"的分离、重新建构并分配其新的概念意义。

第一章 明末清初来华天主教传教士群体概况及其儒学译述

第一节 明末清初来华天主教修会概况

一、耶稣会概况及其成员的神学训练背景

作为欧洲宗教改革后对抗新教势力崛起的时代产物,耶稣会(the Society of Jesuit)成立于1540年。有别于多明我会(The Dominican Order)、方济各会(The Order of Friars Minor)等天主教老派修会,由具备戎马生涯中英勇作战经历的西班牙贵族罗耀拉(Ignatius de Loyola,1491—1556)所创立的耶稣会堪称天主教体系内的新型修会:不仅因为每位入会的耶稣会士除了一般修会所要求的发"三愿"之外,还要发第四愿,即明确服从教宗;还因为耶稣会采取严格的中央集权组织形式,效仿军事化的管理编制打造出严密的组织结构。"服从"是耶稣会士身上最明显的特点,所有发愿的会士必须完全投入"服从的美德中,首先服从教宗,其次服从修会上司"[①],时刻准备着为了教会的利益奔赴世界的任何角落,以实现"愈显主荣"(Ad Majorem Dei Gloriam)的目标,反对耶稣

---

① [德]哈特曼:《耶稣会简史》,谷裕译,北京:宗教文化出版社,2003年,第13页。

会的人们也因此嘲讽耶稣会士身上的这种突出特点为"僵尸般的服从"。耶稣会的另一特别之处在于其对灵修生活的重视：罗耀拉曾撰写《神操》（*Spiritual Exercise*）一书来描述基督宗教中灵性生活的操练过程，入会者每年都需根据该书的内容，用30天的时间独处潜修、反省祈祷（亦即耶稣会士一年一度的"避静"期），从而使得主观但同时又具有共性的神性体验、灵修经验成为凝聚整个修会的强大力量。在此基础上，耶稣会制定了"帮助灵魂"、实施"安慰的牧灵工作"的工作目标，开始积极进行大规模的全球性传教工作。此外，耶稣会对于教育工作也给予极大的重视，几乎在所有力所能及的地方建立起耶稣会的学校并进行免费教学，这些学校也慢慢成为耶稣会在各地开展传教工作的重要据点。从16世纪开始，耶稣会将其工作重点逐渐转移到上层社会并通过天主教巴洛克虔敬形式①开展牧灵工作，并将耶稣会学校几乎全部开设于欧洲的大中城市，从而在17世纪成功地赢得了许多王公、贵族以及市民的皈依。而正是由于耶稣会在灵修上的出色训练和较好的教育程度使得相当多的耶稣会士后来成为欧洲宫廷的告解神父，尤其在17世纪上半叶耶稣会对于欧洲信奉天主教国家的君王产生了强有力的影响②，但这种过分密切的政教关系也招致了众多非议。

明清来华的耶稣会士，就其接纳中国文化的思想底色而言，皆是由耶稣会内部的高等教育所奠定的：耶稣会在16—17世纪参照晚期的经院哲学模式，借鉴当时欧洲最为著名的巴黎大学以及博洛尼亚大学的教学方法制定了"教学纲要"（Ratio atque Institutio Studiorum Societatis Iesu）来培养自己的学生以及成员。根据"教学纲要"，耶稣会在大学预备班开始开设"七艺"课程，并侧重于讲授亚里士多德的哲学，包括他的形而上学、伦理学等。每位耶稣会士在入会之前都必须学习神学，而在耶稣会大学的神学系，学生主要是学习托马斯·阿奎那（Thomas Aquinas，约1225—1274）的经院神学、实证神学以及辩论神学、决疑论、教会法和圣经学③。此外，入会之后，会士们也还有一系列的必修标准课程，涵盖了修辞学、物理学、哲学，乃至数学、天文学这样的附加科目。耶稣会

---

① "天主教巴洛克虔敬形式"的具体内容，详见[德]哈特曼：《耶稣会简史》，谷裕译，北京：宗教文化出版社，2003年，第24—25页。
② 同上书，第24—25、32—36页。
③ 同上书，第68—69页。

士几乎完全继承了文艺复兴时的人文主义传统，把大量的学习精力放在研究古希腊、古罗马的作家，尤其是像柏拉图（Plato，前427—前347）、西塞罗（Marcus Tullius Cicero，前106—前43）、塞内卡（Lucius Annaeus Seneca，约前4—公元65）这样的哲学家、伦理学家的著作上①。在此需要强调的是：正是由于会内的这种人文主义传统，在耶稣会士看来，古代异教思想家及其哲学著作也蕴涵了崇高的思想、道德和智慧成果，对于异教哲学的选择性学习、吸收是有益于基督宗教世界观的自我完善和发展的。正是由于耶稣会本身对于非基督教思想家的开放接纳，从他们对待柏拉图、亚里士多德（Aristotle，前384—前322）、西塞罗的态度，我们也可以理解他们为何会以相似的方式来对待中国独特而深厚的儒家思想。正是来华耶稣会士早年在欧洲所接受神学、哲学训练以及耶稣会内部浓厚的人文主义氛围，奠定了他们对待异教文化的开放、包容心态，这些也成为他们理解并在跨文化语境下诠释儒家思想时不可摆脱的"前见"。②

根据耶稣会的规定，耶稣会士一旦受派到外方进行传教，在他们"正式进行传教以前，神父们通常要学习所在地区或者他们将要照顾的人群的语言"③。除了学习当地语言之外，他们也需要深入了解传教地区的风俗文化和信仰情况，从而考虑如何将福音宣讲与当地的文化传统更好地结合。因而耶稣会在海外传教中一直积极采取文化适应方针，尤其是针对文化较为发达、传统习俗影响较为根深蒂固的地区，而并不仅仅是在中国才采取这样的方针。此外，"耶稣会取消修会统一服装的做法对'适应方法'也十分有利"④，耶稣会士在学校中所接受的良好教育和他们所掌握的丰富知识帮助他们运用自己的知识积累，灵活适应当地的具体情况并渗透进入当地主流话语圈去开展传教工作，汤若望（Johann Adam Schall von Bell，1592—1666）、南怀仁（Ferdinand Verbiest，1623—1688）所具

---

① [荷]许理和：《跨文化想象：耶稣会与中国》，载《文本实践与身份辨识——中国基督徒知识分子的中文著述1583—1949》，上海：上海古籍出版社，2005年，第3页。

② 关于来华耶稣会士对于西方人文传统的介绍，详见Federico Masini (ed.), *Western Humanistic Culture Presented to China by Jesuit Missionaries (XVII-XVIII centuries), Proceedings of the Conference Held in Rome, October 25-27, 1993, BIBLIOTHECA INSTITUTI HISTORICI S.I. Vol.XLIX*. Roma: Institutum Historicum S.I., 1996.

③ [德]哈特曼：《耶稣会简史》，谷裕译，北京：宗教文化出版社，2003年，第38页。

④ 同上书。

备的天文学知识，白晋（Joachim Bouvet, 1656—1730）、张诚（Jean-François Gerbillon, 1654—1707）、郎世宁（Giuseppe Castiglione，1688—1766）、纪理安（Kilian Stumpf, 1655—1720）等所运用的数学、地理、绘画、建筑、金属制造方面的知识，使得他们在天文观测、地理勘探与地图绘制、园林建筑、解剖学与西药介绍、动植物调研与引进等方面做出独特的贡献，成功地帮助他们获得了中国皇帝和王公大臣们的青睐、接纳。

除了向东方传播欧洲的科学文化，耶稣会士在华传教期间向欧洲寄回大量有关中国的报道。罗耀拉在任时就要求耶稣会会员有义务定期撰写书信，后来制定的《耶稣会会宪》对此也有明确规定："一般会员应该与长上之间交换信件"，此举有助于会员之间相互了解以及分享来自各地的信息与情报。[1] 由于当时每年只有一趟船航行于里斯本与印度之间，而且航行事故、货物遭遇抢劫的事件也时有发生，因此在信件送出前往往会有专门的抄写员对这些信件进行抄写制作副本，甚至有时同一信件还会出现不同语种的翻译抄本。一般各个葡国商船的出发地是进行信件抄写的主要地点，比如中国的澳门、日本的九州长崎，此外，印度的果阿也是集中制作信件副本的一个地点。在里斯本还有一名专门负责收发信件的耶稣会士，他有权先行拆阅部分信件并决定是否有必要制作新的抄本。[2]这些写给会长的报告连同他们写给亲人朋友的书信，他们带回欧洲的中国工艺品，他们翻译的中国古籍，撰写的有关中国文化传统、哲学思想、道德伦理的著作都使来华传教士成为"中学西传"的先锋力量以及17—18世纪欧洲中国形象最重要的塑造者，后文将会述及的《中国哲学家孔夫子》（*Confucius Sinarum philosophus*, 1687）一书在欧洲的出版就是一个很好的例子。

---

[1] 按照书信的内容，耶稣会士的信件分为三类：letras principales, letras de negocios和letras importantes/hijuelas，第一种主要关于教化事务，可以公开；后两种多为不得公开的内部信息传递，通常还需要为这些信件制作副本一并送往目的地。关于《耶稣会会宪》中有关耶稣会内部通信制度的具体规定，详见戚印平：《远东耶稣会史研究》，北京：中华书局，2007年，第440—442页。这些来自全球各个教区写给总会长的信件现大部分保存在罗马耶稣会档案馆中。

[2] 同上书，第443—444页。

二、多明我会及方济各会的神学训练背景

同为天主教中的托钵修会（the Mendicants），方济各会由意大利人方济各（Francesco d'Assisi, 1182—1226）创立并于1209年获教宗依诺森三世（Innocent III）批准成立。遵循创始人圣方济各的教导，该会主张仿效福音书中所记载的基督耶稣那种清贫谦卑的生活——无论是圣方济各本人所制定的"原始会规"，还是1223年获教宗支持重新修订的"第二会规"，"贫穷神学"的理念都贯穿始终——身着粗布衣袍，赤足行走，托钵行乞，四处讲道。因会士们彼此互称兄弟，故又名"小兄弟会"。该会在修会体制上亦有所创新，例如他们为女修道者创立了女修会，是为"第二会"制度（主张隐修生活），为在俗的教徒创立了"第三会"制度，入会者无需出家守贞亦不用放弃自己世俗的职业，只需在修会神父的指导下，尽力依据福音书的要求去生活，安贫乐道并广施财物。这一体制的革新，促使方济各会的会众规模极大扩张。直至今日，该会仍是天主教会中会众最多的修会。

多明我会由西班牙神父多明我·古斯曼（Domingo de Guzman, 1170—1221）在1216年创立并于同年获教宗依诺森三世的批准。因该修会致力于训练能言善辩、善于讲道的传教士一并重视神职人员的神哲学训练，会中曾出现大阿尔伯特（Albertus Magnus, 约1200—1280）、托马斯·阿奎那等著名学者，亦因此获得多任教宗的信任和委托，长年主持宗教裁判所，一方面掌管教会法庭，负责内部教徒诉讼的事宜，另一方面也负责维护教义的正统性、抨击异端邪说。时至今日，多明我会仍然掌管着梵蒂冈教廷的信理部及教廷的最高法庭。该会的立会宗旨同样以向平民传教为主，更侧重于驳斥异端和劝化异教徒。多明我会同样为女修士设有"第二修会"（不能外出布道，只在修院中潜心于宗教修行）以及为在俗教徒设立的"第三修会"。

托钵修会的出现，对当时的欧洲社会产生了非常大的影响。托钵会士（其中有相当一部分是贵族出身）主动放弃世俗的财富权势，甘愿选择清贫的生活，其关爱穷苦众生、热心布道的形象，极大地改变了民众对于中世纪教会腐化奢靡的负面看法，挽回了天主教会的威信。

三、明清三大天主教修会入华及其之间的关系

1. 借助西葡保教权入华

明清之际在华的托钵会士，皆以西班牙传教士为主体，其海外传教活动主要依仗西班牙保教权（西语Patronato Regio）的庇护，这也在无形中构筑了与借助葡萄牙保教权（葡语Padroado Real）得以入华的耶稣会士之间的竞争关系。保教权问题原本就是西方早期殖民争霸的产物，它源于1493年5月教宗亚历山大六世（Alexander VI）接连两次下令，分别将东西半球的"保教权"赋予当时积极扩张海外殖民势力的葡萄牙和西班牙。为避免"新大陆"上的欧洲人之间因争夺属地而产生矛盾，教宗借西葡两国领海之间一条模糊不清的分界线，将全世界划分为东西两区，西印度（美洲）归西班牙管辖，东印度（非洲及东印度群岛，以及印度、日本、中国）归葡萄牙管辖。依据这种地理划分，葡萄牙在中国独享保教权。因此，按规定传教士来华必须先征得葡王同意，宣誓效忠于葡王并搭乘葡萄牙商人的船只来华，其在东方的传教活动也多借助葡国的保护。耶稣会士得以入华，借助的正是葡国的保教权，而据荣振华（Joseph Dehergne, 1903—1990）对明清来华耶稣会士国籍的统计来看，从明末直至康熙朝，来华耶稣会士中人数最多的始终是葡萄牙籍神父。[①] 但随着葡国海外扩张的势力及野心壮大，葡萄牙与教廷在传教问题上开始出现争执，来华耶稣会士不仅常常因葡国的阻挠而在旅途中一再滞留，而且当他们在华遭遇教难时，也很少能获得葡国的保护。西葡两国对于殖民利益的关注远远超过了保教义务的履行，这些都导致了它们与教廷之间矛盾的不断加深。1622年，教廷先是设立传信部（Congregatio de propaganda fide）作为派遣和管理海外传教士的最高机构并由教宗直接统领，继而又于1640年在远东地区设立"宗座代牧制"，由传信部直接向各教区派遣受命于教廷的代牧主教，重掌远东教务的管理权，直接打击西葡利用保教权对传教事务的干

---

① [法]荣振华等：《16—20世纪入华天主教传教士列传》，耿昇译，桂林：广西师范大学出版社，2010年，第466—491页。

预。①

至于借助西班牙保教权开展海外传教事业的托钵会士，他们亦从未放弃开辟东印度教区的努力。因应西班牙人在1565年入侵吕宋、攻占宿务岛，进而在菲律宾建立起殖民地统治，托钵会士得以进入菲律宾并成功开辟传教区，此后他们一直试图以菲律宾为跳板来华传教，但多次尝试皆未能成功。直至1631年1月，意大利多明我会士高琦（Angelo Cocchi, 1597—1633）终于进入中国，并在福建省福安地区站住脚跟，福建也因此成为多明我会在中国的传教基地，之后以此为据点，逐渐向邻省发展。1633年方济各会传教士利安当（Antonio Caballero de Santa Maria, 1602—1669，他也是方济各会中国传教区的奠基人）也是在高琦的安排下经台湾入闽。

2. 入华后修会间的相互竞争

早于托钵修会在华站稳脚跟的耶稣会士，因初代入华的罗明坚（Michele Ruggieri, 1543—1607）、利玛窦等人最初着僧服不受人尊重，遂改穿文人学者的服饰并试图归化中国的士大夫阶层，最终利氏借助文化适应路线在中国的上层社会打开交际网络。晚于耶稣会士入华的托钵修会，在其入华初期亟需获得在华传教经验更为丰富的耶稣会士的指引。而实际上，同为天主教的在华修会，耶稣会与托钵修会其实秉承着传播基督福音的共同使命。这一共同目标以及维护、扩大天主教会在中国的影响，促使先行入华的耶稣会士确曾给予后入华的托钵修会诸多建议和帮助。以福建教区为例，有"西来孔子"之称的耶稣会士艾儒略（Giulio Aleni, 1582—1649），早在1625年已在福州开教并获当地官绅文人的支

---

① 后来在华耶稣会为打破当时葡国对于来华传教事务的垄断和阻碍，亦希望引入法国势力以抗衡葡国。参见[法]裴化行：《天主教十六世纪在华传教志》，萧浚华译，上海：商务印书馆，1937年，第83页；黄正谦：《西学东渐之序章——明末清初耶稣会史新论》，香港：中华书局（香港）有限公司，2010年。有关葡萄牙、西班牙和罗马教廷各方势力在中国礼仪之争时所体现出的错综复杂的利益矛盾，可参见[法]裴化行：《天主教十六世纪在华传教志》，萧浚华译，上海：商务印书馆，1937年；李天纲：《中国礼仪之争》，上海：上海古籍出版社，1998年，第46—58、280—287页；张廷茂《16—17世纪澳门与葡萄牙远东保教权关系的若干问题》，载《杭州师范学院学报》2005年第四期；许璐斌：《16—17世纪的远东保教权之争》，浙江师范大学硕士论文，2009年；周萍萍：《清初法国对葡萄牙保教权的挑战》，载《文化杂志》2003年第46期等。

持。多明我会士高琦入闽后一开始亦与其交好，因他们二人乃意大利同乡。但随后高琦在1632年6月转到福安开教时，他便明确拒绝仿效耶稣会士的传教方式：既不穿丝绸衣服，也不愿像士大夫那样被对待，更希望能够以自己的行为作为榜样来向贫苦教友布道。得益于早期来闽耶稣会士所奠定的良好地方氛围，高琦在福安开教顺利。他借助两位中国教友郭邦雍（教名Joachim Ko）和缪士珦（教名Juan Miu）在语言和布道工作上的帮助，传教事业发展迅速，进而急需获得新传教士来华援助。因此多明我会菲律宾会省于1633年3月9日派出黎玉范（Juan Bautista de Morales, 1597—1664），而与他一起从甲米地（Cavite）港口出航、同船来华的还有方济各会士利安当，因长期以来，方济各会和多明我会一直在菲律宾密切合作传播福音，[1]这一合作的传统亦延续到他们入华传教的初期。

入华后的托钵会士，继续延续其在欧洲注重神学教义研习辨析以及平民布道的传教传统，他们更注重在贫苦大众中宣讲布道。而耶稣会士认为自己更为了解中国社会的实情亦最适合在中国传教，故时常对托钵修会会士身上那种无知而鲁莽的传教热情深感担忧。基于神学理念、传教方式的差异，加上民族主义情感也牵涉其中[2]（上文已提及葡萄牙保教权下的耶稣会士和西班牙保教权下的托钵会士在其海外殖民地开辟传教区域时，彼此之间一直存在竞争、对抗），这些都导致在早期托钵修会会士试图进入中国传教并寻求耶稣会士帮助时，部分耶稣会士曾经表露出轻蔑、不合作的态度，这无疑埋下了他们彼此之间猜疑和怨恨的种子。譬如多明我会士高琦在大雨夜晚请求借宿耶稣会会院时，就被葡籍耶稣会士林本笃（Bento de Matos, 1600—1651）拒绝，声称耶稣会内部有成文规定，不允许其他修会的会士借宿其院；黎玉范在入华后曾于1633年9月写信向耶稣会士示好，称他们3位新来华传教士愿意向在华的葡萄牙耶稣会士学习，以保证福音工作方针的一致，还特意赠酒一瓶，但换来的却是耶稣会士林本笃冷酷嘲讽的回信，声称没有耶稣会总会的允许，其他修会不许在华传教。也因为当时中国确实隶属于葡萄牙保教权，所以利安当入华后便于1633年11月2日专程前往南昌，拜

---

[1] Benno M. Biermann, *Die Anfänge der neueren Dominkanermission in China*, Münster: Aschendorffsche Verlagsbuchhandlung, 1927, pp. 32-33.

[2] J. S. Cummins, "Two Missionary Methods in China: Mendicants and Jesuits", in *Archivo Ibero-Americano XXXVIII*, Madrid, 1978, pp. 42-43.

访当时耶稣会中国副会省的会长阳玛诺（Manuel Diaz, 1574—1659）并向其递交自己的身份文书。原本利安当希望能借此机会，在南昌与耶稣会士相处数月，以便自己学习语言和了解耶稣会士在中国的传教方式。结果阳玛诺只允许他在耶稣会会院过圣诞节，随后就派人把利安当送到南京。在南京，利安当先是被当地的基督徒监禁6周，之后又被捆住手脚，用船送回福建。没有证据显示阳玛诺本人曾指使其基督徒粗暴对待利安当，但耶稣会士对待托钵会士的态度和行径，无疑加剧了修会之间的不信任。① 他们之间的恩怨以及围绕中国传教问题的各种意见分歧，最终以"中国礼仪之争"为导火索集中予以爆发。

第二节　中国礼仪之争与来华天主教修会之间的纷争

同为长期在华生活的传教士，耶稣会士和托钵会士对中国语言、文化都有深入的了解。他们从16世纪末开始译介中国典籍并将之刊行于西方世界，正是他们有关中国文化的报道、书信及论著，使来华传教士成为17—18世纪西方中国形象最重要的塑造者、西方中国知识的编纂者以及中国问题的发言人，但他们之间在中国传教问题上存在明显的理念差异。以利玛窦、金尼阁（Nicolas Trigault, 1577—1628）、艾儒略为代表的大部分耶稣会士主张采取表面上温和求同、在内部进行福音渗透的渐进路线，他们愿意通过宽容中国人祭祖祭孔来淡化文化间的矛盾，经由强调共性从而博取好感便于传教。正是基于这一考量，利玛窦制定了适应中国文化的传教策略②，并在《天主实义》等著述中明确认同以孔子为首的原儒，反对宋明理学对于原儒思想的扭曲并严厉批驳佛道思想，宣称他所宣扬的

---

① Benno M. Biermann, *Die Anfänge der neueren Dominkanermission in China*, pp. 34-50；利安当在南京被教友软禁一事，可参见方豪：《中国天主教史人物传》，北京：宗教文化出版社，2007年，第442页。多明我会入华后受到部分在华耶稣会士轻蔑对待的记载，亦可参见张先清：《多明我会与明末中西交往》，载《学术月刊》2006年第38卷，第137—143页。

② 确切地说，耶稣会在华实行的文化适应政策，是由范礼安、罗明坚、利玛窦共同奠定早期的理论和实践基础，后由金尼阁、艾儒略、殷铎泽、柏应理、南怀仁、纪理安等人继承、调整并继续发展。在此过程中，在华耶稣会内部从来不乏反对的声音，例如龙华民、熊三拔、汪儒望等都明确表露过其反对意见。但在来华耶稣会内部，反对适应政策一派始终居于下风，反倒是龙华民反对利玛窦路线的论文手稿几经周折转到托钵会士利安当、闵明我手中后，才被公之于众，随即引起轩然大波。

天主教思想是要帮助儒学回复到其最初纯洁的原儒思想。来华托钵修会则反对文化妥协、要求走严格强硬的福音宣传路线,他们急欲维护基督宗教的纯粹信仰,反对各种迎合儒家的做法并要求正视耶儒之间的本质差异,尤其必须廓清在华传教中的译名问题—并树立对待中国礼仪祭拜的强硬反对态度。正是基于这一严格的护教立场,来华托钵修会率先就中国礼仪之争问题发难。

一、中国礼仪之争的出现及其历史背景

因应托钵修会之间近似的传教理念和合作传统,高琦去世后,黎玉范和利安当自1634年6月起,便结伴在福建顶头村传教。同年11月,多明我会的苏芳积(Francisco Díez, 1606—1646)和方济各会士玛方济(Francisco Bermúdez de la Madre de Dios,?—1657)亦到此支援传教工作。当时黎玉范负责顶头教务,方济各会的传教士则负责顶头南部的传教点,后又在福安新建传教点(利安当正是在此地为后来中国天主教史上第一位中国主教罗文藻施洗)。因利安当在福安学习中文时,他的中文老师王达窦(亦是奉教文人,教名Taddaeus Wang)向他解释"祭"字义的措辞,让其发觉奉教教友仍在践行祭祀先人的礼仪,遂找到黎玉范请他开展调查。1635年8月13—14日,黎玉范和利安当亲自参加穆洋缪氏家族的祭礼进行考察,并随即宣布参加祭祀的中国基督徒因其偶像崇拜活动,不能被视为基督徒。① 而原先在闽的耶稣会士例如艾儒略,都是同意其教友参加祭祀的。面对教友的茫然失措且问题的根源在于在闽传教士内部对待中国民间祭祀的态度不一,出于慎重起见,黎玉范和玛方济作为托钵修会在华传教的负责人,曾为此从福安的顶头村步行前往福州,希望能与福州的耶稣会士就双方对于中国礼仪的认知以及传教问题上的分歧进行商议,结果双方各持己见莫衷一是。② 于是,托钵修会四位在华传教士在1635—1636年间于福建顶头进行两次宗教法庭调查,调查的结果由利安当编纂成文。最终托钵修会决定由苏芳积和利安当携带调查报告前往马尼拉,利安当先行离开,中途还被荷兰人捕获并囚禁数月,随后才获释被带到马尼拉并于1637年6月将顶头的调查文件呈递给马尼拉托钵修会的负责人予

---

① 黎玉范和利安当参与穆洋祭祀的全过程以及随后展开两次宗教调查的具体内容、后续影响,详见张先清:《多明我会士黎玉范与中国礼仪之争》,载《世界宗教研究》2008年第3期,第61—62页。
② 同上文,第61页。

以裁定。① 马尼拉大主教最终决定将问题上交罗马教廷来作最后裁决。得知消息的在华耶稣会，此时依旧不愿与来华托钵修会就此直接进行协商，遂于1637年派出曾德昭（Alvaro Semedo, 1585—1658，又名谢务禄）前往罗马为其在华传教策略辩护；托钵修会一方则选择中国礼仪问题上重要的见证人黎玉范作为多明我会的代表、利安当则是方济各会代表，一同前往罗马向教廷陈述托钵修会的观点，正式点燃了中国礼仪之争中——事实上类似的纷争也存在于天主教传教士对待南美印第安文明以及印度基督徒参与异教徒迷信活动等事件时，内部出现意见分歧，基本上都可归咎于天主教修会之间在福音传播方式上出现了不可调和的矛盾——争议双方在欧洲的战火。

事实上，早期来华耶稣会士内部早已就中国礼仪的问题，包括利玛窦的适应政策以及译名问题予以反思，例如利玛窦的接班人龙华民（Niccolò Longobardo, 1565—1655）和耶稣会士熊三拔（Sabatino de Ursis, 1575—1620）等人就明确反对利玛窦路线，这也直接导致了耶稣会内部的观点分裂。"中国礼仪之争"（Chinese Rites Controversy）主要涉及三方面内容：祭祖、祭孔以及"译名之争"，其中"译名之争"可谓礼仪之争的序曲，它最早在来华耶稣会士内部引起分歧。关于基督宗教的唯一真神Deus如何汉译的问题，利玛窦使用过的译名有"上主""主""主耶稣""天主"和"上帝"，其继任者龙华民则与来自日本会省的耶稣会传教士陆若汉（João Rodrigues, 1561—1634）一起反对使用"天主"和"上帝"这两个译名，坚持要用Deus的音译；为解决耶稣会内部意见分歧，当时的巡按使（Visitador）班安德（André Palmeiro, 1569—1635）于1629年决定采用"天主"作为唯一译名，禁用"上帝""天"等其他译名的使用，但实际上耶稣会士之中持反对意见甚至积极主张使用"上帝"译名的做法依旧存在，例如《中国哲学家孔夫子》一书的出版人柏应理（Philippe Couplet, 1623—1693）即曾对此明确表态。此后。教廷代牧主教颜珰（Charles Maigrot, 1652—

---

① 马尼拉大主教就中国礼仪问题展开讨论之时，由于福建当地兴起反教活动，黎玉范也于1640年4月回到马尼拉。1639年马尼拉中国耶稣会的会长巴托洛梅乌·德·罗博雷多（Bartolomeu de Roboredo）于8月2日撰写了第一份回应利安当的文书，之后耶稣会士安东尼奥·德·鲁比诺（Antonio de Rubino）在1641年写下一本批评耶稣会在华传教方式的著作，并于1665年用意大利语出版，该书长期被耶稣会内部列为禁书。Biermann, *Die Anfänge der neueren Dominkanermission in China*, Münster: Aschendorffsche Verlagsbuchhandlung, 1927, pp. 85-87.

1730）于1693年发布了严禁中国礼仪的命令，明令禁止使用"上帝"和"天"，只可使用"天主"，该用法亦沿用至今。

随着教廷作为最高仲裁者的介入和托钵修会的调查文件公诸于世，"中国礼仪之争"作为一个超出民族和地域的神学问题，在欧洲乃至整个天主教世界引起持续的关注和热议。在托钵修会撰写的一系列反对在华耶稣会立场的报告之中，最具影响力亦最富争议性的文书，莫过于来华多明我会士闵明我出版的《中华帝国的历史、政治、伦理及宗教概论》（*Tratados históricos, políticos, éthicos, y religiosos de la monarchia de China*, Madrid 1676）一书。书中第5论"关于'上帝''鬼神'和'灵魂'争论的简短回应"，原由反对利玛窦适应路线的耶稣会士龙华民[①]所作，该文因反对利玛窦的言论被视为影响耶稣会内部的团结，不符合在华耶稣会长远的发展，在1627年12月至1628年1月召开的嘉定会议上，除了解决耶稣会内部的译名问题（亦即上文提及的在华耶稣会决定禁用"天"及"上帝"作为基督宗教中真神的译名），以比利时人金尼阁为首的耶稣会士中的多数派再度强调要延续利玛窦的传教策略，会上亦决定暂不出版龙华民批评利氏的著作，故龙氏的论文仅以手稿形式保存在耶稣会内部。[②] 但后来因利安当在山东传教时与法国耶稣会士汪儒望（Jean Valat，1614?—1696）交好，而后者之前与其修会前辈龙华民往来密切。他理解亦同情龙华民的处境，于是将龙氏的葡文原始手稿（按：据笔者在传信部档案馆所见，该葡文手稿并不完整，龙氏原稿应有18论，现最后一论已佚，仅存17论）交给利安当阅读留存。利安当随即将龙氏手稿翻译为拉丁文，并将自己的译稿连同龙氏原稿作为证据一并呈交罗马传信部。但真正使龙氏报告广为人知的却是西班牙多明我会士闵明我。1665年，因反教文人

---

① 龙华民，字精华，出生于意大利西西里岛卡尔塔吉罗内城（Caltagirone）。1597年来华并奉派至韶州传教，1609年入京并于次年接替利玛窦中国耶稣会总会长职务，此后就"上帝""天"等译名问题提出质疑并用葡文写下《关于"上帝""鬼神"和"灵魂"争论的简短回应》（后由利安当翻译为拉丁文提交给传信部，由闵明我翻译为西班牙文并刊行于世），引发耶稣会内部意见分歧以及多个来华天主教修会有关中国礼仪问题的争议。1636年以后，龙氏主要在山东济南、泰安、青州等地传教直至1655年在京逝世，其在华传教共计58年。名下的主要著述包括《圣教日课》《地震解》《灵魂道体说》《答客难十条》等。

② 甚至有说后来的耶稣会中国副会省会长傅泛济（Francisco Furtado，1589—1653）曾于1645年下令销毁龙华民的论文，参见李文潮：《龙华民及其〈论中国宗教的几个问题〉》，载《国际汉学》2014年01期，第68—69页。

杨光先（1597—1669）所起教案（史称"康熙历狱"），闵明我与其他24名来华天主教传教士一同被流放广州，并于1667年12月18日—1668年1月26日就彼此存在意见分歧的中国礼仪性质、译名之争等议题共同举行广州会议。会上，利安当坚决反对祭天祭孔等中国礼仪，并获得陆安德（Andrea-Giovanni Lubelli, 1611—1685）、聂仲迁（Adrien Greslon, 1618—1696）、张玛诺（Manuel Jorge, 1621—1677）、汪儒望4位耶稣会士的支持。但是大多数与会者都表示赞成中国礼仪，在最后表决时就连过去一直反对中国礼仪的闵明我亦对中国礼仪表示了认可，最终来华传教士在广州会议上达成42条共识。但闵明我在最后关头的立场转变后来被证实是违心的诡计。会议期间，闵明我从好友利安当那里获得龙华民的材料。同时，他亦奉上司的命令，结合自己在华传教时的观察及思考，就中国人祭祖祭孔的礼仪性质写下一份西班牙语手稿。在广州会议表决签字后，他随即于1669年12月9日越狱逃跑，返回欧洲。他先是向信理部提交反对来华耶稣会文化适应政策的119条质疑①，此后又将自己依据在华所见所感写下《中华帝国的历史、政治、伦理及宗教概论》一书正式出版，其中也收录了龙华民反对利玛窦的文章。因闵氏的著作是正式出版物，传播范围远远超过利安当此前为龙华民报告所作的拉丁文译稿，且因应其话题极具争议性，出版后随即在西方引起轰动，不仅加剧教廷内部对于来华耶稣会传教方针的责难，亦促成同样反对来华耶稣会立场的巴黎外方传教会于1701年将其编译的龙华民报告法文版与利安当《论在华传教的几个要点》法文版结集出版；②同时也激发了西方人对于中国的强烈兴趣，譬如法国哲学家马勒伯朗士（Nicolas de Malebranche, 1638—1715）于1708年发表的《一个基督教哲学家和中国哲学家关于上帝的存在和本质的对话》就是基于法文版的龙氏报告和利安当《论在华传教的几个要点》法文版中的观点而生发出的对

---

① "Dubia Sinensium proposita anno 1674. a P. Mag Fr. Dominico Nauarrete Ord. Praedicatorum Sinensium Missionario Sacrae Congregationi Generali S. Romanae, & Vniuersalis Inquisitionis, & ex eius facultate transmissa Reuerendissimis Patribus Patri Mag. Laurentio Brancatode Laurea Ord. S. Francisci Minorum Conuentualium, Consultoris SS. Congregationum S. Officij, Rituum, & Indulg. Examinatori Episcop. & Theolog. publici S. Sapientiae. Et Reuerentissimo P. Caietano Miraballo, Cleric. Regular., S. Officij Qualificatori", in *Tratados históricos, políticos, éthicos, y religiosos de la monarchia de China*, Madrid 1676, pp. 483-514.

② *Anciens Traitez de divers Auteurs sur les Cérémonies de la China*, Paris: Louis Guerin, 1701.

中国无神论主义的指责；①德国启蒙思想家莱布尼茨在其致雷蒙先生（Monsieur de Rémond）的长信"论中国人的自然神学"（Discours sur la théologie naturelle des Chinois）②中，则对龙华民、利安当观点悉数予以反驳。正是这些基于来华传教士所提供的关于"中国礼仪之争"的材料而产生的针锋相对的公开讨论，将欧洲启蒙思想圈有关"中国人究竟是无神论者抑或自然神论者"的辩论推向顶峰。

二、中国礼仪之争产生的原因分析

"中国礼仪之争"据其争论的理论基础和最终裁决的标准而言，它无疑是隶属于天主教神学思想范畴内的问题，因此最先就此问题发难的亦是来华托钵会士，而随后因应教廷与传统欧洲强国之间就海外教区管辖权的矛盾升级（"高卢主义"反对教宗干涉法国内部事务）、天主教内部修会之间的门派竞争（詹森派对耶稣会的攻击③）、欧洲启蒙运动者加入辩论、欧洲民族国家之间的政治角力，以及争夺海外殖民地的利益推动，该问题进一步白热化乃至政治化。④自来华托钵会士挑起争论，在此后长达半个多世纪的争论中，罗马教廷各任教宗对待中国礼仪的态度也各不相同、左右动摇，致使不胜其烦的克莱门十一世（Clemens XI）上任后随即决定尽快解决这一长久的争执，并在听取了宗教裁判所、巴黎大学神学院等没有来过中国的专家意见后下令：视中国礼仪为宗教异端活动，禁止信徒施行中国礼仪，任何不服从此令的基督徒，其教籍将被革除。而同样的政治化后果也发生在中国：当铎罗（Carlo Tommaso Maillard de Tournon, 1668—1710）在明知后果的严重性还是执意遵从教廷的意旨颁布禁令时，康熙帝

---

① 马勒伯朗士论文的中译本及其关于神的观点分析，参见庞景仁：《马勒伯朗士的"神"的观念和朱熹的"理"的观念》，冯俊译，北京：商务印书馆，2005年。
② 法国政要雷蒙因对莱布尼茨的学养深感钦佩，长年与之通信。正是他把龙华民的论文和利安当关于中国传教问题的报告寄给莱布尼茨，请其发表观点。莱氏极为认真地对待此事，阅毕以回信的方式，写就32页的长篇论文《论中国人的自然神学》，其中译本参见秦家懿（编译）：《德国哲学家论中国》，北京：生活·读书·新知三联书店，1993年，第67—134页。
③ 黄佳：《詹森派视野中的"利玛窦规矩"——以〈耶稣会士的实用伦理学〉第二卷为中心》，载《浙江社会科学》2013年第9期，第122—128页。
④ 有关葡萄牙、西班牙和罗马教廷各方势力在"中国礼仪之争"之时所体现出的错综复杂的利益矛盾，可参见李天纲：《中国礼仪之争》，上海：上海古籍出版社，1998年，第46—58、280—287页，以及周萍萍：《清初法国对葡萄牙保教权的挑战》，载《文化杂志》2003年第46期等。

决定将中国的天主教会收归自己管辖，不允许对中国文化一无所知的罗马教廷再对其指手画脚。进而他下令向来华传教士发行在华传教的"印票"，实行"具结"，即要求传教士宣誓效忠于他个人，远离罗马教会并永留中国，而不领印票者将被立即驱逐。这种政治文化上的中西断交以及1773年耶稣会被教宗下令解散，最终为"中国礼仪之争"画上悲壮的句号。

倘若回到历史的原点，我们分别由耶稣会和托钵修会两派的立场，立体地审视"中国礼仪之争"产生的原因，笔者认为可概述为以下四点①：

1. 新派与老派修会之间的不信任不合作：作为成立于宗教改革之后的新派修会，耶稣会发四愿、实行军事化管理并践行精英教育理念，不着会服以便深入民众之中灵活传教，奉行现实主义的行动方针因此更多地参与到世俗的商业、政治活动之中②，它在许多方面都有别于成立于中世纪的多明我会、方济各会等天

---

① 此前国内学界更为熟悉和关注来华耶稣会士的文化适应政策及其在"中国礼仪之争"中角色，以致对来华托钵修会入华初期的困境及其对耶稣会士愤然发难的缘由有所忽略。故本段原因分析，笔者除参考方豪：《方豪六十自订稿》，台北：学生书局，1969年；李天纲：《中国礼仪之争》，上海：上海古籍出版社，1998年；张国刚：《从中西初识到礼仪之争：明清传教士与中西文化交流》，北京：人民出版社，2003年；张西平：《欧洲早期汉学史》，北京：中华书局，2009年；[美]孟德卫：《奇异的国度：耶稣会适应政策及汉学的起源》，陈怡译，郑州：大象出版社，2010年等学者的研究成果，亦试图结合国外专事来华托钵修会研究的重要学者Biermann: *Die Anfänge der neueren Dominkaner Mission in China*, Münster: 1927; Cummins: *Jesuit and Friar in the Spanish Expansion to the East*, London: 1986, 以及国内张铠：《西班牙的汉学研究（1552—2016）》，北京：中国社会科学出版社，2017年；崔维孝：《明清之际西班牙方济会在华传教研究（1579—1732）》，北京：中华书局，2006年；张先清：《多明我会与明末中西交往》，载《学术月刊》2006年第10期等学者有关托钵修会与中国礼仪之争的研究，以期对中国礼仪之争兴起的原因作出更为客观、全面的表述。

② 关于耶稣会士参与远东商业贸易和殖民管理活动的情况，可参见许序雅、许璐斌：《葡系耶稣会士对葡萄牙远东殖民利益的促进作用》，载《文史博览（理论）》2008年12期，第4—7页；汤开建：《明清之际中国天主教会传教经费之来源》，载《世界宗教研究》2001年第4期，第84页；张廷茂：《耶稣会士与澳门海上贸易》，载《文化杂志》第40—41期，第109页；戚印平：《远东耶稣会史研究》，北京：中华书局，2007年，第324页。学界此前的研究亦发现：比利时来华耶稣会士柏应理、鲁日满等人与葡萄牙人海上贸易的竞争对手——荷兰人关系密切。在华传教期间，柏应理与荷兰人一直保持通信，他曾多次向他们询问欧洲最新的信息，索要红酒、奶酪、黄油等在华难以获得的食物，同时他也请荷兰人帮助在华传教士将他们的书信带到欧洲。而作为回报，柏应理多次向荷兰人提供当时中国政治经济方面的信息，比如他曾建议荷兰人以南京这个葡萄牙人不太关注但盛产丝绸的城市作为对华贸易的中心；他也借助自己的汉语能力帮助荷兰人翻译过一些文书以及处理一些在华受阻的买卖；在流放广州期间，他和鲁日满还一同作为荷兰人的翻译，协助荷兰人与广州官府打交（转下页）

主教老派修会。随着托钵会士入华，在华耶稣会士一再拒绝与其就"中国礼仪"问题进行协商，也不愿意让各自修会在马尼拉的神学家对此问题进行裁决，而是在事发后单方面派出代表向教宗禀告此事，促使托钵修会随后亦选择独自上禀教宗，之后耶稣会士又数次派出代表请求教宗裁决，致使不熟悉中国教务亦不了解中国文化的多任教宗，在偏听两派各执己见的论述后，先后数次对此争论作出自相矛盾的裁决。其中，早于托钵修会入华并已率先建立起强有力的传教据点网络的耶稣会士，经由此前50年的传教工作业已总结出统一践行且兼顾社会不同阶层传教侧重点的工作方针，他们中的部分成员据此心生傲慢并怀有"独占中国"的私心，从一开始就表现出对托钵会士高琦、利安当等的排斥态度，哪怕他们其实意识到自身传教人手不足，却还是认定托钵会士"缺乏经验"又"不够聪明"，而一味固执于教义的纯洁性必会激怒中国官方，摧毁基督宗教在华传教事业，故一再拒绝与之经由对话达成共识。而托钵修会在入华后，仍试图照搬欧洲的传教方式（或许是因为他们缺乏经验，难以找到比耶稣士更好的传教方法，故选择保守地沿用修会布道传统）。在入华初期，多明我会士亦曾试图向耶稣会士看齐并适应他们现有的做法——譬如他们很快就发现：欧洲传统的在路边和广场上公开布道的方式，照搬到中国却会带来危险。他们于是转为在家中布道，并用中国人熟悉的礼仪来迎接、吸引异教徒，有专门的大厅用于宗教布道以及听取异教徒的质疑，这些都是托钵修会向耶稣会士学到的经验——以避免出现传教方针上的混乱。但因为耶稣会一再拒绝与之对话辩难，内心的良知和信仰促使他们无法继续容忍耶稣会士在传教方针上所犯的"错误"：传教士应守贫而不是坐轿子穿绸衣；不是从上层着手，而应从下层穷人着手传教——事实上来华耶稣会关注上

（接上页）道。参见Paul Demaerel, "Couplet and the Dutch", in *Philippe Couplet, S.J. (1623—1693), The Man Who Brought China to Europe*, pp. 98, 100—110. 因受葡萄牙保教权的影响，在华耶稣会士向欧洲寄出信件时，常规的做法应是经由葡国船只运送信件，而在寄出前亦需在管区接受抄写并制作副本，《耶稣会士在亚洲》(*Jesuitas na Ásia*) 中就收录有多封署名柏应理、经由葡国运送的信件抄件。柏应理等后来借助荷兰商船这种非常规的渠道传递信息是否有特殊用意还需进一步探究，但很有可能他们开辟荷兰商船的新航线是为了更好地确保自身与欧洲保持稳定的联系和物资供给，而不是完全依赖于葡萄牙方面。另据康志杰关于来华天主教修会财务状况的研究，过度参与世俗经济活动（譬如来华耶稣会士曾开办钱庄，向中国人放贷），是导致耶稣会最终被解散的一个重要原因。参见康志杰：《中国天主教财务经济研究（1582—1949）》，北京：人民出版社，2019年，第56—77页。

层路线，但也从未忽视穷人，龙华民、鲁日满、汪儒望、马若瑟（Joseph Henry-Marie de Prémare, 1666—1736）等皆是擅长平民传教的突出代表，利玛窦去世前指定与其传教风格迥然不同且私下关系亦不密切的龙华民为其接班人，应该也与后者出色的传教才能、施洗教友人数众多有关，某种意义上，这才是基督宗教在华发展的最终目标。选择龙华民的决定，证明利氏亦试图平衡、调整耶稣会在华未来的发展方向——他们同样担心耶稣会士的方针会危害整个中国传教事业，不仅有损于新入教教友的灵修训练，而且他们更担心耶稣会士会建立起一个中国民族的教会，拥有自己的规定和众多特许，从而导致所谓新、旧基督徒之间的差异和天主教世界内部的再度分裂，故愤而发难。

应该说，初来乍到的托钵会士确如耶稣会士所预见的，表现出其莽撞和固执：在没有纵观全局发展的需要、深入了解耶稣会士观点及其动机的情况下，就全然照搬教条，视中国礼仪为迷信活动，同时也不愿听取亲近耶稣会士的中国教友的意见，后来甚至固执地拒绝了耶稣会士提出的妥协方案。个中的主要症结在于除福建以外，托钵会士希望在中国获得更多的传教区域，而这种区域的扩张和划分势必会对在华耶稣会已经占领（以及计划占领）的地盘产生冲击。耶稣会一直回避与托钵修会进行正式讨论，也是基于一旦开展就形同默认给与托钵修会在华传教的权利的心理，而此时耶稣会士尚未有这种打算。据此可见，耶稣会作为新兴修会与老派托钵修会之间互不信任、相互竞争的关系，在欧洲教廷内部以及海外其他天主教传教区早已存在，中国问题只是其延续及激化。

2. 对华传教路线之争：自圣保禄开启针对异教徒的传教事业，基督宗教拥有悠久而丰富的传教经验。在面对文化悠久且地大物博的族群时，采取适应政策自有其必要性，以范礼安（Alessandro Valignano, 1539—1606）、利玛窦为首的耶稣会士明显深谙此道：经由净化异教文化因素并从中选择有利因素，最终将其吸收到基督宗教之中。"中国礼仪之争"的核心问题在于，这些礼仪本质上是否是迷信？利玛窦经由对中国典籍的深入学习和对中国教友的询问，认为中国的古代典籍即是中国先民信仰Deus的证据，从而赢得文人的青睐。而随着擅长在中国社会底层传教的龙华民在会内公开质疑利氏方针并获得部分同会会士支持，在华耶稣会此后迫于压力，也曾一次又一次地针对中国礼仪问题展开调查，不断收集教友的证词报告。但在本质上，此后在华的耶稣会士并未公开质疑且仍在延续利玛窦所确定的文化适应路线,甚至在托钵会士主动拜访、请求协商确认传教政策的底线何在,以保证自身宗教信仰不会被他者文明所融合时,数次直接予以回绝。

作为拥有丰富布道经验的托钵修会,尤其是多明我会,他们曾在归化西班牙格拉纳达的摩尔人、在美洲和菲律宾的殖民地开辟传教事业,以及在马尼拉对华人和日本人传教时都践行过文化适应方针。翻阅最早在菲律宾向当地华人公开布道的多明我会传教士高母羡的《明心宝鉴》西语译稿(1592)和他的中文布道手册《辩正教真传实录》(未完稿,1593),可以发现高氏同样运用类似利玛窦的文化意象附会手段,试图用现有的中文术语来对译西方神学概念,例如用"佛""仙"对译圣人(sanctos)、用"天地""天主"来对译Diós[①],多次借助"太极""无极"向世人讲解"天主"之广博等适应求同的做法。包括二度入华后的利安当,伴随着自身传教经验的丰富、对儒学典籍以及中文天主教神学著述的深入研读,以及个人交际网络的变化(早期主要是与福建当地的多明我会士建立反对在华耶稣会传教方针的同盟,后期他频繁地在中国各地活动,直接与汤若望、成际理、卫匡国等在华耶稣会士就自己心中的疑虑进行对话,并受到与之交好的耶稣会士汪儒望的深入影响),他于1664年刊刻的《天儒印》一书,便将四书中出现的"道""天""性""大本"等具有本原意旨的词汇,都视为基督宗教的唯一真神在中国文化中的代名词,据此可推测:利安当在华传教后期的儒学观实际上偏向于利玛窦合先儒、批后儒的看法。甚至多明我会士闵明我也在其著述中明确表示:他对于传教士学习中国礼仪持积极态度,他认为传教士要归化中国这样一个谦恭有礼的民族,学习中国礼仪不仅会带来便利而且非常必要。只有这样,中国人才不会回避他们并愿意与之交流。通过仿效中国人的习俗、使

---

① 参见刘莉美:《当西方遇见东方——从〈明心宝鉴〉两本西班牙黄金时期译本看宗教理解下的偏见与对话》,载《中外文学》第33卷第10期,2005年3月,第125—126页。高母羡在撰写《辩正教真传实录》时亦参考借鉴了罗明坚《天主实录》中的"汉语神学"术语表达,例如用"天主"指代Deus,用"天神"来附会天使,以"西僧"自称等。

用他们的仪式才能促使彼此的灵魂进行对话、变得熟悉。①可见，托钵修会非常熟悉、认同也擅用文化适应路线，但他们在践行这一路线时亦有明确的前提和底线：若是这一求同的道路能够更为方便地、且无损于信仰的原则地安全达到归化异教徒的目标，则可坚定推行；但若是在此过程中因应人性的软弱、急于求成的功利性愿望等而无法保证福音信仰的要求，则必须予以反对。因应入华初期所受的蔑视排挤甚至粗暴对待，托钵会士对耶稣会士的负面看法直接干扰了他们在福建顶头所作的两次调查。若仔细审阅他们围绕中国祭祖祭孔问题所设定的针对性问题，可以发现：他们询问文人信众所获得的答案和建议都如其所愿，成为反对耶稣会士的"预设"证据。出于强烈的宗教责任感而战的托钵会士，实际上也因个体的偏见背弃了集体的利益以及圣保禄所奠定的传教方针，亦即圣保禄在归化雅典人时的做法：不去指责他们做错，而说他们非常不同。

3. 中国人及儒学思想作为在场的"他者"：虽然中西之间这场声势浩大的争议以中国之名，亦以中国礼仪为其争议的内容，但事实上，中国人自始至终并非主动、有意地参与到"中国礼仪之争"。这场争论就其思想本质而言，其实是两种西方布道思想之间的对决，亦即托钵修会的传统保守的路线与耶稣会灵活冒进路线之间的矛盾。而隐匿于其中的民族主义情绪和修会之间的对抗，又使矛盾不断升级，致使法国耶稣会士在其发给欧洲的报告中直接指出：西班牙多明我会士应停止与葡萄牙耶稣会士在中国进行对抗［例如葡籍耶稣会士何大化（António de Gouvea, 1592—1677）对西班牙多明我会士闵明我的公然诋毁和侮辱②］，并

---

① Domingo Navarrete, *Tratados históricos, políticos, éthicos, y religiosos de la monarchia de China*, Madrid 1676, p. 6. 闵明我本人认为应当适应中国文化，但其论点与耶稣会有所不同。他曾总结过：应当尊重中国人，但他不理解为何要让基督教去适应一个在理智上如此出众的民族，中国人完全可以完整地理解整个基督教教义。他试着找到自己的解决方案：传教士应小心谨慎，不要表现出任何自大，保持温和，不要引用《圣经》语句作为论据，而要用中国人自己的经典和术语来跟他们论争，而论争的基础应是自然理性。在此闵氏遵循的是阿奎那在《驳异教徒》（*Contra gentiles* I, ii）中的观点，参见J.S. Cummins, *Two Missionary Methods in China: Mendicants and Jesuits*, in *Archivo Ibero-Americano XXXVIII*. Madrid, 1978, p. 88.

② J.S. Cummins, *A Question of Rites: Friar Domingo Navarrete and the Jesuits in China*, Cambridge: The Scolar Press, p. 146；董少新：《葡萄牙耶稣会士何大化在中国》，北京：社会科学文献出版社，2017年，第145—147页。

将之视为这场争论的基本原因,①而整个欧洲都为之震惊。后来,随着17世纪中叶法国耶稣会士来华以及在华耶稣会法国传教区于1700年成立,耶稣会中国副会省遂被分裂为效忠葡国保教权的一方以及法国人自行管理的一方,葡籍与法籍耶稣会士之间的相互敌视甚至惊动康熙帝出面调解;②同时,随着巴黎外方传教会大举入华,一跃代替托钵会士、成为反对在华耶稣会适应政策的急先锋——此时坚定反对适应政策的巴黎外方传教士与负责为适应政策进行辩护法籍耶稣会士也开始猛烈交锋,并将"中国礼仪之争"问题引入法国——致使中国原有的传教格局被打破,来华传教士内部的各种矛盾进一步升级。③

在这场围绕中国礼仪本质的争议中,追随利玛窦路线的耶稣会士皆立足于先儒文本,借助"崇古主义"以之为正统,否定宋明理学并批判佛道思想。托钵修会基本上都追随耶稣会士龙华民的论断,④经由证明今儒是无神论者来倒推古儒同样是无神论者。闵明我就曾在其著作中征引龙华民报告第17论(Preludio XVII)所载他与异教徒以及奉教文人之间的对话,来证明当代中国人的言论不过是对古人的单纯回应,他们在古人论述的基础上,频繁引用他们有关美德及宗

---

① J.S. Cummins, *The Travels and Controversies of Friar Domingo Navarrete, 1618—1686*, Cambridge: Cambridge University Press for the Hakluyt Society, 1962, p. L.
② 阎宗临:《传教士与法国早期汉学》,郑州:大象出版社,2003年,第176—180页。德国来华耶稣会士纪理安曾于1704年10月20日从北京去信时任罗马耶稣会总会长秘书坦布里尼(Michelangelo Tamburini, 1648—1730),信中亦对不同国籍的耶稣会士之间的不和致使康熙帝不得不一再介入调解进行了描述,参见罗马耶稣会档案馆Jap. Sin. 168, ff. 145-153。
③ 关于法国传教士将"中国礼仪之争"带入法国,并藉由1700年巴黎大学神学院开始审查中国礼仪问题,使法国成为礼仪之争后期欧洲另一争论的主战场,参见谢子卿:《中国礼仪之争和路易十四时期的法国(1640—1710):早期全球化时代的天主教海外扩张》,上海:上海远东出版社,2019年。
④ 早期入华的托钵修会在对儒家思想乃至中国文化的深入认知和理论提炼上,明显不及耶稣会士,这从他们在表述自身立场时,需要不断征引、重译龙华民批评利玛窦的论文可窥一斑。虽然客观上这也与他们入华时间短、在华传教经验少有关,但利安当本人(从方济各会中国教区的档案记录中,可以看到利安当名下著述极多,他应是方济各会中极富学识的传教士代表)就曾感慨:在传教实践中,他深感自己一人不足以应付与中国的文人阶层交往;同时他也深感方济各会传教士同耶稣会和多明我会传教士相比,无论在学识还是在科学知识的掌握方面都存在很大的差距。若不提高方济各会传教士的素质和文化修养,他们便无法或无能力面对知识渊博的中国文人阶层,只能把他们有哲理的言论斥为异端之荒谬学说。于是利安当曾多次向方济各会菲律宾省的会长要求派遣高素质的传教士,以满足中国传教团的需要。参见崔维孝:《明清之际西班牙方济会在华传教研究(1579—1732)》,北京:中华书局,2006年,第412—413、463—464页。

教事物的论断。① 尽管这两派都犯下割裂儒家学统、断章取义式地服务于自身阐释需要的过错，但这丝毫没有妨碍他们在中国的取证工作（无论是典籍文献的引用上还是对教友、异教徒的征询报告）。在宋明理学的影响下，明末清初受过教育的文人士大夫和没有接受系统教育的民众，在使用同一词汇时确实会有不一样的理解。前者赋予儒学术语抽象且理性化的含义，大众则更愿意借用古代宗教、祈福祭拜的含义来理解它们，这导致了"双层理解"抑或像龙华民指责儒家的"双重教义"②的产生。因而，来华传教士与中国信众之间针对中国礼仪祭祀问题进行的征信和调查，他们所获得的调查结果往往会因其调查对象的教育水平、社会地位不同，而得到截然不同的答案。再加上接受问询的中国人在多大程度上理解了传教士所设定的提问，其中是否存在人为误导的因素（尤其考虑到传教士的汉语水平参差不齐，时常需要借助中国译者转达想法）及个人感情因素的掺杂，教友们在多大程度上表述了自己的真实看法？传教士又在多大程度上领会（抑或过滤了）教友的意见？重重障碍夹杂其中，致使这场争论中真正的争论对象和当事人：被动参与抑或主动践行中国礼仪的中国奉教者，在这些预设了神学判断标准的层层调查之中，更像是为两派修会立论服务的"棋子"。而对这场争议具备最终裁决权的，自然也是掌控着神学理论标准及权威的罗马教廷，而非被动卷入的中国皇帝。这也导致中国官方最终只能采取行政外交的驱逐手段，来终止这一场蔓延在中国境内，由传教士带动奉教者按照西方的评判标准来评议乃至苛责中国礼仪的合法性，甚至由外国教宗直接向中国教友下达禁令的"干涉内政的闹剧"。康熙的震怒，在某种意义上亦折射了西方宗教改革进程中政教分离的诉求，尤其是世俗君王对教宗"干涉其内政"的强烈不满和反抗。

---

① Domingo Navarrete, *Tratados históricos, políticos, éthicos, y religiosos de la monarchia de China*, Madrid 1676, pp. 282-285. 笔者认为：尽管龙氏对于宋明理学有相当深入的了解，但其立论时常未能系统考察儒家思想脉络的变迁发展，断章取义且缺乏说服力。

② 龙华民在其报告中，屡次指出并批判儒家教义的双重性：一种是真实而深奥的真谛，只有精通儒学的文人才能理解那些蕴藏在符号及象形文字之中的含义并在私下传授；另一种则是虚假而极具欺骗性的表面含义，利用肤浅的字面意义制造出偶像崇拜，让其盛行于民众之中，从而使百姓心存敬畏避恶扬善，便于维护政治统治。儒家公开承认他们的鬼神本质上只是"气"，他们还声称自己所祭祀的天地山川诸神皆与其所在之物同质，龙氏认为这些其实都只是儒生的虚构。后文在第二章第三节对此问题以及龙氏报告中的其他内容另有详细介绍。

中国教众在礼仪之争中的被动地位，不仅体现在入华初期利安当、黎玉范等人拒绝听取亲近耶稣会士的中国教友的意见（有限的在华传教经验使其无法看到在华耶稣会传教方针的合理性和可取之处）；还体现在中国本土神父的缺席，从而无法有效地参与和影响权力话语机制的运作："由于受'欧洲人至上'思想的影响，在培养本地神父方面西班牙方济会几乎没有任何建树。方济会传教士始终把传播基督教义的神权掌握在自己手中，尽管他们曾培养华人'传教员'，但也只视之为传教工作中的工具和辅助手段，他们在1723年被雍正逐出内地前，没有任何神职人员本土化的努力。"① 包括中国天主教史上的第一位中国主教罗文藻，他原本是由利安当施洗并一直视其为助手，带其一同外出传教，后来利氏亦将罗文藻带到马尼拉学习神学，有意培养其成为神职人员，但方济各会始终拒绝接纳中国人担任神父，最后是黎玉范请求多明我会的会长才最终接纳罗氏并为其晋神职。② 与之相比，来华耶稣会士在本土神职人员培养方面表现得更有远见，他们明白皇恩的庇护以及在朝中任职只是权宜之计，反复无常的政治局势和根深蒂固的排外心理导致教难此起彼伏，只有让中国拥有自己的神职人员，才能保证基督宗教事业在和平以及动乱年代都不被中断。③ 因此，早在1613年金尼阁就将一封请愿书从中国带回欧洲，请求当时的教宗保罗五世批准在华耶稣会接收中国修士并用中文来做弥撒。1615年保罗五世在 "Romanae Sedis Antistes" 通谕中批准了该项请求并赋予来华耶稣会此项特权。但此后该项特权一直没有获得切实执行。④ 礼仪之争期间，当殷铎泽（Prospero Intorcetta，1626—1696）于1672年以中国修会代理人（Sinensis missionis procurator）的身份返回罗马报告中国教务时，曾带回北京的耶稣会士利类思（Lodovico Buglio，1606—1682）、安文思（Gabriel de Magalhães，1610—1677）、南怀仁等有关保存和发展教会的建议，

---

① 崔维孝：《明清之际西班牙方济会在华传教研究（1579—1732）》，北京：中华书局，2006年，第464页。

② Benno M. Biermann, *Die Anfänge der neueren Dominkanermission in China*, Münster: Aschendorffsche Verlagsbuchhandlung, 1927, p.90.

③ Liam Matthew Brockey, *Journey to the East. The Jesuit Mission to China, 1579—1724*, London: The Belknap Press of Harvard University Press, 2007, pp. 148-149.

④ Albert Chan, "Towards a Chinese Church: The Contribution of Philippe Couplet S.J. (1622—1693)", in *Philippe Couplet, S.J. (1623—1693) The Man Who Brought China to Europe*, Sankt Augustin: Steyler Verlag, 1990, pp. 62-85.

其中一条便是希望能在亚洲某个地区建立一个神学院，培养训练中国本土的神职人员。尽管殷铎泽很快就从当时罗马耶稣会的总会长Giovanni Paolo Oliva那里获得批准，允许其在澳门开办一个培养中国副会省神职人员的学校并从葡萄牙的佩德罗二世（Pedro Ⅱ）那里筹集到建立学校的捐款，但该建议在耶稣会总会以及教廷内部却迟迟无法获得批准。此后，柏应理作为代理人再度返回欧洲时，他亦带上沈福宗和龚尚实希望能让他们在欧洲接受神学教育并晋升神职。柏应理在向教宗汇报中国副会省工作时，也一再请求教宗批准吸纳、培养中国本土神父并在中国建立神学院，再次未获最终答复。① 可见不只是托钵修会，包括耶稣会上层以及教廷内部都对接受中国神父意见不一，持犹豫乃至反对的态度。而事实证明，因杨光先兴起历狱以致来华传教士集体流放广州期间，正是唯一的中国籍神父罗文藻借助其华人身份所获得的便利和灵活，奔波于中国各地苦苦维持着在华的传教事业。但对中国自身而言，中国本土神父的缺席造成的更为悲剧的后果是：当传教士与教廷在讨论"宗教"与"迷信"这一组对立的神学话语在中国的形成、表现与判定过程时，中国人无法运用自己的历史文献与真实体会直接进行声辩而需藉由他人代言，从而无法真正地参与到教会对于合法"礼仪"的规定（即真理与谬误之间的划分），以及与之相关具体实践行为"话语"的生产，更谈不上对之进行动摇使其语义链断裂，进而迫使教廷反思并重新调整生产相关话语的立场。自始至终，在"中国礼仪之争"中陈列证据、表述立场的发言人和参照教义的裁决者，都不是中国人。

4. 文本教条对真实思想的钳制：因应基督宗教的自我定义乃世界宗教，进而所有的异教文化皆被定义为是地方性的。把握《圣经》及福音书阐释权威、注重神学真理边界的教廷，尤其是以多明我会为代表的托钵修会在面对中国教徒独

---

① Theodore Nicholas Foss, "The European Sojourn Philippe Couplet and Michael Shen Fuzong 1683—1692", in *Philippe Couplet, S.J. (1623—1693) The Man Who Brought China to Europe*, Sankt Augustin: Steyler Verlag, 1990, pp. 125-140. 最终只有沈福宗成功陪伴柏应理完成了此次欧洲之行，并因其受到法王接见以及在英国牛津与海德的合作而为人所知。他在葡萄牙里斯本完成了见习修士的学习并发初愿，之后在返华航行中因染病在船上逝世。另一名中国教友龚尚实则是中途放弃：当他们一行抵达爪哇时发生了船只失事，龚尚实决定放弃此次欧洲之行并随即在爪哇跟随方济各会神父伊大仁（Bernardino della Chiesa, 1644—1721, 后来任北京主教）一同返回中国，他后来于1686年在澳门加入耶稣会，1694年晋升司铎，后返回内地传教。参见[法]费赖之：《在华耶稣会士列传及书目（上）》，冯承钧译，北京：中华书局，1995年，第414页。

特的祭祖祭孔祭城隍等地方性习俗时，强硬地运用他们所认定的"真理教导文本"（譬如教父神学中所界定的"宗教"和"迷信"的定义）作为理解和评价信仰问题的唯一标准，就其操作模式而言，这是固定僵化的经典教条试图篡夺"地方性"思想的生命主权，甚至试图用文本中界定的概念作为唯一真理来仲裁真实的问题，进而扼制、取代其存在，这样的做法最终只会凸显"经典文本"的自限性（异端、偶像崇拜、迷信活动的层出不穷），同时也使受其扼制的地方性思想失去自由与生命力。中国礼仪之争的结局，表面上看是基督信仰纯粹性的胜利，实质上是清廷和教廷的断交、传教士或是后继无人、老死于华，或是驱逐出境永不得返，以及自雍正朝开始彻底禁教，实为两败俱伤。直至两个世纪后"梵二"会议的召开，教廷开始积极鼓励世界各地天主教会本土化，在弥撒中使用各国各民族的语言也成为司空见惯的事情。[①] 这是基督宗教对其建构全球秩序的能力，尤其是对待地方性思想在态度上的重大转变：从注重唯一"真理"的完好移植转为重视"真理"在异地生长的有效性。从这个角度看，"中国礼仪之争"中来华耶稣会神父充满冒进错误的实践和建议恰是这方面的先驱，而传教士内部就此所产生的意见纷争和一系列言辞激烈的证词报告，最终促成了教廷对这一问题的认真思考、讨论和改革。

尽管中国礼仪之争是欧洲宗教与迷信框架下衍生出的西方神学争论，但因其争论的素材与焦点实为儒家的祭祖祭孔礼仪及中国民间信仰的问题，通过对其观察中国文化的不同视角及理论进行总结，无疑有助于我们更为深入地分析和定位儒家思想所具有的宗教性。

第三节　传教士研习儒学典籍及出版儒学译述的目的

一、耶稣会士的译介动机

来华耶稣会士积极致力西译儒学典籍并在欧洲刊行其译著，究其翻译动机而

[①] Albert Chan, "Towards a Chinese Church: The Contribution of Philippe Couplet S.J. (1622—1693)", in *Philippe Couplet, S.J. (1623—1693) The Man Who Brought China to Europe*, Sankt Augustin: Steyler Verlag, 1990, pp. 62-85.

言，是将这些译著作为在华传教的成果，展示给罗马教会，他们也时常将之作为礼物，回赠那些给予耶稣会东方传道团资助的捐赠人，或者用于向某些曾经给予抑或将来可能给予传道团某种形式援助的王公贵族示好，例如殷铎泽曾向维也纳哈布斯堡王朝的利奥波德一世（Leopold I，1640—1705）赠送自己的《中庸》译本，柏应理先后向法王路易十四、英王詹姆斯二世赠书。另外，考虑到来华耶稣会士的拉丁文著述，其受众不仅包括当时欧洲众多耶稣会会院中的神职人员及初学生，也包括那些对遥远而神秘的东方充满好奇的欧洲知识分子，其翻译动机结合具体历史背景来看，可归纳为下述三点：

1. 殷铎泽、柏应理等人都是建立中国本土教会的积极倡议者，他们先后作为"中国副会省的修会代理人"，前往罗马向教宗汇报教区工作。他们在旅行中都携带了大量中文书信，其中也包括耶稣会士翻译的四书刊印本，其目的在于：请求教宗批准在华耶稣会可以吸纳、培养中国的本土神父并用中文做弥撒，只有这样耶稣会才能长久地保存在华福音传播的成果，不至于因为此起彼伏的教案以及外国神父被驱逐出境，致使福音工作中断。而通过拉丁译文来展现儒家的丰富思想也可以有力地证明：归化一个有着如此悠久深厚的文化、注重伦理道德修养并具有丰富政治智慧的民族，将会对基督宗教的弘扬有莫大的光耀作用。

2. 通过翻译和著述向西方民众介绍中国儒家的"政治道德"思想，一方面借此显示耶稣会在华传教的成果、对中国文化的深入了解，并在欧洲为在华耶稣会士的传教方针、尤其是为耶稣会在礼仪之争中受到的责难辩护，显示耶稣会宽容中国民众祭祖祭孔的依据以争取欧洲民众的支持；另一方面也为激励更多年轻人加入耶稣会以招募更多来华宣扬福音的耶稣会士。此外，在礼仪之争白热化阶段，为了确保有关中国文化及礼仪的重要文献及证词能获得正确翻译，不会遭受耶稣会对手们的有意误读并被"错误"引用，此时有大量的中文典籍、证词及其译文由耶稣会中国副会省的代理人（procurator）[①]带回欧洲，例如现存于罗马耶稣会档案馆的大批中文典籍，其中将近70%可能都是由卫方济（François Noël，1651—1729）与庞嘉宾（Kaspar Castner，1665—1709）带回罗马的。1701年奉中国副会省会长安多（Antoine Thomas，1644—1709）的指示，他们二人同为代理

[①] 此处"代理人"为第31页"中国修会代理人（Sinensis missionis procurator）"的略称，后同。

人前往罗马就中国礼仪之争问题向教宗报告教务工作并从耶稣会的立场进行辩解，此行他们带回了大量的中文典籍藏书，其扉页上大多带有两人的题注。①

3. 继续吸引欧洲贵族以及知识分子对其在华传教事业的关注，从而为在华传教活动筹集更多的资金援助和舆论支持。

来华耶稣会士"中学西传"的译介活动，亦带来了某些无心插柳的附加效应，例如为了更好地呈现四书译稿中拉丁语译词与原文汉字之间的对应关系，以殷铎泽为首的在华耶稣会士借助传统的木板印刷，率先探索并成功实践、改良了双语刻印技术。② 而正是藉由他们双语译本的刊印以及在欧洲的传播，使得汉字的音形义系统被正式介绍到欧洲。恰逢17—18世纪欧洲语言文化界兴起寻求普遍语言学的思潮，传教士所提供的双语译本（以及此后更为系统的汉语语法文献），进一步激发巴耶尔（Gottlieb Siegfried Bayer, 1694—1738）、傅尔蒙（Étienne Fourmont, 1683—1745）、雷慕沙（Jean Pierre Abel Rémusat, 1788—1832）等欧洲学者对于东方语言的兴趣，而在其从事中国文字和语法研究之初，也都充分借鉴来华传教士的研究成果。

二、托钵会士的译介动机

沿袭托钵修会在欧洲的布道传统，来华多明我会士和方济各会士亦注重语言文化的学习，尤其是中国地方方言的学习以服务传教事业。由于隶属西班牙保教权之下的多明我会、方济各会及奥古斯丁会等天主教修会，长期依靠西班牙在亚洲的殖民地菲律宾作为据点，主要是在马尼拉华人的聚集地"Parian"（八连③）向当地华人（多为福建移民，讲漳州方言）学习汉语，以完成其入华前的语言准备工作。故他们的早期汉语研究成果连同中国典籍译作，主要都围绕福建方言展开。例如多明我会士高母羡在与当地华人的交往中不断学习中国语言和文

---

① Nicolas Standaert, *Chinese Voices in the Rites Controversy*, Rome: Institutum Historicum Societatis Iesu, 2012, pp. 84-87.
② 博克赛曾统计和介绍过明清来华传教士使用中国木刻技术出版的双语书籍，参见C.R. Boxer, "Some Sino-European Xylographic Works, 1662—1718", in *Journal of the Royal Asiatic Society*, December 1947, pp. 199-215.
③ 译作八连、八联、巴里安等，中国古籍中称作"涧内"。

化，他于1592年将蒙书《明心宝鉴》的明万历年版本抄录、翻译成一部中文西班牙语双语手稿，便"采取闽南语音译的方式记录书中的专有名词，如书名、人名及难以意译的部分。这批音译材料可算是闽南语罗马字母化的先锋，在闽南语文献及记音方式上有其历史价值"①。而因应下层平民布道的需要，早期入华的托钵修会将更多的译介精力，放在更具实用性的双语字典及汉语语法书编写上②，较少倾注时间精力去系统译介中国文人所重视的儒学典籍。

中国礼仪之争时期，出于针对其论敌耶稣会士并就托钵修会自身的传教方针进行辩论、向教廷汇报中国基督宗教事业发展中存在的诸多问题、出版个人论著以获得舆论支持等目的，部分文化素养较高的托钵会士，例如方济各会士利安当、多明我会士闵明我、万济国（Francisco Varo, 1627—1687）等（具体参见第四节中相关传教士名下外文儒学译述的简介），亦着手从中国文化典籍中搜集证据、撰写专题论文报告。

第四节　明末清初来华传教士儒学译述编目及提要

在明清中西文化交流史的研究中，国内学界目前较为薄弱的环节在于来华传教士外文译述的收集和整理，而因应中国礼仪之争的刺激，明末清初来华传教士所打造的一系列拉丁文儒学文献，成为"中学西传"的源头。故本节重点梳理此时来华耶稣会士的中外文儒学译述，兼及来华多明我会士及方济各会士主要的儒学著述。

一、明末清初来华耶稣会士中、拉儒学译述书目

本书目的撰写，主要基于目前学界已整理出版的明清来华耶稣会传教士中文

---

① 刘莉美：《当西方遇见东方——从〈明心宝鉴〉两本西班牙黄金时期译本看宗教理解下的偏见与对话》，载《中外文学》第33卷第10期，2005年，第123页。
② 例如由西班牙奥古斯丁会传教士拉达（Martin de Rada, 1533—1578）所编写的第一部福建话字典（已佚）以及16—17世纪在菲律宾的西班牙传教士集体编纂和使用的多部漳州话词典及语法书。此外，多明我会来华传教士万济国（Francisco Varo, 1627—1687）亦于1692年编订《华语官话词典》。参见洪惟仁：《十六、十七世纪之间吕宋的漳州方言》，载《中欧语言接触的先声：闽南语与卡斯蒂里亚语初接触》，上海：复旦大学出版社，2018年，第59—63页。

及外文文献书目①，以及笔者于2017年、2019年两次在罗马耶稣会档案馆、传信部档案馆、罗马国家图书馆、梵蒂冈图书馆、那不勒斯国家图书馆进行的实地文献调研。除明末罗明坚、利玛窦、龙华民的奠基性著述外，下文重点针对耶稣会来华传教士在1658—1722年间，涉及儒学典籍译介以及专题谈论中国礼仪、中国宗教的中、拉译作和个人专著进行整理。本书目所考察的传教士拉丁文文献并不包括传教士个人的信件往来，因其数量众多且在内容上偶有谈及中国宗教及礼仪的部分，往往只是只言片语，难以系统呈现作者的儒学观。除拉丁文文献外，本书目亦试图吸纳部分重要传教士译者的葡文、法文儒学文献。

1. 明末首部西班牙语、拉丁语四书译稿

译者：[意]罗明坚。

在1579年抵达澳门，并于1583年成功进入中国内地的罗明坚，是首位实现在华长期定居的耶稣会士。奉耶稣会远东巡按使范礼安之命，罗明坚于1588年返欧，旨在游说教宗遣使赴华晋见明朝皇帝，用以说服其允许在华传教。尽管最终罗氏使命未达并自此无缘返华，他仍借此契机，先是在1590年完成西班牙文四书节译本并将之作为礼物进献给腓力二世（Felipe Ⅱ），该手稿现藏于西班牙埃斯科里亚尔图书馆（El Escorial）；后又于1591—1593年完成拉丁语四书及《明心宝鉴》译稿，现藏于罗马国家图书馆。其中拉丁语《大学》译文的开篇部分，经耶稣会历史学家波塞维诺（Antonio Possevino, 1533—1611）润笔，收入其所编纂的《选集文库》（*Bibliotheca selecta qua agitur de ratione studiorum in historia, in disciplinis, in salute omnium procuranda*）一书第九章，1593年在罗马出版，该部分亦成为四书在欧洲最早的正式出版的译文。

上述文献实为儒学西传的源头，乃学界目前所知的中文典籍西译的最早

---

① 包括费赖之和荣振华所编在华耶稣会士的列传及书目、《明清间耶稣会士译著提要》《天主教东传文献》及其续编、《梵蒂冈图书馆藏明清中西文化交流史文献丛刊》《法国国家图书馆明清天主教文献》《耶稣会罗马档案馆明清天主教文献》《明末清初天主教史文献新编》，以及Albert Chan, *Chinese Books and Documents in the Jesuit Archives in Rome, A Descriptive Catalogue Japonica-Sinica I-IV*, New York: Armonk, 2001; Nicolas Standaert (ed.), *Handbook of Christianity in China, Volume one: 635—1800*, Leiden, Boston: Brill, 2001等。

译稿。经由对罗明坚译稿中儒学核心概念的译词梳理，可以发现罗明坚在其西班牙语的《中庸》译本中最早将"哲学家"（filósofo）之名冠予孔子，亦在中西文化交流史上第一次将孔子的学说（即儒学）定义为"哲学"；在其关于"天""上帝""鬼神"的翻译中，基于对儒家思想的喜爱和赞赏，他不仅试图将"天""上帝""帝"等肩负中国先民原始崇拜对象的代名词，与西方思想史中的Deus（罗氏对译为"天主"）意象相调和，流露出对儒学进行"理性化"解读的倾向，试图凸显儒家的教导是借助自然理性而非依靠启示，来实现对于超自然存在的正确认识。上述合儒的基础论调，连带罗氏的辟佛主张，都被利玛窦及其后支持文化适应政策的诸多来华耶稣会士所继承。

2.《天主实录》（1584、1640），中文刊本

著者：[意]罗明坚。

《天主实录》作为西方人用汉语撰写的首部教义纲要，它既是罗氏名下第一部中文著作，同时也是明清之际来华耶稣会士乃至整个来华传教士团体在中国出版的第一本中文著作。[①] 目前罗马耶稣会档案馆藏有该书的两个不同版本，一种是1584年在肇庆刻印的初版，题为《新编西竺国天主实录》（Jap-Sin I, 189），共计刻印一千二百册，罗明坚后来又将该书翻译为拉丁文 [该手稿现藏于意大利国家图书馆，FG（3405）1276]，并将之作为1590年12月觐见教宗格里高利十四世（Gregorio XIV）时的献礼，而该书的拉丁文摘要同样被耶稣会历史学家波塞维诺收入其《选集文库》的第九章；另一种则是1640年的修订本《天主圣教实录》（Jap-Sin I, 190），印数一千五百册。[②]

该书共包括16个章节，既有借助理性论证来探讨天主的存在、灵魂永存、善恶报应等哲学问题，亦涉及对天主教信仰的教导以及十诫、圣事、信经等宗教内容的介绍，甚至在讲解创世说的部分，介绍了宇宙中的星球体系等天文学知识，

---

① 张西平：《罗明坚〈圣教天主实录〉拉丁文版初探》，载《宗教学研究》2015年第4期，第197页。

② Albert Chan, *Chinese Books and Documents in the Jesuit Archives in Rome, A Descriptive Catalogue: Japonica-Sinica I-IV*, New York: M.E. Sharp, 2002, p. 95.

首度将西方的水晶球宇宙体系理论介绍到中国，①试图借助科学来传教。《天主实录》出版后并未引起文人士子的关注，或与该书思想内容混杂、行文用词粗浅、以佛教僧侣自居并使用佛教术语有关。② 但罗明坚在书中缔造了许多具有开创性意义的汉语神学术语，亦首度对"三位一体""灵魂不灭""天神""魔鬼"等重要的天主教神学思想用汉语进行解释，是为汉语神学书写的先驱。③ 此前学界的研究长期将以罗明坚助手身份入华的利玛窦，视为文化适应政策的奠基人，而借助上述儒学外文手稿和中文著述可明确指证：作为第一位在明代刊本中将Deus对译为"天主"的来华传教士，罗明坚才是在华践行文化适应政策的第一人。

3.《利玛窦中国札记》

著者：[意]利玛窦。

原稿为意大利语④，后有金尼阁整理的拉丁文刊本《耶稣会推动基督教在中国的远征。源自同会利玛窦神父的五卷本回忆录》（*De Christiana expeditione apud Sinas suscepta ab Societate Iesu. Ex P. Matthaei Ricij eiusdem Societatis Com[m]entarjis. Libri V...*, 1615）。

作为利玛窦晚年的回忆录，其札记以编年纪事的形式成文，一方面从博物志的猎奇视角，谈及中国的名称、地理位置、物产、工艺、科学、政府机构、风俗民情及宗教派别等；另一方面以亲历者的纪实口吻，记载自方济各·沙勿略（Francis Xavier, 1506—1552）开始的历代耶稣会士努力进入中国并最终在中国

---

① 有关罗明坚在《天主实录》中对西方水晶球宇宙体系的介绍，参见孙承晟：《明末传华的水晶球宇宙体系及其影响》，载《自然科学史研究》2011年第2期，第170—187页。
② [意]利玛窦著、[法]梅谦立注、谭杰校勘：《天主实义今注》，北京：商务印书馆，2014年，第6页。
③ 钱怡婷：《〈天主圣教实录〉之"天使观"初探》，北京外国语大学硕士论文，2019年。
④ 利玛窦本人的回忆录后由德礼贤神父在档案馆寻获并整理发表，是为《利玛窦全集》第一卷，详见Pasquale D'Elia, *Fonti Ricciane vol.I*, Roma: Libreria dello Stato, 1942。该书的中译本目前有三个，一是基于1953年由金尼阁拉丁文版转译成的英译版、1983年由何高济等人翻译并在中华书局出版的《利玛窦中国札记》；二是台北光启出版社于1986年出版的中译本，其翻译底本是德礼贤所编意大利语版《利玛窦全集》中的利玛窦原稿；三是由文铮同样由意大利语原稿译出的《耶稣会与天主教进入中国史》，2014年在商务印书馆出版。

建立据点，克服各种困难奠定内地传教事业的曲折经历。正是通过利玛窦札记的介绍，欧洲读者得以确认：马可·波罗等西方早期游记中提到的"契丹"就是中国。书中第一卷第九、十两章，利氏重点谈及中国人以各种方式占卜未来，迷信风水、相面术、解梦、通灵等习俗，并详细介绍中国的各个宗教派别：当时的中国不仅有来自波斯的穆斯林，在开封和杭州还生活有犹太人。利氏着重对儒释道三教的教义及实践予以细致分梳，指出当时中国社会所流行的"三教归一"观点以及大量无神论者的存在。至此，利玛窦、金尼阁的中国传教史札记将一个"更为真实"的中国介绍给西方。

4.《天主实义》（1603），中文刊本

著者：[意]利玛窦。

作为明末继罗明坚《天主实录》之后第二部天主教护教文献，以及西方人用汉语撰写的教义纲要，《天主实义》是利氏最为著名的中文著作之一，亦是其奉上级范礼安之命，专门针对儒家士大夫、试图为其皈依信仰提供所需的哲学论证的著述。① 这本著作亦为利氏延续"文化适应政策"奠定了理论基础。实际上，《天主实义》中有相当多的哲学论证部分借用自罗明坚的《天主实录》，② 直观揭示了其先于利玛窦在中国践行文化适应路线。

5.《针对围绕"上帝""天主""灵魂"以及其它中文词汇和术语的争论的回应，以及这些用语是否应该被基督教团体采用》（1623），原稿为葡文③

著者：[意]龙华民（Niccolo Longobardi, 1559—1654）。

该文因批评、反对利玛窦的文化适应路线以及利氏借用儒家典籍中"天""上帝""天主"等多个术语对译基督宗教的最高神，在耶稣会内部被下令查禁。该文原有18论，现仅存17论（末论已佚），主要谈及：（1）中国的经

---

① Pasquale D'Elia, *Fonti Ricciane vol.II*, Roma: Libreria dello Stato, 1942-1949, n.709, pp. 290-293.
② 《天主实义》借用《天主实录》的具体章节对照表，参见[意]利玛窦著、[法]梅谦立注、谭杰校勘：《天主实义今注》，北京：商务印书馆，2014年，第8页。
③ 原题为"Reposta breve sobre as Controversias do Xamty, Tienxin, Limhoen e outros nomes e termos sinicos, per se determinar quaes delles podem ou nao podem usarse nesta Christiandade"，现藏于传信部档案馆，详见Fondo Scritture Referite nei Congressi (SC), Indie Orientali, Cina, vol.1: 1623-1674, fols. 145r-169v。

典、权威著作,围绕这些书产生的争论必须予以裁决;(2)需借助当代儒生的注解来理解这些古代权威著作中的不一致之处;(3)儒家所使用的符号及象形文字;他们拥有双重教义,一种是表面的,一种是真实的;(4)关于儒家普遍采取的哲学化论述方法;(5)先验学说,亦即对于中国人来说,宇宙是如何产生的;(6)学说的第二部分,后发的事物,亦即世上的事物是如何产生及消亡的;(7)在中国人看来:所有事物在本质上和道理上都是一样的;(8)儒教如何看待事物的产生与腐朽;(9)承上所述(按:即第7论谈及万物本质上是一样的),中国人如何对各种事物予以区分;(10)中国人并不了解精神存在与物质之间的区别;(11)从儒教看中国人所崇拜的精神体或神灵;(12)中国经典作家中的权威人士是如何看待神灵的;(13)所有的神灵以及中国的上帝,都可归结为同一个东西,亦即他们的"理"或"太极";(14)关于中国"第一原理"的其他补充;(15)儒教如何看待生死?他们是否证明了灵魂的不朽以及死后是什么样的?(16)儒教中最睿智的人最终都走向无神论;(17)就中国礼仪之争的话题,龙氏与著名文人(包括异教文人与奉教文人)进行谈话的记载。

西班牙方济各会士利安当(Antonio Caballero de Santa Maria,1602—1669)后来获得龙氏部分原始手稿并将其译为拉丁文,随后将自己的译文一并附上龙氏的原文,寄回传信部。后来,西班牙多明我会士闵明我(Domingo Navarrete,1618—1686)在其《中华帝国的历史、政治、伦理及宗教概论》(*Tratados históricos, políticos, éthicos, y religiosos de la monarchia de China*, Madrid 1676)一书第五论《儒教专论》(Especial de la secta literaria)中收入他用西班牙语翻译的龙华民论文,题为《对上帝、天使、灵魂(这些是中国人对"上苍之主""鬼神"和"理性的灵魂"的称呼)及其它中文名讳、术语争论的简要回答,以便使居留中国的神父们在研读之后,能将其意见呈送给驻澳门耶稣会远东巡按使,以此廓清在传教时能采信的(中文)词汇》[Respuesta breve, sobre las controversias de el Xang Ti, Tien Xin, y Ling Hoen, (esto es de el Rey de lo alto, espiritus, y alma racional, que pone el China) y otros nombres, y terminos Chinicos, para determinarse, quales de ellos se pueden usar en esta Christiandad, dirigida á los Padres de las residencias de China, para que le vean, y imbien despues su parecer al P. Visitador de

Macao①］，正是藉由利安当和闵明我的努力，龙华民的论文得以重见天日并加剧礼仪之争中各派的激烈争论和意见分歧。后文第二章第三节对龙氏论文中所呈现的儒学观有进一步分析。

6.《中国上古史》（*Sinicae historiae decas prima*, 1658），拉丁文刊本

著者：[意]卫匡国（Martino Martini, 1614—1661）。

全书共分十卷，介绍了上至盘古开天地[卫氏称之为"中国人所认为的最早的人"（primum hominem, quem agnoscunt Sinae）]，下至西汉哀帝（公元前1年）的中国历史，卫氏在书中提供了中国干支纪年和公元纪年之间的换算系统。② 书中卫氏从中国人视"阴""阳"为世间万物的起源和准则开始，经由对"阴""阳"自身不同属性的说明，进入由它们组合而成64卦象，进而又引出《易经》一书的作者伏羲，以及书中主要论及事物的产生和毁灭、命运、占星（astrologia judiciaria，直译为"天文裁决"，意为依据天象来选择行动时机）、自然法则等内容，认为该书所含的丰富卦象有助于国家的正确治理和推行道德教化。卫氏亦批评该书当下多被用来算命占卜，而这是人们对该书原初思想本质的忽略和无知。③ 卫匡国亦依据《史记·鲁世家》，在介绍第23代君王鲁襄公时，提及中国伟大的哲学家孔子（magnus ille Sinarum Philosophus, Confutius）的诞生，随后依据鲁国编年提及孔子休妻、门生众多、致力于出仕而其思想理念却不受重视，以致郁郁离世的生平。卫氏指出孔子的著述在后世因被焚烧、随意删减

---

① *Tratados históricos, políticos, éthicos, y religiosos de la monarchia de China*, Madrid 1676, pp. 246-289.

② 卫氏将伏羲作为中国君主制信史的开端，并以"黄帝登基之年作为甲子循环的开始，依据自黄帝至当代的干支纪年总数计算出黄帝登基在公元前2697年，进而推出伏羲即位在公元前2952年。"参见吴莉苇：《明清传教士中国上古编年史研究探源》，载《中国史研究》2004年第3期，第138页。卫匡国的中西纪年换算系统，后被柏应理所继承和发展，进一步运用在他支持和补续卫氏著述的《中国君主制年表》（*Tabula chronologica monarchiae sinicae*, Paris 1686）之中。虽然起初是作为单行本刊印，柏应理随后又将其年表放入由其负责最后编撰出版工作的《中国哲学家孔夫子》一书中。

③ "Idem liber numeros & figuras antè adscriptas ad rectam reipublicæ administrationem & morum disciplinam adhibet. Eo tamen ut plurimùm utuntur hodie ad divinationes & sortilegia, genuino illius sensu aut neglecto, aut ignorato." *Sinicae historiae decas prima*, Monachium 1658, p. 6.

而充满错误，但孔子本人似乎已认识真神的存在（Deum videtur agnovisse）。① 从卫氏对孔子认识真神且敬奉唯一上天，不像后世陷入偶像崇拜的泥沼等论断可看出，他延续了利玛窦扬先儒抑后儒的做法。

卫氏的拉丁文原著1658年首版于慕尼黑，次年又再版于阿姆斯特丹。因卫氏在书中对于中国古老信史的介绍，对于长久以来一直信服《圣经》编年史的欧洲带来极大的冲击，引发了欧洲思想界对于《圣经》编年真实性的质疑及激烈争论。这在无形中遮蔽了卫氏在书中首度向西方读者详细介绍《易经》64卦象全貌以及孔子生平事迹的独特贡献。

7.《中国智慧》（*Sapientia sinica*, 1662），中拉双语刊本

译者：[葡]郭纳爵（Inácio da Costa, 1603—1666）、[意]殷铎泽。

这是第一部正式出版的《大学》中拉双语全译本，使用中国传统木刻法，刊刻于江西建昌，中式线装。内容包括：（1）副会省会长刘迪我（Jacques Le Faure, 1613—1675）的出版批准、六位集体审查的传教士名单及译者殷铎泽所作序言；（2）首部西文孔子传记——《中国智慧之王孔子的生平》（Vita Confucii Principis sapientiae sinicae），共2叶；（3）《大学》一书译文，共7叶；（4）《论语》一书前十章的译文，共计38叶。其中，《大学》《论语》均采取中拉双

---

① 卫匡国提到孔子认识真神的存在，因其所处的时代仅敬奉唯一的上天，还未进入偶像崇拜时期。而从孔子所撰《春秋》的最后一句话，某位中国奉教文人证实：孔子已预见到未来基督会"道成肉身"。（"**Deum verum agnovisse** perquam est verisimile. **Nam eo tempore nec erant apud Sinas idola, nec eorum cultores; unum Cælum venerabantur**; ipsè quoque rationem à Cælo nobis infusàm, quódque in Cælo est, esse sine figurâ perfectissimum ac summum assèruit. Adhæc à Cælo puniri malos, & se, si malè ageret, ab eodem puniendum confitebatur. Nec probabiliter dici potest, materiâ constans Cælum intelligi voluisse; sèd eum, qui Cælum à se conditum sedem sibi legerit, ubi singulari atque augustiore modo fulgeret ejus majestas. Nemo enim Philosophus admiserit à Caelo aspectabili naturam rationalem nobis infundi... unum tamen omittere non debeo quod mihi **Philosophus quidam Sinensis, & ille Christianus**, ex ultimâ sententiâ libri Chuncieu à Confutio scripti probavit magnâ meâ voluptate atque admiratione; **Confutium prævidisse verbum carnem futurum**, idque non dubia spe praecepisse, quin & annum in Cyclo Sinico, quo futurum esset, cognovisse."）*Sinicae historiae decas prima*, p. 131. 孔子的《春秋》绝笔于"西狩获麟"，该位中国奉教文人（卫氏未提及其真实姓名）将其视为基督诞生的隐喻并获卫氏的赞许。

语对照刻印，使用西式横向排版①，在借助原始文献介绍儒家思想的同时，亦使汉字的音、形、义系统得到呈现。该书明显具有语言学习教材以及儒学入门工具书的性质定位。

据考狄（Henri Cordier）书目和学者博克塞（C. R. Boxer）②的统计，该书现存5个印本分别藏于英国国家博物馆、法国国家图书馆、维也纳皇家图书馆、意大利巴勒莫国家图书馆，上海的徐家汇藏书楼亦有一残本。陈伦绪书目③亦指出罗马耶稣会档案馆有该书藏本。1685年英国著名清教徒神学家文森特（Nathaniel Vincent, 1639—1697）题为《为荣誉正名》（*The Right Notion of Honour*）的布道文在伦敦出版，在其《圣歌》部分的注解中，他以《中国智慧》为底本，用英文转译了《大学》第一章。

8.《中国政治道德学说》（*Sinarum scientia politico-moralis*, 1667/1669），中拉双语刊本

译者：[意] 殷铎泽。

作为第一部正式出版的《中庸》中拉双语全译本，该书为木刻本，中式线装，共计31叶，分上下两部，分别刊刻于广州和印度果阿。内容包括：（1）审核译稿人员的名单，包括由4位资深神父组成的"值会"及其他12名来华耶稣会士共同认可该书的译文；（2）副会省会长成际理（Feliciano Pacheco, 1622—1687）的出版许可及译者殷铎泽所撰序言；（2）《中庸》的中拉双语合刻本，每半叶左侧为西式排版的拉丁译文，右侧为中式排版的《中庸》原文；（3）拉丁文《孔子传》。

与前述《中国智慧》相比，殷铎泽在该书的双语刻印技术上进行了改良，创造性地将中式竖行排版及西文横向排版相结合，堪称中外双语刻印出版史上的

---

① 学界通常认为马礼逊（Robert Morrison, 1782—1834）所编《华英字典》是西式横排法运用到中文典籍的伊始。实际上，意大利耶稣会士殷铎泽早在1662年《中国智慧》一书中已对《大学》《论语》的汉字原文采取横排。

② C. R. Boxer, "Some Sino-European Xylographic Works, 1662-1718", in *Journal of the Royal Asiatic Society*, December 1947.

③ Albert Chan, *Chinese Books and Documents in the Jesuit Archives in Rome: A Descriptive Catalogue*, New York & London: M. E. Sharpe, 2002, pp. 477-479.

先驱。① 据考狄、伯希和（Paul Pelliot）及博克塞的统计，该书共有7个印本（藏于法国国家图书馆、意大利巴勒莫图书馆、奥地利国家图书馆、英国伦敦亚非学院、梵蒂冈图书馆、西班牙马德里皇家历史研究院、北京国家图书馆），陈伦绪书目亦指出罗马耶稣会档案馆有该书藏本。

1672年Melchisédech Thévenot（1620—1692）在其《游记奇谈》（*Relations de divers voyages curieux*）一书中将殷氏译文转译为法语，后又于1673年再版，法译本远比殷氏的中拉合刻本在欧洲更为知名；1697年，Jacopo Carlieri所编游记《关于中华帝国和其他国家的不同记载并附孔子传》（*Notizie varie dell'imperio della China e di qualche altro paese adiacente con la Vita di Confucio*）在佛罗伦萨出版，书中收录殷氏拉丁文译文；欧洲早期汉学家巴耶尔（Gottlieb Siegfried Bayer, 1694—1738）于1730年在圣彼得堡出版《汉语博览》（*Museum sinicum*），亦收录殷氏的拉丁文孔子传。②

9.《中国哲学家孔夫子》（*Confucius Sinarum philosophus*, 1687），拉丁文刊本

译者：[意]殷铎泽、[奥]恩理格、[比]鲁日满、[比]柏应理。

该书是儒学典籍首度以"群经"的形式出现在西方世界。因在巴黎出版，全书无汉字，采用铜版活字印刷，西式排版及装订。内容包括：（1）出版人柏应理以个人名义致法王路易十四的感谢信（Ludovico Magno Regi Christianissimo epistola），因该书的最终出版得益于法王的资助和法国皇家图书馆的刻印资源；（2）殷铎泽与柏应理合著的《前言》（Proëmialis declaratio）、殷铎泽所作《孔子传》（Confucii vita）并附孔子像；（3）《大学》《中庸》《论语》三书拉丁文全译本；（4）柏应理所作的《中国君主制年表》（Tabula chronologica monarchiae sinicae）、《中华帝国及其大事纪》（Imperii Sinarum et rerum in eo

---

① 基于笔者对殷氏译本以及此后19世纪新教传教士早期四书英译本版本的对比考察，殷氏中拉双语逐字对照的排版方式，直接影响了马士曼（Joshua Marshman，1768—1837）、理雅各（James Legge，1815—1897）等新教传教士儒学中英双语译著的排版。

② John Lust, *Western Books on China Published up to 1850*. In the library of the School of Oriental and African Studies, University of London, London: Bamboo Publishing, 1987, No. 260, 730, 83, 1007.

notabilium synopsis），并附柏应理绘制的中国地图。

该书一经出版，随即成为17世纪欧洲启蒙思想界的畅销书，欧洲重要的图书馆基本上都有该书藏本。笔者亲见的6个印本分别藏于罗马国家图书馆、法国国家图书馆、奥地利国家图书馆、德国埃尔兰根–纽伦堡大学图书馆、德国沃尔芬比特尔奥古斯特公爵图书馆和瑞士日内瓦大学图书馆。该书出版的第二年，在阿姆斯特丹便出现其法语节译本《中国哲学家孔子的道德》（*La morale de Confucius, philosophe de la Chine*, 1688），译者身份不详。同年，贝尼耶（François Bernier, 1620—1688）亦在法国完成该书的另一个法译本《孔子或君主之学》（*Confucius ou la Science des Princes*, 1688），但因其突然去世，译稿中仅序言部分曾以《论语导读》（Introduction à la lecture de Confucius）为题，发表在1688年6月7日的《学者杂志》（*Journal des sçavans*）上，因此得以传世。① 此外，学界普遍认为1688年1月在巴黎出版的《关于孔子道德观的信札》（*Lettre sur la Morale de Confucius, Philosophe de la Chine*）一书应归于西蒙·富歇（Simon Foucher，1644—1696）名下，该书以书信的形式、参考《中国哲学家孔夫子》一书并从中选译了《大学》《中庸》《论语》的部分内容。而正是在上述法译本的基础上，后来又出现1691年伦敦版的《孔子的道德》（*The Morals of Confucius*）等多个英文转译本。众多转译本的出现证明了《中国哲学家孔夫子》一书在当时欧洲社会的受欢迎程度；而在《哲学会刊》（*Philosophical Transactions*）、《学者杂志》（*Journal des sçavans*）、《博学通报》（*Acta eruditorum*）、《文坛新志》（*Nouvelles de la république des lettres*）等学术刊物上涌现的多篇评论性文章，则充分说明该书在欧洲学界受关注的程度。莱布尼茨（Gottfried Wilhelm Leibniz，1646—1716）有关中国"自然神学"的思考以及将《易经》卦象与他所设想的二进制进行比较，都源于对该书的参阅。该书的译文也激发了伏尔泰（Voltaire, 1694—1778）、魁奈（François Quesnay, 1694—1774）、培尔（Pierre Bayle, 1647—1706）、狄德罗（Denis Diderot, 1713—1784）、洛克（John Locke, 1632—1704）、威廉·琼斯（William Jones, 1746—

---

① 2019年3月习近平主席访问法国时，法国总统马克龙曾将贝尼耶于1688年发表的《论语导读》作为国礼赠予习近平主席。有关贝尼耶及其译作内容的介绍，参见汪聂才：《孔子的君主教育：〈中国哲学家孔夫子〉贝尼耶法文译本初探》，载《国际汉学》2022年第1期，第23—30页。

1794）、沃尔夫（Christian Wolff, 1679—1754）等欧洲知识分子了解中国甚至崇尚中国"理性"文明的强烈渴望，儒家思想成为他们反观、审视欧洲文化，建构自身思想学说的重要"他者"形象。①

10.《辩祭参评》，中文抄本②

著者：[葡]李西满（Simon Rodrigues, 1645—1704）。

李西满撰文用以逐条反驳多明我会士万济国及福安奉教文人围绕"祭礼"、以问答体形式所写的《[福安]辩祭》一书。据李氏引言所载日期"康熙辛酉年中秋望日"，该抄本于1681年完成。文中，李氏先行抄录《辩祭》各条提问及回答（例如第1问是"何为背敬天主"，其后便是多明我会一派的回答），再于其后附上"参评"，从耶稣会士的立场和理解予以反驳。文末有"参评总论"，落款为李西满授、李良爵（福建奉教文人李九功之子）述。

李氏在文中明确认同万济国定位中国礼仪的神学依据：阿奎那神学中有关"迷信"及"祭祀"的定义，但他反对万氏将阿奎那的神学定义教条式地套用在儒家礼仪之上，错误定位了中国礼仪的性质及其作为伦理实践方式的合理性。③

11.《1668年中国礼仪证词》（*Testimonium de cultu Sinensis datum anno 1668*, 1700），拉丁文刊本

编者：[意]殷铎泽。

该书于1700年在巴黎出版，原稿应在1668年8月之前已完成，因书中所附中国副会省会长成际理的出版许可，落款时间为"1668年8月15日于中国广

---

① D.E. Mungello, *Curious Land. Jesuit Accommodation and the Origins of Sinology*, Honolulu: University of Hawaii Press, 1989, pp. 289-292. 在此衷心感谢李文潮教授为笔者耐心答疑并电邮赠文Wenchao Li, "Confucius and the Early Enlightenment in Germany"。

② 笔者参阅的版本乃影印版，详见李西满：《辩祭参评》，钟鸣旦、杜鼎克编：《耶稣会罗马档案馆明清天主教文献》（第十册），台北：台北利氏学社，2002年，第365—437页。

③ 关于万济国《辩祭》及李西满《辩祭参评》思想观点的对比研究，参见王定安：《中国礼仪之争中的儒家宗教性问题》，载《学术月刊》2016年第7期，第174—184页。

州"。① 该书主要内容包括：（1）编者序，主要介绍殷铎泽来华后的活动及著述成果，其中重点提及《中国政治道德学说》一书；（2）副会省会长成际理的出版许可，文中提到：书中所有引自中国典籍的语句以及来华耶稣会士对于中国儒家礼仪的构成、性质等相关讨论的记录，皆由潘国光神父（Francesco Brancati, 1607—1671）负责译为拉丁文，一并收入该书②；（3）该书的正文乃殷氏整合在华耶稣会士的内部讨论意见，从神学教理的角度针对多明我会士闵明我就中国礼仪问题42条共识所罗列的质疑，征引中国典籍的原文（该部分为潘国光所撰，篇幅将近百页，他以《大明会典》为基础，引用、翻译并利用中国法令典章为中国礼仪的合法性提供支撑，在注解"神鬼""送神""迎神""庙""祭"等核心概念时，他亦借助《字汇》以及陈澔的《礼记集说》等材料中涉及祭礼的条文③）以及利玛窦、汤若望、艾儒略等早期来华耶稣会士中文著述中的相关观点，逐条予以驳斥。

撰写该书的起因：来华传教士集体流放广州期间，曾于1667年12月至1668年1月就彼此之间在传教问题上的分歧举行"广州会议"，最后除利安当外，其他传教士都在会议达成的42条共识上签字。但闵氏在会后不久却改变主意，请求耶稣会士暂缓向罗马寄送广州会议的最终决议，提出自己是奉上级的命令希望能将自己的疑虑写下与耶稣会士讨论和解决，并于1668年3月8日将其西文报告提交给成际理，殷氏在本书正文开篇亦说明了此事。闵氏西文原稿已佚，但他后来将该报告重新修订并收入《中华大帝国传教士古今争辩》（*Controversias antiguas y modernas entre los missionarios de la gran China…*, 1677）一书中。

《1668年中国礼仪证词》表面上是殷氏为回应多明我会士闵明我的疑虑，专就中国礼仪的性质所撰的辩解证词，实际上是来华耶稣会针对托钵会士的辩难、集体立场的陈述表态，是他们正式提交给总会长并向罗马教廷展开自我辩护的重要文献。

---

① R. P. Prosperi Intorcetta Societatis Jesu missionarii sinensis testimonium de cultu sinensis datum anno 1668, Paris 1700, p. 4.

② *Ibid.*, p. 3.

③ *Ibid.*, pp. 51-143.因全书无一汉字，潘国光所征引的中文典籍原文，皆是以拉丁字母转写注音的形式呈现，又因汉字中同音字颇多，识别起来相当困难。

12.《被确认的新证言摘要》（*Summarium nouorum autenticorum testimoniorum...*, 1703）以及《更新的中国证言备忘录摘要》（*Memoriale et summarium novissimorum testimoniorum Sinensium...*, 1704），皆为拉丁文刊本①

编者：[比]卫方济、[德]庞嘉宾。

1703—1704年，卫方济和庞嘉宾共同出版了由在华耶稣会围绕中国礼仪问题进行调查所得的两部证词辑录。前者包括8份证词：（1）中国教区的主教和神父支持教宗亚历山大七世颁布的教令（该教宗认可了卫匡国所作汇报，裁决中国礼仪并非偶像崇拜和迷信行为）的证词；（2）所有在华修会支持教宗亚历山大七世教令的新证词——来自方济各会士的证词；（3）在华奥斯丁修会会士的声明；（4）多明我会士的证词；（5）协助传教事务的中国传道员的证词；（6）耶稣会神父的证词；（7）中国人的证词；（8）关于"天""上帝"和"敬天"牌匾具备合法性的证词。文后还附有2个文件：（1）1700年康熙帝关于"天"、祭孔祭祖礼仪性质的公告，但实际上仅有标题可见于目录，刊本正文并未收入该公告的全文；（2）1656年3月23日，教宗亚历山大七世所颁教令的内容。

第二部证词是对前者的补充，出版于1704年8月27日。开篇是编者所作共计80点说明，用以介绍"中国礼仪之争"争论的主要内容以及为回应这些内容，此前已出版《被确认的新证词摘要》一书。本书新增的证词文献依次为：北京基督徒提出的请求及其所作证词并附集体名录；福建奉教文人（Lin Ven Yng）、嘉定士大夫（Sun Chi Mi）等四位奉教文人的简短证词；南京基督徒的集体证词、单独证词并附名录；江西文人的证词；湖广五位士大夫的证词以及湘潭等地文人的证词。这些证词大部分都由白晋、雷孝思等从中文译为拉丁文，都有副会省会长安多、部分有澳门主教Ioannes de Cazal的认证。这些证词应该是在当时的副会省

---

① 笔者参阅的版本皆为Google Books上的电子扫描文档，分别是https://books.google.com.tw/books?id=upbJOU4yHfoC&printsec=frontcover&source=gbs_atb&redir_esc=y#v=onepage&q&f=false以及https://books.google.com.tw/books?id=TnJDAAAAcAAJ&pg=PP1&dq=Memoriale+et+summarium+novissimorum+testimoniorum+Sinensium&hl=zh-CN&sa=X&ved=2ahUKEwjS37rWhtP7AhW7klYBHX5cCIEQ6AF6BAgEAI#v=onepage&q=Memoriale%20et%20summarium%20novissimorum%20testimoniorum%20Sinensium&f=false，最后访问日期：2022年11月29日。

会长安多的组织下所获得的调查资料汇编,用于阐明耶稣会关于礼仪之争的立场一并着重凸显中国人自己关于中国礼仪的书面证词。

13.《中华帝国六经》(*Sinensis imperii libri classici sex*, 1711),拉丁文刊本

译者:[比]卫方济。

这是最早刊行的四书拉丁文全译本,因是在布拉格用活字刻印,碍于当时欧洲尚不具备汉字字模的铸造技术,出版时仅保留原始手稿(现藏于布鲁塞尔皇家图书馆)中的拉丁文译文,故为横排、西式装订。该书内容依次为:译者序、四书、《孝经》和《小学》的拉丁文全译文。

该书出版时,恰逢教廷下令终结教内有关礼仪之争的争论及相关著作流播,致使卫氏译作留存于世的藏本数量极少。德国启蒙思想家沃尔夫、著名法国耶稣会士杜赫德(Jean Baptiste du Halde, 1674—1743)等少数直接阅读过卫氏译文者,都流露出对儒家思想的推崇与喜爱。后来,法国神学家普吕凯(François-André-Adrien Pluquet, 1716—1790)亦将卫氏"六经"转译为法文,并在1783—1786年间以《中华帝国的经典》(*Les livres classiques de l'empire de la Chine*)为题、分7卷出版,进一步扩大卫氏译文的影响。

14.《中国哲学》(*Philosophia sinica*, 1711),拉丁文刊本

著者:[比]卫方济。

该书乃明清之际来华耶稣会士体认儒家思想宗教性并试图将其理论化的集大成之作。在译者序之后,卫方济分别从最高神的属性证明、对于中国人祭祖礼仪的考察,以及中国人的伦理学三个层面进行讨论,其论证的理论基础和模式源于亚里士多德哲学及经院哲学,核心的理论框架则借用自柏拉图主义:将"哲学"划分为形而上学、自然哲学和伦理学并以此来套用儒家思想,而在此西式理论框架之下,他所引证的材料却全然都是中文文献。后文第二章第四节对该书有详细介绍。费赖之曾指出:该书"惟太注重当时之礼仪问题,致有碍本书之传

布"①。

15.《中国礼仪的历史介绍》（*Historica notitia rituum et ceremoniarum sinicarum*, 1711）②，拉丁文刊本

著者：[比]卫方济。

该书与《中国哲学》同年在布拉格出版，在序言及书稿体例说明之后，卫方济分八章，以先提问后正面回应的经院哲学论证形式，对下列问题分别予以探讨：（1）从总体和个别两个方面来探讨中国礼仪的起源和践行目的；（2）中国祭礼的不同种类；（3）中国人对于人的灵魂和鬼神的看法；（4）关于逝者的葬礼以及死后要为其守孝三年的规定；（5）关于中国人为祭拜逝者在其死后所竖立的木头牌位，即木主；（6）关于中国人祭拜已逝父母的宗祠；（7）关于不同的祭祖礼仪在其设立之初和当下的目的和动机；（8）用于祭拜恩人、特别是孔子的仪式。该书有相当一部分内容，与卫氏《中国哲学·第二论》（关于中国祭祀礼仪的论述）相重合。费赖之曾引法国汉学家鲍迪埃（Guillaume Pauthier, 1801—1873）的研究笔记，称"此书甫出版即奉上级人员明令禁止，故出版后不久即经原著者将所刊书本收回"③，因此流传甚稀。

16.《尚书》选译，拉丁文手稿

译者：[法]刘应（Claude de Visdelou, 1656—1737）。

梵蒂冈图书馆藏有刘应翻译《尚书》第一部《虞书·尧典》的拉丁文译稿并附个人评论及注释（Vat. lat. 12854，第1—681页），文末有刘应本人于1709年完成该译稿的落款说明。

17.《礼记》选译，拉丁文手稿

译者：[法]刘应。

---

① [法]费赖之：《在华耶稣会士列传及书目》（上），冯承钧译，北京：中华书局，1995年，第421页。
② 笔者参阅的版本为Google Books上的电子扫描文档https://books.google.com.tw/books/about/Historica_notitia_rituum_et_ceremoniarum.html?id=QlNQQwAACAAJ&redir_esc=y，最后访问日期：2022年12月7日。
③ [法]费赖之：《在华耶稣会士列传及书目》（上），冯承钧译，北京：中华书局，1995年，第421页。

梵蒂冈图书馆藏有刘应选译《礼记》中《郊特牲》《祭法》《祭仪》《祭统》等篇的拉丁文译稿并附注释（Vat. lat. 12852，第1—619页），完成时间是1710年，后由傅圣泽（Jean-François Foucquet，1663—1739）整理抄录。另：刘应曾为《礼记》一书的成书史及该书各篇的内容作一简介（De 礼li记ki seu commentariis De officiis，Vat. lat. 12853，第420—449页）。

18.《易经简介》（Notice du livre Chinois nommé 易经 Y-King, ou livre canonique des changements…），法语刊本

著者：[法]刘应。

原手稿目前不知去向，或已佚。法国汉学家鲍迪埃在其所编《东方圣书》（Les livres sacrés de l'Orient, 1875）一书中收录了刘氏有关《易经》的法语译稿。据鲍迪埃所作注解可知，该《易经》译稿是由博学的刘应神父（savant père Visdelou）独立完成，尽管与此同时雷孝思亦完成了自己的译稿并最终在斯图加特出版。①

译稿开篇是刘氏致传信部主教的一封信函，1728年1月20日写于印度本地治理，信中将《易经》定位为一本关注数字、命运或与之相关的运气的书。② 信中提及自己曾在此前寄回罗马的一份无题手稿中以及《中国哲学家宗教史》（L'histoire de la religion des philosophes chinois）一书中大量使用《易经》书中的内容，随后刘氏附上自己为《易经》一书的成书史、卦象原理等所作的说明，真正涉及《易经》文本的译稿仅有谦卦的原文及其阐释。译文后还有刘应所作备注，提及：中国哲学家将"理"视为第一原理和万物身上的必然原因，中国人遵从它就像西方人遵从命运，故来华传教士称之为无神论政治（athéo-politique）；又称中国的宗教或者说哲学流派里充斥着数量众多的祭祀，刘氏简要介绍了祭祀的种类、意图，亦说明了"五行""鬼神""精神""太极"等重要的中国文化概念的含义。其中，刘应特别指出从不同的中国典籍文段里，可以发现有不同的

---

① Guillaume Pauthier, Les livres sacrés de l'Orient, Paris 1875, p. 137. 另《东方圣书》中还包括了宋君荣所译的《尚书》的法译本和鲍迪埃所译的法文《四书》。

② "[…] livre Y-king, qui regardent les nombres, le destin, ou le sort qui leur est attaché." Guillaume Pauthier, Les livres sacrés de l'Orient, Paris 1875, p. 138.

"上帝",对此必须予以澄清。①

19.《尚书》法译本(*Le Chou-King. ou le livre sacré, nommé aussi* 尚书 *Chang-chou ou le livre supérieur*),刊于《东方圣书》(*Les livres sacrés de l'Orient*, 1875)一书

译者:[法]宋君荣(Antoine Gaubil,1689—1759)。

原始手稿藏于法国国家图书馆《中国杂纂》档案中(*Mélanges sur la Chine.* Fr. 6126)。鲍迪埃在其所编《东方圣书》一书中收录了宋氏《尚书》法译本,内容包括:(1)宋君荣所作的序,涉及对《尚书》的历史评价、《尚书》记载的编年史、《尚书》的古文今文之争、《尚书》所记载的天文学现象、对《尧典》中星象的澄清、《尚书》中有关日食的记载。② 宋氏的法译本完整翻译了《尚书》全文,从《虞书》到《秦誓》共计30章。每章开篇先是提供该章的内容梗概(Sommaire),继而才是原文的逐段翻译并附注释。③

20.《易经——最古老的中国著作,附有雷孝思等耶稣会神父的阐释》(*Y-King. Antiquissimus Sinarum liber quem ex Latina interpretatione P. Regis aliorumque ex Soc. Jesu.* P. P.),拉丁文刊本

译者:[法]雷孝思(Jean Baptiste Regis,1664—1738)等,编者:[德]莫尔(Joseph Mohl,1800—1876)。

这是第一个被翻译成欧洲语言的《易经》全译本。法国国家图书馆现藏有一份雷氏《易经》论文手稿(fr. 17240),而雷氏译文的刊本迟至1834年和1839年,才由德国的东方学家莫尔分两部在斯图加特和图宾根编撰出版。据莫尔在编者序中的介绍,雷孝思的《易经》手稿主要分为三部分完成:第一部分完成于1708年之前,第二部分于1722年7月27日完成,第三部分的译稿则是在1723年10

---

① "[…] livre *Y-king*, qui regardent les nombres, le destin, ou le sort qui leur est attaché." Guillaume Pauthier, *Les livres sacrés de l'Orient*, Paris 1875, pp. 146-149.

② Guillaume Pauthier, *Les livres sacrés de l'Orient*, Paris 1875, pp. 1-8. 宋氏序言后,还附有冯秉正神父(Joseph-Marie-Anne de Moyriac de Mailla,1669-1748)所作《中国文字研究》(*Recherches sur les caractères chinois*), *Les livres sacrés de l'Orient*, pp. 8-13.

③ *Ibid.*, pp. 46-146. 之后还附有刘应为宋氏《尚书》译本所作补充解释,pp. 146-149。

月25日寄到罗马。上述各部分的译稿后来几经曲折由雷慕沙集齐并允许莫尔编撰出版。① 莫尔在前言部分亦交代了雷孝思的译稿乃基于另两位法国耶稣会士冯秉正（Joseph-Marie-Anne de Moyriac de Mailla, 1669—1748）和汤尚贤（Pierre du Tartre, 1669—1724）的《易经》未刊稿，而雷氏翻译时的底本是1715年康熙命李广地等人编纂的《周易折中》。

该书为两卷本，共包括三部分内容：（1）导论（谈及《易经》的原理、作者、论据及其阐释方式、原理等）；（2）对《易经》64卦的卦文及注疏的翻译，每卦译文末尾附有译者所作的注解；（3）译者对《易经》一书的评议。

21.《易经》汉文研究手稿

著者：[法]白晋。

据陈欣雨研究，现藏于梵蒂冈图书馆、应归于白晋名下的中文易学著述有：《易钥》《易经总说稿》《易考》《易引原稿》《易稿》《易学总说》《大易原义内篇》《易学外篇》《天学本义》。②

22.《古今敬天鉴》（中文抄本）

著者：[法]白晋。

其早期版本题为《天学本义》，对应的拉丁文原稿题为Observata de vocibus sinicis Tien et Chang-ti（《对于中文词"天"和"上帝"的考查》），但被铎罗主教下令查禁；后来应康熙帝之命，白晋重新对该书进行补充、订正并再版，用以回应铎罗的禁令。新版时白晋亦将标题重新修订为《古今敬天鉴》，该版后来亦由马若瑟和赫苍璧（Julien-Placide Hervieu, 1671-1745）于1706或1707年由汉语刊本译出拉丁文版，亦即*De cultu coelesti Sinarum veterum et modernorum*（《古今中国人对天的崇敬》）。③

---

① *Y-King. Antiquissimus Sinarum liber quem ex Latina interpretatione P. Regis aliorumque ex Soc. Jesu. P. P.*, vol. 1, Stuttgartia et Tubinga 1834, p. VIII-X.

② 陈欣雨：《白晋易学思想研究》，北京：人民出版社，2017年，第100—114页。白晋名下各部《易经》研究汉文手稿的主要内容，参见第114—155页。

③ [德]柯兰霓：《耶稣会士白晋的生平与著作》，李岩译，郑州：大象出版社，2009年，第55—58页。

此书是白晋使用"索隐"法解经的代表作,即致力于从中文文献中搜寻证据来附会天主教教义,目的是要证明中国先民对于"天/上帝"(Deus)有清楚的认识,"孔子的学说和他们的古代典籍中实际包含着几乎所有的、基本的基督教的教义","中国古代的学说和基督教的教义是完全相同的"①。从内容上看,该书最为完整的版本应是白氏后期修订过的版本,主要内容包括:(1)1703年韩菼序及1707年的白晋自序;(2)上卷计42条,皆引自古儒原典或是清朝官方钦定注疏,例如《日讲四书解义》《十三经注疏》等权威注解,乃至涵盖多种文体的《古文渊鉴》;下卷则将民间俗语、士人俗语与意思相近的经文对照呈现,似为破解儒家"双重教义"之说(参见上文的龙华民论文),用真实语料来证明从儒生士大夫至平民百姓,皆形成的共识:中国人敬畏的上天与Deus具有诸多共通之处。白晋在利玛窦"扬先儒"的立论基础上,加入了其所回避的原罪说、天主降生成人以救赎众生等神学内容,形成白氏兼具"先天之理"(天主生养众生且中国先人已认识真神的存在)和"后天之道"(天主降生救赎复人本性)的独特"敬天学"框架。

《古今敬天鉴》上下卷,有多个藏本:法国国家图书馆藏两部(Courant 7161、7162)、梵蒂冈图书馆藏本[Borg. Cin. 316(14)]、北堂藏书楼抄本(仅上卷);以《天学本义》为题,法图、梵蒂冈各有一藏本[编号分别为Courant 7160, Borg. Cin. 136(15)]。② 上述不同时期的多个版本,在内容编排上亦略有出入。

23.《诗经》八首诗歌的法文译稿,刊于杜赫德(Jean Baptiste du Halde, 1674-1743)所编《中华帝国全志》(*Description géographique, historique, chronologique, politique et physique de L'Empire de La Chine et de la Tartarie Chinoise*, 1735)

译者:[法]马若瑟(Joseph Henry-Marie de Prémare, 1666—1736)。

作为白晋的弟子,马若瑟的"索隐"风格与白氏的侧重点有所不同。白氏的

---

① 张西平:《中西文化的一次对话:清初传教士与〈易经〉研究》,载《历史研究》2006年第3期,第85页。关于《古今敬天鉴》书中所体现的白晋的"敬天学"思想,可参见肖清和:《天儒同异:清初儒家基督徒研究》,上海:上海大学出版社,2019年,第142—163页。

② 肖清和:《天儒同异:清初儒家基督徒研究》,上海:上海大学出版社,2019年,第143—144页。

索隐思想皆围绕《易经》研究展开,马若瑟则以汉字和诗歌为其研究重点,并由之形成"字学—经学—理学"这一相辅相成而又逐级上升的治学路径。《诗经》西译及阐释是为其"经学"研究的基础。

由杜赫德收录并获出版的马氏《诗经》译稿共计八首,依次出自《诗经》中的《周颂·敬之》《周颂·天作》《大雅·皇矣》《大雅·抑》《大雅·瞻卬》《小雅·正月》《大雅·板》《大雅·荡》八首诗歌。① 据此分析马氏的选诗标注,一是主要关注"雅""颂"这类朝廷、宗庙之音;二是诗歌在内容上反复出现"上帝""天""皇"与"王政"的字样,用以证明基督宗教的Deus早已见诸于中国上古的权威典籍之中,且中国先民相信天上之国与地上之国之间相互呼应的关系。马氏译诗的中文底本为姜文灿、吴荃的《诗经正解》,此外亦参考了张居正《诗经直解》等注疏材料。据杜欣欣的研究,马氏译诗八首在次序安排上有其独特的编排考虑,亦即以"《周颂》为先,继之以《大雅》《小雅》,最后又以《大雅》作结,以敬神迹,喻人敬神",而这一编排方式深受《圣经》中谈及相同主题的内容的影响②,颇见其寓意解经学的功底,亦可见对原文的忠实与否并非马氏译介时的关注点。

24.《尚书》法语选译,刊于《中华帝国全志》(*Description géographique, historique, chronologique, politique et physique de L'Empire de La Chine et de la Tartarie Chinoise*, 1735)第二卷

译者:[法]马若瑟。

马氏的《尚书》选译与其《诗经》译文一样,同载于杜赫德的《中华帝国全志》。其《尚书》译文共计四段,分别译自《大禹谟》《皋陶谟》《益稷》《仲虺之诰》《咸有一德》和《说命》。据蓝莉的研究,马氏研习、翻译《尚书》时

---

① 国内学界最早关注马若瑟《诗经》西译的学者是阎宗临,他曾将杜赫德书中所载马氏的《诗经》译文第二首,亦即《周颂·天作》一诗回译到中文,藉此考察马氏译文的信实程度。详见阎宗临:《传教士与法国早期汉学》,郑州:大象出版社,2003年,第66页。马氏译诗八首具体出处的考证工作,参见杜欣欣:《马若瑟〈诗经〉翻译初探》,载《中国文哲研究通讯·中国翻译史专辑(上)》第二十二卷第一期,第49页。

② 参见杜欣欣:《马若瑟〈诗经〉翻译初探》,载《中国文哲研究通讯·中国翻译史专辑(上)》第二十二卷第一期,第50—66页。

的中文参考文献包括：孔颖达的《尚书正义》、明儒王樵的《尚书正义》、张居正的《书经直解》、胡广等奉敕撰写的《书经大全》和康熙钦定的《日讲书经解义》。①

25.《马若瑟神父论中国"一神论"的未刊信札》（*Lettre inédite du P. Prémare sur le monothéisme des Chinois*，1861），原稿是马氏1728年9月10日写给傅尔蒙的法语信件，后由鲍迪埃于1861年在巴黎整理出版。

著者：[法]马若瑟。

经鲍迪埃整理后的马氏信札，在内容上包括：（1）鲍迪埃所作《论中国一神论》的论文（Essai sur le monothéisme des Chinois），重点总结了18—19世纪西方学界有关中国人信仰的认识历程，特别指出理雅各（James Legge, 1815—1897）和麦都思（Walter Henry Medhurst, 1796—1857）在中国"一神论"问题上与马若瑟持相同观点；（2）《关于中国"一神论"的信札》（Lettre sur le monothéisme des Chinois），马若瑟在信件开篇先是对所谓的"无神论"予以定义，他认为关于神性的错误观念并不会形成无神论。在其看来，无神论是希望能有一种无上的智慧，用它的力量去创造世界，并用它的智慧来统治世界。② 马氏这一观点表明该文的撰写旨在反驳来华传教士乃至西方启蒙思想家有关中国人是无神论者的指责。文中探讨了中国人的理气观（或者说宇宙观）并试图厘清阴阳、太极等概念的内涵，重在呈现和强调理学家亦是一神论者的观点；（3）题为《关于中国人的哲学》的论文（Essai sur la philosophie des Chinois），引用《四书异同条辨》《周易折中》《万言论》等中文原始文献用以证明中国人原始的一神论（亦即认识"上帝"的存在），以及他们对宇宙的起源和形成的解释。

---

① [法]蓝莉：《请中国作证：杜赫德的〈中华帝国全志〉》，许明龙译，北京：商务印书馆，2015年，第193—194页。

② "Une fausse idée sur la Divinité ne forme pas l'athéisme. L'athéisme consiste à nier qu'il y ait une intelligence souveraine qui ait par sa puissance produit le monde et le gouverne par sa sagesse." *Lettre inédite du P. Prémare sur le monothéisme des Chinois*，Paris 1861, p. 4.

26. 《中国古籍中之基督宗教主要教义遗迹》（Selecta quaedam vestigia praecipiorum religionis christianae dogmatum ex antiquis Sinarum libris eruta, 1729, 下文简称《遗迹》）①，拉丁文手稿

著者：[法]马若瑟。

据龙伯格研究，该拉丁文书稿于1712年—1724年5月21日完成，书后有1725年5月18日所作附录，大量谈及《易经》的内容，后因全书需作修订直至1729年才最终完成，共计658页。经精心誊写，马氏于1731年8月27日将该书赠予傅尔蒙。②《遗迹》一书是为马若瑟打通字学、经学、理学，用以解析中西经典之中所蕴藏的共同真理的代表作。主要内容包括：（1）序言；（2）第一条：介绍中国六经，从典籍中摘抄语句译为拉丁文作为论据融入自己的论述，提及"秦焚书""以致六经不明"等；第二条关于唯一的真神以及与三位一体相关的认识，提及唯一真神、《尚书》中的"天"、中文文献中的"上帝"、神是唯一亦是三位一体、《道德经》中的一二三、太一、太极和道；第三条论完好无损的本性；第四论谈堕落后的本性，其中谈及共工、蚩尤之战以及人的堕落；第五论基督降临之后人性的更新，其中重点谈及圣人及其诸多其他称谓③，亦谈及圣子降生与童贞女受孕、神与人的关系和祭祖礼仪；第六圣人与圣神；第七圣人之功及预测的习俗；第八以宴席的方式进行祭祀；第九其他的圣人标志（羊、龙、麟、凤、龟）；第十是相当著名的圣人形象和标志（河图洛书、五帝、盘古、天皇帝皇人皇、伏羲女娲神农黄帝、后稷契尧舜禹汤、文王武王等的介绍），最后以《易经》一书的入门导读作为附录，文末有"1729年5月21日于广州"的日期落款。

1878年，在教宗利奥十三世（Leo XIII, 1810—1903）的嘉奖和特许下，该书由Augustin Bonnetty（1798—1878）和Paul Hubert Perny（1818—1907）翻译为法文并在巴黎出版（*Vestiges des principaux dogmes chrétiens, tirés des anciens livres chinois*）。

---

① 笔者参阅的拉丁文原始手稿藏于法国国家图书馆，编号CHINOIS-9248。
② [丹]龙伯格：《清代来华传教士马若瑟研究》，李真等译，郑州：大象出版社，2009年，第173页。
③ 马若瑟从中国典籍中挑选出天人、君子、神人、先王、圣王、元圣等诸多可与基督信仰中的基督形象符合的词汇。相关研究，参见潘凤娟：《翻译"圣人"：马若瑟与十字的索隐回转》，载《国际比较文学》2018年第1卷第1期，第81—84、94—95页。

27.《理解〈易经〉的重要笔记》(Note critiques pour entrer dans l'intelligence de l'Y King)，写于1731年的法文手稿

著者：[法]马若瑟。

该手稿是马若瑟应傅尔蒙（Etienne Fourmont, 1683—1745）之邀，为介绍《易经》一书及其头两卦所作的专题论文，据龙伯格研究，该手稿藏于法国国家图书馆（编号Mss Orient. 9247）[①]，笔者写作时尚未得见。

28.《关于〈尚书〉所载年代之前的历史以及中国神话》的研究论文，原题为L'ancienne histoire du monde suivant les chinois（《中国人论世界古代史》），约于1731年11月前后完成[②]，已刊于《东方圣书》（Les livres sacrés de l'Orient, 1875）一书

著者：[法]马若瑟。

法国汉学家鲍迪埃在其所编《东方圣书》书中，宋君荣《尚书》法译本的导论完结后，插入了马若瑟该篇研究论文[③]，分17章讨论了中国人所理解的宇宙的诞生、中国主要的历史时期、存在于古老编年史中的普遍思想、由盘古、三皇直至黄帝的各位帝王简介、中国人所提供的《尚书》中记载的三代帝王谱系表及六十甲子图的简介。可为西方读者理解《尚书》问世之前以及书中所载的年代及相关历史人物，提供必要的背景知识。

29.《儒教实义》，中文抄本[④]，该书亦有原始拉丁文手稿留世

著者：[法]马若瑟。

该书的拉丁文原始手稿藏于罗马耶稣会档案馆[Fondo Gesuitico 724/4，乃马若瑟本人笔迹；另有梵蒂冈图书馆藏本 Borg. Cin. 316(10)]。此书属于马氏名下

---

① [丹]龙伯格：《清代来华传教士马若瑟研究》，李真等译，郑州：大象出版社，2009年，第182—186、264页。

② 同上书，第216页。

③ Guillaume Pauthier, Les livres sacrés de l'Orient, Paris 1875, pp. 13-45.

④ 该抄本藏于梵蒂冈图书馆Borg. Cin. 316，后收入学生书局1966年版的《天主教东传文献续编》（第二册）。

的"理学"中文著作,应写于1715—1718年。该书以问答体的形式展开,旨在论证:"上帝—鬼神—先人与生者"三个层次之间的关系,文中多强调丧葬、祭祀等儒家礼仪的文化意义而非宗教意义,就其写作动机来看,具有使"儒家基督化"的倾向。①

马氏在标题处公然以"儒教"为名,因其认为儒教中已蕴含启示宗教的真义,从而有别于修会前人利玛窦以及殷铎泽、柏应理等仅将儒家视为哲学流派乃至自然宗教的定位。全书共计110多问,开篇马氏随即为"儒教"下定义,认为其体系是以上帝、鬼神、先人/先师、君亲师长友,这四类崇敬对象以及与之相关的敬礼为主体。在第4—6问,马氏释"天",旨在跨越宋明而直接接续先秦乃至上古三代一神论之"天",并驳斥朱子以"理"代"天"之说,认为应将"理"解为万物自身的运行法则而不能指代"上帝"。第7问又重塑"帝"对世间善恶具有赏罚权力的主宰权。第8—19问与上帝、祭天、祭祖相关;第20问论及受造物亦分三等,"上曰鬼神,下曰形物,中曰人者也"②,此后第21—37问谈及人物之别和鬼神的职能,重点强调不可敬鬼神,更不可祭鬼神、拜城隍以求福。第38—50问围绕如何事君、事亲、事师、事长、友仇等与儒家五伦相关的伦理实践要求展开;自第51问开始触及"事死"祭祖的问题,马氏肯定葬之以礼的必要性但反对厚葬和佛事,并认为"木主"神位只是虚像,不同于具体形式的"偶像",肯定其存在的功能是作为孝子追思的凭据(马氏这一看法与卫方济在《中国哲学》中对于祖先牌位的观点完全一致)。从第59问开始,逐条回应"祭""上坟""祠堂""庙""郊社""家庙之礼""祭""卜""斋戒""迎降送神""果""茅沙""三献""祝声""设馔以祭""受胙""祝文""福"等祭祀礼仪的内涵,并引《尚书》及《日讲》,主张福报"皆是上帝所赐,非祖宗所能致者也""必须转祈上帝"③;自第94问开始谈及孔子为"儒教之宗"(因其修经之大功)、孔子之德(因其敬天、居谦、安贫、好学、慕

---

① 于明华:《清末耶稣会士索隐释经之型态与意义:以马若瑟为中心》,台湾暨南国际大学中国语文学系硕士论文,2003年,第52—56页。
② 周岩编校:《明末清初天主教史文献新编·儒教实义》,北京:国家图书馆出版社,2013年,第680页。
③ 同上书,第697、699页。

真、贞洁而能体天之意）及祭孔礼仪意在重师道而非祈聪明爵禄，一如祭祖非为求福而重在"内心之诚皆同，外文益隆且全"①。从第103问开始的余下各问谈及"六经"的重要性及其在后世的散佚、篡改，堪称马氏所作的"中国经学简史"②，其中亦批"佛老之幻"乃异端作乱，反对"三教合一"，但马氏亦明确肯定了宋明理学家一神论信仰上的正统地位："（横渠、康节、朱子）未尝不尊称皇天上帝，以超出庶类，而为万物之主宰也。后之学者，若论理不论义，则明儒视宋儒，与宋儒视汉儒无异，而是非无尽云。"③

马若瑟对于中国经学的热爱和思考，明显带有西方语文学和释经学训练的痕迹。从他所引中国经文传疏作为论据的解说中可发现他时有曲解，明显是要将儒学文献与天主教教义相附会。但他在本书对于中国祭祖祭孔礼仪在本质上是祭祀个体为其内心情感（"心"）寻求归宿的看法，较之此前利玛窦、殷铎泽所作出的"非宗教"礼仪的西式定位，意涵更明确，亦更接近中国社会的实际情况。④

30.《天学总论》，撰于1710年，中文抄本（现藏于法国国家图书馆，Chinois 7165）

著者：[法]马若瑟。

该书与《儒教实义》同属马若瑟"理学"著述。据肖清和研究，该书是马若瑟写给康熙帝用于介绍天学（神学）的中文著述，旨在论证为何可以借助天学要理来阐明"六经"要旨。⑤

该文开篇先对"学问"进行划分，亦即有"真学""伪学"与"空学"，而天学即是真学，并梳理出其学统，乃是由上天传与先王、先王传与孔子，孔子

---

① 周岩编校：《明末清初天主教史文献新编·儒教实义》，北京：国家图书馆出版社，2013年，第702页。
② 在马若瑟名下的汉语语法书《汉语札记》，开篇第一章第一段便有一段对中国典籍的介绍，其中将中国典籍分为9级，详见Joseph-Henri de Prémare, *Notitia linguae sinicae*, Malaccae 1831, pp. 3-4。
③ 周岩编校：《明末清初天主教史文献新编·儒教实义》，北京：国家图书馆出版社，2013年，第705页。
④ 关于马若瑟《儒教实义》的研究，除前引于明华的研究成果外，还可参见王硕丰、张西平：《索隐派与〈儒教实义〉的"以耶合儒"路线》，《北京行政学院学报》2012年第5期，第124—128页。
⑤ 肖清和：《天儒同异：清初儒家基督徒研究》，上海：上海大学出版社，2019年，第173页。

又藉由编纂五经传之于后世，但在其间，经义因秦火、异端佛法流入以致失其真传。马氏在此对中国经学史的回溯，有部分论述与《儒教实义》完全一致。而因六经原义已失，藉由宋明诸儒亦无法寻得原义，马氏转而指出幸得人类共同的先祖将"天学"亦传给欧罗巴，可助中国寻得六经原义。此后，马氏亦论及基督宗教在耶稣诞生之前和之后的历史，意在凸显天学（基督宗教神学）彻底改变上古欧罗巴的荒淫堕落，且因"天学之圣经，不遭火害，而自开辟以来，不绝如线焉"，"以天学之真传，于六经之余文而察焉，不亦理乎"。① 由此可见天学之功。文中马氏有关君士坦丁大帝将基督宗教立为国教且辟除异教崇拜的描述，亦暗含马氏乃至其老师白晋，对于归化康熙帝的殷切之心。

31.《经传众说》，撰于1710年，中文抄本（现藏于法国国家图书馆，Chinois 7165）

著者：[法]马若瑟。

作为马氏的中文"经学"著作，全书共分四节：（1）"求真经以信之"；（2）"道亡而经不明"；（3）"道既亡谁亡之"；（4）"宋儒于道何如"，旨在通过引证诸儒② 彼此间自相矛盾的观点，凸显汉儒、宋儒的肆意解经，用以证明"六经"原义已失且无法从后世儒生传疏中求得真经原义。

32.《经传议论》，撰于1710年，中文抄本（现藏于法国国家图书馆，Chinois 7164）

著者：[法]马若瑟。

该书是马氏另一中文"经学"著作。开篇为马氏《经传议论自序》，介绍自己入华十年经由学习汉字字义，进而理解中国典籍的治学路径："愚所以究文字之义，惟欲通古籍之旨而已"③。而在古籍之中欲求"圣人之心"，需"信经而不信传"。可见马氏进入中国学术体系的步骤是：字学（六书）-经学（六经）-

---

① 马若瑟：《天学总论》，第16叶正、反面。
② 针对这四节具体征引的儒生姓名及其观点内容概述，参见肖清和：《天儒同异：清初儒家基督徒研究》，上海：上海大学出版社，2019年，第173—176页。
③ 马若瑟：《经传议论》，第2叶正面。

理学（义理之学），且对中国典籍持分级思想。（"然古籍有等，而经典为上，传、疏次之，诸子又成一端，史、志自立一家，性理亦开一门，若文、词、诗、赋，不本乎道，而区区富丽之言者，皆学之末也。"①）后又以西方"上天圣经"的古经新经（即《旧约》《新约》）相互参照并行不悖作比，批评中国新儒彼此相争造成对古儒经典原义理解上的障碍。为解决这一问题，马氏设计了一个颇为宏大的写作计划，分十二章来探讨：六书论（小学）、六经总论（易、书、诗、春秋、礼、乐）、易论、书论、诗论、春秋论、礼乐论、四书论（宋儒）、诸子杂书论（有别于"经"的"传"部分）、汉儒论、宋儒论、经学定论。今仅见《春秋论》，不知其他各论最终是否撰写。

从马氏最初的写作纲领来看，本书实为马氏的"中国经学史论"，在系统梳理六经、四书的含义基础上，亦对诸子之说、汉宋儒之争等问题发表个人见解。而其认为"经"应优先于"传"的思想，一方面符合西方圣经释经学的原则，另一方面或是受到与其交好的奉教文人刘凝有关"尊古义，订今伪"信条的影响。②

关于目前仅存的《春秋论》部分，主要围绕"经"和"三传"两大核心问题设立多个主题，每个主题都遵循固定的讨论框架展开：先提出《春秋》中的一处问题，征引汉儒、宋儒、明儒各家说法以示其意见的异同，继而马氏自己折中论述，在部分主题的最后，亦会以康熙《御纂古文渊鉴》为评判标准，借之确立自己学说的效力。关于《春秋》一书，马氏坚持其乃经典，孔子虽有所修订但并非作者；同时，基于"信经不信传"的信条，马氏认为"春秋三传"不可信，但亦不可尽废，而要遵循上帝所赋予的"理义"标准，选出其中与之相符的注疏方可信之。

33.《三一三论》，中文抄本（现藏于法国巴黎耶稣会档案馆，编号GBro 120③）

著者：[法]马若瑟。

---

① 马若瑟：《经传议论》，第2叶正面。
② 于明华：《清代耶稣会士索隐释经之型态与意义——以马若瑟为中心》，台湾暨南国际大学中国语文学系硕士论文，2003年，第53页。
③ 肖清和：《清初索隐派传教士马若瑟的三一论与跨文化诠释——以〈三一三〉为中心》，载《北京行政学院学报》2018年第4期，第114页。

据肖清和研究，巴黎耶稣会档案馆的藏本是目前的唯一藏本，共194页，写作时间应在1730—1736年之间。该抄本分两部分：（1）《三一三》上卷，共十篇，涉及上帝的存在、名称、创世及有关三位一体的介绍，随后马氏亦使用该教义试图对儒道经典进行阐释；（2）拉丁文—中文对照的《经解》（即《信经直解》，与马氏《儒交信》中所收《信经直解》的内容一致）。马氏希望藉由引入基督宗教的圣三一论，来帮助解释儒家及道家经典。① 笔者写作时尚未得见该文献。

34. 马若瑟与《易经》研究相关的中文手稿

著者：[法]马若瑟。

据陈欣雨研究，梵蒂冈藏马氏所著《易经》中文书稿主要有：《周易原旨探目录》《太极略说》以及《周易数理》。②

35.《关于中国人的口语和书面中的"天"意指上帝的论证》（Factorum congeries quibus probatur voce et littera 天 bene significari Deum apud Sinas, 1705），拉丁文手稿，现藏于梵蒂冈图书馆Borg. Lat. 515

著者：[法]傅圣泽。

该手稿共计10叶（ff. 9r-19r），傅氏共分六章，征引不同的口语和书面材料，对汉语中的"天"意指Deus（上天之主宰）予以论证。

36.《能否以及以何种方式可以说中国古籍中的"道"字，就其独一无二的真正含义而言，意指我们基督徒所崇拜的神》（An diei possit et qua ratione dici possit in unico vero et genuino veterum librorum sinensium sensu per charatterem 道 significari Deum illum quem nos christiani colimus.），拉丁文手

---

① 肖清和：《清初索隐派传教士马若瑟的三一论与跨文化诠释——以〈三一三〉为中心》，载《北京行政学院学报》2018年第4期，第114—119页。

② 陈欣雨：《白晋易学思想研究》，北京：人民出版社，2017年，第290—291页。《周易原旨探目录》和《太极略说》的主要内容，参见第293—306页。

稿，现藏于梵蒂冈图书馆Borg. lat. 566①

著者：[法]傅圣泽。

手稿上并未标注具体完成时间，笔者猜测这是一个有待补充的未完稿，抑或只是傅氏法文原稿《与笃信耶稣基督之学者论神学问题》（Problème théologique proposé aux sçavans zélés pour la gloire de Jésus Christ ...）的拉丁文内容简介，因文后夹杂有多张空白页。全文由两部分组成：第一部分涉及古代中国文献中的"道"字意指基督徒崇拜的最高神（vetera monumenta sinensium per charatterem 道 vulgo significant supremum illud numen quod colunt christiani），傅氏断言在其中频繁出现的"圣人"一词即是《圣经》所允诺的弥赛亚；第二部分则是对第一部分的反向证明，即：圣经里所许诺的弥赛亚就是那个在中国古代典籍中被无数次赞美的圣人。其后傅氏共分五章来讨论Deus身上的五种属性，并试图在"道"中检验这些属性是否具备：（1）三位一体的终极属性；（2）它经由创世向外表露自己；（3）除自身以外它不需要任何东西；（4）其属性寄托于肉身便会成为英雄品质这样的外在可见的样例；（5）据其所知，被基督徒称之为Deus的终极属性还有许多其他的称谓，譬如宇宙的主人，世界的主人等。②

37.《关于中国教导和文献的真实起源的讨论，包括四个命题》（Dissertatio de vera origine doctrinae et monumentorum sinensium contenta quatuor propositionibus），拉丁文手稿，梵蒂冈图书馆现有两个藏本：Borg. lat. 566以及Borg. cin. 358 (1)③

---

① Borg. lat. 566, ff. 340-354. 笔者曾在传信部档案馆翻阅档案Indie Orientali e Cina Misc.20，内容是一部引用中国典籍来介绍"道"与Deus之间相同点的法文手稿，无作者署名，疑为傅圣泽该拉丁文手稿的法文版。据魏若望考订，傅氏是在1718年8月至11月10日完成这篇代表其索隐思想的论文，并曾亲自誊写新版本（尽管傅氏亦有秘书专门负责为其摹写手稿的副本），法文版题为《与笃信耶稣基督之学者论神学问题》（Problème théologique proposé aux sçavans zélés pour la gloire de Jésus Christ ...）。[美]魏若望：《耶稣会士傅圣泽神甫传：索隐派思想在中国及欧洲》，吴莉苇译，郑州：大象出版社，2006年，第316页。

② 据魏若望的介绍，法文版的《与笃信耶稣基督之学者论神学问题》在此五部分后，又继续分出6节予以延伸讨论，参见[美]魏若望：《耶稣会士傅圣泽神甫传：索隐派思想在中国及欧洲》，吴莉苇译，郑州：大象出版社，2006年，第193页。可推知法文原稿的篇幅和框架远比拉丁文版的丰富。

③ Borg. lat. 566, ff. 359-394; Borg. cin. 358(1), pp. 3-20.

著者：[法]傅圣泽。

虽然标题中指出该文包括四个命题，但手稿中实际上只有第四个命题的第二部分。文中引用了《论语》《道德经》《史记》《孔子家语》《古文渊鉴》《庄子》《资治通鉴纲目》《昭代丛书·唐宋石经考》以及朱子《论语集注序》等大量中文文献并附自拟的拉丁文文义解释。藉由对整部手稿中汉字的考察，可分辨出两种字迹，可能分别由傅圣泽及其中国助手抄录。据魏若望的研究，该文完成于1720年6月15日至9月10日。①

38.《薄[即傅]先生辨析儒理》，中文抄本，藏于梵蒂冈图书馆Vat. estr. or. 30

著者：[法]傅圣泽。

文献共计19叶（含2叶空白），主要内容包括：（1）儒理谓何；（2）天字何解；（3）敬天不敬天何解；（4）上帝谓何；（5）祭祖宗何义；（6）祭孔子何义；（7）若人不祭祖宗，儒不祭孔子何义（明确指出"人不祭祖宗，儒不拜孔子，乃大罪之人，同于反叛之人"）；（8）傅先生解颜主教之疑惑，围绕颜珰就《中庸》《论语》等儒学典籍中，与鬼神、祭祀相关的语句的不解，傅圣泽逐一解答。

39. 傅圣泽与《易经》研究相关的中、法文手稿；为朱熹《家礼仪节》《荀子》等中文图书撰写的摘要②

著者：[法]傅圣泽。

据魏若望研究中所列出的可归于傅圣泽名下的梵蒂冈图书馆馆藏，笔者从中整理出下列与儒学相关的条目：（1）傅氏研究《易经》的中、法文手稿③；（2）傅氏为之撰写摘要的儒学书籍：《经义精要》中文书摘[Borg. cin. 380（2）

---

① [美]魏若望：《耶稣会士傅圣泽神甫传：索隐派思想在中国及欧洲》，吴莉苇译，郑州：大象出版社，2006年，第317页。
② 转引自上书，第433—435页。
③ 具体编号如下：1.Borg. cin. 380(5), 1-92b; 2. Borg. cin. 317(3)、(11); 3. Borg. cin. 361(5); 4. Borg. cin. 317(8), 1-49b; 5. Borg. cin. 361(6); 6.Borg. cin. 317(7), 1-37b; 7. Borg. cin. 317(4), 1-3b; 8. Borg. cin. 361(3). 说明：魏氏标注手稿时，通常用a表该叶正面，b表同叶反面。

（4）]；《周易义例》[此书可能为其所有，Borg. cin. 361（2），1a-56b]、《周易理数》[Borg. cin. 361(4), 1-188]、《周易全书论例》《性理会通太极图》等书所作书摘 (Borg. cin. 321, 1-181)；有傅氏注释的《周易本义》（Borg. cin. 91）、朱熹《家礼仪节》（Borg. cin. 154）、《朱熹晚年痛悔之据》，可能是据王阳明《朱子晚年定论》所作摘要 [Borg. cin. 357（11）、380（1）]；《上帝释名论》[可能是傅氏为《图书编》《古文渊鉴正集》《道德经评注》等中文图书所作的摘要，Borg. cin. 322, 1-599]以及为《荀子》一书所作摘要 [Borg. cin. 361(1) c, 1-49]。另外，在伦敦大英图书馆东方印本与写本部，藏有傅氏对《尚书》和《诗经》的注释（编号：15215, b.8; c.10）①

陈欣雨认为梵蒂冈藏傅氏所著《易经》书稿主要有：《据古经传考天象不均齐》《天象不齐古经籍解》《易经诸家详说》《经义精要》《中国经本于天》及其个人对《易经》研究情况的说明（Borg. cin. 439）。②

40.《反对礼仪史的论文》（Tractatus contra historiam cultus），拉丁文手稿，撰于1701年11月，原稿现藏于罗马耶稣会档案馆 Jap-Sin 724, n.5

著者：[德]纪理安。

纪氏写作该文的起因是：巴黎外方传教会的夏尔莫(Nicolas Charmot, 1655—1714)奉福建宗座代牧颜珰之命，从1697年开始在教廷传信部（Congregatio de Propaganda Fide）主管耶稣会士有关中国礼仪的事务并试图完全禁止中国礼仪。夏氏为此撰写了题为《中国礼仪史》（*Historia cultus sinensium*）的论文，并于1700年在科隆出版。为了回应和捍卫在华耶稣会的立场，纪理安完成了此份报告。

文中，在简短的引言之后，纪理安随即陈述了撰写该文的缘由。由于中国的耶稣会士在欧洲因中国礼仪问题而受到诽谤，所以他们希望利用两位中国耶稣会

---

① [美]魏若望：《耶稣会士傅圣泽神甫传：索隐派思想在中国及欧洲》，吴莉苇译，郑州：大象出版社，2006年，第433—435页。

② 陈欣雨：《白晋易学思想研究》，北京：人民出版社，2017年，第236—242页。其中，《经义精要》《易经诸家详说》《中国经本于天》《据古经传考天象不均齐》各篇的内容简介，详见第246—258页。

传教团代理人（即卫方济和庞嘉宾）前往罗马的机会，由他们向红衣主教委员会面陈真实的情况：在华耶稣会士从来没有容许或者教授迷信活动（即允许奉教者进行神像崇拜和参加异教的仪式）。恰恰相反，耶稣会士知道，中国古老的礼仪起初只具有世俗化的社会意涵，但现在却和迷信混为一谈了。而对于耶稣会士来说，解决这个问题的关键在于要慢慢地"击败"这些异教礼仪并进行一定程度的改良，他们并不想要永远都表示赞同。纪理安随后亦对夏尔莫《中国礼仪史》书中①的四个论点逐一进行反驳：（1）天和上帝并非仅仅指神，还能指代实体的天空；（2）孔子和先贤们对于中国人来说是圣人；（3）私人住所里的家谱具有宗教性质；（4）中国的哲学家们从根本上反对天主教义。随后，纪理安又在长篇的附录中描述了康熙皇帝为何会在1700年针对中国礼仪问题作出声明（康熙应来华传教士的请求，在该声明中清楚说明：在中国"天"和"上帝"指的是同一个神，而中国的祭祖礼仪只是必不可少的社会仪式）。

奉教宗克莱门十一世（Clemens XI）之命，1701年在华耶稣会士卫方济和庞嘉宾作为中国耶稣会传教团代理人前往罗马，在教宗就中国礼仪问题进行裁决前，上呈报告以阐明耶稣会立场。当时他们从中国带去的文献中，亦包括纪理安的这篇论文。②

41.《北京纪要》（Acta Pekinensia sive Ephemerides Historiales eorum, quae Pekini acciderunt a 4ª Decembris Anni 1705. 1ª adventus Ill. mi Rev. Et Exc. mi. Dni D. Caroli Thomae Maillard de Tournon Patriarchae Antiocheni Visitatoris Apostolici cum potestate Legati de Latere），拉丁文手稿

著者：[德]纪理安。

这份将近1500叶的外文文献，以拉丁文为主，写作年份自1705年始直至1711年，现藏于罗马耶稣会档案馆Jap. Sin.138, ff. 1-1463。因教宗特使（legatus a

---

① 夏尔莫《中国礼仪史》一书后来被英国启蒙思想家洛克（John Locke, 1632—1704）阅读并成为其儒学观的主要知识来源，参见韩凌：《洛克与中国：洛克"中国笔记"考辨》，北京：北京大学出版社，2019年，第236—246页。

② Sebald Reil, *Kilian Stumpf: 1655-1720, ein Würzburger Jesuit am Kaiserhof zu Peking*, Münster: Aschendorff, 1978, p. 91.

latere）铎罗访华，从1705年11月起，纪理安奉巡察使耶稣会士闵明我（Claudio Filippo Grimaldi, 1638—1712）之命，担任铎罗使团的公证人，开始收集所有关于使团的视察内容及与中国礼仪之争相关的文书，以备在将来与教宗特使就礼仪之争展开的会谈中，承担起责任重大的辩护工作。纪理安每天都准确地记录下教宗特使所有的行程活动，随后又请当时中国传教团中字迹最为纤巧优美的抄写能手骆保禄（Giampaolo Gozani, 1659—1732）予以誊写，之后上呈给副会省会长安多及费隐（Xavier-Ehrenbert Fridelli, 1673—1743）核查比对，并由纪氏最后修订、附上本人有关文件真实可靠的认证声明并逐叶加盖代牧区的红章，经澳门寄回罗马给总会长过目。① 纪氏多次寄回罗马的文件，后来被整合为罗马耶稣会档案馆所藏的《北京纪要》文档。该纪要亦成为耶稣会士在中国传教活动最为准确翔实的日记。②

《北京纪要》的内容共分六部分：第一部分开篇就描述了特使与皇帝及耶稣会士们之间即将展开的协商以及各方为此准备的各种文书（涉及多份来华耶稣会有关中国礼仪的调查报告及耶稣会士引用中国文献论证中国礼仪性质的论文）。其后是纪氏1706年写给读者的前言，随后是纪理安在1705年12月4日至1707年3月所写的日记，最后是纪氏于1707年10月25日在本部分结尾处对这部作品的真实性和可靠性所作亲笔说明（Testificatio）。③ 日记的第二部分包含1707年4月至1708年1月纪氏所写的日记，并附有当时代牧区主教苏霖（Joseph Suarez, 1656—1736）写于1708年的认证和亲笔签名。④《北京纪要》的第三部分记载了1708年2月至12月发生的事件，⑤ 第四部分则描述了1709年1月至9月发生的事情。⑥ 在

---

① 《北京纪要》的"成文史"，亦即文稿的记录、誊抄、审核、修订工作及相关负责人，参见Acta Pekinensia, "Approbatio", f. 2。

② 鲁保禄（Paul Rule）和柯兰霓（Claudia Von Collani）目前正在分卷整理、英译纪理安的这部巨著，现已出版前两卷，参见Paul Rule & Claudia Von Collani (trans.), *The Acta Pekinensia or Historical Records of the Maillard de Tournon Legation (December 1705-August 1706)*, Rome: Institutum Historicum Societatis Iesu, 2015; Paul Rule & Claudia Von Collani (trans.), *The ACTA Pekinensia or Historical Records of the Maillard de Tournon Legation: Volume II: September 1706 - December 1707*, Leiden, Boston: Brill, 2019。

③ "Acta Pekinensia", Jap. Sin.138, ff. 1-548.

④ 第二部分的内容，详见"Acta Pekinensia", ff. 549–847。苏霖的许可参见f. 836。

⑤ 第三部分的内容，详见"Acta Pekinensia", ff. 848-1100。

⑥ 第四部分的内容，详见"Acta Pekinensia", ff. 1101-1289。

此期间被任命为巡察使的骆保禄于1710年对这两部分内容进行了审核并签名、盖章认证。间隔两年之后，1711年的9月，纪理安开始继续撰写日记的第五部分，时间跨度为1711年9月至1712年5月，骆保禄在1712年11月26日进行了认证。①《北京纪要》的第六部分分别包括（1）对1711年10月17日至11月17日期间所发生事件的概述，（2）1710年至1711年间的要事报道。②

纪理安的《北京纪要》史料内容极为丰富，研究价值突出。虽然该份文献是来华耶稣会士从捍卫自身立场出发，并作为铎罗使团事件的全程亲历者予以记载，但纪氏在其中对使团出使失败根源的分析，以及试图区分从别人那里听闻的事情与自己亲眼所见的事情的认真态度，再加上报道作为上呈的证据，每个部分都经由来华耶稣会神父及上级的审核，从而使其记载具有相当的可信性。而纪氏本人深厚的汉语与满语功底（远胜于铎罗本人），亦使其能够在与清廷中国官员们的频繁接触中，更为深入全面地去观察、总结、权衡及评价铎罗事件。

在教宗特使于1706年8月28日离开北京之后，在华耶稣会希望能够尽快且全面地向罗马总会长汇报这位特使的行程，当时的代牧区主管安多委托纪理安，基于他的日记撰写一份简要的总结（Brevis Synopsis）。纪氏为此撰写了一份题为"Compendium Actorum Pekinensium 1705 et 1706"③的拉丁文手稿，文中分七个章节简要描述了铎罗来华期间在京发生的事件：第一章：铎罗命令耶稣会士们禀告皇帝，他希望能得到正式接见；第二章：铎罗得到康熙帝的诸多厚遇；第三章：铎罗商谈中国的礼仪之争；第四章：铎罗在北京处理的其他几件事务；第五章：关于铎罗和颜珰主教几起值得深思的事件；第六章：铎罗离京后天主教的状况；第七章：铎罗对北京神父们的指控及纪理安本人的回应。此外，纪氏还随文附上一封亲笔信和一份后记说明。

42. 董仲舒应汉武帝征询所献三篇策论④的法文摘译及评述，刊于杜赫德《中华帝国全志》第二卷

---

① 第五部分的内容，详见"Acta Pekinensia", ff. 1290-1404。
② 第六部分的两节内容，参见ff. 1404-1432, ff. 1433-1463。
③ 藏于罗马耶稣会档案馆，详见Jap. Sin. 169, ff. 295v – 317r。
④ 因策论首篇专谈"天人关系"，史称"天人三策"/"贤良对策"，原文收录于《汉书·董仲舒传》。

译者：[法]赫苍璧。

译稿的原始手稿除最后一页现藏于法国国家图书馆（Ms. Fr. 17240, f. 244），其余皆已佚，译文应于1722年之前完成。杜赫德在其《中华帝国全志》第二卷所收《御选古文渊鉴·贤良对策》（杜氏认定为赫苍璧所译）的法文节译文末，收录了董仲舒"天人三策"的法译文。其中，《贤良对一》《贤良对三》为摘译，《贤良对二》仅有半页的内容评述，主要谈及董氏的治国良策，涉及其"天人感应""君权天授"等思想，其中颇有可与基督教思想相汇通之处。译文中虽未对董仲舒其人其事予以介绍，但在译文末尾藉由宋儒真德秀（1178—1235）的评议（"西山真德秀曰，西汉儒者唯一仲舒，其学统乎孔孟，其告君亦必以尧舜。盖自七篇而后未有及者。"），将董仲舒视为儒家学统的典范予以介绍。①

这是笔者目前所见唯一正式介绍以董仲舒为代表的汉儒思想及其著作内容的耶稣会士译述。但因该部分实际上是作为《御选古文渊鉴》的章节内容被选译（因该文集乃奉康熙之命编纂并有其御批，被视为具有官方权威性的中国历代文人"知识"的系统呈现），除此之外，清朝来华耶稣会士并未在其译作或著述中长篇征引抑或直接评述汉儒的思想成果，而更多借鉴宋明清三朝的儒学观点，可见其对汉儒成果的忽略。蓝莉在其研究中指出：赫氏与编者杜赫德，试图借助董仲舒的策论以及清朝官方将其观点视为正统编入文集的举动来证明"中国人的观念是与唯物论相对立的"。②

43.《御选古文渊鉴》所载涉及儒学典籍和重要儒学大家著述的法文选译，③刊于杜赫德《中华帝国全志》第二卷

译者：[法]赫苍璧。

杜赫德在其《中华帝国全志》第二卷中收录了部分儒学大家著述的译文，譬如翻译宋代蔡沈《〈书经集传〉序》、选译韩愈的《论佛骨表》和欧阳修《本

---

① Jean-Baptiste Du Halde, *Description géographique, historique, chronologique, politique et physique de L'Empire de La Chine et de la Tartarie Chinoise*, Tom. II, Paris: P.G. Lemercier, 1735, p. 442.
② [法]蓝莉：《请中国作证：杜赫德的〈中华帝国全志〉》，许明龙译，北京：商务印书馆，2015年，第282页。
③ 同上书，第216、218、222、229—231页。

论》中批判佛教捍卫儒学正统地位的言辞、摘译《王阳明文集》中谈及"孔子所说之乐,乃自制之愉悦","骄傲是人的大错",治学的核心在于心意之所向(亦即要择善弃恶)等呈现儒家修身思想与基督宗教伦理相合之处的篇目,杜赫德亦认定相关法文译稿为赫苍璧所为。

44. 1722—1723年间完成的有关中国哲学的两篇法文译稿:《一位陈姓中国现代哲学家谈他对世界起源和现状的想法》(Dialogue où un Philosophe Chinois moderne, nommé Tchin, expose son sentiment sur l'origine et l'état du Monde)和《一位中国现代哲学家谈中国人的性格和品行》(Caractères ou Mœurs des Chinois, par un philosophe moderne de la Chine),皆刊于杜赫德《中华帝国全志》第三卷

译者:[法]殷弘绪(François-Xavier Dentrecolles, 1664—1741)。

这两篇译文,皆被杜赫德收入《中华帝国全志》第三卷(pp. 42-65, 131-185)。前者原稿下落不明,后者的手稿藏于法国国家图书馆[Ms. Fr. 17238 ff.113-174(a)],罗马耶稣会档案馆亦有一抄本[Jap.Sin. 156(a)]。①殷弘绪试图借助前者来证明"大多数中国人并非无神论者,而是自然神论者并认为由无神论者所组成的城市从未出现",据蓝莉的研究,其翻译底本是清初白话小说《豆棚闲话》的第十二章"陈斋长论地谈天";后者则分章论述了中国社会中的"五伦"、文人的自我修养和喜好、中国的社交准则、礼节义务、家庭管理以及中国人注重心智、保持中庸之道等品行特点,据吴蕙仪的研究,其翻译底本应该是《菜根谭》之类的白话善书。②殷氏罕见地以明清白话文集小说作为证明中国人有神论信仰的论据,或是基于其在江西民众中的传教经验:这类白话著作在当时

---

① [法]蓝莉:《请中国作证:杜赫德的〈中华帝国全志〉》,许明龙译,北京:商务印书馆,2015年,第236—237页。
② 同上书。另见吴蕙仪:《清初中西科学交流的一个非宫廷视角——法国耶稣会传教士殷弘绪的行迹与学术》,载《北京行政学院学报》2018年第6期,第119页。关于殷氏《一位中国现代哲学家谈中国人的性格和品行》与另一篇赫苍璧名下的译文《有关习俗的箴言、感言和楷模选辑》(Recueil de maximes, de réflexions et d'exemples en matière de moeurs)在内容上的相似之处,参见[法]蓝莉:《请中国作证:杜赫德的〈中华帝国全志〉》,许明龙译,北京:商务印书馆,2015年,第237—239、332—340页。

中国社会，尤其是普通民众中广泛流传，其观点更能反映中国普通民众的信仰。

45. 殷弘绪对《朱子全书·易学启蒙》部分语句的法语翻译及内容转述，刊于杜赫德《中华帝国全志》第二卷

译者：[法]殷弘绪。

殷氏译稿参见杜赫德《中华帝国全志》第二卷（pp. 266-269），目前尚未辨识出殷氏译文所对应的具体段落。其原始手稿现藏于法国国家图书馆（Ms. Fr. 17238, ff.28-32）。①

因十八世纪来华的法国耶稣会士在五经译介上用力颇深，涌现了大量的拉丁文、法文的五经节译本/手稿，例如依据费赖之编订的宋君荣传记，其名下有《易经》《礼记》（*Le I-king et le Li-ki*）的拉丁文选译②，赫苍璧传中亦提及他曾翻译《诗经》（*Che-king*）。此外，因应礼仪之争为自身立场辩护，来华耶稣会亦撰写了大量的报告，譬如刘迪我、毕嘉（Giandomenico Gabiani, 1623—1694）、安多等多任中国耶稣会副会省负责人名下"论中国礼仪之争"的辩护文书，其中亦谈及中国儒生信仰、儒家礼仪的性质等关涉来华耶稣会士儒学观的问题，但因文献数量浩瀚且藏点多有不详，笔者目前尚无法全数集齐，有待来日继续完善。

二、明末清初来华多明我会士儒学译述书目

本书目主要基于José María González所整理的文献③，除明朝入华的克鲁兹（Gaspar da Cruz，约1520—1570）外，重点针对多明我会来华传教士在1654—1722年间涉及儒学典籍译介（数量很少）以及专题谈论中国礼仪、中国宗教的论

---

① [法]蓝莉：《请中国作证：杜赫德的〈中华帝国全志〉》，许明龙译，北京：商务印书馆，2015年，第191页。

② [法]费赖之：《在华耶稣会士列传及书目》（下），冯承钧译，北京：中华书局，1995年，第705页。另参见赵晓阳：《传教士与中国国学的翻译——以〈四书〉〈五经〉为中心》，载《恒道》第2辑，长春：吉林文史出版社，2003年，第487—489页。笔者曾查对考狄《中国书目》中宋君荣名下的五经译作，并未谈及宋氏有《易经》《礼记》译本，故本人对该信息存疑。

③ José María González, *Historia de las Misiones Dominicanas de China*, vol.1 (1632—1700), vol.2 (1700—1800), vol. 5. Madrid: Juan Bravo, 1962—1966.

文、证词和声明撰写提要，其中亦涉及多明我会士闵明我等个别重要的人物的外文书信，但需注意来华传教士的信札数量众多且在内容上偶有谈及中国宗教及礼仪的部分，往往只是只言片语，无法系统呈现作者的儒学观。除拉丁文文献外，本书目亦试图吸纳及呈现部分重要的西文、葡文儒学文献。

1. 《中国志》（*Tratado em que se cõtam muito por estẽso as cousas da China*, 1569），葡文刊本

著者：[葡]克鲁兹。

该书是在欧洲出版的第一部专门介绍中国的著作，被西方学界视为"有史以来有关中国最值得注意的著作之一"。克鲁兹的《中国志》共计29章，是其作为首位成功进入中国的多明我会士的文献证明。书中，他在说明自己来中国的目的后，逐一介绍了中国的名称、人种、疆域、政治区域等国家情况，中国人的生活方式、风俗习惯和宗教信仰，中国的法律、官吏及监狱，以及中国与葡萄牙的交往等各个方面。其中第27—29章谈及中国礼仪、风俗和信仰。

该书后来成为西班牙军人和作家艾斯加兰蒂（Bernardino de Escalante, 约1537—1605）《记葡萄牙人在世界东部国家和省份所作的航行，以及他们获得中国大事的消息》一书（*Discurso de la navegacion... de las grandezas del Reino de la China*，1577），以及门多萨（Juan González de Mendoza, 1545—1618）《中华大帝国史》（*Historia de las cosas mas notables, ritos y costumbres del gran Reyno de la China*, 1585）关于中国的主要信息来源。

2.《多明我会和方济各会中国传教省代理神父关于中国礼仪的声明，包括中国本土人士佐证上述反对耶稣会神父的声明的证词》（*Declaraciones de los Vicarios Provinciales de Santo Domingo y San Francisco sobre los ritos chinos, con testimonios de algunos indígenas chinos, que corroboran sus declaraciones contra los PP. Jesuitas*, 1635），西班牙文手稿；《多明我会士和方济各会士依据多位重要的基督徒证人之言编纂的有关中国礼仪的真实汇报》（*Información jurídica acerca de los ritos chinos hecha por los PP. Dominicos y franciscanos, haciendo de testigos varios cristianos de los principales*, 1636），西班牙文手稿

著者：[西]黎玉范（Juan Bautista de Morales, 1597—1664）、[西]利安当等。

上述西文手稿目前在多明我会马尼拉会省档案有一藏本。它们是由黎玉范、利安当等托钵会士在福建顶头进行调查后撰写的报告，调查时针对奉教文人提出的问题有：（1）供奉给逝者的事物、饮品、水果等；（2）祭祀偶像城隍的礼仪和祈愿；（3）祭祀偶像孔子的礼仪和祈愿；（4）在其尸体面前向逝者献祭；（5）在祖先牌位前的崇拜和献祭；（6）关于公开展示十字架的图像。据张先清的研究，参加者除黎玉范、苏芳积、利安当、玛方济四位托钵修会会士，还有郭邦雍等十一位极富学识的奉教文人，他们都来自福安、顶头、穆洋等闽东早期传教地。①

3.《关于中国礼仪的研究》（Estudio sobre los ritos chinos），西文手稿，推测于1664年完成

著者：[西]黎玉范、[西]闵明我、[西]万济国。

该文主要针对1656年卫匡国所获教宗谕令（即允许中国教友祭祖祭孔礼仪）而写，原始手稿目前藏点不明，具体内容不详，但万济国在其答复耶稣会士潘国光②的《宣言和证词……》第二章第19条曾提及该文。后来Eshard神父在其研究中亦提及"黎玉范亲笔用西文撰述，因应1656年谕令所产生的争议而作，在其中声明并证明基于良知，无法认同耶稣会士的观点"。③ 该文的首度出现，是被收录在Emmanuele Trigueros和马熹诺（Magino Ventallol,1647—1732）这两位在福建传教的资深神父呈给福建主教颜珰的文书中，通过传教团主教梁弘仁和卜于善（Philibert LeBlanc）于1691年12月16日在福州市呈上。

4.《借助不同的材料撰写而成的论文，用以解释和启迪那些观点和争

---

① 张先清：《多明我会士黎玉范与中国礼仪之争》，载《世界宗教研究》2008年第3期，第61页。

② 耶稣会士潘国光是多明我会士万济国的舅舅，但舅甥二人在中国礼仪之争中互相反对对方的主张。参见Benno M. Biermann, *Die Anfänge der neueren Dominkanermission ir. China*, Münster: Aschendorffsche Verlagsbuchhandlung, 1927, p. 99.

③ José María González, *Historia de las Misiones Dominicanas de China, Bibliografías*, vol. 5, Madrid: Juan Bravo, 1966, p. 20.

议》(*Tractatus ex diversis materiis compositus ad explicandas et elucidandas opiniones et controversias ...*, 1663)，拉丁文刊本

著者：[西]黎玉范。

在该文第三论，黎氏再度谈及在华多明我会士反对耶稣会士的教导，亦即认为被中国人敬为老师的孔子已认识唯一真神；耶稣会士主张"祭孔祭祖的礼仪，完全是世俗的/非宗教的和合法的"，多明我会士对此同样表示反对，他们认为这些礼仪是迷信活动，应被禁止。

5.《圣教孝亲解》，中文抄本

著者：[西]黎玉范。

该抄本现藏于梵蒂冈图书馆Borg. cin. 503[①]，目前学界考证认为其成书年份约在1649—1650年，并发现在罗马国家档案馆亦藏有《圣教孝亲解》的另两种抄本。三个抄本的内容高度近似，但各有详略。[②] 黎氏在文中引用《礼记》《尚书》等中国典籍的内容，驳斥中国人的祭祖礼仪，认为只有天主才可享祭礼。该抄本应是由中国奉教者代笔转录。

6. 从中国副会省写给菲律宾会省的多封西文信件 (Epistolae plures hispano vernaculo scriptae ab eo…)

著者：[西]施若翰（Juan García, 1606—1665）。

信中提及1648年9月27日在顶头获得的调查结果：从中国人祭孔、祭祖以及崇拜偶像城隍的礼仪可以看到，正如过去修会的创始人和教父们总在担忧的，迷

---

① 关于黎氏《圣教孝亲解》全文内容，参见杨慧玲：《梵蒂冈图书馆藏明清中西文化交流史重要文献——对梵蒂冈图书馆藏稿抄本 Borg. cin. 503的初步研究》，载《史学史研究》2016年第2期，第93—98页。Biermann在其研究中认为《圣教孝亲考》是由一位经耶稣会士施洗、后来参与黎玉范在顶头的宗教调查的奉教文人（教名Bernhard）所写，参见Benno M. Biermann, *Die Anfänge der neueren Dominkanermission in China*, Münster: Aschendorffsche Verlagsbuchhandlung, 1927, p. 88.

② 闵心蕙：《礼仪之争的伏线——多明我会士黎玉范〈圣教孝亲解〉新考》，载《澳门理工学报》2019年第2期，第86—95页。

信者将其对于神的崇拜转移到受造物身上。①

7.《真实的报告和真相的宣言，两份报告已完成并寄送给圣座，一份是多明我会士所写，另一份是耶稣会士所写……》（Relación verídica y manifiesto de la verdad ...），1665年写于中国福建会省，西文手稿

著者：[西]万济国。

该手稿现藏于多明我会马尼拉会省档案。万氏在报告的第3、4、5章分别向耶稣会士提问，质疑中国人祭孔、祭祖和拜城隍的崇拜行为。

8.《关于下列事情真相的宣言和证词……》（Manifiesto y declaración de la verdad de algunas cosas ...），1671年9月18日写于广州，西文手稿

著者：[西]万济国。

该手稿现藏于多明我会马尼拉会省档案。万氏在文中回应耶稣会士迭戈·德·法布罗（Diego de Fabro）和潘国光允许其教友祭祖祭孔的行径。

9.《尊敬的神父迭戈·德·法布罗在一份论辩中所说某些事情的真相的声明和宣言 [原文如此]，以证明耶稣会神父在中华王国对崇拜孔子和祭拜死者行为的处理措施》（Declaración y manifiesto [sic] de *la verdad de* algunas cosas que dice el reverendo padre Diego de Fabro en un tratado que hizo en prueba de la practica que los padres de la compañía tienen en este reyno de China acerca de la veneración de Confucio, y difunctos），1671年9月13日写于广州耶稣会士的教堂，西文手稿

著者：[西]万济国。

目前多明我会马尼拉会省档案及大英图书馆各有一藏本。万氏在文中回应耶稣会士迭戈·德·法布罗的说法以及在华耶稣会士允许教友祭祖祭孔一事。

---

① Benno M. Biermann, *Die Anfänge der neueren Dominkanermission in China*, Münster: Aschendorffsche Verlagsbuchhandlung, 1927, p. 33.

10.《多明我会士禁止其基督徒践行一些异教徒崇拜他们的先师孔子和他们已逝祖先的某些仪式的基本原则》（Tratado en que se ponen los fundamentos que los Religiosos Predicadores tienen para prohibir a sus cristianos algunas ceremonias que los gentiles hacen en veneración de su maestro Confucio y de sus progenitores difuntos.），西文手稿，文末落款指出该文是在1680年9月8日写于福安的圣玫瑰堂。

著者：[西]万济国。

该手稿现藏于罗马Casanatense图书馆（编号 t.1070）。在来华传教士因杨光先教案而被集体流放期间，万氏曾有3年多的时间无法外出传教，从而拥有足够时间可以系统撰文回应：为何依据多明我会的基本原则，他们不会像耶稣会士那样允许中国教友祭祖祭孔的行径。该文共分三部分，其中第一和第三部分都是对中国祭祖礼仪的介绍，涉及"祭""福""庙""祠堂""神"等中文术语的解释、对设置牌位功能的分析和对丧葬礼仪的简介；第二部分是祭孔礼仪的介绍，该部分实际上是万氏对孔子的专题研究，谈及孔子从何时开始受到尊敬、祭祀；何时开始他的塑像变成了牌位；孔子在何时被赋予"圣人"和"王者"的头衔，而没有其他人能获得这种待遇，该部分末尾还收录了万氏对耶稣会士神父潘国光为祭孔礼仪所作辩护的回应。

11.《[福安]辩祭》，中文抄本①

著者：[西]万济国。

该文是万济国在黎玉范和一些福安奉教文人的帮助下，依据阿奎那神学撰写的一篇分析"祭"的含义的论文，具体写作时间不详。文中，万济国率先阐明阿奎那关于"迷信"和"祭祀"的定义，以之作为判断中国礼仪的神学理论基础，进而据此指出中国祭礼的目标和动机是"报本""祈福"和"免祸"，而这属于阿奎那所定义的"敬伪主"的迷信活动。继而，万氏又以同样的神学基础和论

---

① 《辩祭》的原文被抄录在李西满的《辩祭参评》中，以便于后者逐条答复批驳。笔者所阅的影印本，参见李西满：《辩祭参评》，钟鸣旦、杜鼎克编：《耶稣会罗马档案馆明清天主教文献》（第十册），台北：台北利氏学社，2002年，第365—437页。

证模式,判定中国人借助"木主"祭祖并认定祭祀时祖先之灵降临在牌位上,加上祭祀者的动机亦为求福免祸,据此判定祭祖礼仪必须禁止;最后万济国针对中国文人关于能否寻求折中方案以免去禁止祭祖礼仪给奉教者带来的种种难处的提问,严厉阐明依据基督教义祭祖礼仪不容妥协。

王定安在其研究中指出,万氏乃基督宗教"严厉取代论"的代表(supersessionism,即强调在救赎史上,基督宗教的《新约》权威已然取代了犹太教的《旧约》,进而否定犹太教及其他宗教祭祀行为的合法性)。①

12.《关于中华帝国现状的简报和总结》(Relación brevísima y sumaria del estado en que se halla este imperio),西文手稿,写于1664年8月,原稿现藏于罗马Casanatense图书馆(编号T.1074, ff. 26-33)。

著者:[西]郭多敏(Domingo Coronado, 1615—1665)。

该份简报的第三章谈及中国的诸多宗教并批评其中的偶像崇拜活动(ff. 28v-32r)。

13.《以他本人及同修会其他传教士的名义所做的真实声明,即一贯反对中国人祭孔祀祖的行为并且永远不会改变立场》(Authenticum Instrumentum declarationis factae tam suo quam aliorum ejusdem Ordinis Missionariorum nomine, Confucii et progenitorum cultum Sinensium improbatum a nostris semper fuisse, et etiam nunc improbari, nec unquam nostros sententiam mutasse.),拉丁文手稿,1691年12月16日写于福州。

著者:[西]马熹诺(Magino Ventallol, 1647—1732)。

马氏声明的原稿不知下落,但该文被转译为法语,收录在《中国多明我会士的辩词》(Apologie des Dominicains missionaires de la Chine, 1699)一书中(pp. 173-177)。该书由多明我会士黎玉范、万济国、赖蒙笃(Raimundo del Valle, 1613—1638)、Juan García、闵明我和Alcaláy等来华多明我会士共同撰写,是为他们不同意耶稣会士有关中国礼仪观点的集体声明。

---

① 王定安:《中国礼仪之争中的儒家宗教性问题》,载《学术月刊》2016年第7期,第182—184页。

14.《关于中国宗教问题的研究》(Estudio sobre cuestiones religiosas chinas), 西文手稿, 写于1664年, 原稿目前藏点不详

著者：[西]闵明我（Domingo Fernández Navarrete, 1618—1686）、[西]黎玉范、[西]万济国。

由于耶稣会卫匡国神父获得了新的教宗谕令（breve, 指1656年3月23日由罗马宗教裁判所公布、教宗亚历山大七世签署的允许中国教徒参加敬孔祭祖仪式的谕令），闵明我与黎玉范、万济国神父合撰《关于中国宗教问题的研究》一文，旨在对此予以反驳。万济国写道："菲律宾圣玫瑰传教省费利佩·巴尔多省会长（el Provincial）给我们寄来了新的谕令，我们勤恳仔细地研究了这些条款后，对它们警觉起来。黎玉范神父、闵明我神父和我起草了一篇文章（即《关于中国宗教问题的研究》）。在我们将它寄给马尼拉传教省之前，（"康熙历狱"）迫害就来临了，我们就此停止了写作。"① 据此推测：这是一篇未完成的反对来华耶稣会传教策略的文献。应该没有印刷出版，原手稿可能也已遗失。

15. 闵明我写给何大化的信（Carta al P. Antonio Govea, S.J.），西文手稿，1669年9月29日写于广州，讨论中国礼仪问题，现藏于多明我会马尼拉会省档案。

著者：[西]闵明我。

原文为西文，后翻译为拉丁文并收录在《中国多明我会士的辩词》(Apologie des Dominicains missionaires de la Chine, 1699) 一书中，何大化后来在1669年10月3日于广州给闵氏的回信，亦同样收录在《辩词》一书中。

16. 闵明我1666年在广州签署的论辩书 (Tratado firmado en Cantón en 1666), 罗马国家图书馆有一疑似原始手稿的藏本（编号Fondos. Jes. 1249, 10）。

著者：[西]闵明我。

---

① José María González, *Historia de las Misiones Dominicanas de China, Bibliografias*, vol. 5, Madrid: Juan Bravo, 1966, p. 77.

这是闵氏讨论中国宗教问题的专题论文，原文尚未得见。

17.《中华帝国的历史、政治、伦理及宗教概论》（*Tratados historicos, politicos ethicos y religiosos de la monarchia de China*, 1676），西文刊本

著者：[西]闵明我。

该书于1676年在马德里出版，主要内容包括：《中华帝国的起源、国名的变更、它的辽阔、富饶以及其它特点》《中国政府的实质、教派、历史中值得关注的记载》《中国哲学家孔子的一些政治、道德格言》《中国人的道德训诫》（即《明心宝鉴》一书的翻译）、《儒教专论》《作者闵明我的个人游记》《罗马信理部（La Sagrada Congregación del Santo Oficio）就各个来华传教团提出的问题所做回应及其颁布的重要法令》等七篇论述。闵氏开篇便阐明自己撰写该书的意图在于澄清有关中华帝国的"真相"，不仅批评此前发回欧洲有关亚洲以及中国的报道多为虚构错漏百出，而且直接挑明中国传教团自开教以来其内部便存在诸多分歧和争议。闵明我关于儒学思想本质的分析，以及来华传教士之间译名之争的介绍，集中体现在书中第五论《关于"上帝""鬼神"和"灵魂"争论的简短回应》。该文实由反对利玛窦适应路线的耶稣会士龙华民所作，闵明我将该文译为西班牙语并在文后作注，屡次强调龙氏论据出处的真实可靠以及自己对其观点的全然赞同，可视为来华传教士反对文化适应路线一派的集大成之作。

该书出版后随即在西方引起轰动，不仅加剧教廷内部对于来华耶稣会传教方针的责难，同时也激发了西方人对于中国的强烈兴趣。1704年该书英译本出版，此后曾多次再版。① 闵氏该书的德语节译本收录在1749年出版的《水陆旅行通史》（*Allgemeine Historie der Reisen zu Wasser und Lande*）第五卷。有关书中儒学观的分析详见后文第二章第三节的分析。

18.《中华大帝国传教士古今争辩》（*Controversias antiguas y modernas entre los missionarios de al gran China*...，下文简称为《古今争辩》），1677年完成西文手稿，后于1679年在马德里出版。

---

① 笔者参阅的英译本是 Domingo Fernández Navarrete, *An account of the empire of China; historical, political, moral and religious*. Written in Spanish. London: H. Lintot, J. Osborn, [1732?]。

著者：[西]闵明我。

全书包括九篇专题论文及最后的结论，收录了闵明我在不同时期、尤其是在流放广州期间的写作，故行文中情感因素尖锐明显。第一论：闵明我回顾托钵修会入华史的同时，重点述及来华耶稣会与多明我会在传教策略上的差异，一并评点部分耶稣会士的著述；① 第二论：关于耶稣会士在1628年嘉定会议上讨论和解决的问题；第三论：耶稣会内部存在的其他争论和质疑；第四论：1667年12月18日"广州会议"上三个天主教修会的讨论内容；第五论：延续第四论的讨论，对"广州会议"上的争议要点继续予以补充；第六论：关于中国人的祭孔祭祖礼仪；第七论：潘国光神父针对闵明我提交给耶稣会的报告论文第三次给出回复，闵氏本人对此的评论，以及闵氏引用曾德昭神父说过的对其有利的话和能佐证其观点的中国礼仪作为证据；第八论：闵明我对耶稣会士Joseph Morales论著的反驳，以及方济各会谈论传教团的信件；第九论：Roboredo神父的论文及利安当对此的回应，方济各会士上呈马尼拉主教的报告以及闵明我对耶稣会士Cortés Osorio（1623—1688）所撰辩解备忘录的回答。此外，书中还收录了两份来华耶稣会士的文稿，分别是鲁日满1672年《鞑靼中国新史》的葡文版，闵氏视其为特殊的朋友并赞美鲁日满的美德，以及一封安文思在1668年8月15日写于北京的信件，信中提出需要培养更多像罗文藻那样的中国本土神职人员。

Maria Gonzalez专门在其研究中抄录了闵氏《古今争辩》一书两卷本的目录，他认为：这两卷虽不为人知但却值得阅读，因其在中国宗教史上具有独特的重要性，反映了在中国活动的天主教传教团的生活及其发展历程中诸多方面的重要事实，以及那个时代中国的风俗、宗教、政治生活。在该书问世之前，来华耶稣会士垄断了欧洲关于中国的所有消息，闵氏则凭借其著作打破了这一垄断，并以其有别于耶稣会士的视角厘清了许多故事，因此"迄今为止，耶稣会士还没有原谅他，一直都在反对闵明我！"然而，闵氏在其许多著述中都表达了对耶稣会的尊重，在给总会长的信中，闵氏不止一次地提及耶稣会中的一些人并感谢他们的帮助，但同时他也不会与该修会成员一些涉及宗教纯粹性问题的看法达成妥

---

① José María González, *Historia de las Misiones Dominicanas de China, Bibliografias*, vol.5, Madrid: Juan Bravo, 1966, pp. 100-102.

协，因其认为这些看法是错误的。①

从闵氏的著作可以发现：为了支持自己的观点以及贬低来华耶稣会的可信度，闵明我公布了许多来华耶稣会士个人及其传教团的缺陷，亦即他是经由征引耶稣会士的说法来反对耶稣会。因此，耶稣会士在很多著作中都视其为骗子和背后的诽谤者，但另一方面，他在多明我会士之中，直至今日仍被视为宗教信仰纯洁性的坚定捍卫者。②

19.《在中国的多明我会传教士致我们最神圣的克莱蒙九世教宗先生》(Sanctissimo Domino nostro Clementi Papae Nono. Per missionarios Ordinis Praedicatiorum apus Sinas)，拉丁文手稿，写于1669年，现藏于多明我会马尼拉会省档案。

著者：[西]鲍良高(Juan de Polanco, ？—1671)。

该文主要内容如下：

致教宗的说明

第一部分

第一段导论；

第二段关于中国人的祭孔；

---

① José María González, *Historia de las Misiones Dominicanas de China, Bibliografías*, vol. 5, Madrid: Juan Bravo, 1966, pp. 115-116. María González在其研究中补充介绍了该书产生之时的历史背景以及闵氏后来升任圣多明岛主教后，与当地耶稣会士之间的关系：在闵氏1677年成为圣多明岛大主教区的主教时，那些自1650年就来此的耶稣会士此前一直无法立足，获悉闵氏的任命和到来，他们几乎已经做好离开的准备，因确信闵氏会成为他们最大的敌人。但闵氏的言辞举动对其来说都是可喜的意外，他成为此地耶稣会士最大的朋友和保护人。闵氏选择他们成为自己的伙伴，让他们在大学里教授伦理神学，还自费给他们修筑了一所教堂和一所学校，在自己写给国王和修会掌上的信中夸奖耶稣会士的行为。闵氏对待这些耶稣会士的举动很值得称赞，而同一时候，在西班牙的耶稣会士则向宗教裁判所指控闵氏《古今争辩》一书，并向他们的东方传教团索要反对闵氏的素材。而且鉴于闵氏此时给予圣多明岛耶稣会士的诸多帮助，这些反对他的耶稣会士又开始写道：闵氏修正了此前反对耶稣会在东方传教的某些方法及对某些成员的全部看法。对此，可用Cahour神父对闵氏的评价作为回应："闵氏对灵魂救赎的热情和对教会的热爱优先于他作为使徒的全部内心感受。" *Ibid.*, p.16.

② 闵明我喜欢就同一个他感兴趣的问题（例如如何看待孔子），询问不同耶稣会士的看法，进而不断发现耶稣会内部的不一致并在著作中加以引证利用，相关研究参见J.S. Cummins, *A Question of Rites: Friar Domingo Navarrete and the Jesuits in China*, Cambridge: The Scolar Press, 1993, p. 99.

第三段在文庙这一特别处所，献给孔子的中国礼仪具有不同功能；

第四段对于理解"祭"字的必要解释，以及在通常用于祭孔的礼仪中是否蕴含着真实的目标和祭祀的原因；

第五段论及孔子崇拜的源头，及其最终借助皇家律法得以确立；

第六段中国人颂扬孔子所用的显赫头衔和称号；

第七段在中国受到极大推崇的孔子的教导；

第八段在献给孔子的庙宇中（即孔庙）其牌位的特别之处；

第九段对于"文庙"一词更为深思熟虑的解释，确切地说它被认为是孔子接受崇拜的处所，事实上对中国人来说它是庙宇，据说并非中国学者的世俗厅堂。

第二部分：关于中国人献给已逝祖先的仪式和崇拜

第一段中国异教徒的五种庙宇，以及它们（所供奉的）不同的神及其名称；

第二段这些庙宇的古老起源以及庙中祭祀的原初教导；

第三段关于在这些庙宇中践行的礼仪，以及这些庙宇的结构和样子；

第四段在庙中进行祭祀的顺序和礼仪；

第五段对于刚去世的人，在（其去世）100天内家中依习俗应有的礼仪，以及举行葬礼的仪式和祭祀；

第六段中国人每年到逝者的坟前默哀并有大量的仪式准备；

第七段关于牌位的材质、样式及其所刻字眼，通过它，中国人公开地和私下地崇拜逝者的灵魂；

第八段关于中国人在私人住处敬奉这些牌位所蕴含的敬意、所用的祭品和仪式；

第九段是否中国人相信逝者的魂魄（即灵魂）会成为某位神灵，他们可以向其祈盼或要求好的事物；

第十段基督徒作者的证词，对于一切异议而言这是很重要的证据；

第十一段Cosma博士的证词最终战胜了卫匡国神父的不同观点；

第十二段中国人的祭祖仪式不同于他们那些政治的、纯粹世俗的礼仪。

20.《赞成在华耶稣会士为中国人改宗所使用的方法的陈词，即允许其祭孔或祭祖仪式》(*Libellus assertorius in gratiam methodi quo utuntur PP.S.J. in Sinensium conversione, permittendo ipsis seu Confucii seu parentum defunctorum cultum*），拉丁文证词，1668年8月4日写于广东。

著者：[西]白敏峩(Domingo Sarpetri de Sto. Domingo, 1623—1683)。

该证词后来收录在1672年出版的《论上帝的智慧作为恩惠的神学讲义》(*Diatriba Theologica de sapientia Dei beneficia*) 一书中。

白氏在"广州会议"的最后一天，突然指出会上所讨论的第41条条款，亦即接受中国人祭祖祭孔礼仪与教宗在1656年颁布的谕令内容完全一致，从而转向耶稣会士的适应路线，因此受到一同与会的闵明我的责难。① 在白氏此篇证词中，他同样反对来华多明我会一贯反对中国礼仪的态度。耶稣会士殷铎泽在《中国哲学家孔夫子·中庸》译文手稿"郊社之礼，所以事上帝也。宗庙之礼，所以祀乎其先也。明乎郊社之礼，禘尝之义，治国其如示诸掌乎？"部分，在译文后撰写专题小论文"是否古人用'上帝'一词来理解物质性的上天，抑或更确切地说是指上天最高的帝王"（An nomine 上xám帝tí prisci intellexerint coelum hoc materiale, an potiùs Supremum Coeli Imperatorem），殷铎泽在文中肯定地指出：中国文献中的"上帝"或"天主"即是中国人用来指称其真神的（De usu nomnis 上xám帝tí vel 天tiēn主chù ad annunciandum Sinis verum Deus），同时批驳属于偶像崇拜的佛、道和宋明理学的理气说。文中还抄录了白敏峩于1668年8月4日为耶稣会士所作证词，提出三点声明：首先，他支持在华耶稣会宽容中国人祭祖祭孔礼仪，因这一举措有助于基督福音在中国的传播[Iudico, praxim, quam Patres Missioniarii Soc.tis Iesu in hoc Regno Sinarum se fatentur sequi circa permissionem seu tolerantiam quarundam cerimoniarum, quibus Sinae Christiani Philosophum Confucium, et suos progenitores defunctos venerantur, esse non solùm tutam (utpote à Sacra Congr.ne Universalis Inquisitionis approbatam) sed etiam, si principua praecipuarum Sectarum expendamus, esse oppositâ sententiâ probabiliorem, et ad aperiendam Ethnicis Evangelii ianuam maximè utilem ne dicam necessariam.]，同时他也与《中国哲学家孔夫子》一书的耶稣会译者一样，批评了中国人对佛、道的偶像崇拜；其次，他相信在华耶稣会士不仅努力布道，还通过大量的书籍手

---

① Benno M. Biermann, *Die Anfänge der neueren Dominkanermission in China*, Münster: Aschendorffsche Verlagsbuchhandlung, 1927, p. 119.

册，积极向异教徒传播基督福音及其神圣事迹，并在其各个会所附近建立修道传道组织，但最近杨光先掀起教难，他主要针对和批驳的便是耶稣会士著述中论及基督受难的内容；最后，白敏峩亦谈及修会同僚黎玉范出于对基督信仰的热爱，因对中国礼仪心存质疑而向教理部撰文指责在华耶稣会士没有宣扬基督为救世人被钉十字架受难，同时允许基督徒从事偶像崇拜的活动，致使教廷于1646年下令禁止中国礼仪。白敏峩本人对此并不认同并愿意在此为耶稣会士作证。而在《中国哲学家孔夫子·前言》部分亦同样提到"多明我会最虔诚的白敏峩神父的证词"（Et ut nostrae Societatis testimonia omittam, multorum instar sufficiat unicum R. P. Fr. Dominici Sarpetri è S. Ordine Praedicatorum religiosissimi viri [...]）。

21.《教宗亚历山大七世在位时，宗教裁判所允许中国基督徒祭祖祭孔的一些基本原则的简报》(*Breve noticia de algunos fundamentos que hay para permitir a los cristianos chinos el culto de Confucio y de los difuntos, que los permitió la Sagrada Congregación de la Universal Inquisición en tiempo del Papa Alejandro VII*)，西文手稿，1670年9月30日写于广东。

著者：[西]白敏峩。

白氏在文中指出："我决定给福建的多明我会士写下这篇论文，其中我开始谈及耶稣会士（指潘国光，Fabre和Gobiani）的部分理由。"该文后来从西班牙文译为拉丁文，收录在《中国多明我会士的辩词》(*Apologie des Dominicains missionaires de la Chine*, 1699) 一书中。

22. 白敏峩写给省会长万济国的信（Carta al P. Provincial, Francisco Varo），没有日期，现藏于多明我会马尼拉会省档案。信中论及一些赞同中国礼仪的观点。

著者：[西]白敏峩。

23. 白敏峩对于闵明我神父反驳的答复（*Respuesta a la réplica del P. Navarrete*），没有日期，现藏于多明我会马尼拉会省档案。

著者：[西]白敏峩。

该手稿是白氏对利玛窦适应路线的赞美和对闵明我及多明我会士所捍卫教条的继续指责（尽管多明我会士闵明我或许比白氏对于中国宗教事务更为了解，亦因其善辩和博学著称）。该文后来从西语翻译为拉丁文，收录在《中国多明我会士的辩词》(*Apologie des Dominicains missionaires de la Chine*, 1699) 一书中。

24. 白敏峩支持利玛窦路线的其他证词

著者：[西]白敏峩。

研究者Echard指出：在《赞成在华耶稣会士为中国人改宗所使用的方法的陈词，即允许其祭孔或祭祖仪式》一书中（*Libellus assertorius*，前述20号文献），白氏加入了这份于1667年5月9日所作的证词，其中援引了利玛窦《天主实义》一书中的观点。① 该证词后来收入《中国多明我会士的辩词》(*Apologie des Dominicains missionaires de la Chine*, 1699) 一书中。

25.《关于"上帝"争论的意见》(*Parecer acerca de la controversia del Xang-ti*)，西语手稿

著者：[西]白敏峩。

白氏在其中写道："关于这一论争，殷铎泽神父请我用西班牙文把自己的观点写给他。"Pinelo在其研究中提及该文是为"上帝"之名辩护，认为这一中文词适用于表述Deus。该文后来从西班牙语译为拉丁文，收入《对于教宗亚历山大七世谕令的辩护》(*Apologia pro Decreto Alexandri VII*, 1700)一书中。Streit神父在其著作《传教书志》(*Bibliotheca Missionum*) 第5卷第835页中亦提及："该文由多明我会在华传教士白敏峩写于1668年7月20日，内容是关于在中国用来称呼Deus的词，他本人反对龙华民神父著述（的看法）。"②

26.《信仰或誓言，用拉丁文撰写的有关罗马对于祭祖祭孔仪式裁决的解释》(Fe o voto, en lengua latina, acerca de la interpretación de las decisiones de

---

① José María González, *Historia de las Misiones Dominicanas de China, Bibliografias*, vol.5, Madrid: Juan Bravo, 1966, p. 123.

② *Ibid.*, pp. 123-124.

Roma acerca del culto a Confucio y antepasados.），西文手稿，现藏于多明我会马尼拉会省档案。

著者：[西]白敏峩。

据说白氏也曾写给当时返回罗马汇报工作的中国教务代理人（Procurador）殷铎泽一篇题为《信仰即是证词》的拉丁文文章。白氏所写的内容后来都收入他自己写给信理部的信中，并收入《对于教宗亚历山大七世谕令的辩护》(*Apologia pro Decreto Alexandri VII*, 1700)一书中。

27. 南京主教罗文藻（西文名Gregorio Lopez, 1617—1691）致传信部信件内容摘录（*Epistola excerptum*），1686年8月18日写于南京会省的上海耶稣会教堂,以及他写给多明我会总会长等人的多封书信。

著者：罗文藻。

罗氏在致传信部的信中，引用朱熹《朱子家礼》《礼记》等中文文献解释"祭"、祭（祖先/孔子）礼、"庙"等概念的含义。后来收入《对于教宗亚历山大七世谕令的辩护》(*Apologia pro Decreto Alexandri VII*, 1700)一书中。

28.《反对耶稣会士中国礼仪观点的文稿》（Ritos chinos escritos contra los jesuitas），西班牙文手稿。

著者：[西]艾玉汉[①]（Juan de Astudillo, 1670—1734）。

铎罗主教来华后曾带领一批传教士就中国礼仪问题，收集相关文献，其中就有艾氏撰写的这篇西文论文。本文由开篇说明及25章内容构成，具体包括：（1）谴责耶稣会士在中国设立高利贷合同；（2）提请铎罗的请愿书，反对法国耶稣会士的高利贷；（3）铎罗主教判决耶稣会士Barros和他的修会兄弟有错，他们拒绝进入北京主教的教堂，而它就如主教座堂一般；（4）耶稣会士纪理安的备忘录（即纪氏《北京纪要》）……表面貌似公正，实则是用来隐瞒那

---

① 艾氏因其在中国礼仪之争中忠于教廷的尽职表现，获颁宗座的特许状。与其一同获得表彰的还有另一名西班牙多明我会来华神父郭多禄（Pedro Muñoz, 1656—1729）。1708年（康熙四十七年）艾氏等拒不领票的来华传教士都被驱逐到澳门。

些隐秘的计划。纪氏曾提供给铎罗先生这一备忘录的笔记；（5）驱逐颜珰主教和其他传教士的皇令，实为耶稣会士预谋的结果，参见铎罗先生关于此事的笔记；（6）在其流放之际，铎罗先生写给颜珰的信，这是一份配得上早期教会那种虔诚和勇气的文献；（7）Guety先生的抗议文书及红衣主教关于相关文件的笔记；（8）铎罗写给Guety先生的信；（9）北京耶稣会士写给在华各修会会长的传阅信件；（10）铎罗写给北京耶稣会士的信；（11）铎罗公布圣座关于中国礼仪的决定及其后果；（12）铎罗主教颁布给耶稣会中国副会省会长穆若瑟（José Monteiro, 1646—1720）神父的命令；（13）铎罗先生写给穆若瑟神父的信；（14）耶稣会士针对铎罗主教命令的可耻上诉；（15）Ascalon主教上诉一事是耶稣会士们策划的，铎罗主教注意到此事；（16）铎罗就发生在耶稣会士Porquet神父身上的事情所作的叙述；（17）西班牙方济各会士南怀德（Miguel Fernandez Oliver, 1665-1726）向铎罗先生所作说明；（18）铎罗写给多明我会士Croquer的信，关于耶稣会士在中国的所作所为；（19）1708年1月7日铎罗从澳门写给Conon主教的信；（20）1709年12月7日铎罗从澳门写给Conon主教的信；（21）朝廷礼部的法令，作为耶稣会士所撰写的备忘录的结果，驱逐传教士一事在另一个皇令中被批准；（22）铎罗先生关于上述备忘录的笔记；（23）主教关于皇令的笔记；（24）1709年2月18日亲王（Regulo）给两广总督下命令，要其反对铎罗主教；（25）主教关于1708年4月1日在广州公布的法令的笔记。①

29. 西班牙来华多明我会士Pablo Matheu(?—1755，中文名不详)写给信理部的西班牙语信函（Carta a la Sagrada Congregación），确认自己已收到任命，作为马熹诺（Magino Ventallol）的接班人成为助理主教。信中亦谈及祭孔问题（Cultum erga Confucius）。

三、明末清初来华方济各会士儒学译述书目

明清之际，通过菲律宾来华传教的托钵修会主要是方济各会、多明我会和奥斯定会，他们基本上是由清一色的西班牙传教士组成。方济各会一直试图从菲

---

① José María González, *Historia de las Misiones Dominicanas de China, Bibliografias*, vol.5, Madrid: Juan Bravo, 1966, pp. 141-142.

律宾前往中国传教，多次尝试皆未能成功。直至1631年1月，意大利多明我会士高琦（Angelo Cocchi）终于进入中国，在福建省福安地区站住脚跟，福建也因此成为多明我会早期来华的传教基地。1633年方济各会传教士利安当（Antonio Caballero de Santa Maria, 1602—1669）也是经高琦安排来到福建，并成为方济各会中国传教区的奠基人。他在"中国礼仪之争"中一系列有关中国宗教以及反对中国礼仪的论述，使其成为利玛窦文化适应政策的主要批评者，亦为此后在华方济各会士对待儒家礼仪的态度奠定基调。下文据《方济各会中国教区档案汇编》（Sinica Franciscan II-IX，下文简称《汇编》）丛书所载，重点关注1654—1722年间来华方济各会士涉及儒学典籍译介（数量甚少）以及专题谈论中国礼仪、中国宗教的论文和声明。其中所考察的传教士外文文献亦包括部分传教士个人的信件往来，但其在内容上偶有谈及中国宗教及礼仪的部分，往往只是只言片语，无法系统呈现作者的儒学观。除拉丁文文献外，本研究亦试图吸纳及呈现部分重要的西文、葡文、意大利文儒学文献。此外，在涉及来华方济各会传教史、重要传教士的人物生平、传教理念及社交网络等方面的讨论时，笔者主要参考崔维孝的研究成果。①

1. 利安当致传信部的宣誓声明，关于此前已在罗马提出、有关中国人对自己已逝先祖的祭拜和礼仪。1661年8月20日写于济南府的拉丁文手稿，共计16叶。②

著者：[西]利安当。

该声明写于利氏二度来华后，伴随他对中国文化典籍和来华耶稣会士中文著述的研读，此时他对儒家思想以及中国奉教文人关于中国礼仪的观点有了更深入的了解。声明中利氏以编年纪要的形式，自1645年始按重要事件发生的年份，分88条记载了传信部就中国礼仪的合法性问题下达的谕令内容（如1645年传信

---

① 崔维孝：《明清之际西班牙方济会在华传教研究（1579—1732）》，北京：中华书局，2006年。

② "Declaratio sub iuramento super ea quae Romae annis praeteritis proposita fuere iuxta cultum ritusque Sinarum erga suos a vita discessos maiores. Ad SS. Congregationem de Propaganda Fide. Cinanfu 20 aug. 1661", p. 340. 该声明和利安当、文都辣联合署名的信件，都藏于罗马传信部档案馆（Archivio Storico de Congregazione de Propaganda Fide），详见Fondo Scritture Referite nei Congressi (SC), Indie Orientali, Cina, vol.1: 1623-1674, fols. 198r-214r.

部下达禁止中国礼仪的禁令，1656年圣座应卫匡国对黎玉范报告的反驳，又下达了允许中国教友参与中国礼仪的谕令）、他个人在华活动纪要[如1650年入京并与汤若望见面，1659年到淮安（Hoâi gān）见成际理（Feliciano Pacheco, 1622—1687），1660年修会同伴文都辣（Bonaventura Ibañez, 1610—1691）在杭州与卫匡国就新奉教的中国教友的斋戒、节日祭拜活动等问题进行讨论]。其中尤能体现利氏儒学观的部分，是他以"声明"（declaratio）、"质疑的理由"（rationes dubitandi/quaesita）的形式，依据自己的亲身体验，征引中文著述对圣座谕令及中国礼仪的实质做出回应。他采用"注解"（N./nota）的方式，借助《字汇》《古文字考》《中庸直解》《文公家礼》等中文辞书及典籍，征引《天主实义》《天主圣教实录》《答客问》《天主圣教小引》等汉语神学著作，针对"儒教""文庙""至圣""祭祖""神""牌位""礼"等概念内涵及其在日常生活中的践行方式，逐项进行辨析，进而明确其反对中国礼仪的坚定立场及理由。文末还附有一封题为"谦卑的恳求"（Humilis Supplicatio）的信件，由利安当和文都辣签名认证上文所述有关中国祭祀的种种，皆为他们二人在华的真实所见、所闻以及他们在中国典籍中阅读所得，同时亦向圣部汇报他们二人皆已年迈无法远行，而此时他们在中国又缺少人手和出行费用，所受洗的教徒皆为贫苦民众无法给予捐赠，以致连眼下极为节俭的生活都难以为继的贫困窘迫现状。

本文是利氏后期儒学观的真实体现。

2. 利安当于1661年10月12日将耶稣会士龙华民有关中国改宗的小论文，从葡文转译为拉丁文的手稿。①

---

① "Tractatus de Sinarum conversione, 12 oct. 1661. Translatio tractatus lusitani a P. Longobardi exarati in latinum.", p. 340. 传信部档案馆藏有龙华民葡文论文原文，题为Reposta breve sobre as Controversias do Xamty, Tienxin, Limhoen e outros nomes e termos sinicos, per se determinar quaes delles podem ou nao podem usarse nesta Christiandade，详见SC, Indie Orientali, Cina, vol.1, fols. 145r-169v；利氏的拉丁译文手稿附在龙氏原文后，详见前述文档fols. 171r-197v。闵明我在其《概论》一书第五论《儒教专论》（Especial de la secta literaria）中收入他用西班牙语翻译的龙华民论文，题为"Respuesta breve, sobre las controversias de el Xang Ti, Tien Xin, y Ling Hoen, (esto es de el Rey de lo alto, espiritus, y alma racional, que pone el China) y otros nombres, y terminos Chinicos, para determinarse, quales de ellos se pueden usar en esta Christiandad", pp. 246-289. 《汇编》对该文献所署日期的记载更为详尽，笔者在传信部档案馆查证到的利氏拉丁文译本仅在开篇标明1661年。

著者：[西]利安当。

文末附有利氏写于1661年12月28日的译者声明：他在撰写上述《致传信部的宣誓声明》期间，偶然获得龙氏手稿，但其中部分内容被撕去，据论文原始目录应有18论，现仅存17论，论文结尾部分已佚，故该葡文手稿缺少龙氏的亲笔签名和具体写作时间。但利氏依据他与龙华民交往过程中（此前曾两次在北京的朝廷见到他，亦曾在不同的年份与龙氏一起在某个村庄逗留数日）亲见其笔迹，确认他所得到的这份葡文原始手稿，乃龙氏亲笔所写。此外，利氏亦频繁引用所罗门王的智慧书中的观点，来"审查"（实为支持和印证）龙华民论文中所阐述的核心内容。随后亦附上多明我会士黎玉范写于1662年5月27日关于龙氏葡文论文及利氏拉丁文译稿可信度的公证词。

3. 利安当在将龙华民论文译为拉丁文后，又摘录龙氏论文中的要点，专文予以总结："（藉由该论文）深入阐明中国儒教的隐秘，并由我来证实上述涉及祭孔、祭祖的事宜"，1661年10月12日由山东省济南府寄给传信部的拉丁文手稿。①

著者：[西]利安当。

文中他再度确认该论文虽末尾残缺，但他确认全文字迹出自龙氏笔下。文末附有利安当和文都辣的亲笔签名。随后，利氏又附上他在中国经典中找到的谈及鬼神以及祭祖礼仪的权威论述的译文（"我从中文书中找到其他的一些权威观点，来支持那些[龙氏论文中]已被阐明的准则"）②，主要有：利玛窦《天主实义》中"辩释鬼神及人魂异论，而解天下万物不可谓之一体"一篇、朱熹《论语集解》中对"祭如在，祭神如神在""子曰：无不与祭，如不祭"两句的评点以

---

① "Epilogus cuiusdam digni legi tractatus, profunde declarantis abscondita tenebrarum sectae litteratorum sinensium, confirmantisque ea quae a me supra declarata sunt iuxta cultum et sacrificia Confucii et proavorum. Auctor eius P. Nocolaus Longobardus S.I. Ex provincia Xantung in China ex civitate de Cinanfu nominata 12 oct. 1661.", pp. 340-341, 详见SC, Indie Orientali, Cina, vol.1, fols. 214v-217v。

② "Post praescripta iam firmata, aliquas alias in libris sinicis inveni auctoritates iuxta Sacrificia maior defunctorum, quas non omittere licere mihi visum fuit ob maiorem veritatis claritatem: quae sequentes quidem sunt." *Ibid.*, fol. 217v.

及《朱子语类》①和张居正《论语直解》②针对祭祀时尤其是天子不可不致其诚的评论。亦谈及孔子生病时，学生子路为其向上下神祇请祷，孔子答曰"丘之祷久矣"一事，并附上张居正的评论③，用以证明中国古人对那些他们想象出来的鬼神和已逝祖先进行祭祀，除表示敬意亦有所求，实为偶像崇拜的行为，且直至今日中国文人及普通民众仍在践行上述礼仪。于1662年3月24日从山东济南府寄出。④

4. 利安当关于中国诸教派的报道（拉丁文手稿），重点谈及儒教"似乎是世上所有教派中最古老的"，1662年11月18日写于中国山东济南的拉丁文手稿。⑤

著者：[西]利安当。

全文共分三部分，依次谈及：（1）关于中国哲学家的教派及其在后世的文人教派（De secta Philosophorum Sinensium: suorumque sequentium hujus temporis literatorum.），该部分明显基于龙华民报告的思路，利氏从中择其精要予以概述。他先遵循龙华民将中国经典著述分为四类的标准逐一予以简介、引出孔子

---

① 页边有中文批注："范氏云：有其诚则有其神，无其诚则无其神。"（引自《朱子语类》），SC, Indie Orientali, Cina, vol. 1, fol. 217v。
② 页边有中文批注："直解云。天子一身，为天地宗庙百神之主，尤不可不致其诚。所以古之帝王，郊庙之祭，必躬必亲，致斋之日，或存或著，然后郊则天神恪，庙则人鬼享，而实受其福也。"（引自张居正《论语直解》），SC, Indie Orientali, Cina, vol.1, fol. 218r。
③ 页边有中文批注："张阁老直解云。孔子不直斥其非，乃先问说：'疾病行祷，果有此理否乎？'子路对说：'于理有之，吾闻诔词中有云：'祷尔于上下神祇。是说人有疾时曾祷告于天地神祇，欲以转祸而为福，则是古人有行之者矣。'今以病请祷，于理何妨？'于是孔子晓之说：'夫所谓祷者，是说平日所为不善，如今告于鬼神，忏悔前非，以求解灾降福耳。若我平生，一言一动不敢得罪于鬼神，有善则迁，有过即改。则我之祷于鬼神者，盖已久矣。其在今日，又何以祷为哉？'"（引自张居正《论语直解》），SC, Indie Orientali, Cina, vol.1, fol. 219r。
④ "Post epilogum laudatum aliud scriptum P. Antonii ibidem invenitur 24 mart. 1662", p. 341. 详见SC, Indie Orientali, Cina, vol.1, fols. 217v-219v。
⑤ "Relatio Sinae sectarum, praecipue philosophorum quorum secta omnium totius orbis antiquissima esse videtur.", pp. 341-342. 其原始手稿藏于传信部档案馆1732-4，该报道的第三部分亦藏于罗马耶稣会档案馆Jap-Sin. 112，其中的部分内容由Väth神父整理发表于 *Historicum Societatis Iesu* I, Roma: Institutum Scriptorum de Historia S. I., 1932, pp. 291-302。

这位"著名的中国老师"(de famoso Sinarum Magistro Confucio)的生平及其教导,指出中国古代典籍原文及其后世注疏之间自相矛盾之处;继而论及中国人所认为的世上的第一原理[按:指太极/理]、宇宙的产生方式及过程[按:指太极的动静产生阴阳二仪,进而推动世间万物的运动变化]以及构成世界的三个基本因素[按:指天地人三才],解释事物产生及腐朽的原因[按:指冷热]并指出中国人认为事物本质上都是由"气"构成,但因其有清浊,故在类别上有所不同;明确指出"中国哲学家对于与实体性存在不同的精神存在物一无所知"(Sinenses Philosophi numquam aliquam substantiam spiritualem agnoverunt distinctam a corporea.),批评儒教所发明的双重教义;在探讨中国鬼神本质[按:源于太极/理/气]的基础上,认定祭天祭祖的中国礼仪并非政治性的,因祭祀者明确有所求,其"祭祀行为包含着巨大的迷信"(cultus sacrificiorum tam a coelo quam ad suos antecessores, ex quo videtur magnam in se includere superstitionem)。最终,基于儒家以"太极/理"这一原初物质(materia prima)作为世界起源的观点,得出无论是古代还是当下的中国文人皆为无神论者的结论,此后又附上龙华民所搜集到的一系列中国重要文人士大夫的相关证词,以证明上述结论的可信度。(2)关于中国民间常见的偶像崇拜教派(De Sectis idolorum quae communes sunt populo Sinarum),重点介绍佛教、道教乃至妈祖等民间信仰,批判中国文人及民众修筑众多庙宇进行偶像崇拜活动;(3)关于耶稣会、多明我会会士入华和在华的方济各会布道团,以及在中国所发现的我们古老神圣信仰的某些踪迹。(De ingressu Missionariorum Religiosorum Ordinis Societatis Jesu et Praedicatorum, ac Fratrum Minorum in sinicam Missionem: ac de aliquibus vestigiis nostrae sanctae fidei antiquis, quae inventa fuerunt in Sinis.)在结论部分,利安当围绕基督教义中的25个主题,摘录出先秦儒学经典及其在后世主要注疏中与之类似的教导,试图对这些中文"证词"加以检验,并时常征引圣奥古斯丁的话来支持自己的观点,用以回应反教人士对于天主教教义的质疑。

5. 利安当所撰《关于1664年反对基督神圣信仰及其传教士的中国教难报道》，西班牙文手稿。①

著者：[西]利安当。

该报道有两个版本，一个写于1666年4月3日，据利氏写给总会长（P. Generale）的信中透露，是其应澳门同会兄弟要求所写；另一个写于1667年9月10日，现藏于罗马国家图书馆Fondo Gesuitico 1251, n.1。作为"康熙历狱"的见证者，利安当以纪实的形式，在该报告中记录了杨光先所起教难的全过程，重点述及：（1）反教浪潮爆发的原因，杨光先攻击天主教教理的主要论点以及来华传教士对此的回应；（2）"康熙历狱"爆发后，来华传教士所受的迫害以及他们在北京接受审判的经过；（3）传教士被判流放广州的过程及利氏在广州所度过的最后的岁月。

该西文文献的记载可与中国文献中的相关记载互补互证。

6. 利安当所撰《有关中华大帝国传教事务的几点意见的论辩书，经由广州寄送给暂居在澳门（耶稣会）公学的耶稣会日本、中国传教省巡按使甘类思神父（Luís da Gama, 1610—1672）》②，西文手稿。

著者：[西]利安当。

开篇利氏即严正申明：在耶稣会中国副会省会长成际理的主持下，25名来华各修会传教士在1667年12月18日—1668年1月26日"广州会议"上就一直以来传

---

① "Relaçion de la persecuçion que en esto reyno de la gran China se levanto contra nuestra sancta fee y sus predicadores, año del Señor de 1664.", p. 342.《汇编》整理并收录该报道的西文全文，pp. 502-606。文献内容简析，参见张铠：《利安当与历狱》，载《跨越东西方的思考：世界语境下的中国文化研究》，北京：外语教学与研究出版社，2010年，第127—167页。

② "Tratado sobre algunos punctos tocantes a esta mission de la gran China, remittido desde esta ciudad de Canton al mui R. P. Luis de Gama de al compañia de Jesus, visitador de las provincias eiusdem societatis de Japon y China, residente en su colegio de la ciudad de Macao. Quamcheufu 8 oct. 1668.", p. 343. 该文档藏于传信部档案馆，详见SC, Indie Orientali, Cina, vol.1, fols. 269r-270v。《汇编》标注该文献的写作日期是1668年10月8日，但笔者在传信部档案馆查找到的原始文献日期标注则是"1668年12月9日"。

教工作中主要分歧和要点,经讨论协商达成42条共识并集体签字认证。① 但他本人因对涉及中国礼仪的第6、20、22和41条持反对意见,故拒绝签字。文中利安当征引四书、五经、《性理大全》《四书直解》《朱文公家礼》《字汇》以及来华传教士和奉教文人的中文神学著述,逐个剖析"上帝""文庙""鬼神"等祭祀礼仪中涉及的核心概念内涵(应是上文利氏于1665年写给传信部的拉丁文宣誓声明基础上扩写而成),以说明其持反对立场的依据。

7.《天儒印》(*Concordantia legis divinae cum quatuor libris sinicis*),清代中文刊本。

著者:[西]利安当。

该书是现存利安当名下可直观体现其儒学观的中文著述,成书于1664年济南西堂,有魏学渠为之作序以及尚祜卿所作《天儒印说》。②

书中利氏采取断章取义式的解读,借四书章句来阐发天主教教义和礼仪。尽管其论述缺乏体系,但从中能明确获得利氏肯定中国先民早已认识甚至信仰基督宗教唯一真神的观点。与此同时,利氏并未全然附会中国经典的权威,他在文中明确指出儒释道三教与基督宗教有本质差别,不可相提并论。

利氏在其注疏中,亦仿效来华耶稣会士擅用的中西文化意象附会手法,但较后者直接生硬,更类似于早期佛经汉译时的"格义"手法,多拘泥于字面意思的比附,而不是背后文化意象的融会贯通。此外,利氏在注解时还大量使用源于来华耶稣会士中文著述的神学概念,例如"天神""魔鬼""十诫"等。

8. 文度辣(Bonaventura Ibañez,1610—1691)在1664年2月27日写给Sebastian Rodriguez的信,附在他为利安当关于中国诸教派的拉丁文论文(见

---

① 关于这42条共识的具体内容,详见 *Acta Cantoniensia authentica, in quibus praxis missionariorum Sinensium Societatis Jesu circa ritus Sinenses approbata est communi consensu patrum Dominicarum & Jesuitarum, qui erant in China; atque illorum subscriptione firmata*, Romae 1700, pp. 19-33.

② 该书在欧洲有多个藏本:1664年刊本藏于梵蒂冈教廷图书馆Borg.cine. 334(9),共60面;同馆还有另一藏本,收于Borg.cine. 349;法国国家图书馆亦有该书藏本,据古郎(Maurice Courant)书目,其编目为7148号。

本书目条目4）所制作的抄本后。①

著者：[西]文度辣。

文度辣名下著述多为书信，其中未见专事讨论儒家思想的论文。他在此信中指出：中文典籍中的"上帝"并非Dios，来华耶稣会士受到儒教文人的有意蒙蔽，误以为两者是一样的。还提及利安当寄给自己中国诸教派论文的抄本，为免遗失，文氏认为有必要再抄写一份。亦提及其间他曾病危，一度无法书写，随后又奇迹般康复并最终坚持完成抄写。

9. 利安定（Augustinus a S. Paschale, 1637—1697，原名"顾安定"）负责起草的《方济会传教士牧灵指南》（简称"《指南》"）。②

著者：[西]利安定。

该《指南》乃应利安定的倡议，西班牙方济各会士对中国礼仪问题及自身在华传教实践进行认真的反思和讨论，并咨询菲律宾会省的神学家和学者，就如何在华开展传教活动达成共识。《指南》中就每一项具体的习俗礼仪提出详细的要求和规定。

该《指南》虽依然延续利安当反对祭祖祭孔礼仪的立场，但在一些问题上有所突破，譬如它不直接斥责某种中国礼仪是异端邪说。该《指南》统一了来华方济各会士对待中国礼仪的看法，并逐渐向耶稣会靠近，主要包括三部分内容：（1）偶像崇拜问题：所涉内容有亲属拜祭、为亡灵祈祷、出殡、牌位、祭祀、陵墓等；（2）婚姻问题：所涉内容有婚配拜天地、男基督徒与女异教徒结婚、女基督徒与男异教徒结婚、纳妾、买妻等问题；（3）各行业应守的礼仪问题：涉及官员、文人、当铺老板、放债收息者、手艺人、奴隶和佣人等。

利安定和文度辣都非常崇敬利安当，但在对待中国礼仪的问题上，他们却开始偏离利安当所坚持的立场、倾向于耶稣会的观点。尤其从利安定开始，他根据自己在华传教的亲身实践，以1656年教宗亚历山大七世的通谕为基础，为方济各会制定了向耶稣会观点靠拢的新传教策略。

---

① *Sinica Franciscana Vol. III*, pp. 53-55. 下文凡出自该套丛书的文献，其出处统一缩写为*SF*。
② 韩承良：《中国天主教传教历史》，香港：香港思高圣经学会出版社，1994年，第133页。

10. 利安定所撰关于中国礼仪的多篇小论文（*SF VII*, pp. 251-257），例如1694年2月于广州写下《中国礼仪手册》，以问答的形式来解答传教士或教友们的疑问；1680年写于山东，关于中国礼仪的拉丁文著述（*SF VII*, pp. 146-156）；关于中国敬天的论文（*SF VII*, pp. 242-244）。

著者：[西]利安定。

论文中主要涉及的内容：（1）对待烧香问题，利安定以其亲身实践说明"我们不应从外表来看待这种烧香行为，而是应该注意他们这样做的动机以及他们所注意的对象。"①（2）利安定作为方济各会内新派观点的代表②，改变了自利安当以来方济会对待中国礼仪的看法，虽然依然不允许祭祖祭孔，但开始有条件地允许中国基督徒摆设牌位并行礼，可以拜师之名向孔夫子行礼。（3）利安定对中国民众的偶像崇拜进行调查研究，发现他们采取实用主义的态度，有需要时虔诚祈拜，无需要时则随意弃之。（4）方济各会传教士若需到耶稣会教区开展传教活动时，利安定认为应跟随耶稣会在当地的做法；若是到一个新的没有任何传教士去过的地区传教，"我的意见是……出于更加稳妥起见，应引入多明我会神父的意见。"③

中国礼仪之争期间，利安定曾写信明确反驳巴黎外方传教会的梁弘仁对在华耶稣会士过于宽容中国礼仪的质疑并批评颜珰缺乏能力和权威。④

---

① *Sinica Franciscana Vol. IV-Pars prior*, Augustinus A S. Paschale, Opusculum de Ritibus Sinicis, Canton, 2 Februarii 1694, p. 253.

② 1673—1680年入华的老一辈方济会士，仍秉承利安当对待中国礼仪的教导和规定；之后入华的传教士却普遍偏向于以更宽容的态度对待中国礼仪。方济各会内属于老派观点的代表有文度辣、利安定、傅劳理、林养默和伊大任等，新派观点的代表则有利安定、石铎禄和王路嘉，其中利安定是态度转型期的重要代表。*Sinica Franciscana Vol. IV-Pars prior*, Introducio p. xliii.

③ *Sinica Franciscana Vol. IV-Pars prior*, Augustinus A S. Paschale, Epistola ad D. Artus de Lionne, Canton, 13 Februarii 1694, p.272.

④ 利安定在信中不点名地批评颜珰无法把在华各个修会的传教士团结起来，因为他根本不愿听取在华传教士的不同意见。利安定本人亦对中国教友因被禁行中国礼仪而承受巨大的社会以及家庭压力，表示极大的同情和理解，*Sinica Franciscana Vol. IV-Pars prior*, Augustinus A S. Paschale, Epistola ad D. Artus de Lionne, Canton, 13 Februarii 1694, pp. 277-278. 除利安定之外，当颜珰发布禁止中国教徒祭祖祭孔的禁令后，在华方济各会士林养默（Jaime Tarín，1644—1719）亦与颜氏就此展开争论，石铎禄（Pedro de la Piñuela，1650—1704）则与白日昇（Jean Basset, 1662—1707）就是否在江西省执行颜珰的禁令产生意见分歧。

11. 傅劳理（Miguel Flores de Reya, 1644—1702）对37篇摘自中文典籍的文章所作西语翻译及注解，1680年2月写于广州。《汇编》中将这些译注归于文度辣名下，但据耶稣会士方济各（Francisco Savier Filippucci, 1632—1692）所言，这些注解主要出自傅劳理笔下。①

译者：[西]傅劳理。

相关译文及注解由傅氏等方济各会士在广州教友的帮助下完成，并由文度辣呈给方济各（当时方济各是在华耶稣会广州会院的长上②，文度辣等方济各会传教士亦在广州传教，并与方济各经常有来往，频繁交换彼此对中国礼仪的看法和应对方式，此时在华的方济各会士亦开始逐步接受利玛窦路线）。原始手稿藏于法国国家图书馆F. Ges. 1248-1。

方济各会士拣选出来的这些文章都与祭祖礼仪有关，目的在于考察祭祀时，先人之灵是否降临在牌位上。方济各会士们认为：除去礼仪时常被滥用，中国人迫于先人的教导及礼仪，实际上他们确实是在请求、希望也相信祖先之灵在祭祀时会降临庙堂及牌位上，接受后人的供奉。③

12. 石铎禄（Pedro de la Piñuela, 1650—1704）④ 关于敬天牌匾的起源和目的的论文，原西文手稿已佚，现仅存耶稣会士纪理安用拉丁文撰写的手稿内容提要。⑤

著者：[墨]石铎禄。

---

① *Sinica Franciscana Vol. VII*, Annotationes in 37 Textus sinicos, p. 88.
② 意大利籍耶稣会士方济各出生于马切拉塔（即利玛窦的同乡），1663年进入澳门，此后在广州教区工作了10年。1673—1679年任中国耶稣会广州会院的负责人，1680年12月至1683年12月任日本会省的会长。关于其生平，详见[法]荣振华等：《16—20世纪入华天主教传教士列传》，耿昇译，桂林：广西师范大学出版社，2010年，第150页。
③ *Sinica Franciscana Vol. VII*, Annotationes in 37 Textus sinicos, pp. 88-89.
④ 石铎禄名下除讲述天主教义的中文书籍之外，还有一本曾经在中国医药研究史上引起极大关注的《本草补》(*Medicinale Herbariotum*) 一书。其公开刊行曾对中国药物学界产生积极影响，参见崔维孝：《石铎琭神父的〈本草补〉与方济各会在华传教研究》，载《社会科学》2007年第1期，第124—133页。后来，来华方济各会传教士亦开始有意识地将行医治病和传播天主教相结合。
⑤ *Sinica Franciscana Vol. VII*, Tractatus de origine et fine tabellae ching-tien, S.L.S.A., p.1213.

来华方济各会传教士中，石铎琭的名下拥有最多的天主教中文书籍。康熙帝于1675年6月赐来华传教士"敬天"牌匾，石铎禄在文中考察了敬天牌匾的起源以及康熙帝亲笔书写并赐匾予传教士的用意。石氏亦记载了围绕是否在教堂里公开悬挂"敬天"牌匾一事，多明我会士万济国、赖蒙笃与罗文藻意见不一，但最终达成共识决定悬挂，而在福安教堂挂匾时还特意为此吹喇叭、敲鼓以示庄重。①

13. 1706年11月6日，在济宁的三位方济各会士在铎罗面前所作关于中国礼仪的宣誓证词②，原稿藏于罗马Casanatense图书馆（编号1548，110）。

该声明由[西]南怀德（Miguel Fernandez Oliver, 1665—1726）、[西]卞芳世（Francisco a Concepcion Peris, 1635—1701)和[西]郭纳璧（Bernardo de la Encarnación, 1630—1719）共同签字。就逝者的牌位、祭孔、对"上帝"和"天"的理解等问题，这三位神父宣誓并分别接受以下提问：（1）是否使用"天"和"上帝"来解释基督宗教的Deus, 他们认为用这些名称来指称Deus合适吗?他们认为这些名称的真正用法，应是用来指引异教徒反对他们已有的认知，亦即中国典籍中所谈及的质料的"天"和"上帝"，在他们的哲学中一切最终都源于理和太极，他们的"上帝"亦源于此；（2）是否允许自己的教徒竖立祖先牌位，他们对此是怎么想的？三位方济各会士皆予以否认，并认为此举确会带来迷信的危害，当异教徒对此有所求时，会相信福祸都源于祖先的影响，因此在顺境时感恩、在逆境时抱怨，他们已教导基督徒不要践行祭祖之礼及其他迷信活动；（3）是否允许祭孔以及他们对于此是怎么想的？三位会士予以否认，并强调在奉教者中文人的数量很少。传教士认为：在中国人心中，孔子是最出色和至高无上的老师及圣人（optimus et supremus magister et vir sanctus），若不祭孔宗族的领袖不会同意，但也否认这样的外在仪式可以存在，因祭祀者对孔子献祭并

---

① *Sinica Franciscana Vol. VII*, Tractatus de origine et fine tabellae ching-tien, S.L.S.A., p. 1214.
② *Sinica Franciscana Vol. VII*, Testimonium iuratum trium Patrum OFM, coram illmo dno de Tournon praestitum, p.1231.

有所求。①

14. 1702年10月20日，南怀德就颜珰下令禁止中国教友祭祖祭孔一事，从济南写信给景明亮和巴廉仁谈自己的看法。②

著者：[西]南怀德。

南怀德在信中表达了自己对于中国礼仪的独到见解。他要求传教士保持立场一致，拒绝跟随巴黎外方传教会的颜珰主教限制中国教友祭祖祭孔的礼仪，因为这是中国人的风俗习惯，用以表示对亡者和父母的孝敬，并非偶像崇拜。此外，南怀德亦支持在教堂内悬挂"敬天"匾额，认为可以按照利玛窦、艾儒略等耶稣会神父所解释的那样去使用"天"和"上帝"的称呼。他强调禁止中国礼仪会为福音传播工作带来极大的困难。据此可见，南怀德在对待中国礼仪问题上几乎是与在华耶稣会站在同一立场上。③

15. 王路嘉（Lucas Estevan，又名王德望，可能在1638—1643年间出生，1691年病逝于马尼拉）关于祭祖牌位的论文。④

著者：[西]王路嘉。

利安定在1695年10月17日写给Bart. Marrón的信中，曾提及该文梗概。方济各会士王路嘉明确列出其支持设立祖先牌位的理由："多明我会士闵明我从一开始就反对中国的祖先牌位，然而在福建Hianan的多明我会却允许在教堂里设立牌位，有5位多明我神父都是这么告诉我的。鉴于这一真实情况，我想问，他们是否被允许这么做了？假如这么做是不可以的，那为什么在Hianan就可以，而在福

---

① *Sinica Franciscana Vol. VII*, Testimonium iuratum trium Patrum OFM, coram illmo dno de Tournon praestitum, pp. 1231-1232.

② *Sinica Franciscana Vol. VIII-Pars altera*, P. Fr. Michael Fernandez Oliver (1692-1726), Biographia, pp. 819-839.

③ *Sinica Franciscana Vol. VIII-Pars altera*, P.Fr. Michael Fernandez Oliver, Epistola ad PP. Marinum Aleman et Franciscum A S. Ioseph, Tsinan-fu 20 Octobris 1702, pp. 849-851. 1703年3月康熙南巡途经济南，南怀德受召见时因其对中国风俗民情了解深入而获赞赏。1705年应耶稣会士方全纪（Girolamo Franchi, 1667—1718）的请求，南怀德公开支持耶稣会在中国礼仪上的立场。后来方全纪去世时，南怀德因按中国传统礼仪为其举办葬礼，导致与北京主教伊大任的关系紧张。

④ *Sinica Franciscana Vol. VII*, Scriptura de defunctorum tabellis, S.L.S.A., p. 1272.

安就不可？……有鉴于Hianan的多明我会士已经认同树立牌位的观点，肯定会有越来越多的人会支持这一看法。"①

16. 余宜阁（Francisco de Nicolai, 1656—1737）对《礼记旁训》三卷本的批注手稿，藏于罗马Casanatense图书馆（编号1655）。

著者：[西]余宜阁。

该卷第1—3, 5—9, 11—12叶重点批阅了《礼运》篇、《月令》篇和《郊特牲》。此外还将利玛窦《天主实义》中引用《礼记》的章节出处逐一抄录并加注其中文注音，每段中文原典的右侧有余氏对应的拉丁译文及解释；第26—34叶是一篇写于1715年的拉丁文专题论文，论及来华传教士对于中国礼仪的质疑和已获承认的观察结果。作者在探讨"自然律法"的目的、定义、范畴的基础上，试图厘清"上帝"、祭祖祭孔礼仪、在家中祭拜以及丧葬之时设立牌位的含义及用意。

17. 伊大任（Bernardino della Chiesa, 1644—1721）名下的大量信件。②

著者：[意]伊大任。

伊大任于1690年4月10日成为北京教区主教。在华期间，他与来华耶稣会士，如柏应理、殷铎泽、方济各、白晋、纪理安以及与同会兄弟康和子等留下了大量的通信，多论及当时教务，如法籍耶稣会士入华和康熙的传票等事宜，其中尚未发现有涉及儒学的专论。

18.《若干汉籍浅探》（Parva elucubratio super quosdam libros sinenses）③，拉丁文手稿，有若干抄本，藏于梵蒂冈图书馆、佛罗伦萨方济各会档案馆等地。

著者：[意]康和子(Antonio Orazi，1673—1755)。

---

① *Sinica Franciscana Vol. VII*, Scriptura de defunctorum tabellis, S.L.S.A., p. 1272.
② *Sinica Franciscana Vol. V* (1954), pp. 55-803；*Vol. VI* (1961): 1, pp. 419-786.
③ 意大利汉学家达仁利的博士论文即是关于康和子《若干汉籍浅探》的研究，并附全文转写。参见Francesco D'Arelli, "Un'opera manoscritta per la Bibliotheca Sinica del Settecento: la Parva elucubratio (1739) di Carlo Horatii da Castorano O.F.M.", dottorato di ricerca in orientalistica (civiltà dell'Asia estremo orientale), Istituto universitario orientale, Facoltà di lettere e filosofia, Napoli, 1996.

康和子汉语水平出众，本部作品共有五部分内容，包括一部梵蒂冈所藏若干汉籍的目录和内容提要、《孔子传》、他亲自从中国带回的汉籍内容提要、方济各会中国传教史，以及大秦景教碑的译文。但在介绍中国典籍和文化时，他刻意强调其与基督宗教教义相冲突的部分，甚至有意夸大中国文化中的迷信成分，支持教廷禁止中国教徒行使中国礼仪。

19. [意]叶尊孝（Basilio Brollo, 1648—1704, 又名叶崇贤、叶宗贤）名下的汉学著述。

叶尊孝名下的汉学成果颇多，除书信外，还有《关于中国洗礼方式的争议》《1702年7月20日山西教务报告》《关于禁止中国礼仪的困难》等外文专题论文，此外还有涉及中国语言、文学和历史的论述。他曾编纂两部篇幅甚大的字典：1694开始编纂的《汉字西译》，这是第一部用偏旁部首编排的汉拉字典，以及另一部1699年开始编纂、使用罗马字母编排的字典。①

据Edmund Fox的研究，叶尊孝来华初期主要依靠西班牙籍方济各会士石铎禄为其担任翻译和向导，在此期间，叶尊孝跟随一位中国老学者学习汉语，取得了很大的进步。至1687年，他已研习了数千个汉字，并开始翻译中国的儒家经典，②但其儒学译稿目前下落不明。

---

① Sinica Franciscana Vol. VI, pp. 1085-1210. 目前所见叶氏的字典皆为抄本，但其双语字典的编撰方式对后世影响极大。关于叶尊孝所编字典的研究，参见杨慧玲：《〈汉字西译〉考述》，载《中国典籍与文化》2011年第2期，第118—125页。

② 引自美国方济各会神父Edmund Fox未刊硕士论文Edmund A. Fox, O.F.M., "Father Basilio Brollo, O.F.M. Missionary and First Vicar Apostolic of Shensi, China", M. A. Thesis in Fredsam Memorial Library, St. Bonaventure University, 1946, p. 31. 笔者撰文时仅在网络上浏览到部分篇章，全文未得见。

第二章 儒家形象的缔造与分裂

第一节 传教士对儒家形象的缔造

一、从游记汉学进入传教士汉学

纵观中国形象在西方的发展演变历程，仿佛多棱镜中的镜像一般变化多端。无论是西方早期游记中那个位于东方神秘而富裕的契丹，还是欧洲启蒙知识分子所推崇的凭借自然理性便能获取人生幸福圆满的中华帝国，还是新教传教士笔下落后愚昧、封闭自大且迷信鬼神之说的大清，以及近现代汉学家笔下历史文化悠久、民族群体复杂、宗教派别众多、语言文字奇特、意识形态更是与西方截然不同的中国，这些中国形象的塑造以及中国知识的生产，随着西方人审视中国视角的转变而不停翻转。但就欧美汉学学术史中关于中国哲学宗教的研究而言，早期游记汉学中或是荒诞夸张或是语焉不详的记载自不可信，真正可视为信实记载的源头，始于以来华耶稣会士为代表的天主教传教士所著的游记、书信报道和译述。

作为西方传教士汉学阶段的萌芽期，16世纪来华传教士遗留下来多部中国游记，其中虽仍保留西方早期游记作品中的博物志猎奇视角，但其对中国生活习俗的观察以及对中国社会的评价，明显更为细致深入。例如16世纪最早进入中国内地的传教士，是葡萄牙籍的多明我会会士克鲁兹（Gaspar da Cruz，约1520—1570）。他于1556年到达广州，曾试图建立一个传教团未获成功，于同年返回马六甲。他所著《中国志》（*Tratado em que se côtam muito por estêso as cousas da China*）于1569年出版，是在欧洲出版的第一部专门介绍中国的著作，被西方学界视为"有史以来有关中国最值得注意的著作之一"。全书共分29章，克鲁兹在说明自己来中国的目的后，逐一介绍了中国的名称、人种、疆域、政治区域等国家情况，中国人的生活方式、风俗习惯和宗教信仰，中国的法律、官吏及监狱，以及中国同葡萄牙人的交往等各个方面。该书亦成为西班牙军人和作家艾斯加兰蒂（Bernardino de Escalante，约1537—1605）《记葡萄牙人在世界东部国家和省份所作的航行，以及他们获得中国大事的消息》（*Discurso de la navegación que los Portugueses hazen à los Reinos y Provincias del Oriente, y de la noticia que se tiene de las grandezas del Reino de la China*，1577）一书，以及门多萨（Juan González de Mendoza，1545—1618）《中华大帝国史》（*Historia de las cosas mas notables, ritos y costumbres del gran Reyno de la China*，1585）关于中国主要信息的来源，而门多萨的著述更是被视为西方在真正意义上认识中国的开山之作。门多萨本人实际上从未踏足中国，他关于中国的基本认识除来自克鲁兹的《中国志》，另一个信息来源是1574年试图出使中国商议传教及通商事宜，却在福建滞留数月且无功而返的西班牙奥古斯丁修会会士马力陈（Martín de Rada，1535—1578），他将自己在中国购得的百余种中文文献交由菲律宾华人译成西班牙文，结合这些文献与自己在福建的所见所闻，写成《记大明朝中国的事情》（*Relación de las cosas de China que propiamente se llama Taylin*，1575）一书。这些译稿后来也辗转运到墨西哥，此时恰逢门多萨被选为西班牙出使中国的代表途经墨西哥，收集到这批材料并成为其写作的重要知识来源，最终成就《中华大帝国史》这部16世纪有关中国的地理气候、历史文化、风俗礼仪、政治经济、科学技术的百科全书，书中第一部第二卷分十章专门讲述中国人的宗教信仰，涉及中国人的世界起源观、灵魂不灭观、崇尚鬼神等超自然力量、热衷算卦占卜及其婚嫁丧葬风俗。《中华大帝国史》在其问世后的十余年内，先后被翻译成拉丁语、意大利语、英语、法语、德语、葡语、荷兰语等多种文字，成为弗朗西斯·培根（Francis Bacon）、林夕霍腾（Jan Huighen Van Linschoten）、蒙田（Michel de Montaigne）等欧洲有识之士认识中国的指南，亦是《利玛窦中国札记》发表之前，欧洲最具影响的中国论著。

随着明末来华耶稣会士在中国内地站稳脚跟，他们寄回欧洲的关于当时中国国情、帝王历史、社会风俗的书信报告，成为17—18世纪欧洲人了解中国的一手材料。作为最早在中国长期居住并开展传教工作的来华耶稣会士，罗明坚（Michele Ruggieri, 1543—1607）及利玛窦（Matteo Ricci, 1552—1610）等人在学习汉语的过程中，将译介儒学典籍作为自己熟悉中国文化的语言训练手段，也藉此开启西儒参与中国经典讨论及阐释的文化间对话。尽管罗明坚在其写回欧洲的书信中从未提及自己曾翻译四书，反之利玛窦在信中则多次提及自己应巡按使范礼安（Alessandro Valignano, 1539—1606）的要求翻译了拉丁文四书，然而始终未见踪迹。① 目前学界发现的最早四书拉丁文译稿藏于罗马伊曼努尔二世国家图书馆（编号FG[3314]1185），围绕该份手稿的译者归属是罗氏还是利氏现仍存在争论②，但罗马的手稿《大学》开篇部分曾被耶稣会历史学家波塞

---

① 罗明坚及利玛窦在其通信中生动描述了初学汉语的艰辛。他们在肇庆活动期间（约1583—1587）曾聘请中国文人老师专门教授四书五经，利玛窦对此尤其感兴趣，以致日后他还为新来华的传教士专门讲授四书的内容。从1593年起，利氏在书信中频繁提及自己正在翻译四书的拉丁文译本及其进度。相反，罗明坚在通信中从未提及自己学习抑或翻译过四书，对于儒家思想也极少流露出类似利氏的偏好，尽管他早在1581年11月12日的一封信中已谈到汉语典籍的翻译：自己早前在广州已将"中国儿童所用一本'研究道德'的小册子"译成拉丁文并寄送给会长，但因当时时间匆忙以致译文质量欠佳。而据裴化行（Henri Bernard-Maitre）考证，这本小册子可能是《三字经》或《千字文》。参见Pasquale D'Elia, *Fonti Ricciane vol. I*, Roma: Libreria dello Stato, 1942—1949, pp. 38, 330, XCIX, CXXVIII; Tacchi Venturi, *Opere Storiche del P. Matteo Ricci S.I.*, Macerata 1912, vol. II, pp. 91, 117, 125, 237, 248, 402-403, 411-412; [法]裴化行：《天主教十六世纪在华传教志》，萧浚华译，上海：商务印书馆，1937年，第191页及第200页注释50。

② 学界对此的相关研究大多从书信史料考证的角度入手，其中最重要的成果，一是来自耶稣会士德礼贤（Pasquale D'Elia）在该部手稿封面的正反面所作的笔记以及在《利玛窦全集》（*Fonti Ricciane*）中的多处注释；二是历史学家达仁利（Francesco D'Arelli）借助传教士之间的书信往来，考证此部手稿译者身份的一系列研究论文。详见：Pasquale D'Elia, *Fonti Ricciane vol. I & II*, Roma: Libreria dello Stato, 1942—1949; Francesco D'Arelli, "Michele Ruggieri S.I., l'apprendimendo della lingua cinese e la traduzione latina dei *Si Shu* (Quattro Libri)", in *Annali [dell'] Istituto Universario Orientali di Napoli*, LIV, 1994, pp. 479-487; Francesco D'Arelli, "Matteo Ricci S.I. e la traduzione latina dei *Quattro Libri* (*Sishu*) dalla tradizione storiografica alle nuove ricerche", in *LE MARCHE E L'ORIENTE, Atti del Convegno Internazionale Macerata, 23-26 ottobre 1996*, Roma: Istituto Italiano per l'Africa e l'Oriente, 1998, pp. 163-164. 此外，施省三（Joseph Shih）、龙伯格（Knud Lundbaek）、孟德卫（David E. Mungello）、陈伦绪（Albert Chan）、梅谦立（Thierry Meynard）、王慧宇、李慧等都曾在各自的研究中提及此部四书手稿。

维诺（Antonio Possevino, 1533—1611）收录在自己的《选集文库》（*Bibliotheca selecta*）一书中，1593年在罗马正式出版。在该书第九章，波氏声明文中有关中国风土人情的信息皆源自罗明坚，其中也引用了一段出自"某本关于品行的著述"（volumen de moribus，页边标注的文段出处为"Liber Sinensium"，意即一本中文书）的拉丁译文，以证明中国人德行修为水平之高。此段译文据其内容可判定是《大学》开篇"三纲领""八条目"的翻译，其中，"三纲领"的译文与罗马所藏《大学》手稿的开头部分极为近似，只有个别字词的调整。① "八条目"部分的译文与罗明坚手稿相比存在较大差异。罗氏手稿中的译文更为简洁，往往直接对译《大学》原文的核心概念，而波氏书中的译文更倾向于意译，多用一句话来解释某个儒学概念，以便于普通西方读者的理解。尽管这是儒学经典的局部第一次出现在欧洲公众视野之中，但短短的一段译文淹没在《选集文库》这样一部庞然巨著之中，并未产生实质性的影响。

1615年，比利时籍耶稣会士金尼阁用拉丁文重译利玛窦晚年以编年札记的形式、用意大利语记载耶稣会士在中国内地传教的最初经历——确切地说，金尼阁是对利玛窦的原始手稿进行增补、修订甚至重新编辑——并以《耶稣会推动基督教在中国的远征。源自同会利玛窦神父的五卷本回忆录》（*De Christiana expeditione apud Sinas suscepta ab Societate Iesu. Ex P. Matthaei Ricij eiusdem Societatis commentarjis Libri V...* 1615）为题，在德国奥格斯堡出版。此书的问世随即在欧洲引起强烈的反响。利玛窦在其札记中，不仅以更为精确的数据和信实的细节描述了中国社会的物质性层面（诸如中国的国名、人口、疆域、物产、科技、政府机构和奇风异俗，也首度向西方人介绍了中国的茶和漆），而且也对中华民族的精神气质着墨颇多，例如他在行文中凸显了中国人易于自我满足、没有征服野心的民族性格，批评天朝上邦的愚昧优越感、对异族的猜疑和隔阂以及明末官僚体制的无能和腐败。此外他也详细介绍中国的各个宗教派别，指出当时的中国不仅有来自波斯的穆斯林，在开封和杭州还生活有犹太人。利氏着重对儒释

---

① 龙伯格最早指出了这一线索，详见 Knud Lundbaek, "The First Translation from a Confucian Classic in Europe", in *China Mission Studies (1550—1800) Bulletin I*, 1979, pp. 1-11。笔者认为龙氏在其研究中并未给出这段《大学》译文乃罗明坚所译的充分论据，他的主观判断可能或多或少受到罗马四书手稿扉页背面罗明坚作为编者的声明，以及德礼贤在《利玛窦全集》中有关该部手稿出自罗明坚之手的观点影响。

道三教的教义及实践予以细致分梳，指出当时中国社会所流行的"三教归一"观点以及大量无神论者的存在。这也成为西方世界最早获悉中国的"文人教派"及孔子之名的资料来源。

二、传教士对"中国知识"的编纂

《利玛窦中国札记》之后，儒家与孔子开始频频出现在来华传教士介绍中国的外文著述之中，以17世纪的刊本为例简述如下：

表一 17世纪传教士向欧洲介绍中国的主要刊本

出版时间	书名及作者	关于儒学的介绍
1642年	《大中国志》（*Relacao da grande monarquia da China*①），葡萄牙籍耶稣会士曾德昭所著。	书中介绍了孔子生平及其"名下"的中国五经（仅有每本书的题解），称另外还有四本关于道德哲学的书（即四书）是由孔子及其弟子孟子合著的，同时也自行概括了中国文人的学问包括天学、地学与人学，指出前两者是自然知识，第三者是伦理知识，亦提及中国"三教"（分别是以孔子为宗师的文人教派、道士的教派和来自印度的浮屠教）。②
1658年	《中国上古史》（*Sinicae historiae decas prima*），耶稣会士卫匡国所著。	书中首度出现《易经》中的64卦象，并对《易经》一书的作者（伏羲）、书中主要的内容（论及事物的产生和毁灭、命运、占星及自然法则等）以及该书的作用（有助于国家的正确治理和推行道德教化）等方面予以更为系统的呈现。
1662年	《中国智慧》（*Sapientia sinica*），郭纳爵、殷铎泽合述。	首部正式刊行的《大学》中拉双语译本，并含《论语》前十章译文及首部拉丁文孔子传。
1667年	《中国图说》（*China monumentis qua sacris qua profanis, nec non variis naturae et artis spectaculis, aliarumque rerum memorabilium argumentis illustrata*，书名直译应	得益于卫匡国对中国历史和语言文法的介绍、卜弥格（Michał Piotr Boym, 1612—1659）对西安大秦景教碑文的介绍和翻译、殷铎泽有关中国文字演变史的专题内容以及吴尔铎（Albert le Comte Dorville, 1621—1662）和白乃心（Johann Grueber, 1623—1680）对中国风俗的介绍，《中国图说》一书在内容上包括六个部分，其中与儒家有关的是第三部分，讲述了中国乃至

---

① 1638年曾德昭结束22年的在华传教生涯，在其返欧途中于果阿完成该书的葡文手稿，未刊行。1642年出现该手稿的西语摘译本；1643年出版了意大利语刊印本，1645年、1667年出现法译本，1655年出现英译本，1956年又出版了新葡文译本。参见〔葡〕曾德昭：《大中国志》，"中译者序"，何高济译，李申校，上海：上海古籍出版社，1998年，第1页。据此可见该书在当时欧洲的受欢迎程度。

② 〔葡〕曾德昭：《大中国志》，何高济译，李申校，北京：商务印书馆，2012年，第58—61，104—105页。

（续表）

出版时间	书名及作者	关于儒学的介绍
	是《中国的宗教、世俗和各种自然、技术奇观及其有价值的实物材料汇编》）。德国耶稣会士基歇尔[①]（Athanasius Kircher, 1602—1680）所著。	亚洲地区人们的偶像崇拜与宗教信仰。在文中，基氏称中国有三大偶像教派，分别是文人的教派（儒）、Sciequia（释）和Lancu（道），其中儒教是最为古老的本土教派，该派统治着中国且藏书无数，较其他两派更值得赞美。他们尊孔子为首，敬拜上帝。 因基歇尔终其一生从未来过中国，该书是他对来华传教士有关中国的一手资料汇编，但其问世却激起了欧洲社会的强烈反响，极大地丰富了欧洲人的中国观，随后亦被陆续转译成荷兰文版、法文版等。基歇尔作为来华耶稣会士所缔造的"中国知识"在欧洲早期的接受者，其《中国图说》一书可视为"中国知识"在欧洲接受史上的早期代表作，其最大的贡献在于对大秦景教碑的介绍以及对中国汉字演变史的展示。虽然基氏在书中专门谈到中国人的偶像崇拜问题，却并未有触及儒家思想的深入讨论。
1667年、1669年	《中国政治道德学说》（*Sinarum scientia politico-moralis*），殷铎泽译。	首部正式刊行的《中庸》中拉双语译本，并含拉丁文孔子传。
1676年	《中华帝国的历史、政治、伦理及宗教概论》（*Tratados historicos, politicos ethicos y religiosos de la Monarquia de China*），多明我会士闵明我著。	闵氏在书中不仅深入介绍民众中儒、农、工、商四个等级，称儒生在中国是最受尊敬的人群，并对中国文人谦虚、博学和认真给予极高的评价，但同时也认为中国文人的博学导致他们深入骨髓的傲慢。在书中第三论介绍"儒教教主"孔子的生平简介时，闵氏依据的资料是"一部题为孔子神迹的著作，且书中有很多剪影"，描述了孔子诞生前后的种种神奇异象[②]，这与来华耶稣会士主要借助经籍正史来了解儒家思想的做法大相径庭。随后，闵氏亦简述《大学》《论

[①] 基歇尔是17世纪德国著名学者，其研究领域涉及地理、天文、物理、数学、语言学、医学及音乐等，一生著述甚丰。青年时期的基歇尔不仅表现出对语言学习的广泛兴趣，学习了希伯来语、希腊语、古叙利亚语等多种语言，而且一直怀有成为一名东方传教士以及破译象形文字的强烈意愿。终其一生，他都对古埃及的象形文字怀有浓烈的研究热情。1633年，他在罗马公学（Roman College）出任数学和东方语言教授一职，此后他人生中的大部分时光都是在罗马度过的。正是得益于当时耶稣会所创办的罗马公学以及身在远东的耶稣会传教士一直与之保持着密切的联系，使得他能够获取来华传教士寄回的大量关于中国的资料并予以编纂、研究，他也因此被视为欧洲早期汉学的奠基人之一。关于基歇尔其人及其著述的研究，参见Paula Findlen, *Athanasius Kircher: The Last Man Who Knew Everything*, Routledge, 2004。

[②] "un libro de aquella nacion, cuyo titulo es, descripcion de las maravillas, y milagros del Confucio, esta lleno de estampas [...]", Domingo Navarrete, *Tradatos historicos, politicos ethicos y religiosos de la Monarchia de China*, Madrid 1676, p. 129.

（续表）

出版时间	书名及作者	关于儒学的介绍
		语》《诗经》《书经》等书的观点，以之作为孔子教导及儒教思想的体现。而被闵氏视为"中国道德教导"的代表并将其"逐句"西译的中文著作却并非四书五经，而是《明心宝鉴》这部杂糅了儒、释、道三教言录的蒙书。闵明我的儒学观充分体现在该书第五论《关于"上帝""鬼神"和"灵魂"争论的简短回应》一文中，该文实由反对利玛窦适应路线的耶稣会士龙华民所作，闵明我将该文译为西班牙语并在文后作注，并对龙氏的观点全然予以赞同，详见本章第三节的分析。
1687年	《中国哲学家孔夫子》（*Confucius Sinarum philosophus*），殷铎泽、恩理格、鲁日满、柏应理合译。	书中收有殷铎泽所作《孔子传》（Confucii Vita）并附孔子像以及四位译者合作完成的《大学》《中庸》《论语》"三书"拉丁文全译本。此外，该书长达百页的《序言》（Proëmialis Declaratio）由殷铎泽和柏应理合撰，详细介绍了当时中国社会儒释道三教合流的状况，并系统阐述了耶稣会内部支持文化适应政策一派的儒学观，详见本章第二节分析。
1688年	《中国新史》（*Doze excellencias da China*），葡萄牙籍耶稣会士安文思（Gabriel de Magalhães, 1609—1677）著。	书中不仅对五经逐部给予较为详细的介绍，谈论中国政府管理时提及《中庸》一书的治国"九经"，还指出当时在华耶稣会士重点借助朱熹和张居正的注本来理解儒家经典，并以《大学》开篇"三纲领"为例，将该段的每个汉字的字形、对应的注音和译词，以及传教士基于中国阐释者的注解所给出的本段文意，作为附录予以刊载。①
1696年	《中国近事报道(1687—1692)》（*Nouveaux mémoires sur l'état présent de la Chine 1687—1692*），法国耶稣会士李明（Louis le Comte, 1655—1728）著。	本书是李明写给法国国内要人的通信汇编，共收录14封信件。该书在第七封信逐一介绍了中国五经的内容，并较为详尽地介绍了孔子的一生及其部分箴言，用以展现孔子这位哲学家的道德观和出色理性；在第十封信"论中国古今宗教"中，李明先是批判了道、佛两教，轻描淡写地提及中国穆斯林，进而重点谈及中国儒生们的宗教，并遵循利玛窦所奠定的儒学评价体系，严厉批评了被其归于无神论的宋明理学。②该书首版两卷本问世后大获成功，在短短的4年内法文版就重印5次，此外还有英、意及德文版。后因1700年巴黎索邦神学院的禁令被迫尘封，直至1900年才又得以再版。

---

① [葡]安文思：《中国新史》，何高济、李申译，郑州：大象出版社，2004年，第52—54、57—63、92—93页。

② [法]李明：《中国近事报道（1687—1692）》，郭强、龙云、李伟译，郑州：大象出版社，2004年，第174—191页。

此后，随着法国耶稣会士入华，这些肩负着在中国进行科学调查，以向法国科学院提供科学观测报告及数据的博学之士撰写了大量关于中国社会文化的信件和书籍，钱德明（Jean Joseph-Marie Amiot, 1718—1793）和韩国英（Pierre-Martial Cibot, 1727—1780）等编写的《中国杂纂》（*Mémoires concernant l'histoire, les sciences, les arts, les murs, les usages, etc. des Chinois*, 1776—1814）、冯秉正的《中国通史》（*Histoire générale de la Chine*, 1777—1785）相继在欧洲出版，杜赫德（Jean Baptiste du Halde, 1674—1743）作为来华传教士所缔造的"中国知识"在欧洲18世纪的接受者，由他编撰出版的《中华帝国全志》（*Description géographique, historique, chronologique, politique et physique de l'Empire de la Chine et de la Tartarie Chinoise*, 1735）和《来华耶稣会士书简集》（*Lettres édifiantes et curieuses, écrites des missions étrangères, par quelques missionnaires de la Compagnie de Jésus*, 1702—1776）都直接推动欧洲18世纪"中国热"的兴起。而随着巴黎外方传教会和遣使会入华，来华耶稣会士所编纂的"中国知识"不断受到质疑和挑战，由此欧洲人所获悉的"中国知识"亦变得更为立体丰富且充满矛盾敌意。

纵观康熙朝来华不同修会的传教士在其关于中国儒学的评价中，普遍可以看到他们对于儒家伦理思想及其道德教化功能的高度认同。但横亘于他们之间最大的争议，则是以中国礼仪为名、实际上关涉到儒家思想中的宗教性应该被包容吸纳抑或拒绝排斥的问题，而一并随之产生的便是来华传教士群体内部的儒学观分裂。

第二节　在原儒身上发现宗教性：支持文化适应政策一派的儒学观

耶稣会内部利玛窦文化适应政策的追随者，在17—18世纪出版的一系列拉丁文四书译著，从而促成"儒学西传史"上的首个高峰。具体译作包括：1.《中国智慧》（*Sapientia sinica*, 1662）；2.《中国政治道德学说》（*Sinarum scientia politico-moralis*, 1667/1669）；3.《中国哲学家孔夫子》（*Confucius Sinarum philosophus*, 1687）；4.《中华帝国六经》（*Sinensis imperii libri classici sex*,

1711)。就这四个译本翻译儒学典籍的总体风格而言,1、2、4的译文都凸显了对儒学典籍原文的直译风格和"忠实",而最具知名度的《中国哲学家孔夫子》一书,则在原文的翻译后附上耶稣会译者大段斜体字的阐释,该书注释以及长达百页的序言,可视为"支持文化适应政策一派"儒学观的集中体现。下文拟对上述各个译本的译介特点及其主要儒学观点予以总结、评点。

一、17—18世纪来华耶稣会士的四书译介团队[①]

纵观17世纪来华传教士的3部儒学译作:最早刊行的《大学》中拉双语译本《中国智慧》(*Sapientia sinica*, Kien Cham 1662),最早刊行的《中庸》中拉双语译本《中国政治道德学说》(*Sinarum scientia politico-moralis*, Quamcheu /Goa 1662/1667),以及《大学》《中庸》《论语》三书译文首获集体刊行的《中国哲学家孔夫子》(*Confucius Sinarum philosophus*, Paris 1687),殷铎泽是串联起这三部译作一个至关重要的人物。事实上与其他同期来华的耶稣会士相比,殷铎泽个人的著述成果称不上丰厚,也远不及他在教会事务的组织管理上表现突出,尤其在汉语著述方面几乎只有译作,[②]但他在儒学典籍的西译,尤其在中拉双语书籍的排版及刻印技术的改良方面确实做出极大的贡献。据历史学家纳奇德(Oskar Nachod)考证,早在1570年于葡萄牙科英布拉(Coimbra)出版的耶稣会士书简集中,就已出现了少量汉字;[③]此后门多萨的名著《中华大帝国史》、卫匡国《中国上古史》等书中也出现少量汉字的刻印,但真正实现大篇幅汉字刻印的还是在殷铎泽与郭纳爵题为《中国智慧》的《大学》译本,尤其是在后来殷铎泽题为《中国政治道德学说》的《中庸》译本。他借助中国传统的木板刻印

---

① 四个译本的主要内容及影响,参见第一章第四节"明末清初来华耶稣会士中、拉儒学译述书目",编号2—4和8。关于这些译本详细的内容、版本描述及译文特征研究,可参见笔者已发表的研究成果。
② 参见费赖之、荣振华为殷铎泽所作传记及著述整理,[法]费赖之:《在华耶稣会士列传及书目》(上),冯承钧译,北京:中华书局,1995年,第327—332页;[法]荣振华:《在华耶稣会士列传及书目补编》,耿昇译,北京:中华书局,1995年,第317—319页。
③ Oskar Nachod, "Die ersten Kenntnisse chinesischer Schriftzeichen im Abendlande", in *Hirth Anniversary Volume. Asia Major, Introductory Volume*. Leipzig, 1923, pp. 235-273. 转引自 Georg Lehner, *Der Druck Chinesischer Zeichen in Europa. Entwicklungen im 19. Jahrhundert*, Wiesbaden: Harrassowitz Verlag, 2004, p.13.

技术以及身边中国教友的协助①，创造性地将中式竖行排版与西文横行排版相结合，在直译的基础上还按照耶稣会内部使用的罗马字母注音系统为每个汉字标注了发音，系统地将汉字的"音形义"系统介绍到欧洲。

殷铎泽不仅参与上述三部译作的翻译工作，更是在《中国哲学家孔夫子》的翻译团队中扮演领导者的角色。该书扉页所标注的四位译者名字排序依次是：殷铎泽、恩理格、鲁日满和柏应理。其中，后三位似乎是依据姓名的开首字母来排序，但居于首位的殷铎泽则明显不是。笔者认为：译者排序的根据，一方面与各位译者在四书译介及修订中所承担的工作量直接相关，同时也与该译者在翻译团队中所扮演的角色对应。有诸多线索都可为这一判断提供佐证，例如殷铎泽1672年6月2日写给Godefridus Henschens的信中谈及《中国哲学家孔夫子》一书几经曲折的出版工作，而他本人在信中则将这本尚待出版的儒学译著命名为《中国政治道德学说》（*Scientia sinica politico-moralis*）②——但正式出版时该书被更名为《中国哲学家孔夫子》——在信中他也申明了自己作为该书序言作者和全书译者之一的身份（这亦从该书原始手稿的字迹得到证实）——但《中国哲学家孔夫

---

① 利用羁留广州和返回罗马途中在果阿逗留的时间，殷铎泽将名为《中国政治道德学说》的《中庸》双语译本付印，而根据博克塞（C. R. Boxer）的记载，协助殷氏刻印的是一名他从中国带去、洗名为保禄（Paulus）的信徒。在帮助殷铎泽完成刻印之后，保禄又独自返回了中国。这位教友应该就是与殷铎泽一直保持着密切关系的万其渊，他也是后来在南京获得罗文藻主教祝圣的三位中国司铎之一。参见Nicolas Standaert, *Handbook of Christianity in China, Volume One: 635-1800*, Leiden, Boston: Brill, 2001, p. 463。

② 该命名与殷铎泽之前翻译并出版的《中庸》拉丁文译本《中国政治道德学说》（*Sinarum scientia politico-moralis*, 1667/1669）极其相似，充分体现了写信时殷铎泽对该项翻译出版工作的强烈主导意图，也从侧面凸显了他在当时四书西译活动中所扮演的核心角色。"西文四书直解"很可能是殷铎泽负责的一个团队翻译计划，罗马耶稣会档案馆Jap-Sin III 3/A 档案便以这一中文标题命名。该档案的内容即为殷铎泽和郭纳爵共同完成的《大学》全文以及部分《论语》的译本（*Sapientia sinica*, 1662），在档案内封（f.002）右侧亦竖排手写有"西文四书直解·卷之一"字样。随后的Jap.Sin III 3B和3C都是殷铎泽所作的《中庸》译本（*Sinarum scientia politico-moralis*, 1667、1669）刊本，后者有殷铎泽本人于1670年9月17日对原刊本内容进行修改的手写说明。总而言之，殷氏的翻译计划最终并未完全实现，因最终出版的《中国哲学家孔夫子》只包括"三书"，并未收录《孟子》的译文。而且由于《中国哲学家孔夫子》的译稿乃分批寄往罗马等待出版，其间出版工作被不断延滞，直至后来柏应理出使罗马才又重新找到此前寄往罗马的各部分手稿，并在巴黎正式出版。最终真正的出版物从书名到序言署名、内容排版等方面都与殷铎泽在这封信中的设想相距甚远。

子》成书出版时，序言最后的署名却只有柏应理。历史时常以"悖论翻转"的形式为后世所铭记：列居译者末位的柏应理，借助返回欧洲汇报教务工作的机会，积极地游说活动并赢得法王资助，最终成功出版了《中国哲学家孔夫子》一书并因此广为人知。作为该书的编者及出版人，同时代的启蒙思想家谈及该书多将其与柏氏直接联系，后世更是时常将该书直接归于柏氏名下，以至于翻译团队的实际领导者殷铎泽以及另外两位译者被日渐淡忘。

笔者推测：17—18世纪来华耶稣会士四书译介团队的主要成员，就是《中国哲学家孔夫子》的四位译者。虽然就其来华后各自所负责的传教区域来看，他们之间似并无交集，但早在1662年殷铎泽刻印出版《中国智慧》一书时，恩理格、鲁日满和柏应理的名字便已出现在编订者的行列，该书《致读者》（Ad Lectorem）部分开篇便肯定上述三人为该《大学》拉丁文译本所付出的努力及贡献（nec non studio ac laborae P. P. Philippi Couplet, et Francisci Rougemont Belgarum, et Christiani Herdrik Austraici eiusdem Societatis Iesu）①；之后，这三人的名字又一同出现在殷铎泽《中国政治道德学说》一书的鉴定人名单中，表明他们共同参与该书译文的修订工作；他们之间合作成果的最终呈现便是现藏于法国国家图书馆《中国哲学家孔夫子》一书的两卷本手稿（藏号：Ms. Lat., 6277/1 et 2）。据比利时学者高华士（Noël Golvers）对手稿字迹的对照分析，他认为《论语》一卷的译文应是由恩理格、鲁日满和柏应理在原先译本的基础上，重新校对并补入大段注释修订而成。②

二、17—18世纪来华耶稣会士四书译文特点

从最早刊印的《中国智慧》一书入手，得益于该书"逐字注解"（litteralis expositio）的译文、中文原始文本的刻印以及译者之一的殷铎泽在序言中的自白，我们得知耶稣会士在理解《大学》时借助了将近20位中国注家的观点，其中尤为重要的便是帝王之师（Praeceptor Imperatoris）张阁老（亦即张居正），由

---

① 详见罗马耶稣会档案馆馆内档案扫描件：Jap-Sin III 3a, ff. 007, 009。
② Noël Golvers, "The Development of the *Confucius Sinarum Philosophus* reconsidered in the light of new material," in *Western Learning and Christianity in China*, *Monumenta Serica*, Monograph Series XXXV, vol. 2, Sankt Augustin: Steyler Verlag, 1998, pp. 1141-1164.

此可推断早在1659年殷氏入华跟随郭纳爵学习汉语之时，来华耶稣会士已重点借鉴张氏《四书直解》来理解和翻译四书。该书的《大学》《论语》译文，其翻译底本都是朱熹的《四书章句集注》；书中所收殷氏的拉丁文孔子传《中国智慧之王孔子的生平》（Vita Confucii Principis Sapientiae Sinicae），据其内容可判断其文献信息的主要来源包括《史记·孔子世家》《论语》《列子·仲尼第四》乃至《后汉书》《论衡·实知》等。后来，该传记的内容经殷铎泽不断扩充、修订，此后亦收录在《中国政治道德学说》和《中国哲学家孔夫子》中。①

在该书身上已呈现出17世纪来华耶稣会士译介四书的某些特定风格：例如书中的逐字对译、逐字注音以及译文后简短的注解，反映了一种识字读本抑或教科书的定位，这或许与该书出版时，殷氏来华才2年多有关，此前他一直师从本书的另一译者郭纳爵学习汉语。5年之后，在其出师并独自承担《中庸》一书的翻译时，殷氏依旧保持了直译的风格，并继续改良其双语刻印排版技术，以求将中文古籍有别于西方的阅读方式以及汉字独特的"音—形—义"系统如实地予以呈现。此外，同一儒学概念因应不同的上下文，出现多个拉丁文译词选择（一词多译）的现象，例如"君子"一词，就曾被翻译为"完美的人"（vir perfectus）、"君王（后世的继承人）"[reges (posteri ipsorum)]、"诚实的人"（vir probus）、"拥有美德的君王/如此卓越的君王"（ornatus virtutibus Rex/ornatissimus Rex）等，这种情境化的翻译手法（表现为依据朱熹、张居正等人的注解，为同一概念之"名"选择不同的、最为贴切的译词）虽难以让不懂中文的读者意识到儒学概念的内涵具有多层次性的问题，但对于一个初涉儒学的西方读者来说，它无疑能够保证其对文本的理解遵循了中国经典注疏的思路，而这一做法也从这部书开始一直延续到《中国哲学家孔夫子》。为了更好地展现17—18世纪耶稣会士西译四书的译介特征，以及这些译作之间隐含的谱系关系，笔者分别以《大学》和《中庸》书中核心概念的译介为例，将各部译稿的译词与目前发现最早的四书拉丁文手稿（编者署名罗明坚的拉丁文手稿，成书时间约自1591

---

① 关于三部《孔子传》在内容上的异同，参见[法]梅谦立：《东方的"哲学之父"——论最早的西文孔子传记的撰写过程》，载《北京行政学院学报》2013年第5期，第111—121页。

第二章 儒家形象的缔造与分裂　115

年11月始，终结于1593年或更晚的时间①）予以比对，整理如下：

表二　16—18 世纪耶稣会士《大学》拉丁文译词对照表

概念	罗明坚《大学》手稿	译文	《中国智慧》（下文缩写为 SS）	译文	《中国哲学家孔夫子·大学》（下文缩写为CSP）	译文
《大学》	tà schio Humana Institutio	音译，"人的教育"	Tá Hiŏ	音译	*Tá-Hiŏ*, Magnae Scientiae	音译，"伟大的学问"
明德	(insitum) lumen naturae	（天生的）本性之光	spiritualis potentia à coelo indita, nempe Anima②	上天赋予的精神潜力，即灵魂	rationalis natura a coelo indita	上天赋予的理性本性
亲民	aliorum hominum conformatio	对其他人的塑造	in renovando populum adhortatione	通过劝诫革新民众	in renovando seu reparando populum	对人民的革新与复兴
至善	in suscepta probitate (retienda)	已获得的正直/诚实	in summo bono	最高的善	in summo bono	最高的善
道③	ratio quam natura prescribit/ ratio et via	（事物的）本性所指引的道理/方式及途径	scientiae magnorum virorum/regula	伟大人物的学问/准则	magnum illud Virorum Principum sciendi-institutum/ regula	君王们学习的伟大纲领/准则
天下	mundi regimen	世界的统治	imperium	帝国	imperium	帝国

---

① 有关罗明坚四书拉丁文手稿的内容，参见罗莹：《耶稣会士罗明坚〈中庸〉拉丁文译本手稿初探》，《道风：基督教文化评论》2015年第42卷；罗莹：《耶稣会士罗明坚"四书"手稿新探》，《外语教学与研究》2021年第2期。

② 译者将"明德"释为"灵魂"后还补注道："为了使灵魂能够回归原初的澄明，它曾因有生命之物的欲求而变得昏暗"（[...] ut haec redire possit ad orginalem claritatem, quam appetitus animales obnubilaverunt.）耶稣会士卫方济在其《中华帝国六经·大学》（*Sinensis imperii libri classici sex · Adultorum schola*, Pragae 1711）中，则将"明德"译为"原初理性能力的澄明"（rationalis facultatis primitiva claritas）。

③ 例如在"大学之道""物有本末，事有终始，知所先后，则近道矣""生财有大道，生之者众，食之者寡"等处。

（续表）

概念	罗明坚《大学》手稿	译文	《中国智慧》（下文缩写为SS）	译文	《中国哲学家孔夫子·大学》（下文缩写为CSP）	译文
治国	regnum suum recte administrare	正确治理自己国家	recte gubernare sua regna	管理他们的国家	recte-administrare suum Regnum/ bene instituere privati Regni sui populum	正确地治理国家/很好地教化本国的民众
齐家	domum suam disciplina recte constituere/ recte domus sua disciplina constituere	借助教育正确地管理自己的家庭/通过教育正确地确立家庭	recte instituere suas familias	正确地组建家庭	recte instituere suam familiam domesticam/ omnis domesticae familiae recta institutio/ ordinari sua familia domestica	正确地组建自己的家庭/治理好自己的家庭①
修身	vitam suam instituere/ seipsum instituere	安顿好自己的生活/安顿好自身	ornare suas personas/ excolere virtutibus personam	装备自身人格/借助美德发展人格	componere seu excolere suum-ipsorum corpus/ recte componere proriam personam/ sua ipsius-persona recte composita	正确地构建或完善自身的身体②/正确地组建个人的人格/构建好自身的人格
正心	animum suum instituere/ mentis rectificatio	安顿自己的心灵/精神的端正③	recte componere suum cor	正确地安置自己的内心	rectificare suum animum/ rectificare cor	端正自己的心灵/端正内心

---

① CSP时常将"齐家"的"家"译为"皇室"（familia aula）。
② 此处译文中的"身体"（corpus）应指人外部习惯的形成，后文对此有补充说明："组建身体抑或组建个人的外部习惯"（componere corpus seu exteriorem totius personae habitum）。
③ 涉及"正心"一词时，罗马手稿多使用mens（意为精神、意志）来翻译"心"，《中国智慧》使用cor（内心）来对译，《中国哲学家孔夫子》则用animus（精神、心灵）来对译。

（续表）

概念	罗明坚《大学》手稿	译文	《中国智慧》（下文缩写为SS）	译文	《中国哲学家孔夫子·大学》（下文缩写为CSP）	译文
诚意	suam mentis intentionem et actiones volere dirigere	想要调整好自身的精神冲动/意图和行为	solidare suam intentionem	坚定自己的意图	verificare, seu veram, sinceram intentionem	证实自己的意图或者意志是真实挚诚的/证实意图
致知	absolutio scientiae	知识的完善	extendere notitiam	扩展认识	perficiebare & ad summum quem potere apicem perducere suum intellectum, seu potentiam intellectivam/ ad apicem perducere vim intellectivam	完善并引领自己的智力或者理解力达到最高点/引领智力达到顶点
格物	cognitis causis et rerum gerendarum rationibus	通过认识事物的原因及其运作的道理	comprehendere negotia	理解事物	in penetrando, sive exhauriendo res omnes, seu rerum omnium rationes/ penetrare intime res omnes	看透或竭尽所有事物/洞察所有的事物
天子	rex	君王	coeli filius (sic dicitur imperator)	天的儿子（亦即帝王）	Coeli filius seu Imperator	天的儿子或称帝王
本①	res quae antecedunt	先要做好的事情	principale	主要原则	（magis）principale	主要原则
	radix	根源	magis principale		magis principale	主要原则

---

① 此处"本"的三个含义分别出自："其本乱而末治者，否矣"，"德者本也"和"无情者，不得尽其辞，大畏民志。此谓知本"。

（续表）

概念	罗明坚《大学》手稿	译文	《中国智慧》（下文缩写为SS）	译文	《中国哲学家孔夫子·大学》（下文缩写为CSP）	译文
末①	radix rerum causae	事物原因的根源	magis principale		expolitio propriae naturae rationalis est prius quid ac magis principale	它对自身理性本性的完善是最首要的，亦即主要原则
	res quae sequuntur	随后再做的事情	minus principale	次要原则	secundarium, seu minus principale	次要原则②
	rami	枝节				
君子③	perfectus vir	完美的人	vir perfectus	完美的人	absolutae-virtutis Princeps	（具有）完善美德的统治者
	vir bonus	好人	vir perfectus	完美的人	perfectus vir	完美的人
	vir bonus	好人	vir perfectus	完美的人	bonus Princeps	贤明的君主
	viri doctrina et rebus gestis clarii	在教导和功绩上的名人	reges (posteri ipsorum successores)	君王（后世的继承人）	reges	君王
	exornatus vir	有才华的人	ornatus virtutibus Rex/ ornatissimus Rex	拥有美德的君王/如此卓越的君王	ornatus virtutibus Princeps	拥有美德的君主
	vir bonus	好人	vir probus	诚实的人	probus vir	诚实的人
	vir bonus	好人	vir perfectus	完美的人	virtutis studiosus	献身于美德的人

① 此处"末"的两个含义分别出自："财者末也"和"外本内末，争民施夺"。SS和CSP在这两处的释义相同。

② 在"财者末也"一句，CSP的译者还对所谓的"次要原则"作出解释：指只起辅助和次要的作用，就如树上的枝节那样，一旦树根深深地牢牢地扎在地上，那么，枝节就自然而然地繁茂生长了（minus principale seu, ut ita dicam, accessorium, minorisque momenti, ac proinde veluti ramos in arbore, qui fixâ semel altè vigenteque radice non possunt non amoenum virere etiam ipsi）。

③ 此处涉及"君子"的七个出处分别是："是故君子无所不用其极""故君子必慎其独也""故君子不出家而成教于国""君子贤其贤""有斐君子""见君子而后厌然""故君子必诚其意"。

（续表）

概念	罗明坚《大学》手稿	译文	《中国智慧》（下文缩写为SS）	译文	《中国哲学家孔夫子·大学》（下文缩写为CSP）	译文
小人①	plebs	百姓	populi	民众	populi	民众
	vir malus	坏人			improbus	道德低劣的人
	pravi homines/improbi homines	小人、道德卑劣之人	improbi et abiectae indolis consiliari	本质邪恶卑鄙的谋臣	vilis & abjectus homo	邪恶卑鄙的人
仁②	charitas et pietas	慈悲和仁慈	pietas	仁慈	charitas	仁爱
	pietas	仁慈	pia/pietas	仁慈之心/仁慈	pia esse amoremque mutuum (inter domesticos fovere)/pietas benevolentiaque mutua	仁慈之心且培养相互间的关爱/慈爱之心和互相关爱
	charitatis virtus	博爱的美德	pietas	仁慈	pietas & clementia	仁慈和同情
	iustitia	公正	pietas ergo subditos	对下级仁慈	pietas clementiaque ergà subditos	对下级仁慈和同情
孝	observantia in parentes	对双亲的服从	obedientia	孝顺	obedentia	孝顺③
慈④	humanitas in filios et mansuetudo	对子女仁慈和蔼	affectus ac benevolentia	关爱和仁慈	filiorum amor	对子女的爱

---

① 此处"小人"的三个含义分别出自："小人乐其乐，而利其利""小人闲居为不善"和"长国家而务财用者，必自小人矣"。
② 此处"仁"的四个含义分别出自："为人君，止于仁""一家仁，一国兴仁""帅天下以仁"和"未有上好仁，而下不好义者也"。
③ CSP在"孝者，所以事君也"一句补充说明"孝"的内涵：尊敬和服从父辈（observans & obsequens esse patrifillias）。
④ 此处"慈"的两个含义分别出自："为人父止于慈"和"慈者，所以使众也"。

（续表）

概念	罗明坚《大学》手稿	译文	《中国智慧》（下文缩写为SS）	译文	《中国哲学家孔夫子·大学》（下文缩写为CSP）	译文
	pietas in filios	对子女的慈爱			pietas sive benignitas, fovere domi suae benigneque habere pusillos ac imbecilles	责任或者同情，在家庭中善良地养护弱小者
弟/悌	fratribus natu maioribus observantia	服从比自己年长的兄长	subiectio erga maiores	服从兄长	fraterna observantia/ amare & colere se invicem fratres natu majores	兄弟间的尊从/幼弟和兄长之间相互关爱和尊敬
慎其独	de rebus internis sollicitus esse	关注内心的事物	serio intendere suo interiori, seu cordi	谨慎地加强其内在或内心	seriò attendere & invigilare suo interiori	谨慎地关注自己的内心
上帝①	supremus rex	天上的王	supremus Imperator, seu coelum②	天上的帝王，或者天	supremus coeli Imperator	天上的帝王、天帝
命③	magnum caeli mandatum et regni gubernatio e caelo datam	上天的伟大任命以及上天所赋予的对国家的治理	altissimum caeli mandatum	上天的最高任命	altissimum enim coeli mandatum seu coeli favor, quo Imperia conferri	统领天下这样崇高的天命或者说上天的眷顾
	divina sors	神圣的命运	imperium	帝国	coeli mandatum seu Imperium	天命或帝国

① "上帝"一词在《大学》中仅出现一次："诗云：'殷之未丧师，克配上帝；仪监于殷，峻命不易。'"
② SS译文中为"上帝"进行注解："上帝"指天上的帝王，人们承认它代表上天，但事实上他们似乎是想承认天代表天主，正如《中庸》书中所清楚呈现的，在中国人这里使用这样的观点不是什么新鲜事，正如他们也把"朝廷"——这个词的本意是指帝王的宫殿——理解为帝王（quod significat supremum Imperatorem, pro caelo accipiunt, sed revera caelum pro caeli Domino videntur accipere, ut in lib. chūm yûm clarius patebit, nec novum apud sinas continens pro contento usurpari, uti dicunt chao tim, quae verba proprie significant palatium imperatorium, et tamen Imperatorem intelligunt.）。
③ 此处"命"的两个含义分别出自："峻命不易"和"惟命不于常"。

（续表）

概念	罗明坚《大学》手稿	译文	《中国智慧》（下文缩写为SS）	译文	《中国哲学家孔夫子·大学》（下文缩写为CSP）	译文
性①	hominis natura	人的本性	communis hominum natura	众人共同的本性	communis hominum natura	众人共同的本性
伐冰之家	qui est ex eorum familia qui [a]estati epulas nive refrigerant	夏天用雪来冷藏食物的家庭	findentium glaciem familia (hi erant magni Mandarini Imperatoris, et dicebantur kīm: ab his numerando usq. ad supremum ordinem, omnes in sacrificiis utebantur glacie)	可使用冰块的家庭（这些人是帝王的大臣，据《礼记》记载他们的地位属于最高等级，在祭祀中可以使用冰块。）	findentium item glaciem familia (superior hic Dynastarum ordo erat, Kím dictorum, à quibus numerando ad usque supremum ordinem, omnes in officiis parentalibus glacie utebantur) quia ampliore quàm optimates gaudent censu	（被《礼记》视作最高地位等级之一的）可使用冰块的家庭，（即父母丧祭用冰者），他们的俸禄高于那些乘坐驷马的大夫。

表三　16—18世纪耶稣会士《中庸》拉丁文译词对照表

	罗明坚的《中庸》手稿	《中国政治道德学说》及《中国哲学家孔夫子·中庸》	《中华帝国六经·中庸》
性	-natura seu ratio① 本性或理性 -caelestis disciplina, seu natura② 上天的教导	-natura 本性 -natura rationalis 理性的本性	natura 本性

---

① "性"一词在《大学》中仅出现一次："好人之所恶，恶人之所好，是谓拂人之性"。
② 例如"率性之谓道""自诚明谓之性""能尽人之性。则能尽物之性""故君子尊德性"等处。
③ 例如"天命之谓性"一句。

（续表）

	罗明坚的《中庸》手稿	《中国政治道德学说》及《中国哲学家孔夫子·中庸》	《中华帝国六经·中庸》
道	-via/iter virtutis①德行（修为）的旅程 -via②道路 -in pacato magistratu③平定治理 -rectitudo/probitas④（为人处世）正直 -ratio⑤理性 -quare alios optime⑥gubernare 如何很好地管理他人 -未译 -未译	-regula 准则 -via 道路 -virtus ac leges 美德和律法 -ratio 理性 -lex 律法 -recta gubernadi ratio 统治的正确方法 -principium⑦原则 -successui motus⑧顺利的运转	(recta agendi/ immutabilis Medii) via，sive recta ratio 正确行事/不可更改的中道，或者说正确的理性
天	coelum⑨自然之天	coelum	coelum
天下	-未译 -regnum et domus⑩国和家 -orbis imperii⑪帝国的疆土 -omnis universitas⑫整个宇宙	-universus⑬整个世界 -orbis regna 国土 -imperium 帝国 -mundus 世界	-imperia 帝国 -mundus
知（智）	-sapientia⑭智慧 -未译	-prudentia智慧、审慎 - providentia⑮预见	prudentia (ad viam illam ritè cognoscendam)（用于恰当地了解天下达道的）智慧

---

① 例如"率性之谓道，修道之谓教"一句。
② 例如"子曰：道之不行也，我知之矣"一句。
③ 例如"国有道，不变塞焉"一句。
④ 例如"诚者，天之道也"一句。
⑤ 例如"故曰苟不至德，至道不凝焉"一句。
⑥ 例如"故君子之道：本诸身"一句。
⑦ 例如"是故君子动而世为天下道"一句。
⑧ 例如"道并行而不相悖"一句。
⑨ 例如"天命之谓性""致中和，天地位焉，万物育焉"等处。
⑩ 例如"天下国家可均也"一句。
⑪ 例如"一戎衣而有天下"一句。
⑫ 例如"唯天下至诚，为能经纶天下之大经"一句。
⑬ 例如"唯天下至诚，为能尽其性"一句。
⑭ 例如"子曰：舜其大知也与"一句。
⑮ 例如"成己，仁也；成物，知也"一句。

（续表）

	罗明坚的《中庸》手稿	《中国政治道德学说》及《中国哲学家孔夫子·中庸》	《中华帝国六经·中庸》
中庸	-*Semper in medio* 时常居中 -未译	-*Medium Constanter tenendum* 坚定地持中 -medium tenēre① 持中	Immutabile Medium 不被改变的"中"
中	-未译 -in medio② 居中	-medium seu natura indifferens③ 中间/无区别的本性 -medium 中间	rectae rationis Medium 正确理性的"中"
庸	-未译④	ordinaria/quotidiana 普通的	quotidiana
和	-pacatae esse 保持和平 -semper in medio est 始终居中	-concordia 和谐 -accommodare se aliis 与人和睦相处	concordia
诚	-veritas 真实 -rectus 正直	- vera solidaque ratio 真实而坚定的原则 - perfectus 完美	veritas (studio & arte acquisita)（通过学习及技艺去追求）真实/求真
仁	amor 爱	amor	amor
善	bona 好的、善良的/善	-bona -ratio bona 好的准则、理由	quod bene/ rectum est 正确的事情
礼	-regia ceremonia 皇家典礼 -ritus et ceremonia 礼仪及典礼	-ritus 礼仪 -urbanitatis official 职务	ritus
义	未直译	iustum esse 公正、公平的	aequitas 正义、公正
勇	fortitudo 英勇、勇气	fortitudo	fortitudo
忠恕	iustus in alios 待人公正	cum fide ac sinceritate ex se metiri alios …待人忠诚且真诚	innatum sui cordis ductum omnino explere & ex seipso alios metiri... 尽心做事，推己及人
君子	vir bonus 善良的人/好人	vir perfectus 完美的人	vir sapiens 有智慧的人

---

① 例如"仲尼曰：君子中庸，小人反中庸"一句。
② 例如"中也者，天下之大本也"一句。
③ 例如"喜怒哀乐之未发，谓之中"一句。
④ 例如"庸德之行""庸言之谨"两句。

(续表)

	罗明坚的《中庸》手稿	《中国政治道德学说》及《中国哲学家孔夫子·中庸》	《中华帝国六经·中庸》
小人	vir malus 德性低劣的人/坏人	vir improbus 不正直的人	vir insipiens 愚蠢的人
圣人	-vir sapiens et sanctus 睿智神圣的人 -vir divinus/vir sanctus 神圣的人	sanctus 神圣的人	vir scientia & virtute absolutus 在知识和美德上都很完善的人
教	-doctrina, seu praecepta vitae 教导或是生活的指引 -eruditio 教导、学识	institutio 教育、指导	recta vitae disciplina 生活的正确教导
命①	-imperium -occulta ratio 隐秘的道理	virtus 美德	providentia 预见
孝	parentis observatio 听从父母	obedientia 顺从、服从	parentes cultus 对父母的崇敬
上帝	Supernus Rex 最高的皇帝	superus Imperator 最高的帝王②	coeli Dominus seu Xamti 上天的主人或者上帝
神/鬼神	spiritus 有知觉的精神体、气息③	spiritus	spiritus

从上表可以看到，不管是16世纪的罗明坚手稿，还是17世纪3部早期儒学译稿里，一词多译的现象非常普遍，尽管这亦贴近儒学概念情景化解读的原貌，但势必会给西方读者留下概念内涵模糊不清的印象，亦无法借助概念建构起清晰有

---

① 此处作名词用，"故大德者受命"；譬如在"维天之命"一句中；此外也用作动词，如"天命之谓性"一句，罗氏《中庸》手稿将之译为"被赠予了"（ Est primum hominibus è coelo data natura, sive ratio.）。

② "Hic locus illustrisest ad probandum ex Confucii sententia unum esse primum principium; nam cum dixisset esse duo sacrificia, caeli et terrae, non dixit, ad serviendum caelo et terrae, nec ad serviendum coeli et terrae distinctis numinibus, sed ad serviendum superno seu supremo Imperatori qui est Deus [...]", Confucius Sinarum Philosophus, p. 59. 此处将中国典籍中的"上帝"与基督宗教最高神Deus等同。

③ "子曰：鬼神之为德"一句的译文（Bonorum et malorum spirituum opera mira ac magna sunt 笔者转写自罗氏《中庸》手稿）指出"鬼"为邪恶的精神体，而"神"为美善的精神体。"（鬼神）视之而弗见，听之而弗闻"一句后面，译者补注"鬼神"的功能：它们赋予一切事物其开端及终点，没有它们什么都无法发生（Hos aspicientes non vides, auditu non sentis, dant esse et principium et finis rebus omnibus et sine illis nihil fieri potest.），出处同上。

条理的哲学体系。因此18世纪卫方济的译本，其所作的一大调整便是：采取一词一义的译法，遇到需要根据上下文对既定译词予以调整时，大多将相关补充信息作为定语，用以修订既有的译词。以他对"道"的处理为例：他将"道"的译词固定为via（道路），开篇翻译"率性之谓道"时，将之处理为"正确行事的道路"（recta agendi via）；译"君子之道"时，调整为"正确的、不可更改的中道"（recta immutabilis Medii via）；在翻译"诚者天之道""诚之者人之道"时，又把"道"译为"道路或是正确的理性"（via, sive recta ratio）。①

同样被频繁使用的还有"中西文化意象比附"的阐释手法。这原是罗明坚、利玛窦等早期来华耶稣会士在理解、译介和定位儒家思想时所开创的阐释路径，亦被郭纳爵、殷铎泽等发扬光大。譬如《大学》的"明德"被理解为anima（灵魂），"至善""本末""道"等概念的翻译亦是借助经院哲学术语summum bonum（最高的善）、natura rationalis（理性的本性）、magis principale（主要原则）与minus principale（次要原则）、virtus（美德）来完成。此外，耶稣会士在理解翻译四书时，常常运用他们熟悉的释经方式，通过广泛地参引正史（"以史注经"）、其他中文经书以及重要注疏家的相关材料（"以经注经"），来解释、证明四书文句的意义。其中，"以史注经"主要出现在原文中涉及尧、舜、禹、周公、武乙等古代人物和商、周等朝代的历史事件，译者常常引用史书中所记载的相关人物言行来介绍、丰富这些人物的形象并为读者补充历史背景知识，以方便其理解。"以经注经"的手法更是常见，譬如《中国智慧》一书《论语》译文部分，其翻译底本明显包含张居正的《论语直解》。这种将中国经典和史籍互引互释的做法，与明清之际"实学"之风的出现不谋而合。②明末理学沦为心性之学，多空谈义理却缺乏实据证明，以顾炎武、黄宗羲、方以智等为首提倡的"实学"便是对此现象的一种反动。他们提倡"言必证实"，强调要将外部证据和经书典籍里的观点相结合，论学首先必须立足于经书，另外还要取证于史籍等外部材料，以真正实现经世致用。这种"本于典籍证于史籍"的做法，也恰

---

① 此外在自行添加的注释中（Nota），卫方济也曾把"道"译为"人类正确生活的道路"（recta hominum vivendi via），参见*Sinensis imperii libri classici sex*, p.42。

② 参见陈卫平：《第一页与胚胎——明清之际的中西文化比较》，上海：上海人民出版社，1992年；以及朱维铮：《走出中世纪》（增订本），上海：复旦大学出版社，2007年。

恰是耶稣会士研习中国经典的做法。两者是相互启发还是不谋而合已很难考究，但"实学"之风的兴起确实有助于当时天主教在华的传播，来华耶稣会士利用数学、天文、机械、绘画、地理勘探等实用技能来帮助在华传教事业的开展，这些无疑都吻合了"实学"的要求，也印证了"合儒"路线的成功。

此外，经由比对亦可发现：罗明坚手稿的译文更为简洁，以致一方面略显拘泥生硬，乃至出现望文生义的情况，譬如从字面直译"絜矩之道"为衡量观点的矩形（quadrum sententiam quamquam redigendi）、将"人莫知其子之恶"中的"子"仅理解为"儿子"（filii）；另一方面在译词的选择上过于抽象笼统，例如简单地用"好人""坏人"来区分"君子/贤人"和"小人"。手稿译文中还多处出现节译/漏译的现象，尤其是在涉及《诗经》的文句部分。① 无论在内容翻译的信实度、译文的流畅性上，还是在核心概念译词的选择以及译文句式的安排上，罗氏手稿都与后来17—18世纪在华耶稣会正式出版的译稿存在较大差异，难以将罗马《大学》手稿与利氏"文化适应政策"支持者一派所缔造的《中国智慧》《中国哲学家孔夫子》归入同一谱系。

三、支持文化适应政策一派的儒学观

《中国哲学家孔夫子·前言》（Confucius Sinarum philosophus, proëmialis declaratio）可视作来华耶稣会士关于中国文化的一篇概况性总结，同时也是他们

---

① 譬如《中庸》大量引用《诗经》的文句，罗马手稿对此多有缺译："诗云：'潜虽伏矣，亦孔之昭！'"整句漏译；"诗曰：'衣锦尚絅'，恶其文之著也"漏译后半句等。在连续举证过程中，手稿往往会节译同理可推的论证，例如在翻译"子曰：道之不行也，我知之矣，知者过之，愚者不及也；道之不明也，我知之矣，贤者过之，不肖者不及也"，手稿译文直接略过"不肖者不及也"；当原文涉及过于抽象的语句或是大段采取排比、譬喻手法的长篇论证时，手稿往往只概括性地再现译者对于原文的理解。譬如在翻译《中庸》"仲尼祖述尧舜"一段时，其最后一句"万物并育而不相害，道并行而不相悖，小德川流，大德敦化，此天地之所以为大也"被节译为：上天一视同仁地滋养着不可胜数的万物，承载着那些矛盾对立的事物，并使它们不会相互伤害。（Caelum aequaliter innumerabiles res alitatque ita contrarias continet, ut sibi invicem nihil noceant.）因该句使用比、兴的修辞手法来说理，后世的译本但凡表意明确的，其译文皆需数行，《中国哲学家孔夫子》更是在原文之后，衍生出有关"天主至大至全的美德"（alicujus Domini ac Gubernatoris maxima et suprema quaedam virtus）长段论述，以之附会此处所赞颂的天地孕育万物的大德，对该句的译证长达一页。参见 *Confucius Sinarum philosophus*, Paris 1687, pp. 87-88.

就"为何在中国实行文化适应政策"进行自我辩护的一篇战斗檄文。此前数十年来围绕"中国礼仪"沸沸扬扬的争论，面对多明我会、方济各会等其他天主教修会对于来华耶稣会士猛烈而犀利的批评以及此后来自教廷的压力，促使来华耶稣会士在中国典籍（包括四书）中大量地搜集各种符合"理性"以及中国先民对于真神的认识等历史论证，不断丰富、修正从而更为系统地阐发自身的观点，这些观点集中体现在该书的前言部分。前言包括两部分，具体章节见下表：

表四　《中国哲学家孔夫子·前言》章节内容一览

导言：本书之缘起与目的，以及中国书籍、注疏诠释、学派和他们所称的"自然哲学"①	
第一部分	
第一章	经典以及它们的第一作者②
第二章	经典的解释者们
第三章	简要介绍哲学家李老君以及被称为"道士"的追随者③
第四章	简要介绍佛教及其追随者④
第五章	关于文人或哲学家的教派；古人和近人所建立的基础和原则
第六章	新解释者从什么源泉中吸取新哲学
第七章	演示六十四卦图实例
第八章	第十五卦的解释
第二部分	
第一章	古代和当代中国人关于事物的物质因和动力因⑤

---

① 此处的"自然哲学"指宋明理学。《前言》第一部分第四章及第二部分第一章都专门用于攻击宋明理学。
② 《前言》手稿第一部分的作者是殷铎泽，但各个章节的小标题都是柏应理后来在出版前拟定新增的，柏氏笔迹书写的第一章标题，参见现藏于法国国家图书馆的原始手稿上卷(Ms.Lat. 6277/1), f. IVr。
③ 这一章有关道家的论述，原本是《中国哲学家孔夫子·中庸》译文中的一篇专题论文（参见原始手稿上卷，ff. 163-165）。柏应理在出版前将该部分移入《前言》，意在集中于前言部分对当时中国的思想作出更为全面的描述。
④ 本章有一部分内容曾被转译为法语，收入杜赫德《中华帝国全志》一书第三卷，详见Jean-Baptiste Du Halde, Description géographique, historique, chronologique, politique et physique de L'Empire de La Chine et de la Tartarie Chinoise, Tom. III, Paris: P.G. Lemercier, 1735, pp. 19-29；法语版后来又被译成英文，收入《中国的旅行者》（The Chinese Traveler, London: E. and C. Dilly, vol. 1, 1772, pp. 155-173）一书中。
⑤ 柏应理对整个《前言》的内容进行了修订，但由他自己撰写的实际上只有第二部分。在这一章中，耶稣会士用亚里士多德的"四因说"来分析理学。虽然文中没有明确提到目的因，但提到了质料因、形式因和动力因。耶稣会士认为"现代的解释者们"在其理学思想中谈及质料因和形式因，但他们也继承了利玛窦分化古今儒家的评价，试图确立古代儒学相对于当代的优越性，因为上古经典中频繁出现的"上帝"一词，使古儒意识到动力因的存在。

（续表）

第二章	混乱的教条、教派、著作和解释者令利玛窦和最初的传教士困惑
第三章	利玛窦对在中国传福音方式的思考和考察古籍与史书
第四章	有权威的著作证明中国人和域外民族没有交往
第五章	证明中国的大洪水以及早期对真神的了解和敬拜
第六章	中国人大概早就认识真正的天主
第七章	更多的论据证实中国认识了真正的天主
第八章	中国古人所用称呼真天主的名字，其词源及其特征①
第九章	为什么新解释者的败坏诠释不会有损上帝之名的真义？
第十章	圣保禄和教父的榜样与其它理由证明中国古人命名了真神
第十一章	不依据新解释者，而尽可能依据原文的根据
第十二章	利玛窦神父所写的《天主实义》及其成就和影响
结论	

《前言》第一部分作者是殷铎泽，修订者为柏应理。② 该部分不仅系统地介绍了五经、四书、特别绘制并介绍了《易经》中的六十四卦象，亦进一步分梳儒、释、道三"教"（secta，其中对儒家的提法是secta litteratorum，意为儒教、文人的教派）各自的思想主张。该部分具有鲜明的厚古薄今意向，针对儒、释、道三教合流之态、尤其对释、道，以及"新阐释者"（Neoterici Interpretes，即理学家，柏应理有时也称之为atheo-politicus，即无神论政客）对于原初纯真信仰和先儒经典的"玷污"（obscurassent ac foede contaminassent）以批驳为主，几处提及耶稣会在华传教政策时也多是自我辩护，例如之所以身着儒服并不是要刻意

---

① 天主的诸名（divina nomina）是一个神学上的专题，教父学家和经院神学家（譬如阿奎那）都曾专门对此予以讨论。
② 现藏于法国国家图书馆的《中国哲学家孔夫子》原始手稿分上下两卷(Ms. Lat. 6277/1 et 2)，第一卷（包括《前言》的第一部分及《中庸》一书的译文）的字迹，笔者判断是出自殷铎泽笔下，依据有二：一是通过与藏于罗马耶稣会档案馆殷铎泽的亲笔信做比照，不管在字母书写形态还是缩写习惯上都保持高度一致；二是从译文的行文内容判断，通过与殷铎泽1667年、1669年所出版的《中国政治道德学说》(*Sinarum scientia politico-moralis*, 1667/1669 Quamcheu/Goa)一书进行比照——该书是殷铎泽在广州及果阿翻译出版的早期《中庸》拉丁文译本，以直译为主——殷铎泽的早期译文在《中国哲学家孔夫子》一书中得到充分保留，尤其是从译词的选择以及句式安排上都与他之前的译文保持一致。后来，柏应理借助法国皇室的资助1687年将手稿于巴黎出版，出版前柏应理对殷铎泽的译文又进行了大量的删减和修改——因此该书手稿的上卷有两种不同的字迹——其中殷铎泽对原文的直译部分得到充分保留，被删减的多是殷铎泽个人的注释及殷氏由译文进一步引申所作的专题论文。

迎合中国文人或者攀附上层，只是为了仿效圣保禄①"让自己跟着中国文人变成文人"，"为的是总要救些人"，从而更好地光耀耶稣而没有其他的目的（nec ullo tamen rei Christianae emolumento pertulerant）；第二部分作者是柏应理，在论述中他试图证明中华民族具有"独特性"，亦即在道德、习俗、文字上都与其他民族不同并达到极高的成就，因此中国人视自己的国家为"天下"；从伏羲到孔子，中国人凭借其出色的理性已经认识到真神，并且比其他种族更长久地保存了关于真神的知识。在此，柏应理明显是要生产并确立有关中国早期信仰正统性的一系列话语。文中柏应理不仅强调中华民族很早就对真神有正确认识并格外受到天主的护佑②，也屡次反驳利安当、龙华民著作中的论述以及其他修会对耶稣会的批评，比如他把受到龙华民推崇的《性理大全》一书视为对先秦典籍的扭曲和偏离；回应利安当对于中国古代和民间信仰中充满迷信思想的批评，声明在中国并不存在"血腥的祭品或者可耻的事情"，中国祭祖及守孝礼仪，只是为了通过孝行来表示感恩和对祖先的敬重，并无其他目的；针对多明我会和方济各会对于中国民间信仰中种种迷信行为的指责，柏应理将这些"堕落"行为的根源归结于理学家的错误阐释背离他们先祖的思想并将一切建基于虚空的基础之上，以及道、释二派的传入对于原初信仰的严重玷污。③

柏应理在举例论证时常常使用多个反问、设问句式叠加的方法，颇能体现耶稣会士的雄辩之风，在表达自身看法时也远比殷铎泽直接犀利。④例如在《中

---

① 来华耶稣士在这里一方面为自己"勉强穿上他们的衣服"，为的是赢得中国人的信任及尊重进行解释，另一方面也在强调自己并不是刻意要攀附权贵走上层传教路线，"不仅让自己跟着中国文人变成文人，而且也跟随一切人而成为一切"。事实上，来华耶稣会士中像龙华民，以及后来的鲁日满、柏应理、马若瑟等人都注重在普通民众中传教。

② "[…] inveniet profecto ubi merito suspiciat collaudetque singularem adeo divini Numinis providentiam, & prae caeteris fere gentibus erga Sinicam favorem, ac beneficentiam." CSP, Proëmialis declaratio, Paris 1687, p. lxxx.

③ CSP, p. xxxvij, pp. lxxxij-lxxxiij, Paris 1687, p.cj.

④ 最能体现柏应理犀利文风的一段是CSP, Proëmialis declaratio, Paris 1687, p. xcix. 此处他鲜明表达了自己对"上帝"这一译名的支持：通过几个反问句的连续叠加，分别以圣哲罗姆、奥古斯丁和拉卡坦提乌斯为例，认为在中国使用"上帝"一词来表达真神完全不应该受到质疑。他直接指出：没有一个欧洲人敢承认，第一位福音使者他用来指示真神的词就一定是Deus，而且Deus这个词在欧洲的使用比起"上帝"一词在中国的使用，它所受到的污染、被败坏时间还要更长（[…] multo magis in Europa contra nomen Dei multo crebrius & diutius & turpius ibidem vitiati & corrupti, quam fuerit hic nomen Xam ti.）。

国哲学家孔夫子·前言》第二部分第五章①,柏应理就提出中国文明源于美索不达米亚,认为中华民族的始祖伏羲是从美索不达米亚地区迁居中国陕西——与基歇尔所提出的中国文明源于埃及不同——中华民族的祖先是诺亚的第三个儿子"闪";并且强调"闪"(Sem)与"牲"的发音相同,"牲"在汉语中意为"牺牲",而此前耶稣会士也在序言第一部分第六章解释道:伏羲的别名是包牺,意为"抱着献祭用的祭品"②,个中附会不难识别。序言中也不止一次声称:以利玛窦为首的耶稣会士们在中国经典中发现、也从中国人的口中证实,中国人借助自身出色的理性,早已拥有对于真神的认识,这些都可以从中国古代圣人和帝王的身上,以及在权威的中国经典中得到证明;对此耶稣会士甚至不惜建构出中华帝国在历史上长期与世隔绝的形象,以证明中国曾经长期保存着纯粹的信仰。③来华耶稣会士无法掩饰自己内心对于中华文明以及儒家文化的好感,因为在他们眼中没有其他的民族能像中国人这样尊重智慧、热爱求知。但同时,柏

---

① CSP, *Proëmialis declaratio*, Paris 1687, p. lxxiv. 笔者阅读了巴黎国家图书馆该部分的手稿(Ms.Lat., 6277/2),其字迹与藏于罗马耶稣会档案馆的柏应理亲笔信字迹基本一致,且该手稿开头有柏应理亲笔签名,可以判断该部分为柏应理所作。

② CSP, *Proëmialis declaratio*, Paris 1687, p. xxxviij. 这种中西文化意象上的附会并对此进行神学阐释的手法,在以白晋为代表的"索隐派"手中进一步发扬光大,但最早进行这方面尝试的是利玛窦。

③ CSP, *Proëmialis declaratio*, Paris 1687, p.xii; p.lxix; pp.lxix-lxx, lxxiij; p.lxxvj. 从《前言》第二部分第五章"证明中国的大洪水及早期对真神的认识与敬拜"(Probatur Sinas diluvio fuisse proximos, adeoque notitia cultuque veri Numinis in ipso ortu imbutos)、第六章"中国人大概早已认识真天主"(Quod in veri Dei notitia probabiliter perseveraverint Sinae per aliquos saecula)、第七章"证明中国已经认识真正天主的更多论据"(Argumentis aliis atque aliis confirmatur veri Dei apud Sinas notitiam extitisse)、第八章"中国古人用于称呼真天主名字的来源及其特征"(Quo nomine prisci Sinae nuncuparint verum Deum. Examinatur nominis Ethymon et proprietas)、第十章"宗徒保禄及早期教父们的榜样,以及其他可以证明中国古人命名真神的理由"(Exemplo Apostoli gentium et patrum primitivae Ecclesiae, aliisque rationibus concluditur eodem, quo Prisci Sinenses, nomine verum Numen compellari posse)等标题——原始手稿中并没有出现标题,所有序言中的标题应该是柏应理在出版前编订时添加的——也可以清楚看到柏应理对于中国人早已认识"真正天主"的凸显以及在论述时采取一种结论先行、继而逐层深入证明、最终又回归原先结论的循环结构。这种论证方式与托马斯·阿奎那关于"上帝存在的五步证明法"类似,笔者认为这样的论证在一开始进行问题设定时,就已将其结论或者说需证明的论点预设其中(在阿奎那这里,他的预设是"上帝是存在的";在柏应理那里,他的预设是"古代中国人已经认识了真神"),之后的所有"论证"并不是为了解决问题,而只是为了巩固结论。这无疑会对阅读该书的欧洲读者产生引导作用。

应理也在他的报道中指责中国人的贪婪、野心、迷信以及多妻制,中国人很难相信天主教中的神迹以及殉难之说,这些都使得传教士必须花费相当长的时间,耐心地与之打交道来获取其信任。

但不同的文风都服务于同样的目的:《前言》中一直强调利玛窦制定"适应"方针的正确性。① 事实上,面对中国文化多元、深厚根基以及文人阶层的文化自我保护姿态,耶稣会内部对于归化中国始终持有不同的意见。以利玛窦、金尼阁、艾儒略为代表的一派采取的是表面上温和求同、在内部进行福音渗透的渐进路线,他们愿意通过宽容中国人祭祖祭孔来淡化文化间的矛盾,以强调共性从而博取好感以便于传教,也正是基于这一动机,利玛窦在归化儒家士大夫时才会宣称他所宣扬的天主教思想是要帮助儒教回复到其最初纯洁的"原儒"思想,殷铎泽和柏应理都是这一路线坚定的支持者;而以龙华民、熊三拔、聂仲迁以及来华托钵修会为代表的一派则是反对文化妥协,要求走严格强硬的福音宣传路线,他们急欲维护基督宗教的纯粹信仰,反对基督宗教迎合儒家的做法并要求正视耶儒之间的种种本质差异,尤其要廓清在华传教中的译名问题,并树立对待中国礼仪崇拜的强硬反对态度。对于"信仰话语"纯粹性的要求带来了极大的排他性,也波及世俗政权的权威性,这从后来康熙与教廷特使之间的紧张关系可以看到。

作为利玛窦适应政策以及教会本土化的坚定支持者,柏应理在《前言》中提出他认为在华传教需要面对的三大问题:首先中国是个古老而故步自封的国度,他们排斥外来的新鲜事物,只欣赏自己的文明并孤立自身;其次,需要找到有效的途径来向中国人宣扬被钉十字架的耶稣和基督福音;最后是如何向中国人解释,佛教道教都是有害的偶像迷信,而那些玷污了原儒思想的后代阐释者,尤其是无神论的理学家们,他们将永远无法得到救赎。柏应理认为要解决这些问题,应该遵循早期教会归化古希腊人和罗马人的办法,通过学习异教徒的语言,阅读并巧妙地利用异教徒文献以及历史传说,来证明耶稣作为万物的造物主

---

① 《前言》最后一章专门介绍利玛窦在华卓有成效的活动并借多明我会神父白敏我(Domenico Maria Sarpetri, 1623—1683)之口为利氏的《天主实义》正名;此外也提到庞迪我(Diego de Pantoja, 1571—1618)、艾儒略(Giulio Aleni, 1582—1649)、高一志(Alfonso Vagnone, 1566—1640)等来华神父以及徐光启、李之藻等奉教文人的事迹,最后还提及因沈榷、杨光先所起的两次教难以及康熙皇帝在教难期间中给予来华神父们的眷顾。CSP, Proëmialis declaratio, Paris 1687, pp. cvij-cxij.

和真神也存在于古代中国的历史文献之中。柏应理常常引用古代教父的话来与孔子的话相呼应匹配，也将《诗经》《书经》中英明的古代帝王，比如黄帝、尧、舜、禹等的生活时期与"黄金时代"（saecula aurea）相联系，以强调原初宗教以及"黄金时代"的美德在中国古代存在了很长的一段时间①。继而他也肯定孔子著作及早期儒家思想中表现出的原初神性和自然理性——依照托马斯·阿奎那（Thomas Aquinas，1225—1274）的观点，依靠自然理性任何人都有可能认识上帝——并将原初的儒家与道教、佛教和宋明儒学的思想（在《前言》中，柏应理称之为"新阐释者的自然哲学"）相区分，严厉批判后者的迷信和堕落。最后，他得出了基督宗教并非什么新鲜的外来事物，而是早在中国古代就存在了，而汉语则可能是《圣经》中提到的：上帝阻止人类修建巴别塔继而将人类解散后，出现的七十种语言其中之一。②

《前言》中特别的观点还包括有：

1. 耶稣会士将儒家定性为"文人的教派"③，特指以孔子为首的早期儒家，这亦是利玛窦在其札记中首创的译法。一方面这与耶稣会希望寻求基督教文明与中国文明之间的相通之处有关，为使中国人、尤其是中国文人能接纳信服外国神父并最终信奉基督教，最好的方式就是从中国的典籍中找到古人已经信仰真神的痕迹，并收集权威著作里那些能够证明基督教真理的话语和道理。在这种以"适应""求同"为导向的政策下，首先就必须论证"先儒在自然律法和理性指导下

---

① CSP, Proëmialis declaratio, Paris 1687, p. xcv. "黄金时代"是指在人类的起源阶段，人们天真无邪善良正直，那时自然宗教普遍存在而没有偶像崇拜。关于该问题的详细讨论可参见德国学者柯兰霓的论文：Claudia von Collani, "Philippe Couplet's Missionary Attitude Towards the Chinese in CONFUCIUS SINARUM PHILOSOPHUS", in *Philippe Couplet, S.J. (1623—1693) The Man Who Brought China to Europe*, Sankt Augustin: Steyler Verlag, 1990, p. 43.

② CSP, Proëmialis declaratio, Paris 1687, p.lxxxix.

③ 詹启华（Lionel Jensen）在其《制造儒教》（*Manufacturing Confucianism*）一书中认为Confucianism（儒教）一词是17世纪的耶稣会士在他们的著述中制造出来的一个词，钟鸣旦撰文反驳了这一论点。文中钟鸣旦详细介绍了secta一词的词源，还提到在17世纪早期的西方lex与secta可以交换使用，一如在17世纪的中国，"教"与"家"在用法上的区别也很模糊。总的来说他认为：lex（教）更多地是从教理、学说方面所下的定义，而secta（家）更多地是从社会层面来下定义。详见Nicolas Standaert, "The Jesuits Did Not Manufacture 'Confucianism'", in *EASTM* 16, 1999, pp. 119-120.笔者结合secta一词所在的上下文判断，此处它的意义指向宗教教派。

已具备的原初宗教性"这种论断的合理性。至于以朱熹为首的"新阐释者"则被视为无神论者,受到"卑鄙玷污""无耻又愚蠢"（foede & putide corrumpant）这样尖刻的批评及否定,但柏应理——与柏应理鲜明的否定态度略有不同,殷铎泽在他所作的《前言》部分里,肯定"太极"也包含了"思想和灵魂"——否定理学家的理由与其主观理解有关：耶稣会士将"太极"和"理"都理解为纯物质性的原初物质（materia prima）①,从而得出理学家是无神论及物质主义者这样的结论。事实上,按照宋儒的理解,"太极"是上天之理、万物之理（阴阳二气及五行之理）,它是含动静的无极之真,同时也是万善之源。朱熹则明确地用"理"来指代"太极",认为它是至善的根源,是人身上得之于天的仁义理智等德性的根源,由此可见,"太极"并非柏应理口中指责的"纯物质性",而是道体之所在,它生生不息地运动着并具有本体性。②柏应理基于他对于"太极"纯物质性的判断,进而指责理学家都是唯物主义者以及无神论者,这样的批评在立论上有失偏颇。另外柏应理也多次批评中国文人、尤其是士大夫对宗教的实用主义态度,把宗教作为维护社会稳定的手段来为政治服务,他认为这很容易使人陷入虚无和无神论的危险之中③;而他们对于理学家的矛盾心态也表现在：耶稣会士在文中直接承认,在中国不管是最高阶层还是最底阶层,大家都怀着崇敬与钦佩之情,一遍遍地阅读这些理学家的著作。④孟德卫基于耶稣会士排斥理学家的注释、试图区分原儒和新儒的做法,认为"柏应理等耶稣会士在认识儒家经典时缺乏深厚的历史观",这样的评判有失公允。⑤

2. 在《前言》中,耶稣会士为五经、四书等中国经典著作制定了自己的排列顺序,其排序与传统经学中的看法不同。按照他们心目中这些经典的权威性及其

---

① *CSP, Proëmialis declaratio*, Paris 1687, p.xxxix.
② 韦政通主编：《中国哲学辞典大全》,台北：水牛出版社,1988年,第126—135页；钱穆：《朱子新学案》（上）,成都：巴蜀书社,1986年,第181—194页；王孺松：《朱子学》（上册）,台北：教育文物出版社,1985年,第2—8页。
③ *CSP, Proëmialis declaratio*, p. lxi, Paris 1687, p. lxxxvj.
④ *CSP, Proëmialis declaratio*, Paris 1687, p. lxv. 面对这些如此受到当时中国文人集体推崇的理学家著作,一贯秉承圣保禄借由模仿、学习外邦人的语言文化、继而归化异教徒的方法的耶稣会士,不管愿意与否,他们都必须认真研读这些"无神论政客们"的著作。
⑤ [美]孟德卫：《奇异的国度：耶稣会适应政策及汉学的起源》,陈怡译,郑州：大象出版社,2010年,第285页。

重要程度，他们给出的排序是：五经、四书、编年体史书，最后是《家语》《小学》《孝经》《忠经》这样的著作，他们也提到自己不仅阅读而且谨慎地使用了这些书。五经的排序是：《书经》《诗经》《易经》《春秋》和《礼记》；四书的排序是：《大学》《中庸》《论语》和《孟子》。至于他们之所以选择翻译四书，而没有翻译比四书更为古老也更具权威性的五经，其原因在于四书更加的实用和有效。①

3. 《前言》中明确提及孟子及其性善论观点，并非像黄一农、计翔翔等学者所猜测的那样，因为孟子"性善论"与基督原罪思想有不合而对此刻意回避，柏应理甚至将孟子的观点用于证明古老的中国仅仅凭借自然之光的引领，就能在行动上表现出色。② 另外，在《中国哲学家孔夫子》"三书"翻译的最后，耶稣会士特地为尚未翻译出版的《孟子》一书进行说明：

> 接下来的（笔者按：之前《论语》的译文刚刚结束）是关于中国智慧的第四本书，它被称为《孟子》，该书是以这位哲学家的名字来命名。就其重要性而言他在中国位居第二，他生活的时间比孔子晚了一百年。《孟子》一书由七章构成，该书与孔子的著作篇幅相当，由此可见其重要性。倘若人们能够注意到该书作者想象力之丰富、观点充分且文风大气，那么在这种意义上，我们可以说它的价值超越了孔子的著作。如果说中国人之所以如此着迷且高度评价孔子的著作，是因为他书中那些纯洁、尚古的朴素教义，它在

---

① CSP, *Proëmialis declaratio*, pp. xv-xxj; 在中国的经学传统中，如果依照古文经学，五经学习次序应该是：《易》《书》《诗》《礼》《春秋》；如果依照今文经学，则是《诗》《书》《礼》《乐》《易》《春秋》；四书按照朱熹的排序是：《大学》《论语》《孟子》和《中庸》，这一排序是按四书在理解上难易程度来考虑；张居正《四书直解》的排序是：《大学》《中庸》《论语》《孟子》，这亦是后世通行的四书排序法，主要是基于装订方便的考虑，因《大学》《中庸》的篇章较少便合刻为一本，然后按篇幅大小，依次是《论语》和《孟子》。耶稣会士此处的四书排序遵循自张居正，但他们在《前言》中也明确指出了朱熹的排序，参见CSP, *Proëmialis declaratio*, Paris 1687, p. xxj。

② CSP, *Proëmialis declaratio*, Paris 1687, p. lxxij. 黄一农认为《孟子》所主张的"性善论""不孝有三，无后最大"等观念与基督宗教有冲突，因而传教士们有意回避《孟子》一书的翻译，详见黄一农：《两头蛇》，上海：上海古籍出版社，2006年，第139页；计翔翔也认为因为孟子言论为士大夫纳妾提供了支持，"传教士对孟子的著作一开始就持审慎的回避态度"，详见计翔翔：《西方早期汉学试析》，载《浙江大学学报（人文社会科学版）》2002年第1期。

某种意义上像谜一般崇高,那么孟子应该被放在孔子之后。一旦我们能够认识到,孔子在这样一个有造诣的时代、在广阔的学术界占据着怎样的地位并获得如此多的赞同,我们也应将《孟子》——正如上帝的旨意——介绍到欧洲。①

另外,鲁日满在1670年11月5日的一封信中也解释了他们之所以没有完成《孟子》一书译注,是因为当时被软禁于广州的各位神父健康情况不佳,因此无法继续完成篇幅较长的《孟子》一书的艰辛翻译。②

4. 多次提及《圣经》中所记载的圣保禄事迹作为来华耶稣会士的榜样,以此为"适应"路线正名和辩护。③

5. 耶稣会士在比较视域之中,带着"先见"来观察和理解中国文化,得出许多有趣的观感:他们用亚里士多德的"四因说"来理解古代中国哲学,用质料因来定性"太极",用"形式因"来认识"理",以中国典籍中出现过的"上帝"来对应"动力因"④;他们也用西方政治话语来描绘中国的情况,比如称理学家为"无神论政客",称中国为"君主国"(monarchia),而伏羲则是这一"君

---

① 笔者译自《中国哲学家孔夫子》书中《论语》译文的最后一段:*Confucius Sinarum philosophus. Scientiae Sinicae liber tertius*, Paris 1687, p.159.

② 1670年11月5日鲁日满从广州写信给当时身在欧洲的殷铎泽,解释了这一原因。详见:Noël Golvers, "An unobserved letter of Prospero Intorcetta S.J. to Godefridus Henschens S.J. and the printing of the Jesuit translations of the Confucian classics (Rome-Antwerp, 2 June 1672)", in *Syntagmatia Essays on Neo-Latin Literature in Honour of Monique Mund-Dopchie and Gilbert Tournoy*, Leuven: Leuven University Press, 2009, p.687;对于这一说法笔者的分析是:一方面这符合当时的实情,流放于广州的耶稣会士确因经费不足而生活困顿拮据,柏应理为此还在1669年2月25日以会省负责人的名义向荷兰人写信借钱以维持生活,未果,参见Paul Demaerel, "Couplet and the Dutch", in *Philippe Couplet, S.J. (1623—1693) The Man Who Brought China to Europe*, pp. 108-109;而《孟子》一书确实篇幅很大,传教士无法在身体营养状况不佳的情况下于短期内完成。另一方面也有可能是耶稣会士自己想暂缓出版《孟子》的译注,既保持观望态度(如他们在《论语》译文最后所说那样),也避免在愈演愈烈的礼仪之争背景下为自己惹上不必要的麻烦。

③ 圣保禄以学习外邦人语言文化作为其传教手段,最终得以在异教徒中广泛宣扬基督福音而著称,耶稣会士在《前言》中直接抑或间接指向圣保禄的文句甚多。

④ 关于传教士借"四因说"来解释儒学思想的相关研究,参见陈卫平:《第一页与胚胎——明清之际的中西文化比较》,上海:上海人民出版社,1992年;张西平:《中国与欧洲早期宗教与哲学交流史》,北京:东方出版社,2001年。

主政体的创始人"（monarchiae sinicae conditor）；他用lex naturalis，lex naturae（自然律法时期）这样的西方神学话语来描述中国上古历史：关于基督宗教中的"启示"，一开始《旧约圣经》只将犹太人称为上帝的"选民"，认为他们最早在精神上跟随天主并获得关于真神的认识；圣保禄为了进一步扩大"选民"的范围，在其著述中（主要集中在《圣经》中的《格林多前书》《格林多后书》和《迦拉达书》）发展出一个可以吸纳和适应所有民族宗教信仰的"三级模式"，即异教的自然律法时期（lex naturalis），《旧约》的摩西律法时期(lex mosaica)以及基督王国时期（lex evangelica）①，这也可以视为圣保禄对世界历史的宗教性阐释和划分模式。柏应理借助这一模式，将信奉五经中的"上帝"、未受佛、道思想影响的古代中国人划入自然律法时期，从而使之纳入基督教史学观以及基督宗教神学讨论的范畴。按照柏应理这一设想，来华传教士的任务就是重新找出并宣扬中国古代宗教遗留下来的对于天主的正确认识——而这些都很好地保留在中国典籍之中——引领中国人从"自然律法时期"走入"基督王国时期"。

6. 在谈及中国礼仪问题时，殷铎泽一直声称中国礼仪是非宗教性的（ritus civiles）以及他们"试图澄清整个中国古代以及儒家的许多礼仪所受到的可憎的无神论的怀疑"。以下这段有关祭祖及皇帝祭天的译文，表明了他们认为高度发展的中国文明及其丰富的礼仪，其实蕴含了中国人对最高真神的认识。

> 中国人对逝者的尊敬或许会加强这种意见——即中国人来自希伯来——的可能性。人们通常列举这些证据：中国人如此关注坟墓的显赫，还有葬礼的各种礼仪和送葬的哀歌，以及定期的祭献。确实，他们有这么多的礼仪和习俗，有那么多的规矩和细节来准备举行祭献仪式，有那么多不同的祭品，如牛、公羊、饼和酒。的确，这些宰杀的牺牲和贵重物品，也常常作为祭品祭献给天上最高的统治者[即上帝]。同样，只有唯一且最高的祭司——即皇

---

① A. Von Harnack, *Die Mission und Ausbreitung des Christentums in den ersten drei Jahrhunderten*, Leipzig, 1924, pp. 259-263，转引自Claudia von Collani, in J. Heyndrickx (ed.), *Philippe Couplet S.J. (1623—1693) The Man Who brought China to Europe*, p.47；这三个阶段在中国奉教文人（譬如徐光启）著作中被依次翻译为"性教""书教"和"恩教"，参见Nicolas Standaert, "The Jesuits Did Not Manufacture 'Confucianism'", in *EASTM 16*, 1999, p.119.

帝，才可以给天上最高的统治者献祭。①当皇帝经常巡览帝国时，也就必须经常在山川和高地进行献祭。最后，中国人似乎比其他族群更长久地保存了关于真神的知识。②

因应汇报传教工作成果以及礼仪之争中自我辩解的需要，耶稣会士通过翻译、注释中文典籍，娴熟地利用儒家思想资源为其在华传教事业服务并成功地获得欧洲社会的关注。但同样借助耶稣会士从东方传去的思想火种而被点燃的，还有欧洲启蒙思想家对于《圣经》历史、启示神学的怀疑。对于17世纪晚期开始挣扎着走出"人类自己造成的未成年状态"（此处借用康德对"启蒙"的定义：der Ausgang des Menschen aus der selbstverschuldeten Unmündigkeit）的欧洲知识分子来说，"中国的政治道德学说"是来自东方的启蒙火炬。经由耶稣会士过滤、转述到欧洲的儒学思想，在欧洲的土壤上竟裂变成为反抗"宗教"权威的武器，这亦是支持文化适应政策一派的耶稣会士始料未及的悖论效应。

第三节 原儒与今儒皆为无神论者：反对文化适应政策一派的儒学观

来华托钵修会作为反对中国礼仪乃至利玛窦文化适应政策的主力，导致他们之间对于在华传教方针作出不同判断的根源，不仅有各自神学教育背景的差异，亦有修会之间的竞争以及民族情绪的干扰。但正如前文所揭示的：在托钵修会就中国礼仪问题正式向耶稣会发难之前，来华耶稣会内部早已出现意见的不一致，只是反对的一方始终受到团体主流意见的压制。而更具悖论性的是：正是基于修会内部观点的不一致，反而促成不同修会的来华传教士可以打破各自修会壁垒而结成观点的同盟。方济各会士利安当和多明我会士闵明我先后用拉丁文及西班牙文翻译耶稣会士龙华民（利玛窦的接班人及其文化适应政策的反对者）《关于"上帝""鬼神"和"灵魂"争论的简短回应》（*Responsio brevis super*

---

① "最高祭司"（supremus sacerdos）一词是指《圣经》中明确提到的默基瑟德（Melchisedech），他既是君王又是祭司。参见《圣经·创世纪》（14:18—20）。

② 笔者译自《中国哲学家孔夫子》一书，*CSP, Proëmialis declaratio*, Paris 1687, p. lxxiii.

controversias de Xamti...）一文，作为自身反对意见的集中体现并将礼仪之争推向顶峰。下文拟对这一"超越修会的反对派联盟"的核心观点及其彼此间的差异予以勾勒。

一、坚决反对文化适应路线的代表：闵明我及龙华民的观点①

（一）"康熙历狱"以及闵明我的逃亡

西班牙籍多明我会传教士闵明我于1658年来华，主要在福建及江浙一带传教。② 1665年，因"杨光先教案"，他与其他24名来华天主教传教士一同被流放广州，③并于1667年12月18日—1668年1月26日共同举行"广州会议"。会上，尽管有部分传教士明确反对中国礼仪，但是大多数与会者都表示赞成中国礼仪，在最后表决时就连一直反对中国礼仪的闵明我亦对中国礼仪表示了认可，最终

---

① 该部分基于笔者前期研究成果完善而成，可参见罗莹：《中国"礼仪之争"中反对"文化适应政策"的声音》，载《国际汉学》2016年第2期，第44—51页。
② 关于闵氏的具体生平，可参阅James Sylvester Cummins (ed.), *The Travels and Controversies of Friar Domingo Navarrete 1618—1686*, 2 vols., Cambridge: Hakluyt Society, 1962, 以及Robert Streit (ed.), *Bibliotheca Missionum, vol. 5*, Freiburg 1929, pp. 827f, 1002.
③ 1671年耶稣会士殷铎泽作为"中国传教团的代理人"返回罗马汇报中国教务时，曾呈递教廷一份报告*Compendiosa Narratio de statu Missionis Chinensis ab anno 1581. Usque ad annum 1669*（《1581—1669年中国教务情况简述》），文中详细介绍了被押送到北京接受审判的三十位神父的名单（25名耶稣会士、4名多明我会士以及1名方济各会士）。其中汤若望（Johann Adam Schall von Bell, 1592—1666）和多明我会士郭多敏（Domingo Coronado, 1615—1665）在北京受审期间去世，此后除了利类思（Lodovico Buglio, 1606—1682）、安文思（Gabriel de Magalhães, 1610—1677）、南怀仁（Ferdinand Verbiest, 1623—1688）留京关押，其余传教士都被流放广州；流放期间，郭纳爵（Inácio da Costa, 1603—1666）和金弥格（Michel Trigault, 1602—1667）亦先后于1666年、1667年去世，由此笔者判断：当时参见广州会议的外国传教士应该有25名，具体为二十一名耶稣会士、一名方济各会士和三名多明我会士。殷氏的报告详见Johannes Foresius: *Historica Relatio De Ortu et Progressu Fidei Orthodoxæ In Regno Chinensi Per Missionarios Societatis Jesu Ab Anno 1581. usque ad Annum 1669. Novissimè collecta Ex Literis eorundem Patrum Societatis Jesu Praecipuè R. P. Joannis Adami Schall Coloniensis Ex eadem Societate.* Ratisbonae: Hanckwitz, 1672, pp.353-367. 笔者所参阅的刻本藏于德国沃芬比特公爵图书馆，藏书号 M: QuN 699 (2)。

"广州会议"共达成42条共识。①

值得注意的是：闵明我早前已从利安当处，获得与之交往甚密的耶稣会神父龙华民写下的反对自己前任利玛窦在华传教路线的材料。同时，他亦奉上司的命令，结合自己在华传教时的观察及思考，就中国人祭祖祭孔的礼仪性质写下一份西班牙语手稿——后来闵氏将其进一步完善为《中国历史、政治、伦理及宗教概论》一书（Tradatos historicos, politicos ethicos y religiosos de la Monarchia de China），于1676年在马德里出版——1668年3月8日，闵明我将其手稿（不知是自愿抑或被迫）送给一同流放广州的耶稣会士参阅，耶稣会士殷铎泽（Prospero Intorcetta）据此整合在华耶稣会的内部讨论意见，征引中国典籍的原文以及利玛窦、汤若望、艾儒略等早期来华耶稣会士中文著述中的相关观点，针对闵明我这份西文手稿逐条进行驳斥。殷氏所撰证词之后以《1668年中国礼仪证词》（R. P. Prosperi Intorcetta Societatis Jesu Missionarii Sinensis Testimonium de cultu Sinensis datum anno 1668）为题，于1700年在巴黎出版。

出人意料的是：闵明我于1669年成功越狱并逃回欧洲。他先是向信理部提交反对来华耶稣会文化适应政策的119条质疑②，此后又将自己依据在华所见所感写下《中华帝国的历史、政治、伦理及宗教概论》一书正式出版，其中也收录了龙华民反对利玛窦的文章，随即在西方引起轰动，不仅加剧教廷内部对于来华耶稣会传教方针的责难，同时也激发了西方人对于中国的强烈兴趣。

---

① 关于闵明我态度转变的记载，可参阅赵殿红：《"康熙历狱"中被拘押传教士在广州的活动（1662—1671）》，载《澳门研究》第19期，2003年12月；关于"广州会议"上所达成42条共识的具体内容，详见Josef Metzler, Die Synoden in China, Japan und Korea, 1570—1931, Paderborn: Ferdinand Schöningh, 1980, pp. 24-28.

② "Dubia Sinensium proposita anno 1674. a P. Mag Fr. Dominico Nauarrete Ord. Praedicatorum Sinensium Missionario Sacrae Congregationi Generali S. Romanae, & Vniuersalis Inquisitionis, & ex eius facultate transmissa Reuerendissimis Patribus Patri Mag. Laurentio Brancatode Laurea Ord. S. Francisci Minorum Conuentualium, Consultoris SS. Congregationum S. Officij, Rituum, & Indulg. Examinatori Episcop. & Theolog. publici S. Sapientiae. Et Reuerentissimo P. Caietano Miraballo, Cleric. Regular., S. Officij Qualificatori", in Tradatos historicos, politicos ethicos y religiosos de la Monarchia de China, Madrid 1676, pp. 483-514. 下文但凡引自该书的语句，文献出处统一缩写为Tradatos。

（二）《中华帝国的历史、政治、伦理及宗教概论》书中的"中国形象"

《中华帝国的历史、政治、伦理及宗教概论》一书主要包括：《中华帝国的起源、国名的变更、它的辽阔、富饶以及其他特点》《中国政府的实质、教派、历史中值得关注的记载》《中国哲学家孔子的一些政治、道德格言》《中国人的道德训诫》（即《明心宝鉴》一书的翻译）、《儒教专论》《作者闵明我的个人游记》《罗马信理部（la Sacra Congregacion del Santo Oficio）就各个来华传教团提出的问题所做回应及其颁布的重要法令》等七篇论述。闵氏开篇便阐明自己撰写该书的意图在于澄清有关中华帝国的"真相"：他引用圣依西多禄（San Isidro or San Isidoro de Sevilla, 560—636，西班牙神学家)、阿拉彼得（Cornelius Cornelii a Lapide,1567—1637，弗莱芒籍耶稣会士及解经学家）、圣哲罗姆（S. Jerome,约347—420）、亚里士多德（前384—前322）、拉尔修（Diogenes Laërtius，生卒年不详，3世纪古希腊哲学史学家）等多位名人的语录，讨论历史学家的职责以及"真相与虚构"之间的区别，不仅批评此前发回欧洲有关亚洲以及中国的报道多为虚构错漏百出①，而且直接挑明中国传教团自开教以来其内部便存在诸多分歧和争议。作为一名在华多年且拥有丰富经历及体验的传教士，闵氏认为自己有资格回应上述的错误并澄清传教团内部争议的根源所在，以史为鉴，从而为当下的行为提供指引。②

闵明我在《中华帝国的起源、国名的变更、它的辽阔、富饶及其他特点》和《中国政府的实质、教派、历史中值得关注的记载》两篇论述中，将自己的所见所闻与其他人有关中国的记载逐一核对，试图呈现出一个"更为接近事实真相"的中国，例如他指出China这一名称是由来华经商的外国人所起，意为"丝绸的

---

① 闵氏在此的批评对象不仅包括西方早期游记中众多想象虚构的成分，他在下文也多次点名批评西班牙耶稣会士Juan Eusebio Nieremberg（1595—1658）、奥斯定修会的门多萨（Juan Gonzlez de Mendoza, 1545—1618）以及来华耶稣会士金尼阁（Nicolas Trigault, 1577—1628）、卫匡国（Martin Martini, 1614—1661）等人的著述多有讹误。

② *Tradatos, Al pio y curioso lector*, p. vii.

国家"①；而中国人在书中对自己国家的称谓则是"中国"（中央的帝国），视自己的国家为世界的中心并称之为"天下"（Tien Hia），此外常见的称谓还有"中华"（Chung Hoa）"华国"（Hoa Kue），意指繁盛的帝国等。他批驳了金尼阁及基歇尔所谓"中国没有自己的名字，总是由统治者来命名"这一说法，指出中国的国名从未改变，只是历史上各个朝代的名称因其统治者各不相同而有所改变。关于中华帝国的古老性，闵氏认同耶稣会内部的主流观点，认为中国的子民是诺亚孙子的后代，为寻求合适的居处从亚美尼亚（Armenia）游历至此，并指出从第一位帝王伏羲至今（1675年），中国已有4559年的历史。②

闵氏笔下的中国丝毫不逊色于任何欧洲的君主国，它的古老、庞大以及中国城镇的富饶甚至超越了欧洲。为了真实呈现这些，他不仅从地理纬度、行政划分（中国的15个会省）、历史上统治过中国的著名王朝（尤其对满族人借助吴三桂入主中原的过程极为关注）、中国的政府及其组成等宏观角度进行描述，也从博物志的猎奇视角，对中国的河流湖泊、飞禽走兽、矿产资源、百姓的衣食住行、朝廷的开支用度、节日娱乐、风俗礼仪、刑罚典制、宗教派别等事无巨细给予关注，显示出欧洲探险家般的敏锐观察力。关于中国的内政，除了上述有关国家政治体制的概述，他还深入介绍民众中儒、农、工、商四个等级。闵氏称儒生在中国是最受尊敬的人群，犹如西方的"骑士团"（los Cavalleros de la Vanda）和法利赛人（los Phariseos），并用西方教育体系中Bachiller、Licenciado、Doctor三种学位来对应秀才、举人、进士三大头衔。此外，他也对学校教育、诗文史籍、地图绘制、书籍出版予以细致描绘。闵氏对于中国文人谦虚、博学和认真有着极高的评价，甚至希望"欧洲的学者都能像中国文人那样就好了"（En los

---

① 闵氏还提到许多在中国做生意的外国人时常使用"指南"（Chi Nan）来指称中国，因他们多从中国南方的口岸登陆入华，这一点也获得葡籍耶稣会士何大化（António de Gouvea, 1592—1677）的确认；而马尼拉的西班牙人则称中国人为Sangleys，因为来到马尼拉经商的中国人被问及身份及为何而来时，回答"Xang Lai"，意即前来经商，西班牙人遂误以为是其国名。

② *Tradatos*, p. 4.

Estudiantes se halla, lo que fuera bueno se viera en los de Europa.）①；但同时他也指出中国文人的博学导致他们深入骨髓的傲慢，视世界上其他民族如无物。在评价中国的对外关系时，他则提到朝贡体系并强调"中国人从来都不是占领者，没有野心要去占领外国，但如果他们必须这么做，他们就会成为这些国家的主人"②，字里行间流露出对中国强盛的钦佩。值得注意的是：事实上闵氏对于学习中国礼仪持积极态度，他认为传教士要归化中国这样一个谦恭有礼的民族，学习中国礼仪不仅会带来便利而且非常必要。只有这样，中国人才不会回避他们并愿意与之交流。通过仿效中国人的习俗、使用他们的仪式才能促使彼此的灵魂进行对话、变得熟悉。③ 或许正是基于这一理解，闵氏才会在"广州会议"有关禁止中国礼仪的讨论中更倾向于认可中国礼仪。

（三）闵明我的儒学观：基于耶稣会士龙华民的论断

闵氏书中关于孔子及其思想的介绍，主要体现在书中第三论有关"儒教教主"孔子的生平简介。闵明我声称：孔子并非"中国文人教派"（la secta Literaria，闵明我对于儒、释、道三派的定位都是宗教派别）的创始人，但由于他的解释使得儒学的教义更加明白易懂，因此中国文人赋予他教主以及立法者

---

① 由闵明我行文中挥洒自如地引用了古希腊和罗马的哲学典籍、《圣经》和教中多位圣父的观点、诸多耶稣会士论及中国的著述，也不时会对中西文化的某些异同进行比较和分析，可见其博学勤勉，堪称当时西方学者的典范。但由于其基督教中心观，闵氏对于异教文化亦持有强烈的优越感。不仅屡次强调基督宗教至高至神圣，需由它来引领儒家文化，甚至还为西班牙殖民者借助暴力屠杀的手段来归化菲律宾群岛上的原住民这一血腥事件辩护，认为这与他们此前对美洲大陆印第安人的所作所为一样，值得宽恕。因为"这些可怜的受造物们，他们唯一的罪过在于他们的诞生。他们承受苦难的唯一理由便是他们存在于世上，以致下达了如此多虔诚、高贵、仁慈且有益于他们的命令，却在他们身上收效甚微。多次想要挽救这些卑劣的人，但他们仍甘愿受缚堕落"（Tradatos, pp. viii-ix.）。大航海时代，基督宗教借助殖民势力通过武力征服异教徒的例子屡见不鲜，闵氏此处以神圣之名为血腥屠杀辩护，一方面体现一神教教义的强烈排他性；另一方面亦是"神性"（宗教信仰）颠覆"人性"（家族亲缘关系、平等友爱互敬）、试图用神圣目标将残忍手段合法化的极端呈现。
② Tradatos, p. 6.
③ Tradatos, p. 69. 闵明我此处还援引西方谚语Cum Roma fueris, Romano vivito more.（当你身处罗马时，就像罗马人那样去生活），指出该想法与中国《礼记》一书的思想完全一致，借此强调入乡随俗的重要性。

的头衔①，一如圣托马斯因其崇高的神学修为和声名获得"王者（Principe）"和"天使博士"（el Angelico Doctor; Angel de las Escuelas）的名号。关于孔子生平的介绍，闵氏依据的是"那个国家有一本书，其书名和内容都是描绘孔夫子的神迹和异象，书中绘满了图画"，描述了孔子诞生前后的种种神奇异象②，与来华耶稣会士主要借助经籍正史来了解儒学思想的做法大相径庭。这或是托钵修会更为注重与下层平民交往，由之切入中国文化的体现。此后，闵氏亦简述《大学》《论语》《诗经》《尚书》等书的观点，以之作为孔子教导及儒教思想的体现。有趣的是：被闵氏视为"中国道德教导"的代表并将其逐句西译的中文著作——闵氏明确反对逐字直译的做法，认为意义在目标语言中的转换传达远比刻意保留源语言的表达方式更重要——并非四书五经其中之一，而是明朝范立本编撰的《明心宝鉴》这一杂糅儒、释、道三教言录的蒙书。实际上早在1592年，西班牙多明我会传教士高母羡（Juan Cobo, 1546—1592）在菲律宾业已将该书译为西班牙文并抄录中文原文，是为"十六世纪时第一部译为欧洲文字的汉文古籍"③；耶稣会士罗明坚也于"1592年11月20日晚"（die 20 mensis Novembris 1592 in

---

① *Tradatos*, p.129. 闵氏还指出方济各会来华传教士利安当在其手稿中也持这一观点。
② "un libro de aquella nación, cuyo título es, descripción de las maravillas, y milagros del Confucio, está lleno de estampas [...]", *Tradatos*, p. 129. 该书谈及孔子生平的众多轶闻，除孔母颜氏祷于尼丘而孕、孔子年少时常陈俎豆设礼容的记载可见于《史记·孔子世家》外，其余大多为野史奇谈。例如据闵氏所载：孔子诞生前有一独角兽将一本小书置于圣母颜氏面前，书上写有大字预示孔子将成非凡之君（按：此处独角兽应是麒麟，依古书记载其有单角，此即"麒麟玉书"的故事）；孔子诞生之时，孔母卧室之中突现两条巨蛇，并有五位老者从天而降，他们是天上五大星宿的化身（按：此处巨蛇应是巨龙，五老乃五位仙人，即"二龙五老"之说）；此外，在孔子降生时，室内忽有美妙乐声响起，此乃天庭祝贺圣子的诞生，而甫一诞生该婴孩胸口即闪现五个大字，预示他将为世间带来和平并立新法（按：此即"钧天降圣"之说）等等。据笔者初步查证，闵氏所本很可能是以图为主、依据时间顺序宣扬孔子生平行迹的《圣迹图》，具体版本年代不详。《圣迹图》历代颇多，现存最早的版本出现于明代，石刻、木刻及手绘本皆有，每幅图片均附有解释性文字。此外，晋朝王嘉所撰《拾遗记·卷三》有关周灵王一节，对于孔子诞生前后的异象也有详细的记载。
③ 关于两位西班牙多明我会士高母羡、闵明我《明心宝鉴》译本的对比及分析，可参阅刘莉美：《当西方遇见东方——从〈明心宝鉴〉两本西班牙黄金时期译本看宗教理解下的偏见与对话》，载《中外文学》第33卷第10期，2005年，第122—131页。

vesperis）完成该书的拉丁文译稿并以手稿形式传世。① 由此可见明末《明心宝鉴》一书作为启蒙读物在东亚的流行程度，以致来自不同修会的西方传教士都将该书作为学习汉语、了解中国文化的入门书籍。

关于儒学思想本质的分析以及来华传教士之间的译名之争则集中体现在第五论《关于"上帝""鬼神"和"灵魂"争论的简短回应》，该文实由反对利玛窦适应路线的耶稣会士龙华民②所作，闵明我将该文译为西班牙语并在文后作注，屡次强调龙氏论据出处的真实可靠以及自己对其观点的全然赞同，可视为来华传教士反对文化适应路线一派的集大成之作。其主要观点包括：

1. 反对用"上帝"对译Deus：面对中国文化中儒释道三派合流、各派术语使用混乱的现状，以及对前任上司利玛窦将儒家经典中"上帝"一词等同于Deus这一做法的不满，龙华民仿效利氏，同样试图通过研读中国典籍来肃清来华传教士之间的意见分歧。龙氏据此得出的独特观点包括：他将儒学的权威著作分为四类：第一类是《诗经》《易经》等古代帝王及智者所写下的教导；第二类是对这些古代经典的注解和评析；第三类则是《性理》（Sing Li）一类的文献汇编，旨在将散布的古代儒家教义和后世不同作者阐释这些教义的道德哲学、自然哲学文章进行收集和整理；第四类是秦朝焚书之后才兴盛起来的作者著述，他们有些专

---

① 罗明坚的手稿现藏于意大利罗马·伊曼努尔二世国家图书馆（编号FG[3314]1185），其中在手稿第五部分《明心宝鉴》的译稿，有罗明坚本人作为译者的亲笔署名（Die 20 mensis Novembris 1592 in Vesperis Presentationis Beatisse.ae Virginis traductio huius libelli fuit absoluta per me Michaelem de Ruggeris）。

② 龙氏报告的葡文原稿及利安当用拉丁文为其转译的译稿，目前皆藏于传信部档案馆。龙氏的手稿有残损以致部分文字无法辨识，利氏的拉丁文转译稿相对完整，但因篇幅较长，目前笔者仍在处理这两部手稿与闵明我所作西班牙译稿的对勘工作。故此处的分析，目前主要基于闵明我正式刊行的西文译本及在其基础上后来又转译成的英译本（Domingo Fernández Navarrete, *An account of the empire of China; historical, political, moral and religious*. Written in Spanish, London: H. Lintot, J. Osborn, [1732?]）。

注于阐发古代先贤的教义义理，有些则凭借一家之言而扬名天下。① 其次，龙华民屡次指出并批判儒家教义的双重性：一种是真实而深奥的真谛，只有精通儒学的文人才能理解那些蕴藏在符号及象形文字之中的含义并在私下传授；另一种则是虚假而极具欺骗性的表面含义，利用肤浅的字面意义制造出偶像崇拜，让其盛行于民众之中，从而使百姓心存敬畏避恶扬善，便于维护其政治统治。儒家公开承认他们的鬼神本质上只是"气"，② 他们还声称自己所祭祀的天地山川诸神皆与其所在之物同质，龙氏认为这些其实都只是他们的虚构。龙华民也特别强调：经由宋儒"万物一理"的观点，可知儒家典籍中的"上帝"同样源于"理"或"太极"，最终也将回归于此，这样一种有开端又有终点的最高神与基督宗教中万物的造物主Deus有本质上的差异。中国人将这样一个空想而荒诞的事物视为

---

① "Los libros autenticos de esta Secta se reduzen a quatro ordenes, el primero es, de las doctrinas antiguas, Ie King, Xi King, &c.[...] El Segundo es, el Comento de estas doctrinas [...] El tercero orden de libros es, los que contiene la Suma de su Philosophia moral, y natural, que llaman Sing Li. [...] El quarto orden, son los libros originales de estos Autores, que florecieron despues de la quema universal, los quales se emplearon, parte en explicar las doctrinas de los primeros Philosophos, y parte en componer diversas materias ex proprio marte [...]" *Tradatos*, p. 250. 主张文化适应路线的耶稣会士殷铎泽亦在《中国哲学家孔夫子》一书的序言中，对二程、朱熹以及《性理大全》中追随程朱这样的"新阐释者"（Neoterici）的那四十二位文人提出批评，认为他们偏离、扭曲了古老典籍的含义。他对于《性理大全》的贬低，似乎是对龙华民观点的影射及反驳，参见*Confucius Sinarum philosophus*, *Proëmialis declaratio, pars prima, paragraphus secundus*, Paris 1687, p.xxij.

② 孔子与朱熹确实都曾指出"鬼神"在本质上都只是"气"而已。例如《礼记·祭义》："宰我曰：吾闻鬼神之名，不知其所谓。子曰：气也者，神之盛也；魄也者，鬼之盛也。合鬼与神，教之至也。……因物之精，制为之极，明命鬼神，以为黔首，则百众以畏，万民以服。"由此可见孔子将"鬼神"视为气，"合鬼神"以为教，目的是要借此使万民敬畏顺从，表现出一种将宗教视为教化手段用以维护政治稳定的倾向。在宋儒身上这点更是被发扬光大，朱熹对"鬼神"的讨论正是建立在气分阴阳的基础之上，由此进行的延伸："鬼神只是气"；"鬼神不过阴阳消长而已"；"神，伸也。鬼，屈也。"（《朱子语类·三》）

"神",足以说明不管是在古代还是当代,他们都是无神论者。①

2. 在研读中国权威著作的同时,龙华民亦就自己所关心的上帝、天使、灵魂以及鬼神等问题,对中国奉教文人及异教徒进行征询,听取他们的各自的观点。徐光启(Dr. Paul, 1562—1633)、杨廷筠(Dr. Michael, 1562—1627)等奉教文人皆主张传教士理解儒学应以古代儒学经典为准,忽略宋儒那些与经典原文相矛盾的错误阐释②,龙氏对此并不认同。他认为古代教义晦涩且多有错漏,一如圣奥古斯丁通过撰写《论四福音的和谐》(De consensus evangelistarum)试图调和四福音书对于历史事件的记载在时间顺序及细节描述上的矛盾之处,孔子本人也勘正了不少前人的错误。若不借助阐释者的指引,当代文人们无法完全理解经典中的奥秘及譬喻,更何况宋儒的著述在当代极具权威性,所有文人在应试及著述中皆需追随宋儒的观点,否则即被视为理解有误。而试图指出阐释与经典文献相悖之处的传教士,则会被视为"愚蠢而麻烦,因我们试图教导中国人:他们的作者应如何被理解和解释"③。

在讨论宇宙起源问题时,龙华民发现中国文人普遍受到理学家的影响,认为万物就其起源及本质都是一样的,都源于"理"及"太极"这一混沌的"原质"(materia prima)。因应它的运动及静止出现了阴阳、冷热,进而产生"气"这一"近质"(materia proxima,直译为最近的、直接接触起作用的物质)。正是"气"构成宇宙万物的存在及其本质,至于万物之间的差异只在于形态上的不同。经由多次对话,龙华民得出结论:中国人对于与物质实体不同的精神存在物一无所知,他们对于"存在"的划分只限于"有"(Jeu)和"无"(Vu)。依据

---

① 龙华民甚至直接表态:要证明中国古人是无神论者,只需先证明当代人就足矣。因为当代人的言论不过是对古人单纯的回应。他们在古人论述的基础上,频繁引用他们有关美德及宗教事物的论断。而证明这一点的有力论据,便是龙氏文中《序论17》(Preludio XVII)所记载的他与异教徒以及奉教文人之间的对话。(Tradatos, pp. 282-285.)笔者认为:尽管龙氏对于宋明理学有相当深入的了解,但其立论时常未能系统考察儒家思想脉络的变迁发展,断章取义且缺乏说服力,一如《序论11》就曾出现类似经由"宋儒反推原儒"的荒诞论证:因宋儒指出世上一切存在皆源于"理",由之产生"气"及仁义礼智信五德,因而在中国人那里,他们的道德以及万物的存在都源于"理"这一源头。由此可知孔子的观点、他所有的教导都可以归于一点,亦即"理"这一最普遍的道理及实体。(Tradatos, pp. 267-268.)

② Tradatos, pp. 246-247.

③ "[...] teniendonos por importunos, y imprudentes, pues queremos enseñar a los Chinas, de con o deben entenderse y interpretarse sus Autores." Tradatos, p. 253.

他所转引的奉教文人杨廷筠的观点：中国文人格外喜欢讨论五伦、五德，以及国家的治理这些可见的事物，对于他们看不到的事物，比如天使、理性、灵魂等，他们的认识粗浅且充满错误。老百姓祭祀鬼神是为了感谢自己从它们那里获得的庇护及好处，虽然他们并不确切了解鬼神究竟是什么，但仍猜测它们可能存在并表示尊敬，而事实上依据儒教教义：天主、天使、不朽的灵魂等并不存在，死后更无惩恶奖善。杨廷筠本人甚至抱怨儒学先师没有传授任何有关来世的教导，致使民众未能获得激励去积极行善，他据此十分赞赏佛教所宣扬的天堂及地狱说。① 另一位著名的奉教士大夫徐光启更是明确表示：古籍中的上帝并非基督宗教的最高神，他认为古人及现代人都对Deus一无所知。但倘若用儒学典籍中的"上帝"之名来指称Deus，因为这一体面的名称，中国儒生对此便不会再生异议甚至会产生好感。他认为来华传教士应像利玛窦那样接受这一译名的对应，并赋予"上帝"那些属于Deus的属性。闵明我本人则在随后的注释中，明确表达自己对中国奉教文人观点的反对。他认为将基督宗教的神圣律法与儒家教义进行附会是极其危险的做法，杨廷筠等人希望所有教派和睦相处、反对争论的做法，并非基督的和平，儒教必须被反对，而不是被接受或者利用。②

（四）结语

明清来华天主教传教士，无论是支持抑或反对"文化适应路线"一方，他们对于中国文化都有着相当深入了解：他们不仅观察到中国士大夫将宗教信仰作为工具、服务于政治统治，亦明确提出必须谨慎选择和分辨后世对于经典的注释；他们采用"以史注经"的释经学方法，试图通过翻译、注释以及与中国文人直接讨论，参与到儒学思想史的梳理并对耶儒思想进行对比。不管是利玛窦对于儒家思想资源的利用抑或龙华民对于基督信仰纯洁性的坚守，其最终目标都是要为在华传教工作服务。

而经由同样的儒学文献，来华传教士群体却得出截然相反的观点。确切地

---

① "[...] teniendonos por importunos, y imprudentes, pues queremos enseñar a los Chinas, de con o deben entenderse y interpretarse sus Autores." *Tradatos*, p.285.
② *Tradatos*, pp. 287-288. 关于龙华民论文的深入研究，可参见李天纲：《龙华民对中国宗教本质的论述及其影响》，载《学术月刊》2017年第5期，第165—184页。

说，他们都认为在宋儒的影响下，将"理"这一原初物质视为世界起源的中国人是无神论者，但适应政策的支持者努力搜寻中国古代经典中所存在的最高神的痕迹，强调古人对于真神已有认识；反对派则强调古代教义晦涩难懂，唯有借助宋儒的注解才使其教义得到澄清，据此推断古人与信奉"理"为万物起源的今人同为无神论者。他们之间意见分歧，一方面折射出"宗教与迷信"这一组教会的权力话语在面对不同于西方文明的儒家传统社会时，其定义的范畴出现不适用，其可信度及说服力亦受到动摇；另一方面，传教士群体内部定位儒家思想的主要分歧在于：应以先儒的典籍原文作为儒学思想的正统，抑或以当代极具影响力的理学阐释作为判断的依据。有趣的是：假如跳脱特定的时代背景，无论是先秦儒家抑或以二程、朱熹为首的理学家，他们都只是儒家思想发展脉络中的一环，都隶属于儒家的正统——正如先秦儒学是在汉朝经由董仲舒的"天人感应说"才获得宗教信仰上的阐释并成为政治意识形态的重要支持，朱子学同样是在明代才成为"正统官学"并在康熙年间作为科举应试的标准而获得复兴——同时，孔子及朱熹亦是经由注释及改编前人著作以成一家之言的突出代表，在这一意义上，他们也成为来华传教士的仿效对象。

　　传教士通过对中国文化中宗教性元素的寻找和定位，丰富了西方自身对于所谓"宗教"的认识，但他们对于儒学思想及其术语内涵的疑惑乃至他们之间所产生的礼仪之争，本质上并非源于中国文化自身不可调和的矛盾，而是西方"宗教与迷信"对立话语的局限性和基督宗教中心观[①]所造成的牢笼。闵明我的著述以及中国礼仪之争在欧洲所造成的深远影响，更是充分展现传教士的诠释、译介不仅能反映部分的现实，甚至还能塑造出他们所需要的"现实"，而直至今日的全球化时代，如此擅用"话语"缔造东方主义现实的现象依旧存在。

---

① 尽管在华居住多年且对中国文化有着深入的了解，龙华民仍然认为"中国的儒教及其他教派都有共同的源头，经由魔鬼的发明，它们彼此之间有很多相似之处，用同样的方式及发明将人引向地狱"（*Tradatos* p. 250）；精通西方神学思想的闵明我虽然承认"世上所有的民族，甚至野蛮人都有自己的宗教 …… 世人又怎能以偶像崇拜为由来责备儒家"（*Tradatos* p. 271），但在其注释中仍强调"我们应该成为他们的老师，他们的典范、他们的引路人：我们不能停下指引的他们的事业。正如我们的作者（指龙华民）所说，我们的思想必须成为更出类拔萃者"（[...] nosotros hemos de ser sus Maestros, sus luzes, y guias: no dexarnos guiar dellos: como dize el Autor, nuestras ideas han de ser mas superiores. *Tradatos* p. 255）；"这并不是基督的和平，'我来此不是要带来和平，而是带了剑'……唯有基督宗教至善至神圣。"（*Tradatos* p. 288）

二、由全然反对转向部分适应的代表：利安当

作为方济各会中国传教区的奠基人，西班牙人利安当（Antonio Caballero de Santa Maria, 1602—1669，又作栗安当、李安堂，字克敦）是明清之际中国天主教史上的重要人物。① 他两度入华皆与"中国礼仪"问题纠缠不清，第一次入华因怀疑中国奉教者参加的祭祖拜孔仪式是宗教异端活动，与多明我会传教士黎玉范（Juan Bautista de Morales, 1597—1664）一起成为引发中国礼仪宗教性问题讨论的始作俑者，向教廷提交了一系列有关中国宗教本质以及反对中国礼仪的外文论述，成为利玛窦文化适应政策的主要批评者；第二次入华因与同在山东济南传教的耶稣会士汪儒望（Juan Valat, 1599—1696）交好以及自身传教经验的日益丰富，对在华耶稣会的传教理念及方式产生更多的认同，开始深入研究中国典籍并仿效利玛窦的阐释方式，一方面创作了《天儒印》等中文著述，另一方面亦为自己反对"中国礼仪"的立场寻找中文文献支撑并撰写外文报告予以总结。关于利氏名下的中文著述②，尤其是在其晚年成书、与其中文著述中呈现的儒学观密切

---

① 关于利氏的出生、所受教育及其在华传教生涯，参见方豪：《中国天主教史人物列传》，北京：宗教文化出版社，2007年，第303—306页以及P. Anastasius van den Wyngaert ed., *Sinica Franciscana* Vol. II, Quaracchi - Firenze, 1933, pp. 317-332. 崔维孝《明清之际西班牙方济会在华传教研究（1579—1732）》（北京：中华书局，2006年）一书中关于来华方济各会会史、方济各会中国教区史料简介和利安当在华活动及其成就概述的开创性研究，张铠在《西班牙的汉学研究（1552—2016）》（北京：中国社会科学出版社，2017年）一书从西班牙汉学史和中国天主教史的视角，关于利安当对中国礼仪问题基本看法的梳理及其历狱报告史料价值的评价，是为笔者撰写本文的最初动因，特此致敬。

② 依据《方济各会中国教区档案汇编》（*Sinica Franciscana*）利氏名下共有8部中文著作，其中可查对到全文的目前有3部，分别是：1.《天儒印》；2.《正学镠石》（Lex Dei est petra magnetica），据尚祜卿所言写于1664年，现存最早印本为1698年版，有"泰西圣方济各会士利安当著"字样，但孟德卫（David Mungello）认为该书的主要作者是利氏的中国合作者尚祜卿；3.《万物本末约言》（Compendium originis et finis rerum omnium），序言为"远西圣方济各会士利安当述，同会文都辣订"，正文为"远西圣方济各会士利安当述"，这一宣讲基督教义的作品大约成书于17世纪后期。未得见的5种分别为：1. 关于基督宗教的律法，包括3部小著作：（1）由中文典籍提炼出的总体依据；（2）偶像[崇拜]的谬误；（3）三种神学美德的解说；皆印于1653年；2. 对于基督信仰的辩解（Apologia pro fide christiana）；3. 基督教义问答，1666年写于广州（Catechismus christianus. Canton 1666）；4. 神圣律法概要，1680年付刻（Compedium legis divinae. Prelo datum an 1680）；5. 不同的祈祷书著述（Varia opuscula devotionis）。参见*Sinica Franciscana* Vol. II, p. 344，第79—86号书名。

相关的是《天儒印》一书。① 书中利氏摘选出四书的多处语句，借其阐发天主教教义和礼仪，以达到传扬天主教信仰的目的，一如尚祐卿之子弼所言："是书乃取四书之字句，有可以天主教道理诠解阐明者乃汇集而解。"例如，利安当将四书中出现的"道""天""性""大本"等具有本原意旨的词汇，都视为基督宗教的唯一真神在中国文化中的代名词，将"至善""明明德""诚"等儒家强调个人修为的最终目标，都归结为天主的属性或是能力，从而将个人修为的归属指向天主。他对四书进行如此断章取义的解释，颇有"六经注我"的气势，而这一做法明显受到利玛窦《天主实义》书中诠释方法的影响。此外，笔者亦发现利安当在其个人注解中大量借用源自来华耶稣会士中文著述的汉语神学概念，以其《中庸》注疏为例，举隅如下：

表五　利安当借用来华耶稣会士所创中文术语举隅

《中庸》原文	利氏释义	术语出处
天命之谓性	[草木]生性/[禽兽]觉且生之性/[人类]灵而且觉生之性	罗明坚在《天主实录》中最早谈及"魂有三品"并译介亚里士多德的"三魂说"，此后利玛窦在《天主实义》中正式提出草木的"生魂"、禽兽动物的"觉魂"和人类永存不灭的"灵魂"的"三魂"译名，艾儒略亦在《性学觕述》《三山论学》中沿用利氏的译名，用以回应、批驳理学关于"魂属气"的论说。
	天主初命人性时，即以十诫道理铭刻人之性中……所谓性教也。……久沦晦，人难率循，于是又有书教……及至天降生赎世，立身教，阐扬大道……	"十诫"最早出自罗明坚的《天主实录》；"三教说"最早源自艾儒略等人的《口铎日抄》："天主之爱人无已也，有性教，有书教，有宠教……天主始降生为人，以身教立表，教化始大明于四方，是谓宠教。"② 此后，奉教文人朱宗元全然接纳该"三阶段论"，并试图将其与儒家圣人立教的道统说相融合，而孟儒望（João Monteiro, 1602—1648）在其《天学略义》中亦继承、发展此说，并用"先性教，次书教，次新教"来介绍天主教发展的三个阶段。③

---

① 利安当名下目前可查获全文的中文著述有3部：1.《天儒印》，1664年刻于济南西堂；2.《正学镠石》，据尚祐卿所言写于1664年，现存最早印本为1698年版，有"泰西圣方济各会士利安当著"字样，但孟德卫（David Mungello）认为该书的主要作者是利氏的中国合作者尚祐卿；3.《万物本末约言》，序言为"远西圣方济各会士利安当述，同会文都辣订"，正文为"远西圣方济各会士利安当述"，这一宣讲基督教义的作品大约成书于17世纪后期。其中，《天儒印》一书是目前学界公认利氏为其真实作者的重要中文著述，对此书国内学界目前已积累了丰富的研究成果，可参见刘耘华、陈义海、吴莉苇、肖清和、姚文永、汪聂才等人关于《天儒印》一书的研究成果。

② 李九标：《口铎日抄》，《耶稣会罗马档案馆明清天主教文献》第七册，台北：台北利氏学社，2002年，第108—109页。

③ 孟儒略：《天学略义》，《天义教东传文献续编》第二册，台北：学生书局，1986年，第900—901页。

（续表）

《中庸》原文	利氏释义	术语出处
鬼神之为德，其盛矣乎！	凡无形无声而具灵体者，总称曰鬼神。分言之，则正者谓神，即圣教所云天神是；邪者谓鬼，即圣教所云魔鬼。	"天神""魔鬼"说最早可见于罗明坚《天主实录》。
惟天下至诚，为能经纶天下之大经，立天下之大本，知天地之化育。	本者，所以然之谓也。凡物有三所以然，曰私所以然，曰公所以然，曰至公所以然。	汤若望在其《主制群征》中已使用"公所以然""大公所以然"等术语；利类思在其《超性学要》中亦使用"所以然"来译介拉丁文《神学大全》（Summa Theologica）中causa（原因）一词。

此外，在评述《论语》中"己所不欲，勿施于人"时，利氏指出这一观点与基督宗教"爱人如己"的圣训一致，并进一步说明这里的"不欲"可分为"肉身所不欲"和"灵神所不欲者"，"载在十诫、七克、十四哀矜，诸书可考也"。此处所罗列诸书皆为来华耶稣会士的著述，由此可见利氏对来华耶稣会士中文著述的熟悉程度①，明确表露出认同在华耶稣会士所缔造的中文神学术语，乃至积极践行和推广早期汉语神学术语及其书写。

下文笔者将重点针对利氏名下涉及儒家思想的外文著述予以梳理并对这位拷问儒学宗教性问题的重要践行者在外文文献中的儒学观进行初步分析，亦试图打通其名下的中外文著述以辨析其中所呈现的儒学观的异同。

（一）利氏名下涉及儒家思想的外文著述提要

依据《方济各会中国教区档案汇编》（Sinica Franciscana，以下简称《汇编》），利氏名下的外文著述（含书信、传教事务报告、备忘录、征信应答、仲裁结果、为殉教的同会兄弟和建立重要功业的修女所作行传、圣母赞词，以及涉

---

① 王申对明清之际天主教中文堂刻文献的研究发现："方济各会除自己编译刊刻外，还直接翻刻耶稣会编刊的文献……各修会在华传教过程中虽有不少冲突，但在刊刻文献上，其他修会还是仿效耶稣会。"甚至清末新教传教士入华后，李提摩太（Timothy Richard, 1845—1919）等人还曾四处寻觅明末清初来华耶稣会士的中文神学文献并以木板重刻。据此可见明清来华耶稣会士在汉语神学书写上的功绩，足以超越修会、乃至旧教新教之间的门户之见。详见王申：《明末清初天主教堂刻文献的特征及价值》，载《国际汉学》2020年第2期，第158—159页。

及中国宗教和礼仪问题的多篇小论文）有78篇目①，其中涉及利氏对中国礼仪的看法及其儒学观的论述如下：

1. 由利安当和Juan Pina de S. Antonio于1637年8月20日联合签名并提交给马尼拉大主教埃尔南多·盖烈罗（Hernando Guerrero）的46页报告文件，谈及他们对中国新奉教基督徒(仍践行中国礼仪)的强烈质疑。②

2. 基督宗教修会传入中国简报，写于1637年11月15日，共14叶。③ 该文由来自多明我会的苏芳积（Francisco Díez, 1606—1646）和黎玉范、来自方济各会的玛方济（Francisco Bermúdez de la Madre de Dios, d. 1657）和利安当四位在华传教士，共同见证并陈述1635—1636年他们在福建顶头所进行的两次宗教法庭调查结果，利氏将之编纂成文。

3. 关于中国新皈信者15条质疑的决议，写于1638年6月11日，共162页。④ 利安当在文中提出他对当时中国新奉教基督徒仍在践行中国礼仪的诸多疑虑以及他提议的解决方案。对此，传信部于1645年9月12日做出赞同其观点的裁决。

---

① *Sinica Franciscana* Vol. II, pp. 332-344; Vol. IX, pp. 983-1030.

② "Informe al Señor Arçobispo de Manila, Hernando Guerrero. Dubitationes gravissimae quae circa novam conversionem et christianitatem regni magni Chinae occurrunt. Manilae 20 aug. 1637.", *Sinica Franciscana* Vol. II, p. 332. 下文凡出自《方济各会中国教区档案汇编》（*Sinica Franciscana*）的文献编目，仅标明文献的原文标题及所在页码。西班牙多明我会士闵明我（Domingo Navarrete, 1618—1686）在其《中华帝国的历史、政治、伦理及宗教概论》（*Tratados históricos, políticos, éthicos, y religiosos de la monarchia de China*, Madrid 1676）一书第七论《信理部在罗马颁布的法令及其主张》（*Decretos, y Proposiciones Calificadas en Roma, por Orden de la Sacra Congregacion del Santo Oficio*）亦收入该报告，题为"来华传教士向传信部提交的问题。附有传信部对此的答复以及据此颁布的法令"（Quaesita Missionariorum Chinae, seu Sinarum, Sacrae Congregationi de Propaganda Fide exhibita. Cum responsis ad ea: decreto eiusdem Sacrae Congregationis approbatis, pp. 451—459）；该报告17点质疑内容的中译，可参见：[美]苏尔、诺尔编：《中国礼仪之争西文文献一百篇》，沈保义、顾卫民、朱静译，上海：上海古籍出版社，2001年，第1—7页。

③ "Relazion brebe de la entrada de nuestra serafica religion en el reyno de la gran China. 15 nov. 1637.", pp. 332-333. 关于简报中谈及的两次宗教法庭调查的具体经过、内容及后续影响，详见张先清：《多明我会士黎玉范与中国礼仪之争》，载《世界宗教研究》，2008年第3期，第61—62页。

④ "Resolucion de quince dubdas tocantes a la nueba conversion del gran reyno de la China. 11 iun. 1638.", p. 333.

4. 关于（多明我和方济各会）两大修会入华纪实，利安当编于1644年。①

5. 利氏致传信部的宣誓声明，谈及此前已在罗马提出、有关中国人对其已逝先祖的祭拜和礼仪。1661年8月20日写于济南府，共16叶。②文献内容及影响，参见第一章第四节来华方济各会儒学译述书目条目1。

利氏宣誓声明的封面及其开篇（藏于传信部档案馆）

6. 利氏于1661年10月12日将耶稣会士龙华民（Niccolò Longobardo）有关中国改宗的小论文，从葡文转译为拉丁文。文献内容及影响，参见第一章第四节来华方济各会儒学译述条目2。

7. 利氏在将龙华民论文译为拉丁文后，又摘录龙氏论文中的要点，专文予以总结："（藉由该论文）深入地阐明中国儒教的隐秘，并由我来证实上述涉及祭孔、祭祖的事宜"，1661年10月12日由山东省济南府寄给传信部。文献内容及影

---

① "Relacion de la entrada de las dos religiones en China. Sic sonat titulus relationis a Iohanne a S. Antonio in sua Cronica assumptae. Tempus redactionis debet esse 1644.", p. 336. 文献内容参见Juan Francesco de S. Antonio, *Chronicas de la Apostolica Provincia de S. Gregorio de Religiosos Descalzos de N.S.P. S. Francisco en las Islas Philipinas, China, Japon, &c.* Parte III, lib. I capit. 10, 12, 14, 17, 22, lib. II, capit. 1, 2, 5, 6, 9, 11, 12, 14, 15, 18. Manila 1744.

② "Declaratio sub iuramento super ea quae Romae annis praeteritis proposita fuere iuxta cultum ritusque Sinarum erga suos a vita discessos maiores. Ad SS. Congregationem de Propaganda Fide. Cinanfu 20 aug. 1661.", p. 340. 该声明和利安当、文都辣联合署名的信件，都藏于罗马传信部档案馆（Archivio Storico de Congregazione de Propaganda Fide），详见Fondo Scritture Referite nei Congressi (SC), Indie Orientali, Cina, vol.1: 1623—1674, fols. 198r-214r。

响,参见第一章第四节来华方济各会儒学译述条目3。

8. 利氏写于1662年3月28日和29日致宗座和主教的两封信件,再次强调龙华民论文的重要性。①

9. 利氏关于中国诸教派的报道,重点谈及儒教"似乎是世上所有教派中最古老的",1662年11月18日写于中国山东济南。文献内容及影响,参见第一章第四节来华方济各会儒学译述条目4。

10. 论在华传教的几个重要问题,利氏1668年12月9日从广州寄给当时身在澳门学院的耶稣会日本及中国会省巡察使甘类思(Luís da Gama,1610—1672)。文献藏点信息及产生的历史背景,可参见第一章第四节来华方济各会儒学译述条目6。②

文中利安当先是介绍了中国儒释道三教,但不同于利玛窦一派合先儒、斥佛道的做法,利安当对这三派的定位都是信奉偶像崇拜的教派,而以孔子为首的三教教主(利氏称之为"立法者",Legislateur)之间亦无差别,皆是异教徒崇拜的对象(利氏称之为"魔鬼",Daemonia)。③继而,为了追本溯源地调查奠定中国人祭祖祭孔礼仪这些崇拜思想的根源,利氏借助《字汇》《古文字考》来剖析"庙"的含义,并分别细致描述了中国人在孔庙中所进行的隆重的以及简单的两种祭祀仪式,并援引"只要祭司目的是在祭祀某一高等或低等的伪神就可以说这是一种偶像崇拜"④的阿奎那神学判语,批评卫匡国神父对罗马辩称这一礼仪是世俗性的说法全然不可靠。针对祭祖礼仪,利氏在细致描述了集体的和个人的祭祖仪式的基础上,征引《性理大全》《资治通鉴》《中庸》《论语》《四书

---

① "Epistola ad Summum Pontificem, Sinae 28 mart. 1662." "Epistola ad Emos Cardinales, Sinae 29 mart. 1662.", p. 341. 详见SC, Indie Orientali, Cina, vol.1, fols. 22r-23v.

② 当时利安当的反对立场还获得陆安德(Andrea-Giovanni Lubelli,1611—1685)、聂仲迁(Adrien Greslon,1618—1696)、张玛诺(Manuel Jorge,1621—1677)及好友汪儒望4位耶稣会士的支持。不同于利安当,多明我会士闵明我则在广州会议上改变立场,签字认同,随后又于1669年越狱逃回欧洲并出版《中华帝国的历史、政治、伦理及宗教概论》一书,强烈批评中国礼仪。

③ Antoine de Sainte Marie, "Traité sur quelques points importans de la Mission de la Chine", in *Discours sur la theologie naturelle des Chinois*, Frankfurt am Main: Vittorio Klostermann, p. 160.

④ *Ibid*., p. 163. "Il suffit pour le rendre veritalement idolâtre, que le Sacrificateur y dirige son intention vers quelque fausse Divinité ou suprême ou subordonnée."

直解》《诗经》《朱文公家礼》中的相关记载以及来华传教士利玛窦、何大化和奉教文人朱宗元的中文神学著述,用以说明其持反对立场的依据,再度认定这是迷信及偶像崇拜行径。利安当一针见血地指出:在华耶稣会士试图利用"偶像崇拜的最初建立动机"(à cause de la première institution)来解决一切难题,认为祭祀礼仪因为最初建立时是世俗政治的活动,之后就永远都属于世俗政治的范畴,从而连同渗入其中的迷信习俗都可以被容忍,甚至不惜为此向教廷提供背离事实、歪曲中国人本意的报告,这样的行径他无法接受。此后,利氏运用同样的论证手法,亦对中文典籍中"上帝""鬼神"的含义予以剖析,并依据龙华民报告中认为中国人以物质性的"太极/理"作为万物起源的第一动因,判断中国人所认知的并非Deus,他们的鬼神亦非基督宗教的天使。文后还附上阳玛诺神父(Père Emanuel Diaz)和费乐德神父(Père Rodriguez de Figueredo)在其著作中对于中国人偶像崇拜的描述和反对。① 本文有大量内容与上文利氏外文文献第5号非常近似,应是在第5号文献的基础上扩写而成。

(二)利氏外文文献中的儒学观简析

在利安当大量的外文著述中(如传信部档案馆所藏、前述利氏外文文献5、9、10号),多是对中国异教徒进行偶像崇拜的直接揭露,包括对孔子及其所代表的儒教,以及奉教者仍旧实行祭祖祭孔礼仪的猛烈批评。这也与利氏流放广州期间在来华传教士集体召开的"广州会议"上(1667年12月18日—1668年1月26日)坚决反对祭天祭孔等中国礼仪的立场相一致。有关利氏在其外文文献中所表述的"儒学观",及这一观点与他在中文文献中所呈现的儒学观的异同,可概括为以下数点:

1. 认定"儒""释""道"为有别于基督宗教的"人为之教"(意即假宗教),这亦是利氏在其中文著述《天儒印》中明确表露过且与其外文著述的儒学观保持一致的唯一观点。但他对上述三教予以区别看待:他称佛教和道教为"偶像崇拜的教派,源于两位古代人物,一个来自东方印度,一个来自中国本土,

---

① Antoine de Sainte Marie, "Traité sur quelques points importans de la Mission de la Chine", in *Discours sur la theologie naturelle des Chinois*, Frankfurt am Main: Vittorio Klostermann, pp. 193-206.

他们是其他教派和中国偶像崇拜的根源,这两个教派拥有如此之多名称各异的庙宇"。"他们的教导非常荒诞可笑,没有什么值得注意,无需赘言。"但对于儒教,利氏承认它比其他教派更接近自然理性,但经由粉饰它也更难予以回击,"很少神学家能够清楚认识到这一点,它以某种政治方式加以掩饰,既被中国帝王、也被士大夫和文人所追随。出于在未来可以明确预见到的巨大麻烦,要反对这些人似乎不是件容易的事情。但假如借助理智得出判断要去宽容这一教派中,那些看似违背天主的事情",那么人们需对儒教教义和礼仪给予特别的关注和耐心。虽然利安当赞同利玛窦的观点"贵邦孔子为大圣",基于儒家学说的悠久历史和重要社会地位给予它更高的评价,但他仍认定儒教虽"宣称追随理性之光,却背离正确的路径且迷失方向",基督的侍者应摧毁所面临的困难,将"中国文人引向事物的信仰之光"。①

2. 肯定古代中国人对真神有所认识,批评宋明理学的无神论观点。利安当基于自己在1656—1661年间深入阅读中文文献所得,先是在1661年8月写下关于中国祭祀礼仪的宣誓证明一文,寄送给传信部重申自己反对中国礼仪的文献和理论依据;此后又在同年10月12日将自己新近所得的龙华民(Niccolò Longobardo)葡文手稿"针对围绕'上帝''天主''灵魂'以及其它中文词汇和术语争论的回应,以及这些用语是否应该被基督教团体采用"(Reposta breve sobre as Controversias do Xamty, Tienxin, Linhoen e outros nomes e termos sinicos, per se determinar quaes delles podem ou nao podem usarse nesta Christiandade)翻译为拉丁文,寄送给传信部并明确认证、赞同龙氏观点,旨在直接揭穿来华耶稣会内部对待中国礼仪的分裂态度,用以说服教廷对禁止中国礼仪持坚定态度。② 龙氏论文对于利安当的影响可谓相当深入,以致1662年11月18日利氏在济南写下《中国诸教派关系》一文中,他对于孔子及儒教的介绍和主要观点都明显源于龙华民,例如视孔子为儒教创始人,经由其著述儒教的教义得以阐明等。利氏全然肯定的

---

① SC, Indie Orientali Cina, vol.1, fols.201v, 203v.

② 广州流放期间,利氏将龙华民手稿的抄本转给多明我会士闵明我参阅,随后闵氏将其翻译为西班牙文并做注,收为《中华帝国的历史、政治、伦理及宗教概论》一书第五论(Tratado Quinto, y especial de la secta literaria)。该书的面世亦是龙华民论文首度正式出版,将天主教内部有关"中国礼仪"的争执公开化和白热化。

证词，使人以为他完全认同龙华民以先儒/宋儒、先秦经典/宋儒注疏的二重划分，认为古代的儒学教义晦涩难懂，当下儒生皆需借助宋儒注释才能理解儒学原典，故应将理学视为儒学正统，并依据宋儒的观点，将"理"（materia prima）作为世界的本源，而世间万物的存在及其本质皆为"气"，凸显宋儒的唯物论世界观，由此得出古代及当代中国文人皆为无神论者的判断。①

但事实上，利安当在拜读龙氏论文前所写下的宣誓证明一文，有多处观点与龙氏不一致，但在认证龙氏论观点时，利氏却对此只字不提。最明显的分歧体现在以下两处：一是基于宋明理学唯物论的世界观，龙华民认为不管是先儒还是宋儒，他们在"上帝"之名下所理解的事物不可能是基督宗教的最高神Deus；而利安当在声明中则表示："这一文人的教派，从古人到孔子，似乎都将所有事物唯一真实的开端归结于'上帝'，亦即最高、至上的主人和皇帝。从中国古人到此后的孔子本人，都在描述它身上的种种完善，而这些特征都与唯一真正的Deus相符"，并引用利玛窦《天主实义》中的观点"历观古书而知，上帝与天主特异以命也"，明确肯定古代中国人所认识的"上帝"，它所具有的属性与唯一真神Deus相符。② 二是利安当认为孔子作为儒教的创始人，"他明确地回避并憎恶所有的偶像、虚假的教派、不同的迷信行径以及罪恶的事物。而中国文人在实践中亦追随孔子所说过的一切"，只是"现代的那些文人（笔者按：指宋朝理学家）对他的观点添加了很多荒诞的说明，错误地理解孔子。"利安当这种肯定先

---

① 利安当在其报告中曾多次援引龙华民的观点，说道："中国的儒教及其他教派，其源头是共同的，经由魔鬼的发明，它们彼此间有很多相似之处，用同样的方式及发明将人引向地狱。""中国儒释道三种教派都完全跟随哲学化的方法，有两种不同的教义。一种是私下的，看起来像是真的，却只有文人才能明白，并由他们通过符号及象形文字的面纱所把持。另一种是世俗的，是第一种的比喻，在文人看来是虚假的，是字面的肤浅意义。他们利用它来治理、制造神灵、教化以及虚构的崇拜，促使人们避恶向善。""由此可知，中国最睿智的人（笔者按：指孔子）可悲地被指向罪恶的深渊，亦即无神论。" SC, Indie Orientali, Cina, vol.1, fols. 171r-197v.

② "Haec Secta litteratorum unicum verum omnium videtur asignare Principium, tam ab Antiquis quam ab ipso Confucio nuncupatum, 上帝 xańg tí: idest altissimus supremusque Dominator ac Rex: Perfectiones, quas deillo scripsere tam Anquiores Sinenses quam postea ipse Confucius, tales sunt, quales soli vero Deo conveniunt." SC, Indie Orientali, Cina, vol.1, fol. 202r.

儒、否定宋儒的论调，亦与利玛窦同出一辙，与龙华民大相径庭。[①] 结合利安当在同一时期的中文著述中（即1664年刊刻的《天儒印》一书），将四书中出现的"道""天""性""大本"等具有本原意旨的词汇，都视为基督宗教的唯一真神在中国文化中的代名词，可推测：利氏本人传教后期的儒学观实际上偏向于利玛窦合先儒、批后儒的看法，但对龙华民论文的发现、翻译和上报无疑有助于争取教廷对其反对中国礼仪观点的信任和支持，故在对龙氏观点进行认证时，利安当给予了全然的肯定。

3. 坚决反对并严厉谴责新入教者践行祭祖祭孔等具有偶像崇拜性质的中国礼仪。本质上，利安当对中国人敬畏鬼神以及设立祭祖祭孔礼仪的初衷及其性质了解到位。他征引《字汇》中对"鬼神"的定义"圣而不可知之谓神"，指出中国人将那些"事物本性中隐蔽的美德，事物本性的运作所产生的影响，如同天地的，乃至行星、山水所产生的影响，都被中国人称之为神，所以权贵和君王们在特定的时间，通过不同的祭祀，对天地、山水的恩惠表达崇拜和敬意"，而中国政治体系中的精英制度，也使得"他们敬重他们之中更有能力的那些人，并将其视为值得尊敬的灵魂。他们为此修筑庙堂进行祭拜向他们的塑像表达敬意，或者至少会在之前提到过的、用来替代塑像而（在家里或在祭台上）摆放的牌位上写下他们的姓名，而他们说这么做是出于感谢父母对子女的关爱"。但利安当随即亦径直表明："上述事物没有一件应被崇拜。"（at nihil ex praefatis licere venerari）他引用罗明坚[②]在《天主实录》首译"十诫"之第一诫作为依据：

> 第一条要诚心奉敬一天主。不可祭拜别等神像。若依此诫而行。则是奉敬天主世人皆知敬其亲长。然敬天主。当胜于敬亲长之礼。何则。天主甚尊大。胜亲长是以当诚敬也。

---

① "Ille enim in suis sententiis omnia Idola, falssas sectas, aliaque superstitiosa, quaeque vitiosa clare abominatur et execrat (sic): et tamen sui sinici litterati in Praxi, omnia praefata sequuntur." "Commentatores autem eius, praesertim Moderniores, super illis Sententias, valde absurda dicunt quam plura, eum sinistre intelligendo." SC, Indie Orientali Cina, vol.1, fol. 201v.

② 利安当在其声明中多次将《天主实义》误归于西班牙耶稣会士庞迪我（Pater Dadacus Pantoja）名下，如fols. 209v, 211r等处。

因为"至高的上帝自然是超越一切事物的,所以这位唯一神应当被崇敬,对于这位至高神的祭祀应当超越对于双亲和其他君王的祭祀"①。

准确地说,利安当激烈反对和谴责的并非中国礼仪本身,而是奉教者仍在践行祭祖祭孔礼仪的行径以及耶稣会士对此的默许。利氏在其寄给传信部的宣誓证明中,详细描述了他亲眼所见的祭祖祭孔仪式的全过程,多次强调:基于其近距离的观察,他确定这些与"拜万岁"(即叩拜不在场的当朝皇帝的礼仪)不同,并非世俗性或政治性的,其中包含巨大的迷信。尤其在祭祖仪式中,祈祷者对于祭祀对象有所求,希望从他们那里求得健康、长命百岁、成就功业、多子多孙抑或摆脱眼下逆境等。所以他明确指出:基督徒们不得获准错误地、外在地参与上述形式的祭祀,不应与不信教者混杂在其中并践行某一职务,在祠堂、家中或是坟前,公开地或是私下地进行祭祖②,而这一建议后来亦获教廷采用。由此可看出:利氏在其外文著述中更多强调耶儒之异及其对来华耶稣会士容忍新教友践行礼仪旧俗的不满,他认定祭祖祭孔等实践活动并非如支持利玛窦文化适应路线的耶稣会士所说③,只是世俗性的纪念活动,一再明确其具有偶像崇拜性质。

4. 熟悉并擅用中文天主教文献为自身观点做注。利安当在批评中国礼仪的外文著述中,大量征引和译介中文天主教文献作为其观点的论据,在其手稿页边明

---

① 节译自利氏手稿中关于"Xîn 神"(Spiritus)的多段论述, N.76-78, SC, Indie Orientali, Cina, vol.1, fols. 210v-211r。

② "Quod quidem sacrificium in domibus suis, et in sepulchris mortuorum etiam fit minore tamen solemnitate. Quaeritur utrum Christiani ficte et exterius tantum ut supra dictus est possint assistere huiusmodi sacrificio, vel exercere aliquod ministerium in illo cum infidelibus commixti, sive in Templo sive in domo vel sepulchro, publice vel privatim [...] censuerunt; Christianis Chinensibus nullatenus licere ficte vel exterius assistere sacrificiis in honorem Progenitorum, neque eorum deprecationibus, aut quibuscumque ritibus superstitiosis Gentilium erga ipsos." SC, Indie Orientali, Cina, vol.1, fol. 204.

③ 曾德昭(Alvaro Semedo)在《大中国志》中将祭孔祭祖礼仪定性为:"人们为其立庙塑像,以纪念他们的功绩和对国家做出的贡献。看来在最初和现在,人们只是表示感激而纪念他们……供奉祖先和祭礼本身不是祭典,因为他们并不认为他们的父辈祖先是什么神或者圣人,不过是为继承他们而表示应有的感激和崇敬。"参见[葡]曾德昭:《大中国志》,何高济译,北京:商务印书馆,2012年,第139页。殷铎泽在其《中国哲学家孔夫子》(Confucius Sinarum philosophus)一书的译稿中,亦多次强调中国人祭祖祭孔的仪礼就其在古代最初的设置而言,纯粹是世俗性的([...] quod ritus et officia sinensium erga defunctos, à primâ Priscorum institutione, fuerint merè civilia.),参见法国国家图书馆所藏《中国哲学家孔夫子》原始手稿上部(编号Ms. Lat. 6277/1),第84、94、98、181、241—254页。

确标注的出处有：利玛窦《天主实义》、罗明坚《天主圣教实录》[按：利氏将该书作者误为庞迪我（Diego de Pantoja, 1571—1618）所作]、朱宗元《答客问》（1659年，利氏前往杭州与耶稣会士卫匡国就祭祖问题进行面谈时引出）、"杭州府学生范中圣名第慕德阿"《天主圣教小引》，并借助《论语》、张居正的《四书直解》、朱熹的《文公家礼》、司马光的《书仪·丧仪》《古文字考》和《字汇》等中文典籍，试图解释"祝""庙""神""礼""祭"等中国礼仪核心术语的真实含义。1668年12月9日在利氏从广州写给甘类思的西文长信中（前述利氏外文文献第12号），他引用和翻译大量中文典籍来提出自己对于中国传教要点的61点意见，其中也包括上述文献，此外还涉及艾儒略和李祖白的著作、《性理大全》《圣教源流》《辩不奉祖先说》等。由之可见此时利氏对中文奉教文献、经典儒学典籍以及中文工具书的涉猎之广和熟悉程度，并不逊色于当时来华的耶稣会士。但就其行文文采和论证说理的结构而言，利安当确不如利玛窦、艾儒略，乃至后来的柏应理、卫方济等人。

（三）结语

早期来华的利安当，秉持托钵修会对宗教信仰纯粹性的强调，亲见福建当地民众的多神崇拜，以及奉教文人依旧践行祭祖祭孔之礼的行径，震惊于来华耶稣会对此的包容默许，遂与黎玉范一同挺身掀起对于中国礼仪的指责和旷日持久的争论。[①] 此时的利氏对儒家思想乃至来华耶稣会开辟中国传教事业的经验及思考所知甚少，因循心中"宗教与迷信"二元对立的前见范式，激烈抨击并试图抑制异质文化中所有不符合其范式的社会存在。这也是此时的利氏与后来将中国礼仪之争推向白热化的多明我会士闵明我在思想上的共同点。

二度来华的利安当，伴随着自身传教经验的丰富、对儒学典籍以及中文天主教神学著述的深入研读，以及个人交际网络的变化（早期主要是与福建当地的多明我会士建立反对在华耶稣会传教方针的同盟，后期他频繁地在中国各地活动，

---

① 利安当后来在其写给传信部的声明中，回忆他与黎玉范因一同目睹中国基督徒参与祭祖活动，愤然于1638年向传信部提交报告，其动机是"这是我与多明我会黎玉范神父当时的所见所闻，现在我不能不说出来并为此作证"（[...] quae ego cum prefato patre Dominicano tunc vidi et audi, non possum etiam nunc, non loqui, ac declarare.），SC, Indie Orientali, Cina, vol.1, f. 207r.

直接与汤若望、成际理、卫匡国等在华耶稣会士就自己心中的疑虑进行对话，并受到与之交好的耶稣会士汪儒望的深入影响），其中外文著述中所呈现出的儒学观亦日益丰满、复杂，甚至出现部分自相矛盾的观点，例如他一方面在译稿和认证中赞同和支持龙华民有关中国古代及当代文人都是无神论者的观点，另一方面又对利玛窦评价甚高——他称之为"一个做出了出色功绩的人"（insigni meriti vir），熟读并频繁征引《天主实义》书中的观点，肯定中国古代典籍中的"上帝"即是基督宗教的Deus，两者只是命名上的不同，但孔子的后世阐释者"不想相信真正的天主，尽管听到过福音侍者的话，却违背他们已听到的真理，有悖自然理性地发表了许多荒诞之说"。① 《天儒印》一书的诞生，可视为利安当对利玛窦耶儒互通诠释路线的肯定及亲身实践。但终其一生，基于对信仰纯粹性的追求，他在其中外文著述中始终如一地反对中国礼仪、视当下中国社会的儒释道三教为充满偶像崇拜的"人为之教"，是有别于圣教的"有教"，在其外文报告中更是严格要求中国奉教者应摒弃礼仪旧俗，"经由其基督徒的活动来转变自身"（ut melius dicam, avertant se ab actionibus Christianorum）。尽管如此，利氏在其外文书信中从未表露出基督教中心主义的世界观抑或民族主义视角下对中华民族及其文化的偏激否定。② 更加难能可贵的，是他能超越修会之间的争执与门户之见，理解并借鉴来华耶稣会的中文神学著述以及传教方式，认真考量和探讨基督

---

① "Hoc est: liber utique antiquorum discusis[sic], scietur quidem illum Altissimum dictum xang ti, a vero Domino Deo solummodo denominatione differre. At moderniores commentatores Confucii, aliique huius temporis litterati, plurima iuxta hoc etiam contra rationem naturalem dicunt absurda: in verumque Deum etiam auditis Evangelii ministris, librisque eorum perlectis, adhuc credere nolunt. Immo a veritate avertentes auditum, ad fabulas autem conversi, caelum ac terram, suum Confucium aliosß[sic] varios spiritus magnis sacrificiis adorant, tam ipsimet sinici reges, quam alii regni sui sapientiores et rudes." SC, Indie Orientali, Cina, vol.1, f. 202r.
② 与利氏不同，多明我会士闵明我在其著述中表露出一种鲜明的基督教中心观。在其《概论》一书中，他一方面挥洒自如地引用了古希腊和罗马的哲学典籍、《圣经》和教中多位圣父的观点、诸多耶稣会士论及中国的著述，也不时会对中西文化的某些异同进行比较和分析，可见其博学勤勉，堪称当时西方学者的典范。另一方面，闵氏基于基督教中心观对异教文化持有强烈的优越感。不仅屡次强调基督宗教至高至圣，需由它来引领儒家文化，甚至还为西班牙殖民者借助暴力屠杀的手段来归化菲律宾群岛上的原住民这一血腥事件辩护。Domingo Navarrete, *Tratados históricos, políticos, éthicos, y religiosos de la monarchia de China*, Al pio, y curioso lector, punto 5, Madrid 1676, pp. viii-ix.

宗教信仰与儒学宗教性之间的异同。

第四节 儒家形象的重构：文化调和派的努力

一、卫方济及其《中国哲学》

比利时来华耶稣会士卫方济（François Noël, 1651—1729）是十八世纪中西礼仪之争历史舞台上的重要人物。在来华耶稣会饱受各方批评质疑的危机时刻，他两度被任命为中国布道团的修会"代理人"（procurator）返回罗马，就中国礼仪的性质向教宗上呈来华耶稣会士收集的各方教友证词，并凭借自己出色的语言能力以及对于中国文化的深入了解撰写报告，为耶稣会的"文化适应政策"进行辩护。其中他于1711年在布拉格出版的《中国哲学》（*Philosophia sinica*, 1711）一书，是目前可见最早以"中国哲学"之名介绍儒家思想特质及其祭祀[①]、丧葬礼仪的哲学专著，亦是明清之际来华耶稣会士体认儒家思想宗教性并将其理论化的集大成之作，其重要性不言而喻。但因其内容旨在为儒学宗教性"正名"，在礼仪之争的大背景下愈发凸显其争议性乃至隐含的"挑衅性"，传闻耶稣会内部曾对其进行审查并下令查封，以致后世流传下来的藏本甚少。[②]

（一）《中国哲学》内容简介

总体上该书由《前言》（praefacio）及"三论"（tres tractatus）构成。在《前言》部分，卫方济开篇即强调本书虽借西方"哲学"之名，意在展示的却是

---

① 卫方济在序言中声明该书只讨论"儒教"这一获得中国文人普遍认可的真实教导，明确排除佛、道等偶像崇拜及其虚假教义，在这一点上他明显追随利玛窦奠定的"合儒辟佛"路线，但从后文又可以看到他明确反对利氏扬古儒、抑新儒（按：指理学家）以及龙华民视古儒新儒皆为无神论者的做法，并大量征引中文文献来证明自己的独立思考和判断。

② 法国汉学家鲍迪埃（M. G. Pauthier）和雷慕沙（Abel Rémusat）都持这一观点，而澳大利亚当代汉学家鲁保禄则认为尚无充分的证据说明这一点，参见Paul Rule, "François Noël SJ and the Chinese Rites Controversy", in *The History of the Relations between the Low Countries and China in the Qing Era (1644—1911)*, Leuven: Leuven University Press, 2003, p. 159. 笔者所参阅的是卫氏藏于捷克国家图书馆的版本：四开本，书页为普通的牛皮纸，封面封底皆为普通软皮并有卷边，在那个时代此种装订模式堪称朴素低调。

中国人关于"礼法的古老哲学"（mors）：今人据此进行德性和内心的修正性学习，它在当下被视为符合正确理性的行为及生活的律法，是关于神圣人事的学说，亦是保持智慧、谨慎的智性以及控制好个人行为的习惯。① 卫氏将"儒教"学说细分为两个层面，一是致力于格物求真的理论思维层面，一是致力于设定律法以规范个体行径的实践层面，指出本书"三论"便是围绕这两大层面展开：第一论是由思索求"真"（亦即关于真神Deus以及鬼神等其他智性存在的认识），第二、第三论则是经由践行"至诚"（亦即中国的祭祀礼仪以及其他关于人正确行为的伦理道德准则）来考察真理。尽管在论证框架上，卫氏自述借用的是西方柏拉图主义，即将"哲学"划分为理论（按：指形而上学）、自然哲学和伦理学的三分法并以此来套用儒学，但他引证的材料却全然出自中文文献，甚至于可以说：卫氏试图从中国文人的举证视角②进入中国经学的注疏传统，经由整理、运用中国的哲学文献来回应西方基督宗教一神论视角下对于"中国哲学"及礼仪的诸多质疑，从而证明儒家思想与基督宗教思想之间的可融性。书中卫氏先是围绕自己的论点，挑选出与之相关的中国经典语句，自行译为拉丁文用以说明其观点的出处，再用《圣经》中与之意旨相近的语句进行比附，用以证明/增强自己观点的合理性。这一借用中西经典来实现自己预设观点的循环论证的做法，颇有

---

① […] Veterum more Philosophiam appello. Haec juxta illos nunc virtutis, mentisque corrigendae studium; nunc rectae rationis operatio ac vitae lex; nunc rerum divinarum humanarumque scientia; nunc habitus intellectus sapientia & prudentia constans, & hominis actiones gubernans nuncupatur. François Noël, *Praefatio ad lectorem*, in *Philosophia sinica*, Praga 1711, p. a (2) r. 下文但凡出现引自该书的文段译文，皆为笔者所译。

② 卫方济对中国典籍的娴熟擅用，一方面得益于其出色的语言天赋，他作为一名拉丁文语文学家，不仅在古典文学及修辞学方面造诣颇深，曾撰写若干的拉丁文诗歌并创作拉丁文戏剧，来华后其中文造诣亦备受肯定，时任耶稣会中国副会省负责人的卫氏同胞安多（Antoine Thomas, 1644—1709）就曾给予他高度评价，并据此选择卫氏作为耶稣会中国传道团的代表，前往罗马为在华耶稣会宽容中国礼仪进行辩护。费赖之（Louis Pfister）亦曾称赞其中文水平很高，致力于在中国经典中探寻基督宗教的真理（《来华耶稣会士列传及书目》（上），第419页）；另一方面因应礼仪之争的缘故，以方济各（Francesco Saverio Filippucci, 1632—1692）为代表的在华耶稣会士亦搜集、整理了大量中国教友有关中国礼仪问题的证词，用以维护耶稣会关于礼仪之争的立场，这亦为卫氏提供了从中国文人的视角理解中国礼仪性质的大量一手资料，此后卫方济和庞嘉宾亦借助这批资料，在出使罗马时编撰了《被确认的新证词摘要》（François Noël et Gaspar Castner. *Summarium novorum autenticorum testimoniorum...*, 1703）、《更新的中国证言备忘录摘要》（*Memoriale et summarium novissimorum testimoniorum Sinensium...*, 1704）等辩护文书。

宋儒"六经注我"以成一家之言的风范。卫氏亦强调书中"提到的所有证词及文本，都从中国带到了欧洲并被保存在罗马，倘若想要查证其中某些原始出处，它们都可以被查阅到"①，显示其无惧查证乃至准备好迎接质疑的坦然心态。另据学者考证：今日存于罗马耶稣会档案馆的大批中文典籍，其中70%可能都是由卫方济与庞嘉宾（Kaspar Castner, 1665—1709）一起带回罗马的，因此这批中文藏书的扉页上大多附有他们二人的题注。②

在该书序言中，卫方济明确反对在阅读经典时"拘泥于字词字面意思"（solum verborum cortex）的做法，强调以这样的方式去理解经典会排除"任何一种相似性的对等"，进而反对只从中国礼仪的表面来判定其是偶像崇拜行径的做法。这明显是对来华托钵修会的黎玉范、利安当、闵明我等人质疑祭祖祭孔等中国礼仪中充斥着大量偶像崇拜的现象，不符合基督宗教义乃至他的耶稣会同袍龙华民反对用"上帝""天主"对应Deus进而掀起"译名之争"的批驳回应。他亦特意说明：书中以cy音译"祭祖"之礼，不仅是为了与拉丁文中向神"奉献牲礼"（oblationes）一词区分开，也是为了避免与其他迷信的种类相混淆。可见祭礼的定性问题在卫氏眼中是中国礼仪之争的核心争论，下文亦会重点围绕这一问题，进一步澄明卫氏的儒学观，尤其是他关于儒学宗教性的讨论。

卫方济在《中国哲学·第一论》主要依据阿奎那《神学大全》关于最高神所具备的九大属性的定义，采取先提出主题，继而转译、征引中文文献进行正面陈述，最后罗列中文原始文献出处以便查对的正面论证方式进行。其中涉及的中文参考文献包括《日讲四书解义》、张居正的《四书直解》、蔡清的《四书蒙引》、吴荪右的《周易正解》、陈澔的《礼记集说》、范之恒和万经的《诗经说约集解》、蔡沈的《书经集传》及《性理标题》等；征引的西文典籍主要有《圣经》、奥古斯丁的《基督教教导》、阿奎那的《神学大全》等。经由中西

---

① François Noël, *Praefatio ad lectorem*, in *Philosophia sinica*, Praga 1711, p. b v.
② 卫庞二人在1701年奉中国副会省会长安多的指示，同为"代理人"前往罗马就中国礼仪之争问题向教宗进行报告并从耶稣会的立场进行辩解。因此时欧洲的礼仪之争愈演愈烈，此行他们特意带回大量的中文典籍藏书，以确保有关中国文化及礼仪的重要文献及证词能获得正确翻译，而不会受到耶稣会对手们的有意误读并被"错误引用"。参见Nicolas Standaert, *Chinese Voices in the Rites Controversy*, Rome: Institutum Historicum Societatis Iesu, 2012, pp. 84-87.

方典籍的互引互证，卫氏试图证明：不管是中国古儒还是理学新儒，他们所理解的"天"或"上帝"就是基督宗教的最高神Deus①，该部分可谓是对龙华民引发"译名之争"问题的直接回应。值得注意的是：卫方济在考察中国人从古至今对于"第一存在"（primum Ens）的认识时，不仅借助经典文献对其精神层面进行挖掘，亦注重考察其内在认识如何呈现为外在的践行（即祭天地鬼神等礼仪），一位西方传教士能够采取这种"知行合一"的儒学省察方式来考究"精微而古老的中国哲学"，这既是对儒学思想特质的肯定，尤其是对其实践性层面（即中式礼法）的凸显②，亦是对其修会前人思考方式和裁判标准的转变。在接下来的《中国哲学·第二论》关于中国人祭祖礼仪的考察中，可以更清楚地看到卫方济试图摆脱来华修会前辈从西式的"宗教抑或迷信"二元对立神学标准出发③，牵强附会地为儒家礼仪进行辩护的做法，果敢地以中国人的视角来定位中国祭祀问题的本质。在《中国哲学·第三论》中，卫方济则将亚里士多德《尼各马科伦理学》的中心论点与儒家经典中的论述相联系（例如强调亚氏有关"美德"的论述与儒家对"仁义礼智"等德行的看法极为相似），试图"从无信仰的亚里士

---

① 关于卫方济在其《中国哲学》一书所使用的中文文献考证以及他在《中国哲学》第一论中，如何理解宋明理学关于"天"的论述并使用经院哲学概念及方式来证明宋明理学的"天"或"理"即是Deus，参见[法]梅谦立（Thierry Meynard）：《耶稣会士卫方济〈中国哲学〉及其儒家诠释学的初探》，发表于2016年11月26—28日"儒家思想在启蒙时代的译介与接受"国际学术研讨会，未刊稿。

② 中国哲学的实践性特质对德国启蒙思想家沃尔夫的触动极大，正因为阅读了卫方济的四书拉丁文全译本《中华帝国六经》（Sinensis imperii libri classici sex, 1711），沃尔夫惊讶于中国人无需依靠神启，借助自身理性以及不懈的道德修为即可实现个人完满并获得幸福的新模式，并将相关思考所得写成《关于中国实践哲学的讲话》（Oratio de Sinarum philosophia practica, 1721）一文。

③ 在《中国哲学家孔夫子》（Confucius Sinarum philosophus, 1687）一书《中庸》部分的手稿中，译者殷铎泽屡次在页边加注强调：儒家祭祖祭孔的性质是非宗教性的世俗礼仪（Ex textu ipso liquet, quod ritus et official Sinensium erga defunctos, à prima Priscorum institutione, fuerint mere civilia），试图为耶稣会在华实行"适应"政策进行辩护。方济各会来华传教士利安当就中国礼仪问题写给传信部的声明中（Declaratio sub iuramento super ea quae Romae annis praeteritis proposita fuere iuxta cultum ritusque Sinarum erga suos a vita discessos maiores. Ad SS. Congregationem de Propaganda Fide. Cinanfu 20 aug. 1661.），同样遵循"宗教抑或迷信"二元对立的判断标准，多次提及：基于其自身对祭天祭祖礼仪实践活动的近距离观察，他确定这些与"拜万岁"（即叩拜不在场的当朝皇帝的礼仪）不同，并非世俗性或政治性的，其中包含巨大的迷信。他认定中国人祭祖祭孔等实践活动明确具有偶像崇拜性质。该声明藏于罗马传信部档案馆（Archivio Storico de Congregazione de Propaganda Fide），详见Fondo Scritture Referite nei Congressi (SC), Indie Orientali, Cina, vol. 1: 1623—1674, fols. 198r-214r.

多德的道德角度出发，审视无信仰的中国人的道德"并使之互为注解，用以肯定中国政治伦理学的价值。① 该部分实际上是对来华耶稣会中支持利玛窦文化适应政策一派观点的继承和强化，其修会前辈殷铎泽（Prospero Intorcetta）、柏应理（Philippe Couplet）等都持类似观点，高度肯定中国人凭借其"自然理性"，不仅获得对于唯一真神的认识，亦在伦理道德和政治管理上拥有出色的见地和修为。

下文笔者一方面会围绕卫氏书中关于古儒与今儒对"天""上帝""鬼神""太极"的认识异同，考察其如何经由探讨祭祖、祭孔礼仪的动机，来证明古儒今儒皆信真神，进而反驳礼仪之争时以龙华民、闵明我等人为代表的"古儒今儒皆为无神论者"的观点；另一方面经由梳理卫氏关于中国哲学中"善""恶""美德的不同种类""五伦"关系及国家治理等方面讨论，展现其眼中的儒学在伦理学层面超越西方哲学之处。

（二）对中国儒学的重新审视

1. 卫氏论"天"和"上帝"

（1）中国的先儒和今儒皆已认识真神的存在

卫方济曾在其四书拉丁文全译本《中华帝国六经》一书的序言中明确指出：尽管来华耶稣会传教团已经数次翻译过四书等儒学典籍，他仍坚持要再次翻译，以尽可能地完善这些译本，这并非不知感恩或浪费时间的无益之举，而是他认为之前的这些译本在翻译的准确性上存在问题，而这直接导致了阅读这些译本的欧洲人无法据此对中国文化做出正确的判断，继而在相关的讨论中争论不休。因此，他决心"准确地追随中国的阐释家及其书中原意，致力于用清楚、恰当的拉丁文逐句翻译高雅的中文语句，而其中的很多语句都涉及中国人的风俗习惯"②。可见他将儒学译本的准确性欠佳视为礼仪之争中有关中国祭祖祭孔以及上帝译名争论的一个主要原因，并期望通过提供一个"如实"追随中国阐释者原意的译本来解决这个问题，最终使"基督成为这两种文化中共同的基石"

---

① 关于卫氏《中国哲学·第三论》的研究，可参见[德]叶格正（Henrik Jäger）：《以亚里斯多德解读〈四书〉——卫方济（François Noël）的汉学著作》，载《华文文学》2018年第3期，第42页。

② François Noël, *Praefatio ad lectorem*, in *Sinensis imperii libri classici sex*, Praga 1711, p. a3 v.

（Utinam utrisque lapis angularis fiat CHRISTUS!）①。

正是基于这样的考量，卫方济的四书译文不管是在体例上还是概念译词的选择上，都更为明显地参照了朱熹和张居正的注解，因而也较其前辈更"忠实"地体现了儒学概念内涵的丰富性。例如在"天"的译介上，卫方济明确指出中国之"天"具备自然存在与神性存在这一双重性。卫氏沿用殷铎泽早期译文中caelum一词②，使得作为自然存在物之"天"的形象非常明确。他在翻译"上帝"一词时则采取音译加意译的谨慎做法，如实表达为coeli Dominum seu Xamti（天的主人或者说上帝）。同时他也毫不掩饰地征引各家阐释，充分表露中国人对于上天的敬畏崇拜。譬如在翻译《中庸》开篇三句时，卫氏忠实地翻译张居正注释中"盖天之生人（既与之气以成形，必赋之理以成性）"为"当上天造人之时"（coelum in producendo homine）；"性命于天，可见道之大原出于天"，则被译为：对本性的引领都源于上天。因此，它是指导人们如何正确生活的那条伟大的第一原理③，明确指出儒家之"天"作为世间万物的创造者及最高主宰者的身份；在翻译朱熹为《中庸》划分章节、概括每一章旨意而增补的"右第一章"时，卫方济也如实翻译朱注中引子思的话："（子思）首先指出'道路'或者说正确理性的源头都来自上天，它自身是绝对不会改变的"④，再次强调了上天赋予万物理性、确定其运行规律的神性特征。此外，在翻译"上不怨天，下不尤人"时，他说道："如果上天没有赐给自己想要的东西，不要因此向上天发怒"⑤；翻译"故大德者必受命"时，他也遵从朱注翻译为"因此那个拥有至高德行的人会从上天那里获得如此之大的奖赏，他理应从上天那里获得帝国并成为

---

① François Noël, *Praefatio ad lectorem*, in *Sinensis imperii libri classici sex*, Praga 1711, p. (a4).
② 按照西方宗教史的观点，caelum被定义为在土地之上并与之相分离的宇宙空间。在《圣经·旧约》中，"天"被视为雅威的居住地（Theologisch gilt der Himmelim AT als Wohnort Jahwes.），但是与东方宗教不同的是，旧约中的"天"并没有被神圣化，而是被视为雅威的受造物：他造出了穹苍，从而"把穹苍下的水和穹苍上的水分开，并称这穹苍叫天"。参见W. Kasper (hg.), *Lexikon für Theologie und Kirche*, Freiburg im Breisgau: Herder, 1993—2001, pp. 115-122.
③ François Noël, *Sinensis imperii libri classici sex*, p. 42.
④ 朱注原文为"首明道之本原出于天而不可易"，卫氏译文参见*Sinensis imperii libri classici sex*, p. 43。
⑤ *Ibid.*, p. 50.

帝王"。① 在这些文段里，"天"作为众生祈愿的对象以及帝国王权正当性及合法性的赋予者、裁决者，堪比《圣经》中《撒母耳记》《列王纪》和《历代志》里所记载的赋予君王正义性及统治合法性的耶和华。

而在深入讨论儒家思想宗教性的《中国哲学·第一论》中，卫方济更为明确直接地总结中国人的"天"：

> 依据中国的古代经典所载：世间万物最初的源头（prima origo）都来自上天（à coelo）或者说上天的主人及统治者（seu coeli Domino ac Rectore，即"上帝"）。万物从一开始就依赖于上天的美德，因此，天或者说上帝是所有事物的第一原因（prima Causa），由它孕育了（producit）人类并赋予人正确的理性及理性的本性，世间无一物能置身于上天的统治及天意之外[…] 中国的古代典籍将Deus所独有的"完善"属性，归于"天"或者说"上帝"。书中有载：对民众而言，他们的帝王是由上天任命的，帝王就像上天的辅助者、使者或者说是它公正的代理人。人们都崇拜敬畏上天，向它祷告，服侍、祭拜并服从上天的旨意。上天会对人们的罪行表示愤怒并通过德行来约束众人。它嘉奖行善，惩治作恶；它俯究众生，体察其精神，指导其内心；上天无所不及，人无法欺瞒上天，因为它是最伟大、显赫、崇高、智慧、博爱、仁慈的支持者和保护者。中国古代经典所记录的这一切难道不是与《圣经》中提及Deus时的记载极其类似吗？②

可见卫氏对于儒家之"天"的双重性，尤其是其神性的一面了然于心。事实上，卫方济在《中国哲学·第一论》开篇第一问"古代中国典籍中是如何理解'天'（Caelum）一词的"就试图系统整理出中国古人所理解的"天"的六个含义③：（1）充满空气的天、（2）遍布星辰的天空、（3）死后灵魂的居所、（4）天意、（5）天理、（6）天的统治者，即上帝，并认为第六个含义展示了中国古人赋予"天"权力、完善、美德乃至立法奖惩等属性，实际上非常接近《圣经》中唯一真神Deus的权能，而这一点也能在古儒、今儒的著述中得到充

---

① 此处朱注原文为"受命者，受天命为天子也"，卫氏译文详见 *Sinensis imperii libri classici sex*, p. 53.
② François Noël, *Philosophia sinica*, Tract. I., Pragae 1711, pp. 23-24.
③ *Ibid.*, pp. 1-2.

分的承认。他多处引用中国典籍用以说明中国之"天"并不只是物质之天,而是世间万物和人的造化者,例如他引用《周易正解·乾卦》:"故化机一动,而物之生理、生气皆此发端"①,用以展现上天具备生化万物的能力;在描述上天与世间万物的关系时,他同样征引《周易正解·乾卦》:"天之四德默运于冥漠之间,而万物之所以为元亨利贞者,惟其机之所动耳"②,来切实呈现上天生养万物的全过程。而作为万物之灵的人,同样是由上天所造,他引用《日讲·中庸第一》:"盖天之生人,既与之气以成形,即赋之理以成性。"③直接借助当时儒家士大夫最熟悉的"理气说"来予以解释——尽管他进行跨语境言说时,借助的仍是经院哲学的概念,例如用materia sensibilis(可感知的物质)来对译此处的"气",用recta ratio(正确的理性)来翻译"理",并用natura rationalis(理性的本性)来对译"性"——而且卫氏也强调在这一过程中,上天会依据万物的本性,将自身的美德分授给它们(Coeli virtutis participatio proportionate juxta cujusque naturam)④,不仅再次凸显"天"并非物质性的而是具有至善德性本源的职能,这完全符合宋明理学对于"天命之性"的理解;而且经由其译词的选择,亦即以"分有"(participatio)的概念去理解"天"与万物本性之间的关系,可以看出卫方济在理解儒家思想时所使用的是柏拉图主义的理论框架。而他本人在序言中亦对自己倚靠这一西哲理论框架来划分、讨论中国哲学文献的做法直言不讳。⑤

有别于修会前辈利玛窦、龙华民对于先儒和今儒(指宋明理学家)有关真神认识所做出的判断,卫方济独树一帜地试图证明古今儒家思想内部具备连续性:

---

① François Noël, *Philosophia sinica*, Tract. I., Pragae 1711, Text Librorum A.1., p. 36.
② *Ibid.*, (B), p. 33.
③ *Ibid.*, (B), p. 29.
④ *Ibid.*, (C), p.34.
⑤ "为了向你,亲爱的读者,介绍中国人关于各种事物的清晰、著名而有趣的讨论,我从他们的书中摘选出一些关于礼仪的历史记载以及他们对于鬼神的了解,目的是要将这些著作联系起来。通过这种方式,古代的哲学家,尤其是柏拉图主义者(Platonici),将哲学划分为理性的、自然的和道德的(Philosophiam distribuerunt in Rationalem, Naturalem, & Moralem;)。如此,本书第一论探讨的是理性哲学,第二论探讨的是自然哲学,第三论则是道德哲学,你将会清楚扼要地读到这些。"笔者译自书中"序言", *Ibid.*, Praefatio, (a)2-3.

无论是孔子为代表的先儒，还是宋明理学家所代表的新儒，他们都在追求对于第一实体（卫氏称之为primum Ens，亦即基督宗教中的Deus）的认识。卫方济回到同样具有异教背景的古希腊哲学，直言当时古希腊的哲学家也都使用他们自己的用词（譬如λόγος等不同说法），来谈论万物的第一原因，这与中国今儒使用"天""性""理"这些稍嫌抽象晦涩的名称来描述自身有关第一实体的认识，本质上并无不同。① 卫方济甚至颇为激烈地针对基督宗教本位观之下，将Deus僵化地视为真神唯一正确名称的看法发起控诉：

> 如果说今儒那些指向真实天主存在的抽象名词不足以言说真神的存在的话，那么不止是在中国，所有古代的哲学家都将因他们不幸的无神论错误而受到谴责，而这相当于是在声称：整个世界，除了犹太这极小的一部分区域，在基督诞生之前的那么多个世纪里，都受困于对其真正的缔造者及奖赏者（Conditor & Remunerator）的一无所知。当然，关于这一点既不存在充分的理由，似乎也不符合神圣的天意。②

可见在卫氏眼中，尽管古希腊和中国的先儒、今儒使用了不一样的术语名称，但他们所关心和谈论的都是关于天地间的第一实体、最高神的存在。一如西方基督徒不会因此而苛责柏拉图、亚里士多德，他们同样不应据此谴责宋明理学家为"无神论政客"。他甚至推翻修会前辈的所有立论，公然提出：根据他对中国古代及后世文献典籍的查证，今儒与古儒对于"天""上帝"所具有的完美属性的看法不仅一脉相承，而且今儒比古儒更为准确、有效且清晰地解释了"天""上帝"的属性问题。因此，无论是古儒还是今儒都具备一些关于第一实体或者说Deus的认识，他们都不是无神论者。③

---

① François Noël, *Philosophia sinica*, Tract. I., Pragae 1711, Text Librorum A.1., Praefatio, (a)3.

② "Unde si illa abstracta nomina ad veram Dei essentiam indicandam non sufficerent; necesse foret non tantùm Sinas, sed etiam omnes illos veteres Philosophos nigrâ Atheismi labe condemnare, adeóque asserere totum mundum, exceptâ Judaeâ, parte exiguissimâ, ante Christi ortum per tot saecula, veri sui Conditoris & Remuneratoris ignorantiâ laborasse; quod certè nec sana ratio admittit, nec Divinae providentiae videtur conforme." *Ibid.*, Praefatio, (a)3.

③ *Ibid.*, Tract. I., pp. 26-27, 62, 146.

（2）中国人所认识的"天""上帝"即基督宗教的真神Deus

在来华耶稣会内部近百年来围绕"天"和"上帝"译名的思考和争论之中，卫方济并没有简单地在"利玛窦路线"或"龙华民观点"中选择站队，而是基于自己对于中国典籍注疏的大量阅读和思考，直接挑明其中需要深入分析的关键性问题，亦即："中国著作里习惯使用天或上帝指示第一实体，但争论在于天或上帝是否真地意指第一实体、万物的第一原则，或者说（基督宗教中）真正的Deus？"① 因此，他依据经院哲学有关Deus身上所具备的九种"完善属性"（perfectiones）的系统论证②，亦即涉及神的统治权（de dominio）、能力（de potentia）、知识（de scientia）、意志（de voluntate）、公正（de justitia）、生命（de vita）、无限广大（de immensitate）和永恒（de aeternitate）、单一性（de simplicitate）或精神性（de spiritualitate），在这一西式理论框架下，卫方济立足于中国古代典籍，经由征引和翻译中文文献中的相关语句来逐一考察先儒和今儒著述中所描述的"天"（Caelum）及"上帝"（caeli Dominus ac Rector，上天的主人及统治者）是否具备上述九方面的属性。借助目前罗马耶稣会档案馆所藏卫氏的原始手稿（残稿，仅有《中国哲学·第一论》，档案编号Fondo Gesuitico 724.4）及其中所标注的引文汉字标题，可得知卫方济在撰写《中国哲学》时主要的中文参考文献包括以下四类③：

① 传统的经史注疏：张居正的《四书直解》、蔡清的《四书蒙引》、康熙

---

① François Noël, *Philosophia sinica*, Tract. I., Pragae 1711, Text Librorum A.1., Praefatio, p.1: Jam verò ad hoc primum Ens exprimendum, ac significandum, solent isti libri adhibere vocem *Tien*, id est *Coelum*, & vocem *Xam Ti*, id est *coeli Dominum*, vel *coeli Rectorem*; sed est controversia an illa vox *Tien*, vel *Xam Ti*, verè significet primum Ens, primum omnium rerum Principium, seu verum Deum?

② 上述有关Deus属性的讨论，皆出现在托马斯·阿奎那《神学大全》和《反异教大全》中论上帝本质属性的章节中。参见[意]托马斯·阿奎那：《神学大全·第一集·第一卷》（*Summa Theologica*），段德智译，北京：商务印书馆，2013年；[意]托马斯·阿奎那：《反异教大全》（第一卷：论上帝）（*Summa Contra Gentiles*），段德智译，北京：商务印书馆，2017年。

③ 梅谦立（Thierry Meynard）在其《卫方济〈中国哲学〉征引中文文献考》一文中（收录于中山大学西学东渐文献馆主编：《西学东渐研究》第10辑，北京：商务印书馆，2021年，第270—302页）对卫方济《中国哲学》一书所征引的主要中文文献进行极为仔细的爬梳，在此也要感谢梅教授将卫方济《中国哲学·第一论》原始手稿的藏点及其中保留有卫氏写作时所征引的中文典籍汉语原文这一重要信息与笔者分享。

帝御定的《日讲四书解义》、吴荪右的《周易正解》、陈澔的《礼记集说》、范之恒和万经的《诗经说约集解》、蔡沈的《书经集传》《性理标题》、黄洪宪的《性理标题捷览》、班固《白虎通》、陈仁锡《古周礼》以及明代王昌会的《全史详要》等。

② 来华传教士谈及"天"或"上帝"的中文著述：例如方济各会士利安当的《天儒印》（1664年），方济各会士石铎禄的《初会问答》（1680年）。

③ 中国奉教文人谈及"天"或"上帝"的中文著述以及康熙帝的"证词"：徐光启名下谈及"上帝"的多篇著述：《辟释氏诸妄》（约1615年，有说是托名之作）、《辨学章疏》（1616年）、为利玛窦的《二十五言》（1604年）及为艾儒略《天主降生言行记略》（1635年）所作的跋；冯应京为利玛窦《天主实义》（1603年）所作的序、杨廷筠为庞迪我《七克》（1614年）所作的序、杨氏为艾儒略《职方外纪》（1623年）所作的序及其在《代疑篇》（1635年）和《天释明辨》（1645年）中都用"上帝"来指称Deus；李之藻为《天主实义》及《畸人十篇》（1608年）所作的序、为孙学诗《圣水纪言》（约1616年）所作的序；陈仪为艾儒略《性学觕述》（1646年）所作的序；徐尔觉为潘国光的《圣教四规》（约1662年）所作的序；韩霖的《铎书》（1641年）；张庚的《天学证符》（1628—1636年间）；朱宗元的《拯世略说》（1644年）和《答客问》（1643年）；李九功的《慎思录》（1682年）；洪济和张星曜所撰《辟妄条驳合》（1689年）书中的序言，以及佚名的中国基督徒所著《醒迷篇》（Sim my pien）、丘晟的《述闻篇》（约1701年）等。① 而最有说服力的中国"证词"，无疑是来自康熙帝就敬天、祭祖礼仪之合法性，向来华耶稣会士闵明我、徐日升、安多、张诚等所作的真实可靠的证词②，有助于肯定中国人敬天与基督宗教敬神之间

---

① 梅谦立在其《卫方济〈中国哲学〉征引中文文献考》一文中，对上述谈及"天"或"上帝"的中文著述，就其作者身份、具体版本，乃至相关著述目前在罗马耶稣会档案馆中对应的藏本信息，皆有极其详尽的考证说明。详见[法]梅谦立：《卫方济〈中国哲学〉征引中文文献考》，载中山大学西学东渐文献馆主编：《西学东渐研究》第10辑，北京：商务印书馆，2021年，第289—297页。

② *Philosophia sinica*, Tract. I., pp.175-179.

的共通性。

④ 中文工具书：梅膺祚的《字汇》、张自烈的《正字通》、马端临的《文献通考》等。

据此可见卫氏具有很高的中文阅读水平。

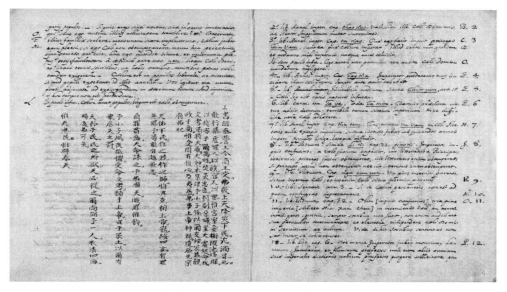

卫氏《中国哲学》手稿

通过在上述第一类中文文献（即中国传统的经史注疏）中，截取出符合经院哲学所论证的Deus属性的相关文句，卫方济针对古儒，得出以下结论：

中国古人将此世代口耳相传，无论是理智上还是意愿上，他们看起来都不是无神论者。他们的领悟力体现在那些古书里，在那里面我们可以看到他们将Deus身上特有的各种完善属性附加到上天（Coelum）、天的主人和统治者（coeli Dominus ac Rector）身上。他们的意愿也都在那些书里得到表达，其中讲述到：早在中国最初的三个朝代夏、商、周，它们持续了将近1976年，就已侍奉天的主人，或者说天地的神灵。中国的创始人伏羲向神或者说神灵们献祭，帝王颛顼、黄帝、武王则是向天的主人献祭；诸侯王文王专精极勤地侍奉那位天的主人；诸侯王成汤也心怀敬畏并顺从于他；所有大臣及百姓都尽其所能地对他予以崇敬。由此我们可以推断中国古人并非无神论者，但并不能据此认为他们就一直都是圣人，可以从罪过中得到豁免及获救。看起来只有那些基督诞生之前的民众，他们举行祭祀仪式敬拜天地山川，以及主宰地上其他事物的神灵，除了犹太人，没有其他民族能像中国人这般勤勉且热心。①

  针对更具争议性的今儒思想特质，卫方济先是概述了自己从中国文献中的考察所得及思考的结论：（1）今儒既按照古人的风俗来行事，也按照现代人的习惯来做事；（2）在今儒的著述中，他们也将最高的主人、最强大的能力、绝对正确的知识（scientia falli nescia）、自由意志、明智的公正、生命、无限、纯粹单一、灵性等属性赋予上天、天上的主人。因此，他们确实拥有某些关于第一实体或者说Deus的认识。（3）他们认识到在世界上存在某种看不见的、精神性的第一原则，它具有推动性、是第一动力并由此产生一切，它以不可见的方式推动一切事物的运转，统领着一切并预知所有事情的发生。今儒称它为唯一的、精神性的（Spiritum）原则，据此来看他们确实拥有某些关于第一实体或者说Deus的认识。（4）虽然古儒与今儒对于这个第一原则、第一实体，时而通过理性、时而借助本性、时而经由生命的气息（Aura vitalis）、时而又以上天的律法来呈现它，但这并不会阻碍人们获得对它的真实认识。因此古代和当下的中国人，甚至古希腊人，实际上只是在用不同的名称来指出Deus的存在。（5）圣保禄在《罗马书》第一卷中曾作判语：古代的智者和哲学家自然都能认识真神……真神经由自然之光来呈现真理。因此，保禄说：人们都能认识到神的存在……但仍有少数传教士无法被说服，对于中华民族这个洞察力如此敏锐、文化如此发达的民族，她对于最高的存在拥有如此之多的清晰的不同认识，也许在这件事情上她甚至超越了众多古代的智者，这些传教士怎会想在她的身上打上无神论的烙印？（6）现代中国人及古人都认识山川之神、天地之神，并崇拜他们向其献祭，因

---

① *Philosophia sinica*, Tract. I., pp. 26-27. 原文中出现的三位帝王名称，依次是 "*Chuen hio*, *Hoam ti*, *Vu vam*"，此处笔者据读音回译为"颛顼、黄帝、武王"。但在中国传说中，颛顼高阳氏是黄帝之孙，卫氏亦明确知晓此辈分关系（p. 6），此处不知为何将其置于黄帝之前。《中国哲学》一书因引用《文献通考》《全史详要》等史籍材料试图呈现中国古人对上帝的崇敬，引文中曾多次出现伏羲、神农、黄帝、颛顼等上古帝王之名，大部分情况下皆依据相关人物出现的历史年代先后予以排序（pp. 54, 103, 247），此处帝王的姓名排序未按时间先后顺序来执行或属无心之失。

此，他们并非无神论者。（7）借助理性、本性、生命的气息、上天的律法等字眼，我们传教士已经告知中国人并不断向他们指出其中蕴含的神意，基于这些词所具有的普遍性意义，其意涵完全可以被人的思想所接受。（8）从圣保禄的思想出发来看待这个问题，我认为当今的中国人自然地认识了Deus，他们并不是无神论者。我这么说也是基于这一看法，不应不公平地排斥他们对于真神真理的认识。因为他们已经充分地认识到存在一个最高的真神，它是世界的创始者和缔造者……良知是经由自然之光赋予每个人的。由此可知，当今的中国人并非无神论者，而应该被称为不虔诚的人（impios appellandos esse）。（9）经由审慎的文献考察和判断，不能宣称当今的中国人是无神论者，更不用说古代的中国人了。①

继而，卫方济大量征引来华传教士、奉教中国文人笔下论及"天"和"上帝"的中文文献语句，乃至康熙本人关于敬天、事亲、祭孔等礼仪具备合法性的证词，试图以中国人自身的视角，由其文献书写和证词讲述来证明今儒确与古儒一样认识到真神的存在。从而，使用中国古籍中出现的"天"或"上帝"之名来译介、指称Deus的合法性在卫氏论著中已然成立。

2. 卫氏论"太极""理""气"和"鬼神"

（1）重新定性"太极""理"和"气"

卫方济在《中国哲学·第一论》第二章第六问就"太极"（Tay Kie，primus rerum Terminus，意为事物的第一极点）在中文文献中的含义进行梳理。开篇卫氏先是引入西方哲学中有关事物如何获得其"自然本性"（natura）的五种方式，作为后续引用中国文献分析儒学概念时的理论框架：①借助Deus——万物的始作俑者，它被称为"具有创造力的自然"（natura naturans），而受造物则被称为"被创造的自然"（natura naturata）；②借助其他事物的本质；③借助聚集起来的全部自然力所产生的影响；④借助有生命物体的传宗接代，又因为传宗接代源于事物的内在原则，因此推出⑤事物经由内部原则首先获得其自然本性，而后又为之所驱动。② 在第5点处，他明确指出自己所依据的材料为《科因布拉评论》（Conimbricenses，亦即耶稣会内部针对亚里士多德哲学所作的多部注解的

---

① *Philosophia sinica*, Tract. I., Tract. I., pp.146-149.

② *Ibid.*, p. 138.

合集，因这一系列的注解是16—17世纪由葡萄牙科英布拉大学的耶稣会士集体编撰而成，后来亦成为耶稣会士教育培养的重要教材，故因此得名）①，而依据卫方济在此处借用运动和静止的原则，为事物如何经由内部原则来获得自然本性，而后又为之所驱动所作的说明②，亦可明确其参考的理论来源是亚里士多德《物理学》一书"论自然"中谈及动静的部分。

  在亚氏的定义中，自然本性是一个完整实体的重要组成部分（Natura ... cùm sit pars essentialis substantiae completae），卫方济在此明显视太极为一实体③，故在陈述五种"自然本性"的获得方式后，他随即指出："太极或者说第一极点，似乎可以很好地用上述关于获得'自然本性'的不同方式来解释"④，并在下文分列四点对此予以论述。其中，与其修会前辈利玛窦视太极为"依赖之类，自不能立""不能为万物本源也"、龙华民贬称太极为"第二物质"（2ª matéria）等看法存在明显差异的观点，出现在卫氏的第一点论述中。卫氏在中文文献中发现缔造一切事物的是天和地，而缔造天地的是第一极点，即太极。因此在他看来，"太极"就其本质而言是具有"创造力的自然"，或者说它具有Deus所具有的能力，正如它是世间万物的始作俑者。延续全书一贯的论证方式，卫氏大量征引黄洪宪《性理标题捷览》、蔡虚斋《四书蒙引》以及《文献通考》等文献中论及"太极""上帝""天""太一"等的语句，试图证明"太极"与Deus异名同实之处：因为"太极"本身没有名字，无法被言说，一如在西方教父经典中所说的，言说Deus身上的本质和本性是不可能的事情；而在中国经典中，"上

---

① 关于伦理课程在耶稣会内部教育中的重要地位及其编撰"科因布拉评论"的过程，参见[意]高一志著，[法]梅谦立等编注：《修身西学今注》，北京：商务印书馆，2019年，第15—19页。
② 卫氏此处为动、静所下的定义是："运动和静止的原则和原因，该原则首先是固有的/与生俱来的，而非附加的。通过运动，你可以理解为任何一种变化，或是逐步的改变，或者瞬间的改变，因此称之为行动和承受（actio & passio）。通过静止，你可以理解为通过运动而实现的绝对的、或是持续状态的停止。"笔者译自 *Philosophia sinica*, Tract. I., p. 138.
③ 卫氏在此亦特意作注指出：依据亚里士多德对于自然的定义，用自然来称谓Deus、天使明显是不适和的，但他强调，由于与真实的自然具有相似性，只要将Deus和天使视为一种整体运作的原则，它们也可以被称为自然，尽管在它们身上缺乏解释自然所需的其他条件。*Ibid.*, p. 138. 此处卫方济明显是为下文将要谈论太极与Deus在其自然本质上的诸多共通之处埋下伏笔。
④ "*Tay Kie*, feu primus Terminus videtur optimè posse sumi pro *natura* hîc diversis modis explicata." *Ibid.*, p.138.

帝"亦曾被称为"太一"（Tay ye），所有的中国士大夫也都将"太一"解释为"太极"，所以他认为："太极"其实就是"上帝"，亦即那位万物最高的缔造者——Deus。从卫方济的引文材料及其论证逻辑可以看出：此处的"太极"，连同宋明理学中突出强调的"理"，都因其主宰阴阳的变化、造化万物的功能，从而类似于"上帝/鬼神"（Deus/Spiritus）。此后，卫氏在其第二、第三、第四点论述，分别依据上述西哲分类中的第二、三、五种方式（因其认为第四种方式实际上已被第五种方式所囊括，故略去），并从中文典籍中援引有利于支持其观点的语句，逐条论述太极作为实体如何从其他事物的本质、全部自然力的聚集以及最常见的方式：借助动静这一原因性原则（Principium causativum motûs & quietis）来获得及践行其自然本性。

与"太极"类似，"理"在利玛窦及其路线的拥护者眼中，亦被定义为物质性的"第一物质"（materia prima），致使宋明理学背负上了唯物主义乃至无神论的罪名。为了破解这一指责，卫方济在梳理"理"的内涵时，先是在理论上借用经院哲学的两个概念："思辨性理性"（ratio ratiocinans）指一种纯理论的、非实践性的主观论证推理，该思考并没有现实的具体对象（sine fundamento in re）；以及"推断性理性"（ratio ratiocinata）指对客观事物进行理性分析，亦即其思考是有现实的客观对象的（cum fundamento in re）。① 在卫方济眼中，"理"的本质既非虚空因其具有精神性可统摄万物，亦非物质性因其并无具象的存在形态，它近似于经院哲学讨论中的"推断性理性"，由此，卫方济把"理"定义为一种脱离了众多有形物质、真正存在的实体（Ens）。②

继而通过引用《周易正解》《中庸蒙引》等中文典籍中的记载，卫氏进一步肯定"理"这一实体不仅能主宰阴阳变化（亦即类似于真神的造化职能），

---

① 梅谦立在其研究中还进一步探讨了卫方济使用这一对"非主流"经院哲学术语来介绍"理"/"太极"的原因：因其可以摆脱基督宗教中对于造物者和被造者的二元论划分，同时又保留Deus超越万物的观念，及卫氏在理解宋明理学时可能受到斯宾诺莎《伦理学》一书思想的影响。参见[法]梅谦立、王格：《超越二元，迈向统一——耶稣会士卫方济〈中国哲学〉（1711年）及其儒家诠释学的初探》，载《哲学与文化》第四十四卷第十一期，2017年，第56—57页。

② *Philosophia sinica*, Tract. I., p. 58.

还具有精神性特质，可以从天上下落到人世间，构成万物身上的本性并成为其运行法则。① 在此，程颐所提出的"理即是天"（"自理言之谓之天，自禀受言之谓之性，自存诸人言之谓之心。"）以及朱子据此进一步发挥的"性即理"，皆经由卫方济经院哲学式的转述，逐步进入西方受众的视野。一同被介绍的还有宋儒的"理气说"。与"理"类似，宋明理学用以解释万物形体构成的"气"，在早期来华耶稣会士利玛窦、龙华民那里，都是按其字面意义被理解为西方人所认为的世界四大构成元素之一："空气"（aër），被视为纯粹的物质。基于对理学概念的深入把握，卫方济同样意识到儒家的"气"在其物质层面之外所蕴含的生命力，正如儒学注疏中常见的"生气""气机"等词所传达的意蕴。他据此在译文中，为"气"划分出物质性的"可被感知的气"（sensibilis aër）和具备生命力的"生命原则"（principium vitale）的双重含义②，例如在征引《周易正解·说卦·上传·第五》："就气机说犹未著物，然帝之出入不可见"时，他就明确将此处的"气机"翻译为"具有生命气息的发动力量"（vitalis aurae vis motrix）③，突出此处的"气"无形地参与到"上帝"造化万物过程中，正是借助"气"这一媒介，同样不可见的"上帝"才得以把生命力传递给世间万物。

（2）对"鬼神"本质的认识

至于更为敏感、同时也因其在中国礼仪祭祀中具有重要地位的"鬼神"一词，纵观明清各代来华耶稣会士在其中外文著述中的理解，可以发现对该词的理解是判断其为"以耶释儒""合儒补儒"路线，抑或反儒批儒一派的关键性证据。最早入华的罗明坚在其四书拉丁文手稿中，将"鬼神"被统一译作spiritus，结合其所在语篇的文意可知，罗明坚将其理解为"有知觉的精神体"。罗氏亦在《中庸》译文"子曰：鬼神之为德"一句，明确指出"鬼"为邪恶的精神体，

---

① 例如此处卫氏的引文具体有（1）《周易正解·上传第四》："天地之化、万物之生、昼夜之循环，不外一阴阳而已。阴变阳，阳变阴，是之谓易。阴阳，气也。所以主宰是气者，理也。阴阳之变易皆是理主宰之。"，对应译文参见 *Philosophia sinica*, Tract. I., p. 55.（2）蔡清：《中庸蒙引》："此理在天则谓命，在人物则谓性，在事物则谓道，皆理也。"对应译文参见 *Philosophia sinica*, Tract. I. p. 63.
② *Ibid.*, p. 34.
③ *Ibid.*, Text Librorum I, p. 39.

而"神"为美善的精神体（Bonorum et malorum spirituum opera mira ac magna sunt.），进一步明确了"鬼""神"之间显著的性质差异，而这与他在其中文著作《天主圣教实录》中对于"鬼神"的介绍和禁止教友祭拜鬼神的态度亦高度一致。① 反观与他同一时间来华的利玛窦，他对待"鬼神"的态度则明显有所不同。基于传教策略上的差异，利氏应巡按使范礼安的要求撰写新的"要理本"《天主实义》以取代罗明坚的《天主实录》。在书中，利氏删去关于创世、天使因冒犯天主被逐为恶魔、耶稣复活以及十诫等介绍，侧重于援引中国典籍并以哲学论证的形式来证明基督宗教的重要神学理念，一并据之批佛、道及宋明理学。谈及"鬼神"时，利氏一方面借《尚书》《诗经》所言，肯定中国古人祭祀"鬼神"是一种相信灵魂不朽的纯粹信仰，激烈反对理学家以"气之屈伸"来解释鬼神的产生，指出这与古代典籍的记载明显相悖；另一方面强调唯一天主对鬼神的主导权（"但有物自或无灵，或无知觉，则天主命鬼神引导之，以适其所""夫鬼神非物之分，乃无形别物之类。其本职惟以天主之命司造化之事，无柄世之专权。故仲尼曰：'敬鬼神而远之。'彼福禄、免罪，非鬼神所能，由天主耳。"），在避免迷信鬼神力量的同时，也反对因鬼神无形不可见而否认其存在的无神论观点（"夫'远之'意与'获罪于天，无所祷'同，岂可以'远之'解'无之'，而陷仲尼于无鬼神之惑哉？"）。尽管罗氏与利氏都强调天主是鬼神及众生的主宰，但利氏在书中并未仔细分梳"鬼""神"两者的差异，更未像罗明坚那样明言禁止祭祀鬼神，以求合儒补儒。至于龙华民则更是简单地基于《性

---

① 罗明坚在《天主圣教实录》中依据天主教教理逐条分辨同为天主所造的有灵无形之物："神/天神"和"魔/魔鬼"之间的种种不同，并针对中国文化的特点，在"十诫"的第一条明确否定偶像崇拜的行为："要诚心奉敬一天主，不可祭拜别等神像 …… 违诫之罪有四，敬其天地日月，及诸鬼神，罪之一也。信其夜梦不祥，而吉凶有兆，罪之二也。寻择日辰而用事，罪之三也。信其占卜卦术，罪之四也。"反对祭拜鬼神这一"精神体"的态度非常严肃坚决。

理大全》中的相关表述，认为儒家所谓的"鬼神"本质上只是"气"而已。①

此后追随利玛窦路线的耶稣会士，在其合译的《中国哲学家孔夫子》一书中，一方面反对理学家将"鬼神"解释为纯粹的自然力（亦即"气"），否认"鬼神"是"纯粹无生命的物质"；另一方面亦进一步将"鬼神"与基督宗教中"天使"的形象相联系："这样的一些人，他们想通过这两个字来理解一种最高的存在……这些名字大部分都是指那些鬼神，上帝(Deus)创造他们作为看守者和管理者，用于看守及保护上帝的受造物。"② 该译文中呈现的"鬼神"形象，完全无异于基督宗教中"天使"。③ 作为后来者的卫方济，他对"鬼神"的译介更贴近中文本义。如其在序言中所言，卫方济遍搜中国古籍有关智性存在（intelligentia）或"鬼神"（spiritus）的看法，在大部分情况下，他都将中文典籍中的"鬼神"统一译为"毁灭及缔造的神灵"（spiritus destruens &

---

① 孔子与朱熹确实都曾指出"鬼神"在本质上都只是"气"而已。例如《礼记·祭义》："宰我曰：吾闻鬼神之名，不知其所谓。子曰：气也者，神之盛也；魄也者，鬼之盛也。合鬼与神，教之至也。……因物之精，制为之极，明命鬼神，以为黔首，则百众以畏，万民以服。"由此可见孔子将"鬼神"视为气，"合鬼神"以为教，目的是要借此使万民敬畏顺从，表现出一种将宗教视为教化手段用以维护政治稳定的倾向。在宋儒身上这点更是被发扬光大，朱熹对"鬼神"的讨论正是建立在气分阴阳的基础之上，由此进行的延伸："鬼神只是气"，"鬼神不过阴阳消长而已"，"神，伸也。鬼，屈也。"（《朱子语类·三》）龙华民在其论证过程中，最大问题在于他过于倚重宋明理学的著述，乃至有意颠倒儒家学统中的主次、先后关系。龙氏提出：要证明中国古人是无神论者，只需先证明当代人就足矣。因为当代人的言论不过是对古人单纯的回应。他们在古人论述的基础上，频繁引用他们有关美德及宗教事物的论断。而证明这一点的有力论据，便是龙氏文中《序论17》（Preludio XVII）所记载的他与异教徒以及奉教文人之间的对话。Domingo Navarrete, *Tratados históricos, políticos, éthicos, y religiosos de la monarchia de China*, Madrid 1676, pp. 282-285。笔者认为：尽管龙氏对于宋明理学有相当深入的了解，但其立论时常未能系统考察儒家思想脉络的变迁发展，断章取义且缺乏说服力，一如《序论11》就曾出现类似经由"宋儒反推原儒"的荒诞论证：因宋儒指出世上一切存在皆源于"理"，由之产生"气"及仁义礼智信五德，因而在中国人那里，他们的道德以及万物的存在都源于"理"这一源头。由此可知孔子的观点、他所有的教导都可以归于一点，亦即"理"这一最普遍的道理及实体。*Tratados históricos, politicos, éthicos, y religiosos de la monarchia de China*, Madrid 1676, pp. 267-268.

② Prospero Intorcetta etc., *Confucius Sinarum philosophus*, Paris 1687, pp. 50-51.

③ [奥]雷立柏编：《汉语神学术语辞典》，北京：宗教文化出版社，2007年，第15页。教会里有关"天使"的神学论述可以在奥古斯丁（Augustine, 354-430）、额我略一世（Gregory I, 590-604）等早期教父的著述中找到。被称为"天使博士"（Doctor Angelicus）的托马斯·阿奎那在他的《神学大全》第一部分，从第50个到第64个问题都是在谈论"天使"这一上帝的受造物及其职责、功能。

producens）①，在肯定"鬼""神"同为精神受造物的基础上——此处反驳了龙华民的观点——亦明确区分两者在性质上具有消极和积极的差别。可见，其对"鬼神"性质的总体把握更接近于罗明坚，有别于利玛窦，但较前人更细化。

经由上文围绕《中国哲学·第一论》的分析可见，卫方济对来华耶稣会传统儒学观的重要突破在于：他首次向西方受众明确肯定古儒和今儒之间在学统、道统上的连续性，以及在"天""上帝"等核心概念理解上的一致性，也据此重新评估了"太极""理""气"等概念所具有的双重意向，凸显了这些儒学哲学概念内涵中贴近于西方神学中所认定的Deus属性的层面，从而反驳了龙华民的观点一并修正了利玛窦"扬古儒斥今儒"的路线。

（三）《中国哲学·第二论》：中国祭祀礼仪

1. 关于"祭祀"礼仪的核心争议

"中国礼仪之争"中最为棘手的问题是祭祖祭孔等中国礼仪的性质问题。明清来华传教士关于中国祭祖祭孔问题的核心争议在于：这一祭祀行为的对象为已故先人的神灵，且祭祀者在祭拜过程中设置牌位、塑像/画像，在其祈愿中明确有所求（对此，耶稣会士和托钵修会各执一词，看法不一致），这样的祭祀行为违背基督宗教只可信奉、崇拜唯一真神的教导，属于从事偶像崇拜的迷信行为。要破解这一争议的核心，首先需厘清中国为何要从事"祭""祀"活动，亦即祭拜行为及祭拜者的动机；其次要剖析祭祀对象的本质及其祭祀行为带来的后果；此外，结合中国人所处的文化环境来考察他们在祭礼中所要求的和希望的东西，是否符合西方神学定义中的"迷信"行为，亦是需要重点讨论的要点。

据此，卫氏的《中国哲学·第二论》从以下三章展开论述：（1）中国人为已逝者所立的木头牌位；（2）中国人为已逝先人修筑的祠堂；（3）中国人为已

---

① 黄正谦和梅谦立先后针对卫方济《中华帝国六经·中庸》及《中国哲学》中谈及"鬼神"的译文进行分析，详见黄正谦（Felix Wong），"The Unalterable Mean", in *Journal of Chinese Studies*, 2015 Vol.60, pp.197-224；[法]梅谦立：《耶稣会士卫方济对鬼神的理解》，载《北京行政学院学报》2018年第5期，第110—115页。他们都认为卫方济对鬼神的理解受到蔡清《四书蒙引》的影响，并利用亚里士多德哲学的"动力因"、关系与运作等概念，来理解儒家所讲的鬼神源于阴阳的聚散。

逝者践行的祭礼，并对其中是否会发现某种迷信行为进行梳理争辩。① 因卫氏全书各章的论证结构和论证方式都保持高度一致，下文重点围绕该论首章"立牌位"——这一最具"迷信"嫌疑的祭拜形式的具体论证，来呈现卫方济的论证思路、对中文材料的使用及其所坚持的立场和得出的结论。

2. 破解争议的论证模式及主要观点

卫方济第二论中的论证明显遵循经院哲学的论证模式，经由主题的设定（共提出二处设问）、征引中文文献进行正面论证答复、针对异议进行反面驳斥答复，并在文后附上详尽的中文原始文献出处等环节来完成主题论证，就其论证逻辑而言具有鲜明的演绎法特征。例如围绕"木头牌位"的问题，他提出的第一个设问是：中国人为已逝者所立的木头牌位，从其内外目的或者从其行为的目的、行动者的目的来看，是否是迷信的行为？② 在论证伊始，他先是介绍自己全部论证的"普遍原则预设"（**大前提**）——阿奎那《神学大全》（第二集第2部第92问第1节）中对于"宗教"（religio）和"宗教崇拜"（cultus religiosus）的定义来奠定其分析的理论基础：因Deus自身的极致完善从而能造化并赋予万物美德，对于这一所有事物的第一原则，由人的意志（a voluntate）支配起一系列行动（譬如祈祷、崇敬等），应用于向Deus献上与其极致完善相符的应有的崇拜。其中，卫氏亦特别提及另一种有别于对Deus的合法崇拜：对于被缔造的完善（譬如天使、圣人等）的朝拜（Dulia）。因为Deus恩典的神圣性，促成了被缔造物身上的完善，人们献给这些被缔造物的崇拜，因其所分受的神性都指向Deus，所以这些崇拜最终也会归于Deus。卫方济基于这一正统神学的定义想要凸显一点："崇拜"是基于造物主的完善或者说被造物的出色本性而被献上，它具有鲜明的世俗性；但在种类上，宗教崇拜又有别于世俗崇拜和尊敬，后者是人们出于荣耀或者基于人的权力献给另一个人的。而与之相对，"迷信"则是一种恶行，它呈现为对所有事物的第一原则Deus不恰当的崇拜。同样作为人类意志所支配的行动，"迷信崇拜"是与对待极致完善的Deus的恰当行动不一致的行为，主要有两种：或是因崇拜方式的不正确，亦即以不正当的方式去崇拜Deus；或者因为事物

---

① *Philosophia sinica*, Tract. II., p. 34.
② *Ibid.*, Tract. II., p. 2.

被崇拜的方法，亦即将用于崇拜Deus的方法用来崇拜被造物。

此外，卫氏还试图借助"物质对象"和"形式对象"的区分，来说明人类的自由实践行为，如何通过其中被表露的对象来界定其善或恶，从而引出将要解析的主要问题（**小前提**）："木头牌位"应借助形式对象（或者说动机及目的原则）来判断其是善是恶。卫氏在其具体论证过程中，时常先直接提出自己的看法（亦是其最后的**结论**），再在后文征引中文文献逐一丰富论证。他个人首先认为：依据行动及行动者的目的来看，"木头牌位/木主"就是一个安放于家中的牌子。据中国人所说，其最初的设置动机是对真实事物（亦即已逝者）肖像的模仿，而对真实事物的模仿并非一种迷信，或者说偶像崇拜，因为我们需将"偶像"和"肖像"进行区分（Idolum ab Imagine in hoc distinguitur），偶像是对虚假事物的模仿，而肖像则是对真实事物的模仿。因应这一论点他征引的中文文献主要出自《礼记》中《曲礼上》《祭统》《郊特牲》《坊记》《檀弓下》《丧大记》及陈澔在《礼记集说》中的注解①，用以印证自己的看法符合中国文献中的记载和当下的实情。继而他又提出第二点看法："木主"属于使用肖像的宗教崇拜，确切地说是运用父母的肖像进行世俗性崇拜。使用"木主"从其动机看应是要表达原始形态的敬意，并由此产生不同的崇拜，例如有低级的、相对的方式，就像是对父母的标识或是说木头牌位的崇拜；亦有高级的或绝对的方式，像是对父亲人格的崇拜。因而，在卫方济看来，使用木头牌位进行的崇拜活动，既不是宗教崇拜行为，因其不是出于祭拜对象的至高完善而向其践行指向Deus的直接崇拜；也不是圣人崇拜的行为，因不是基于某种可以共享、分受的超自然的完善，倒退为对Deus的间接崇拜；更不是迷信行为，因为它只是树立对已逝之人的

---

① 例如他转译引用了《礼记》卷四第7章《曾子问》，其原文是：曾子问曰："祭必有尸乎？若厌祭亦可乎？"孔子曰："祭成丧者必有尸，尸必以孙，孙幼则使人抱之；无孙，则取于同姓可也。祭殇必厌，盖弗成也。祭成丧而无尸，是殇之也。"在此，阐释者陈澔（chin hao）说道：曾子之意，疑立尸而祭，无益死者，故问祭时必合有尸乎。若厌祭亦可乎，盖祭初阴厌子犹未入祭，终而阳厌在尸。既起之，后是厌祭无尸也。孔子言：成人威仪具备必有尸，以象神之威仪，所以祭成人之丧者必有尸。也尸必以孙以昭穆之，位同也取于同姓。亦谓孙之等列也，祭殇者不立尸而厌祭以其年幼，少未能有成人之威仪，不足可象，故不立尸也，若祭成人而无尸，是以殇待之矣；继而又翻译引用了《礼记·曲礼上》，原文是"《礼》曰：'君子抱孙不抱子。'"并指出神灵在此被人格化等。*Philosophia sinica*, Tract. II., pp. 4-8.

尊敬，并非反对上帝或是存在某种与至高完善之间的矛盾。卫氏随后亦再度征引《礼记·曾子曰》《白虎通》及《文献通考》等中国文献①，用于证明自己的看法符合中国历史上以及当下的实情，强调中国人可以保持这一崇拜活动，因它只是世俗仪式行为，尤其从上述提及的行为者目的来看，木头牌位并不涉及任何迷信。

卫氏提出的第二个设问是：从已逝者的木头牌位是为谁而立这一目的来判断这样的行径是否是迷信的。② 他对此的看法是：树立这一木头牌位，并不是为了让已逝者的魂魄或灵魂能安顿于此，这只是一个纪念已逝父母的标识，不是为了要承载魂魄。他给出的中文文献论据包括：《礼记·郊特牲》中提到人死后，"魂气归于天，形魄归于地"③；《尚书·舜典》提到死去的尧舜都位列天上及阐释者蔡清对"徂"（灵魂的生气回到天上）、"落"（身体的组成或实质回归土里）和帝王"升天"的解释。同时也使用朱熹在《诗集传》里注解《诗经·大雅·文王》的观点：已逝君王文王的魂魄在天上，总是辅佐在天帝身边（"文王陟降，在帝左右"），以及《诗经·大雅·下武》《尚书·召诰》中"三后在天，王配于京"等指出已逝君王皆位于上天的语句，用以证明"魂魄是位于天上，所以不会是在牌位上，自然也不会是同时在两个地方"。④ 即便是在举行祭礼时，卫方济认为魂魄也不会是在牌位上，因其在实际观察中发现祭祀者时常在牌位前的不同位置为魂魄举行所谓的祭礼，由此可以推知中国人其实并不知道魂魄的确切位置。为了让西方读者能接受这一观点的可信性，卫氏再次回到《中国哲学·第一论》末尾所载康熙帝以及其他重要而博学的中国人所作的证词，其中都证实中国人不相信逝者的灵魂位于牌位上。由此可见：木头牌位不是已逝魂魄的位置，而只是展示的标识。在后文"答复异议"部分，卫氏亦进一步批驳了：树立牌位且牌位有高有低是为了让鬼神降临其上的质疑；至于《礼记·郊特牲》所载："乡人裼，孔子朝服立于阼，存室神也。"卫氏认为这都是旧说且真实性难以考证，更可能的解释应是孔子想用这种行为方式来表示对已逝父母的孝顺，

---

① *Philosophia sinica*, Tract. II., pp.9-11.

② Ibid.

③ Ibid., p.11.

④ Ibid.: cum ergo Spiritus sit in Caelo, non residet in Tabella; naturaliter enim repugnat esse in duobus locis.

正如他们在世时他对他们表现出的尊敬那样。① 在卫方济看来，牌位在祭礼中存在的功能，是帮助祭祀者"经由对父母的想象来呈现他们的存在，而不是经由他们的真实存在来呈现他们。"（Se prodit per imaginationem Parentantis Concedo, se prodit per realem sui existentiam Nego.）他强烈反对有些人（应是对来华托钵修会的回应）基于牌位上刻有"神座""神位"等字眼，就认定祭祀时鬼魂必会降临在牌位之上，从而将祭祖祭孔定性为迷信活动的观点。卫氏如此回应道：

> 这是极大的幻觉……即使中国人真的认为灵魂安顿在木头牌位上，然而这么说其实并不准确……这会被称为迷信，但就算这样他们也只是信仰上的过失者；信仰上的过失或者无信仰是与神学美德对立的，但并不与伦理美德对立。它有悖天主教信仰，却并不有悖于宗教；正如一个加尔文主义者认为基督的身体并不是真的位于圣体之上，他不会被视作迷信，而会被称为异端。所以，就算中国人认为逝者的灵魂真的位于木头牌位上，这不应被称作迷信，而应称之为异教徒；因此，仅从本章的分析来看，其中并未浮现出任何的迷信，从无信仰的角度来考量更不能说立牌位是一种迷信；但若是仅从不应当或者应当的崇拜角度来考量，则会导向并得出这是迷信或是非迷信的认知。②

> 理论上来说，这似乎不是在践行迷信。因为正如某些确定是迷信的行为，它应该是与至高完善的上帝（Deus）相敌对。它们或者是通过不恰当的方式去崇拜上帝，或者把原本应给予上帝的崇拜，用于其他精妙的事物身上。但那位祭祖的中国异教徒并未用不恰当的方式崇拜上帝，他的崇拜丝毫不涉及上帝；他也没有将应当给予上帝的崇拜，用于崇拜某些受造物。他不过是崇拜父亲的灵魂，就像父亲在世时给予其本人的崇拜。而那种父亲在世时对其本人的崇拜，并不是那种应当给予上帝的崇拜，或是说这样的崇拜会与上帝的至高完善产生敌对。所以，这个异教徒如此崇拜已逝者，并非是在

---

① *Philosophia sinica*, , Tract. II., pp. 14-15.

② *Ibid.*, Tract. II., p.18.

践行迷信。①

可以看出，卫方济在其分析中努力避免天主教神学独断论的影响，试图基于自己的真实观察作出冷静的判断，其超凡的胸怀和见解，或是基于内心的人文关怀或是出于对中国文化的热爱和认同，时至今日仍令人感佩。而这一论证方式及立场，亦贯穿于卫氏此后有关祠堂、孔庙的修建、中国古代和当代祭礼性质的分析、对祭祖礼仪全过程的描述（包括"祭"字的定义、祭拜的动机、祭祀时的所求和期望，甚至具体到使用占卜的方法来确定祭祀日期、祭祀前的斋戒、祭品的准备及宴席、上香的含义等具体细节）以及引用中文文献作为否定其为迷信行为的论证。在本论的末尾，卫方济亦再次征引、归纳蔡虚斋在《四书蒙引》中提及祭祀已逝父母的四点看法，用以凸显中国人自己所理解的祭祖观：（1）逝者的魂魄，正如其在人死后已消散，已经腐朽、完结，事实上不会再降临于祭祖的祭礼上；（2）逝者的魂魄在其死后就烟消云散了，无法在此后举行祭礼时又重新聚集起来；（3）祭祀父母的礼仪是用来呈现祭祀者内心对于父母的爱意以及人类所特有的与生俱来的同情心，它注重的是思想上有意而为之的行动，而不是灵魂的真实在场；（4）与祭祖相关的所有律法都赞成：人的行为模式与野兽的不一样，野兽并不懂得去回想那种子女对于已逝父母的爱意。② 同时，卫方济也再次引用康熙帝，这位当时中国官方最高权威的代表，关于"祭祀已逝父母仪式真实可靠的证词"来支持自己有关中国祭祖祭孔礼仪并非迷信行为的判断。此外文末还附有一个列表，用于展示"中国人对待逝者的礼仪与其对待那些活着的人的礼仪"（卫氏视之为中国礼仪争论的靶心）之间的异同，旨在经由罗列、类比对待逝者和生者礼仪的各项具体内容，来凸显中国人"事死如事生"（serviendum Mortuis, sicut Vivis）的祭祀理念。③

（四）《中国哲学·第三论》：中国的伦理学

在《中国哲学·第三论》，卫方济借助亚里士多德《尼各马可伦理学》的

---

① *Philosophia sinica*, Tract. II., p.19. 此段译文为笔者自译。
② *Ibid.*, Tract. II., pp. 214-215.
③ *Philosophia sinica*, Tract. II., p. 220.

理论框架来探究"中国的伦理学"（De ethica sinensi）。确切地说，作为来华耶稣会士中的一员，卫方济所理解的亚里士多德伦理学，乃基于前述耶稣会的内部教材：《科因布拉评论》书系中的《科因布拉课程中就亚里士多德尼各马可伦理学展开的辩论，其中包括伦理学说的主要章节》（*In libros ethicorum Aristotelis ad Nicomachum aliquot Conimbricensis cursus disputationes in quibus praecipua quaedam ethicae disciplinae capita continentur*, Lisboa, 1593，下文简称为《科因布拉伦理学辩论》）。①

1. 主要内容及论证框架

卫氏在其《中国哲学·第三论》具体谈及以下内容：

表六 《中国哲学·第三论》章节内容一览

	序言
第一部分 个人伦理学	第一章 论人类行为的终极原则 　第一节 论善 　第二节 论目的 　第三节 论真福 第二章 论人类行为的效果原则 　第一节 论灵魂的起源 　第二节 论灵魂的存在 　第三节 论灵魂的理智 　第四节 论灵魂的意愿 　第五节 论灵魂的自由 第三章 论人类行为的普遍有效性原则 　第一节 通常所认为的习俗 　第二节 论广义的美德 　第三节 美德的不同种类 　　1. 论孝顺 　　2. 论公正 　　3. 论善 　　4. 论智慧 　　5. 论真理 　　6. 论勇敢 　　7. 论自我克制 　　8. 论友谊

---

① 关于该书的内容简介，参见[意]高一志著，[法]梅谦立等编注：《修身西学今注》，北京：商务印书馆，2019年，第19—22页。

	第四章　论人类行为的特征 　第一节　论意愿和非意愿 　第二节　论道德上的善和恶
	第五章　论人类行为的种类 　第一节　论人类行为的目的和手段 　第二节　论理性行为和感性行为 　第三节　论情感
第二部分 家庭伦理学	第一章　论人类的家庭 　第一节　论父子关系（de paterna societate） 　第二节　论夫妻关系 　第三节　论兄弟关系 　第四节　论君臣关系
	第二章　论家庭的感情 　第一节　论不变的感情 　第二节　论可变的感情
第三部分 政治伦理学	第一章　论国家的建立 　第一节　论国家（建立）的原因 　第二节　论国家的特征 　第三节　论国家的种类
	第二章　论如何治理国家 　第一节　论国家的民事管理 　　1. 论国家 　　2. 论官员 　　3. 论律法 　　4. 论机构 　　（1）普遍意义上的机构 　　（2）论学校 　　5. 论古代经典著作 　　（1）关于广义的著作 　　（2）名为《易经》的著作 　　6. 论音乐 　第二节　论国家的军事管理 　　1. 论兵法 　　2. 论战争的统帅 　　3. 论军饷

可以看出，卫氏先后从个体——家庭——国家三个层面来论述中国人的伦理道德观，这一划分模式与儒家思想中修身——齐家——治国（平天下）的理念非常类似，但卫氏实际上追随的是《科因布拉伦理学辩论·序言》中明确提及的伦理学研究模式："这一学问由三部分组成，即个人伦理学，家庭经济伦理学，

政治国家伦理学"①，该书的耶稣会编者亦在随后说明了这一研究模式的来源是Alicinous（生活于2世纪的柏拉图主义哲学家）对于柏拉图学说的研究、斐洛的论述（Philo Judaeus，前20—公元50，因其是居住在亚历山大城的希腊化犹太哲学家，又名Philo of Alexandria）以及托马斯·阿奎那《神学大全》中涉及伦理学的部分。②

具体到卫氏各章中的内容设置，虽明显受到《神学大全》第二集（*Summa Theologica,* Secunda Pars）的第一部分、第二部分以及《科因布拉伦理学辩论》的影响，但在各章的论述次序上又不完全一致③，凝聚了卫方济自身对于中国道德哲学的理解并因应个人体系化论证的需要而作出独特的安排。例如卫氏"家庭伦理学"部分的论述（第二部第一章）明显是依据儒家"五伦"关系的划分来逐一予以论述，唯有"友伦"被前提至"美德的种类"下的"友谊/友爱"部分予以讨论（第一部第三章）④，而实际上"论友爱"并未出现在《科因布拉伦理学辩论》一书的教学内容中，尽管在亚氏的原著《尼各马可伦理学》中"论友爱"被置于"论自我克制"等美德之后予以讨论且篇幅长达两章。

2. 论证方式及主要观点

《中国哲学·第三论》就其论证方式而言，明显有别于《中国哲学·第二论》论争檄文式的正反相对双重论证，重新回归到《中国哲学·第一论》的正面说理模式。以其开篇对"善"的论证为例，卫氏首先陈述所要论证的主题——中国人所理解的"善"："'善'分为绝对的和相对的，按照中国人的定义，相对的善是可以被欲求的，或者说它是值得向往的"，并引《孟子·尽心下》与张居正《四书直解》为例，指出"恶"则是不可以被欲求的以及"善"取决于人心与

---

① *In libros ethicorum Aristotelis ad Nicomachum aliquot Conimbricensis cursus disputationes in quibus praecipua quaedam ethicae disciplinae capita continentur*, Lisboa, 1593, p. 3: […] ut haec scientia tres contineat partes, Ethicam sive Monasticam, Oeconomicam seu familiarem, Politicam seu Civilem.

② 同上。

③ 关于《科因布拉伦理学辩论》与《神学大学·第二集》各章节目录的对比，参见[意]高一志著，[法]梅谦立等注译：《修身西学今注》，北京：商务印书馆，2019年，第21—22页。

④ 卫方济在"论友谊"部分的开篇特别予以说明："在中国，友谊/友爱不隶属于美德范畴，而是位于人际关系五重秩序中的第五位，我在此仿效亚里士多德，因应其相似性，将'友谊/友爱'放到美德的范畴里来。" *Philosophia sinica*, Tract. III., p.98.

上天律法的一致和相似。

继而他开始介绍亚里士多德《大伦理学》（Lib. I Magn. Moral.）①中对"善"的四种划分：（1）"善"就其本质而言，它所具备的卓越性是其他事物所不具备的，像Deus那样，而"善"就其分有（participatio）来说，它又像一切受造物那样，是源于Deus的；（2）就其潜能而言，"善"既可以被很好地利用，也可以被不好地利用，就像人们对待荣誉或财富那样；（3）值得赞美的（源于）善的事物，譬如说美德；（4）值得尊敬的（源于）善的事物，或者说就其自身而言十分值得欲求的善的事物，譬如作为目标的至福。卫方济对照亚氏的划分标准，又分别征引《礼记·表记》《易经·乾卦》《日讲四书·中庸》《孟子·告子上》中的语句，逐一罗列中国人拥有"完美"对应亚氏四种划分的近似观点，用以证明中国人所理解的"善"，与亚里士多德所教导的内容密切相关甚至极其相似②，意欲展现中国人极高的伦理道德修为。

此后，在对"灵魂"和"美德"的分析中，卫氏遵循了相同的论证方式，亦即在阐明亚里士多德伦理学予之的定义后，找出中文文献中与之近似的表述，从而将西方的伦理学概念引入儒家经典的语境之中，并用儒学典籍中正统的论述来印证中西方对人性伦理的共同理解。例如在谈及"智慧/明智"（prudentia）、自我克制（temperantia）等亚里士多德定义过的特定美德时，卫方济逐一指出中国哲学著述中也存在许多类似的表述，譬如《四书直解》和《四书蒙引》里对"知/智"的评点以及《孟子》《中庸》围绕"执中"的论述。③ 卫氏论证手法的卓越之处，不仅在于其对儒学典籍观点的熟悉以及有的放矢地旁征博引，从跨文化译介的角度看，他全然明了借助一个中国哲学术语来对译一个西方哲学概念的弊病，并试图借助"概念语境化"以及"语境置换"的译介手段，借助与这一西方概念原语境内涵相关、近似的中国典籍论述，人为地实现了概念内涵要旨的

---

① 归于亚里士多德名下并流传至今的伦理学著作有三部：《尼各马可伦理学》（*Ethica Nicomachea*）《欧台谟伦理学》（*Ethica Eudemia*）和《大伦理学》（*Magna Moralia*）。学界普遍认为前两部著作是基于亚氏的授课讲义整理而成，《大伦理学》则是亚氏的学生为前述两部著作编写的内容提要。参见[古希腊]亚里士多德：《尼各马可伦理学》，廖申白译注，北京：商务印书馆，2003年，第xiii页。

② *Philosophia sinica*, Tract. III., pp. 8-12.

③ [德]叶格正（Henrik Jäger）：《以亚里斯多德解读〈四书〉——卫方济（François Noël）的汉学著作》，载《华文文学》2018年第3期，第43—45页。

保留及其相关语境的跨文化切换，从而摆脱了孤立词汇的束缚，充分释放出概念的语义空间。甚至在这一语境切换中，中国人对伦理道德的日常实践（因儒家主要采取举例论证和情景化说理的方式）得到有力的凸显，某种意义上可以认为中国人在伦理道德方面切实做到了"知行合一"的要求。而卫氏这种卓越的引证手法，同样有其明显缺陷：这便是各种语义相似性背后被译者主观过滤掉的细致差异，譬如"美德"的概念从西方语境移入中方语境中，当谈及它与"上天"的关系时（譬如上天赋予个人与生俱来的诸多美德及其理性本性），卫氏明显是基于上天所具备的分授至善的能力，在其译文中有意引导西方读者将此处的"上天"与Deus对等看待，一如《中国哲学·第一论》中试图证明的那样，但他自己其实也无法否认（甚至是有意回避）强调"原罪""神恩""三位一体"的启示宗教中的唯一神与中国之"天"存在显著的差异。

进入"第二部分家庭伦理学"和"第三部分政治伦理学"，卫方济的论证结构再一次发生改变。尽管在亚里士多德的《政治学》（*Politics*）及《家政学》（*Oeconomics*，有说是后世伪作）中亦有谈及家庭和国家组织管理的理念，但卫方济在此却全然搁置了亚氏学说作为理论框架及分类标准的做法，直接从中文典籍中归纳出中国人关于家庭伦理和国家治理的看法。例如在"家庭伦理学"部分的首章："论亲子关系（de paterna societate）"中，卫氏开篇便指出："首先，依据中国人的观点，父母对待子女的准则如下，全部家教的基础和根源在于：一家之主在好的行为举止方面的教导。"其中文文献所本，出自《四书直解·大学》中相传为孔子所授经文"身修而后家齐"以及《性理大全·家礼》中司马温公所言"凡为家长，必谨守礼法，以御群子弟及家众。分之以职"。其下，卫氏细分出七条教导，其中前三条皆出自《小学·立教》："古者妇人妊子……目不视恶色，耳不听靡声……言妊子之时，必慎所感。感于善则善，感于恶则恶也"；"凡生子，择于诸母与可者，必求其宽裕，慈惠，温良，恭敬，慎而寡言者，使为子师"；"食，教以右手。能言，男唯女俞""男女不同席，不共食""八年，出入门户，及即席饮食，必后长者，始教之让"，以及男子十岁后上学、二十而冠、三十而有室，女子则从十岁后不出家门，在家学女事，十有五年而笄、二十而嫁等基于性别的不同社会分工。第四条论及父母时常会给予子女的劝诫，以使其避免过失，引文出自《小学·嘉言》篇："柳玭尝著书戒其子弟曰：夫坏名灾己，辱先丧家。其失尤大者五，宜深志之。其一，自求安逸，靡甘澹泊。苟利于己，不恤人言。其二，不知儒术，不悦古道。懵前经而不耻，论当世而解颐。身既寡知，恶人有学。其三，胜己者厌之，佞己者悦之。唯乐戏谈，莫思古道。闻人之善嫉之，闻人之恶扬之。浸渍颇僻，销刻德义。簪裾徒在，厮养何殊？其四，崇好优游，耽嗜曲糵。以衔杯为高致，以勤事为俗流。习之易荒，觉已难悔。其五，急于名宦，匿近权要，一资半级，虽或得之，众怒群猜，鲜有存者。余见名门右族，莫不由祖先忠孝勤俭以成立之，莫不由子孙顽率奢傲以覆坠之。成立之难如升天，覆坠之易如燎毛。言之痛心。尔宜刻骨。"第五条指出父亲不是亲自教导儿子，而是经由老师来予以教导，如此可避免在教育过程中，因儿子不愿听从而导致父子之间相互恼怒，进而有损父子感情的问题，并引《四书直解》中《孟子·离娄上》："公孙丑曰：'君子之不教子，何也？'孟子曰：'势不行也。教者必以正；以正不行，继之以怒；继之以怒，则反夷矣。"夫子教我以正，夫子未出于正也。'则是父子相夷也。父子相夷，则恶矣。古者易子而教之。父子之间不责善。责善则离，离则不祥莫大焉。'"以证之。第六条强调父母应爱子，但不应盲目地溺爱而是依据正确理性去爱护，其文献出处为《四书直解·大学》。第七，若是子女不敬不孝，父母不应马上暴怒并予以惩戒，而是要耐心教导，其中文文献所本乃《性理大全》中司马温公所言。

继而，论及"子女对待父母的准则"，其下分为12条，主要都摘自《小学》所载《礼记·内则》有关子女奉行孝道的要求，兼引《四书直解·孟子万章上》①、《孝经》各卷目录、《论语》等文献作为说明。文末卫氏概述道："此外还有数量众多的关于子女孝道的材料，在此基于简要介绍的原因予以省略"。②

相同的论证风格，亦从"齐家"延伸至"治国"层面。在"政治伦理学"的首章"论国家的建立"（De constitutione regni），卫氏开篇随即解析"建立国家的原因（De causis regni）有四点"，虽未明言但实际上借用自亚里士多德的"四

---

① 万章问曰："《诗》云：'娶妻如之何？必告父母。'信斯言也，宜莫如舜。舜之不告而娶，何也？"孟子曰："告则不得娶。男女居室，人之大伦也。如告，则废人之大伦，以怼父母，是以不告也。"

② *Philosophia sinica*, Tract. III., pp. 129-143.

因说":动力因、目的因、形式因、质料因,随后亦据此四点逐条引证中文文献加以论说。例如在第一条建立国家的动力因,卫氏如是说道:"在此可分为:最高的原因,即Deus,以及从属的原因,即国家的创立者。关于这两者,中国人是这样说的:关于最高的原因,即上天或上帝凭借其隐秘的美德安顿万民,使他们能够聚集在一起居住和生活(可能出自《诗经·大雅·烝民》:"天生烝民,有物有则。民之秉彝,好是懿德。")。卫氏随后亦征引《尚书》《礼记·表记》中论及上天的语句,用以证明:"上天赋予中国天下万民;上天的主人确立帝王作为它的代理人,去统治和教导民众,帝王们正是从上天那里获得的权力。"① 关于从属的原因,卫氏则借用朱熹《大学章句序》开篇的论述,指出:伏羲、神农、黄帝、尧、舜都是上天的使臣,通过其言行来确立中华帝国的统治,或者说创建了中国。② 其后,关于国家建立的"目的因"(即为了所有普通人的生活而制定共同准则)、"形式因"(列举了"五伦"关系及其对应的品德要求)、"质料因"(涉及历朝行省数量的改变、上层帝王将相的等级划分以及普通民众中工、农、商、士的分工)亦是遵循类似的论述方式。

此后围绕"国家的民事管理"而展开的关于中国行政管理体系、律法、机构、学校、典籍及军事管理的论述,则全然是基于中国典籍内容的概括性介绍,其中卫氏贴近中国现实的概述与其旁征博引的文献出处,不仅体现了他对中国文化的深入体认及优秀的语言水平,也再度彰显他与那些基于护教立场抑或便于传教的动机而对中国文化持有片面性观点的修会前辈的明显差异。作为在中国内地传教多年的耶稣会士,卫方济深谙利玛窦与龙华民之间的意见分歧在修会内部造成的分裂,亦直接感受到托钵修会和巴黎外方传教会对来华耶稣会的激烈控诉及

---

① *Philosophia sinica*, Tract. III., pp. 177-179.
② *Ibid*. 据卫方济引文的拉丁译文回译,其中文文献原文应是:"《大学》之书,古之大学所以教人之法也。盖自天降生民,则既莫不与之以仁义礼智之性矣。然其气质之禀或不能齐,是以不能皆有以知其性之所有而全之也。一有聪明睿智能尽其性者出于其间,则天必命之以为亿兆之君师,使之治而教之,以复其性。此伏羲、神农、黄帝、尧、舜,所以继天立极,而司徒之职、典乐之官所由设也。"

强烈敌意，他对同时代以白晋为代表的索隐派的著作及其观点也有深入了解[1]，但他基于自己所受到的经院哲学训练及神学理念，并未选择全然赞同其中任何一派的观点，而是通过深入研读中国典籍注疏并使用圣经诠释学的手法，试图从中国人的视角来回应西方神学理论框架下，对于中国民众的信仰及其礼仪的种种质疑。在其身上体现出独立思考的个体，不惧时势的掉转直下以及权威意见的倾轧，敢于凭借个人的智识、理性判断和情感归属坚持自己的独特见解，并与教会上层极力争辩的非凡勇气。

二、法国耶稣会士的译经活动以及"索隐派"的兴起

有别于明末清初来华传教士的译经活动多围绕四书展开，18—19世纪来华的法国耶稣会士也在中国古典著作的翻译上倾力颇多，只是比起四书，他们更为重视五经的译介。其中，最受关注的首推《易经》和《尚书》，白晋、马若瑟、雷孝思、刘应（Claude de Visdelou, 1658—1737）、宋君荣（Antoine Gaubil, 1689—1759）都有相关的译本及研究著述，刘应、宋君荣还留下《礼记》的拉丁文选译。[2] 颇受关注的还有《诗经》，孙璋（Alexandre De la Charme, 1695—1767）完成了欧洲第一个全译本，马若瑟、刘应、宋君荣也都留下了各自的选译本。近年来，学界围绕这些法国来华传教士译作的研究逐渐升温，但其中有一位法国传教士的儒学拉丁文译述迄今尚未引起关注，这便是作为法国国王数学家来华的刘

---

[1] 柯兰霓（Claudia von Collani）的研究指出：1701年11月，身处北京的耶稣会士安多将白晋《古今敬天鉴》的书稿寄给卫方济，该书从中国典籍中寻找引文用以论证"天"的属性，用以证明中国的今儒迄今仍保持着一神论信仰。这一研究方法及观点极大地动摇了卫方济追随修会前辈、严厉批驳宋明理学的前见，促使他开始系统地阅读和研究理学家的注疏，亦奠定了日后卫方济撰写《中国哲学》时所采用的论证方式及古儒今儒皆认识真神的理论基调。参见Claudia von Collani, "François Noël and his Treatise on God in China," in History of the Catholic Church in China. Leuven: Ferdinand Verbiest Institute, 2015, pp. 23-64.

[2] 赵晓阳：《传教士与中国国学的翻译——以〈四书〉〈五经〉为中心》，载《恒道》第2辑，长春：吉林文史出版社，2003年，第487—489页。

应。① 下文拟以刘应为例，来呈现这一时期法国耶稣会士的译经成果。

（一）刘应及其拉丁文儒学译述

1. 语言天赋与立场争议：礼仪之争中的反对派及其儒学译述

1656年8月12日，刘应出生在法国北部滨海省圣布里厄地区（Saint-Brieuc Côtes-du-Nord）的特雷布里（Trébry），17岁在巴黎加入耶稣会并展露出突出的语言天赋。后来奉法王路易十世之命，刘应与洪若翰（Jean de Fontaney, 1643—1710）、李明（Louis Le Comte, 1655—1728)、白晋、张诚②以"国王数学家"的身份一同来华。刘应与白晋在来华前已是至交好友，尽管两人的性格差异颇大，白晋的性格安静、内向，不好与人争辩亦不喜与人大肆聊天，故不太为同行的人所了解；与之相比，个头矮小但拥有出色语言天赋的刘应，明显在同行人中更受认可。③ 来华后，刘应因其"天资高而用力勤，尚有余暇研究中国述及文字，且

---

① 钱林森：《18世纪法国传教士汉学家对〈诗经〉的译介与研究——以马若瑟、白晋、韩国英为例》，载《华文文学》2015年第5期，第10—19页；李慧：《西方首部〈诗经〉全译本——孙璋〈孔子的诗经〉》，载《国际儒学研究通讯》第四辑，北京：学苑出版社，2020年，第75—88页；张万民：《耶稣会士与欧洲早期〈诗经〉知识》，载《国际儒学研究通讯》第四辑，北京：学苑出版社，2020年，第103—119页；杜欣欣：《马若瑟〈诗经〉翻译初探》，载《中国文哲研究通讯·中国翻译史专辑（上）》，第二十二卷第一期，第49—71页；蒋向艳：《法国耶稣会士马若瑟〈诗经〉八篇法译研究》，载《天主教思想与文化》，香港：香港原道出版有限公司，2014年；蒋向艳：《迁移的文学和文化：耶稣会士韩国英法译〈诗经·蓼莪〉解析》，载《中西文化》，北京：社会科学文献出版社，2018年。宋孟洪：《马若瑟〈诗经〉翻译策略研究》，载《海外英语》2016年09期，第121—122页。具体到刘应的相关研究，目前笔者所发现的仅有美国汉学家魏若望在其关于耶稣会士傅圣泽索隐思想的研究专著中（[美]魏若望：《耶稣会士傅圣泽神甫传：索隐派思想在中国及欧洲》，吴莉苇译，郑州：大象出版社，2006年），多处提及刘应的相关信息，及其关于刘应的唯一一篇专题论文：John Witek, "Claude Visdelou and the Chinese Paradox", in *Images de la Chine: Le Contexte occidental de la sinologie naissante*, Variétés sinologiques, Nouvelle série, vol. 78. Taipei and Paris: Institut Ricci 1995, pp. 371-385. 国内学界目前仅有一篇论及刘应生平及其史学代表作《大鞑靼史》对于欧人研究中国史所作贡献的专题论文，详见吕颖：《清代来华法国传教士刘应研究》，载《福建师范大学学报（哲学社会科学版）》2014年第3期，第137—143页。

② 此行原本有六名"国王数学家"一同奉命来华，途径暹罗时，耶稣会士塔查尔（Guy Tachard, 1648—1712）因受暹罗国王挽留而放弃来华，留在暹罗传教。

③ [美]魏若望：《耶稣会士傅圣泽神甫传：索隐派思想在中国及欧洲》，吴莉苇译，郑州：大象出版社，2006年，第30、37页。

造诣甚深"著称。① 他对亚洲多个民族史料的考订，亦获欧洲专业汉学的奠基人雷慕沙（Jean Pierre Abel Rémusat, 1788—1832）赞赏为"开始发现并利用此种史料的第一人"②。但此后刘应因质疑、反对耶稣会同袍包容中国礼仪的立场，认定中国皇家对上帝的祭祀实为对已逝先祖的崇拜，而中国百姓的祭祀礼仪同样是偶像崇拜活动。他坚定地支持铎罗主教所颁布的中国礼仪禁令，并在铎罗被囚澳门后仍拒不领票，因而在1708年11月被康熙帝逐至澳门。教廷方面则因其在礼仪之争中对于教宗的忠诚拥护，于1708年1月12日任命他为贵州教区的代主教，并由铎罗于1709年2月2日在其牢房内秘密为刘应行就职礼，刘氏亦获克劳狄波利斯主教（bishop of Claudiopolis）的头衔，同年受派前往印度本地治理传教。③ 刘应在此地传教28年，后于1737年去世。

据费赖之（Louis Pfister）所整理的刘氏遗著，其中与儒学密切相关的有：（1）《易经说》，附于宋君荣《尚书》译文后；（2）《中国哲学家之宗教史》四册，不知存佚；（3）《礼记》中《郊特牲》《祭法》《祭文》④《祭统》等篇译文并附注释；（4）《尚书》拉丁文译文六册；（5）《中庸》拉丁文译本并附注释；（6）孔子第六十五代孙传（拉丁文译文并附注释）；（7）《孔子的一生》（拉丁文孔子传）；（8）《中国〈四书〉之年代》；（9）《华人之礼仪及牺牲》；（10）《中国七子赞》，此外还著有关于中国的道教、婆罗门教及西安

---

① 马若瑟曾在他写给罗马耶稣会总会长的信中，声称："在中国除了刘应再无他人对中国文献有如此高深的造诣，能藉以答复世俗派神职人员对耶稣会的攻击性著述。" 载于马若瑟1700年10月12日从抚州致总会长的信件，藏于罗马耶稣会档案馆Jap-Sin 167, f.335, 转引自[美]魏若望：《耶稣会士傅圣泽神甫传：索隐派思想在中国及欧洲》，吴莉苇译，郑州：大象出版社，2006年，第105—106页。关于刘应的个人生平及著述，可参见[法]费赖之：《在华耶稣会士列传及书目》（上），冯承钧译，北京：中华书局，1995年，第453—458页；以及[法]荣振华等：《16—20世纪入华天主教传教士列传》，耿昇译，桂林：广西师范大学出版社，2010年，第374—375页。
② [法]费赖之：《在华耶稣会士列传及书目》（上），冯承钧译，北京：中华书局，1995，第454页。
③ [法]荣振华等：《16—20世纪入华天主教传教士列传》，耿昇译，桂林：广西师范大学出版社，2010年，第374页；以及吕颖：《清代来华法国传教士刘应研究》，载《福建师范大学学报（哲学社会科学版）》2014年第3期，第141—142页。
④ 费氏译著原文如此（《在华耶稣会士列传及书书目》（上），第457页），但《礼记》中并无《祭文》篇，此处应是《祭义》，费氏法文原著在此给出的篇目注音转写恰是Tci y，参见Louis Pfister, *Notices biographiques et bibliographiques sur les Jésuites de lancienne mission de Chine*, 1552-1773, vol. 1, Shanghai: Imprimerie de la Mission, 1932, p. 456。

景教碑的译述。因刘应去世后,他的多部手稿都被进呈教宗本笃十四世(Pope Benedict XIV)并藏于梵蒂冈图书馆中。笔者遂对馆中所藏刘氏名下涉及中国哲学与宗教的手稿逐一进行查对,发现其中绝大部分都是由其晚辈后学——来华耶稣会士傅圣泽所誊写,笔者亦将刘氏的儒学译述初步整理如下:

(1)刘应用拉丁文翻译《大明会典》(Ta Ming hui-tien)的部分章节,手稿编号Borg. lat. 523 (第161—163叶,第167叶)。该写本由傅圣泽于1701年11月1日予以誊写,是时两人都在南昌。译文中谈及祭祖礼仪,逐一介绍了斋戒(ieiunium)、参神(salutare Spiritus)、降神(devocare Spiritus)、进馔(apponere dapes)、初献、祭酒、祔食、尚享、亚献、终献(poture oblatio)、侑食(hortari ad edendum)、阖门(claudere ianuam)、启门(aperi ianuam)、受胙(accipere carnes falicitatis)、辞神(valediesce Spiritibus)、纳主(recondere tabellas hospite)、馂(ciborum reliquens edere),祭、祝等祭祀步骤。笔者据内容判断,该篇应译自《大明会典》(卷95·群祀五)。① 礼仪之争时期,《大明会典》这一官方文书进入来华传教士的视域,或是因其政治权威性及举国通行,译介其中有关祭礼的条例用以证明自身观点会极具说服力。因此,在刘应之前,不仅耶稣会士卫方济曾在1711年出版的《中国礼仪及仪式的历史评介》(Historica notitia rituum ac ceremoniarum sinicarum)和《中国哲学》中征引该书,多明我会士闵明我亦在其《中华大帝国传教士古今争辩》(Controversias antiguas y modernas de la Mission de la gran China, 1677)一文中,选译了《大明会典》与祭孔礼仪相关的法令。②

---

① 魏若望在其研究中,提及刘应在写给当时的巡按使都加禄的信中(因耶稣会先在远东先是设立日本会省,后来又设立隶属于日本会省的中国副会省,故设置有巡按使一职负责同时管理日本和中国教区。一开始,巡按使多由日本会省的会长兼任,后来随着中国副会省的教务独立,亦开始出现由中国副会省的神父担任的情况),基于自己对中国历史和礼仪的研究指出:自汉代直至他所处的清代,一直存在两种具有明显区别的祭祀活动,一种是祭天或祭上帝,一种是祭地或祭后土。尽管在不同时期的中国典籍文献中,"上帝"一词的含义有所不同,但无论何时,祭祀上帝的活动都明显带有偶像崇拜的性质。信后刘氏亦附上了他对《大明会典》群祭部分的译文为证。参见[美]魏若望:《耶稣会士傅圣泽神甫传:索隐派思想在中国及欧洲》,吴莉苇译,郑州:大象出版社,2006年,第107页。

② 关于闵明我选译的四条法令内容以及耶稣会士潘国光(Francesco Brancati)对之的逐条反驳,参见[法]梅谦立:《对〈大明会典〉的两种冲突诠释——1668年闵明我与潘国光在广州就祭孔礼仪的争论》,载《贵州社会科学》2020年第8期。

（2）刘应用拉丁文翻译并附注释的大秦景教碑碑文，手稿编号Vat. lat. 12866（第1—168页）。

（3）刘应有关中国道教的介绍（De religione Lao Su bonziorum. De antiquorum recentiorumque virorum immortalium vitis universalium commentariorum...），手稿编号Vat. lat. 12866中所附单册（第1—93页）。文末有法文标注，说明该手稿由傅圣泽于1736年9月15日在罗马代为抄录整理。①

（4）刘应对中国婆罗门教的佛学经典（De perfecta imperturbatilitate/ Liber canonicua）及其教义（Dissertatiuncula de doctrina Brachmanica）的介绍②，手稿编号Vat. lat. 12866中所附的两个单册（第1—265页；第1—503页）。

（5）刘应有关孔子生平及祭孔礼仪的介绍，手稿编号Vat. lat. 12866所附单册（第1—646页）：①第1—43页，刘应所著拉丁文孔子传（Kumfucii vita），以1694年版孔子第65代孙所编孔子传记为底本，述及孔子的家庭背景、教育历程、神圣的人格并采取编年体的方式，编撰了前559—前479年孔子生平大事记，亦附有译者对孔子的名号以及历代孔子像着装的诸多注解。②第44—646页，刘应关于孔庙及祭孔礼仪的详尽介绍。

（6）刘应所译、傅圣泽抄录的多篇中国古代典籍拉丁文译文，皆收于Vat. lat. 12853，具体如下：

① 刘应的《诗经》拉丁文选译及注释，具体篇目包括《楚茨》（第1—52叶）、《云汉》（第53—78叶）和《周礼》（第97—99叶），文末都标注有傅圣泽具体抄录的日期；

② 刘应的《大学》拉丁文全译本（versio Capitis Librorum/ Classicorum quod

---

① 法国耶稣会史学家荣振华曾在其关于来华耶稣会士道教观的研究中，提及刘应曾于1725年写就《论出家道士们的宗教》一书，未曾刊行，笔者推测该单册即是此书稿。荣氏文中亦记载了一段由刘应口述、巴黎外方传教会神父约翰·巴塞笔录对于道教的评价，详见[法]荣振华：《入华耶稣会士中的道教史学家》，载[法]安田朴、谢和耐：《明清间入华耶稣会士和中西文化交流》，耿昇译，成都：巴蜀书社出版，1993年，第152—153页。

② 刘应这部中国婆罗门教经典译文（De Perfecta Imperturbatilitate/ Liber Canonicua），因其拉丁文标题与《中庸》一书的题意颇为相似，时常被误认为是刘应所译的《中庸》拉丁文译本。笔者为此曾翻阅该手稿全文，发现其中皆为"梵天""佛陀"等佛教用语的翻译解析，可证其为中国佛典的外译，具体篇名待考。笔者在梵蒂冈图书馆中并未发现刘应译有《中庸》拉丁文译本。

Ta hio seu/ magna scientia inscribitur，第217—285叶）并附三个注释，由傅圣泽于1736年6月1日在罗马抄录；

③ 刘应对欧阳修等所著《新唐书·卷十三·志第三》礼乐部分的翻译（第289—312叶）；

④ 刘应选译《尔雅·释天》用以解释"天"的含义（第313—328叶）；

⑤ 刘应选译章潢《图书编》第6、7、8卷中"周祀郊社总论"的内容（第329—334叶）、"古祀天神总图"并附解释（第335—354叶）、祀天祀帝之辨并附解释及配图（第355—365叶）；

⑥ 刘应对《礼记》一书的成书史及各篇内容的简介（De 礼li记ki seu commentariis de officiis，第420—449叶）；

⑦ 刘应对清朝法典中与"祭祀""祭享"等条目相关内容的选译（第457—491叶），文末有刘应本人于1719年予以修订的字样。笔者据译文内容考证，该篇应译自钦定四库全书《大清律例·卷十六》礼律部分；

⑧ 刘应记载康熙四十四年十一月二十一日（即1706年1月5日），他陪同铎罗主教进京面圣，获悉帝王向七位生于福建的著名文人（septem illustres philosophi）赏赐匾额并悬挂于纪念这七位文人的祠堂之上①，遂用拉丁文对这七幅匾额的内容逐一进行翻译（第505—530叶）。依次谈及：李侗"静中正气"匾、真德秀"力明正学"匾、蔡沉"学阐图畴"匾、杨时"程氏正宗"、罗从彦"奥学清节"、蔡元定"此阳羽翼"及胡安国"霜松雪柏"，并附注释用以解释匾额在中国的用途以及儒家思想中"道学""理学""正学""圣学"等概念的含义，同时亦在文中将此赐匾行为定性为中国帝王公开支持偶像崇拜活动（为重要人物修祠以供民众参拜）及其对无神论思想（亦即宋明理学思想）的肯定。文末还附有伏羲、尧舜禹、成汤、文王武王周公等齐聚于孔子身上的手绘图，并将康熙帝于1706年1月5日"传理藩院尚书常舒接领旨意"赐福建先儒、四川禹王庙匾额"永奠大川"、赐贵州义学匾额"文教遐宣"的圣旨中文内容原样抄录。

（7）刘应对《尚书·虞书·尧典》的拉丁文翻译并附个人评论、注释，手

---

① 《清实录·康熙朝实录·别史》中有记载："御书程氏正宗匾额，令悬杨时祠。奥学清节匾额，令悬罗从彦祠。静中气象匾额，令悬李侗祠。霜松雪柏匾额，令悬胡安国祠。紫阳羽翼匾额，令悬蔡元定祠。学阐图畴匾额，令悬蔡沉祠。力明正学匾额，令悬真德秀祠。从福建学政沉涵请也。"

稿编号Vat.lat. 12854（第1—681页），文末有刘应本人于1709年完成该部分译稿的落款说明。

（8）刘应选译《礼记》中《郊特牲》《祭法》《祭仪》《祭统》等篇目的拉丁文译文并附注释，手稿编号Vat. lat. 12852（第1—619页），完成于1710年，后由傅圣泽整理抄录。

梵蒂冈图书馆所藏刘应的儒学典籍拉丁文译稿，全部为手稿，其中少数是由刘氏亲笔撰写（字迹清秀端正），更多的译稿则是经由傅圣泽誊写并保存下来（字迹更为模糊潦草），辨认难度颇高；且因其儒学译稿所涉典籍篇目众多、篇幅甚巨，目前学界尚未有深入整理。下文笔者谨以其《大学》[上述刘氏译述条目6（2）]拉丁文全译稿为例，来简述其译介特征。

2. 刘应《大学》拉丁文手稿简析

概念作为哲学文本思想的出口，亦是识别一部哲学典籍及其独特翻译风格的文眼。为了更好地对比、凸显刘应《大学》译文的特征，直观呈现其译作在来华耶稣会士四书拉丁文译本谱系中，是否受到前人译本的影响，笔者将刘应对核心儒学概念的译词与早期来华耶稣会士正式出版的两部《大学》拉丁文全译本《中国智慧》（*Sapientia sinica*, 1662 Kien Cham，下文缩写为*SS*）和《中国哲学家孔夫子·大学》（*Confucius Sinarum philosophus · Liber primus*, Paris 1687，下文缩写为*CSP*）中的译词作比，具体如下：①

---

① 《中国哲学家孔夫子·大学》（*CSP*）译文明显带有理性主义的解释方式，例如将"明德"翻译为"理性本性"（rationalis natura），卫方济后来在其《中华帝国六经》重译《大学》时，亦沿用了这一"理性化"的译法。而在更早的耶稣会士《大学》拉丁文译本《中国智慧》（*SS*）一书中，"明德"被翻译为"精神的潜力"（spiritualis potentia）、"灵魂"（anima）或"美德"（virtus），其意涵虽带有亚里士多德哲学的痕迹，但所指亦更为宽泛。到了刘应的译文，其用"明亮的美德"直接对译"明德"，明显更遵循字面直译，或是出于如实反映中国典籍原貌的想法。比刘应稍晚来华的法国耶稣会士钱德明（Jean-Joseph-Marie Amiot, 1719—1793），则与之相反，又重新采用一种更为宽泛"明德"的译法：esprit et coeur（心智），既包含理智，又包含它起作用的区域——心。Jean-Joseph-Marie Amiot, *Ta-hio ou La Grande Science*, in Mémoires concernant l'histoire, les sciences, les arts, les mœurs, les usages, etc. des Chinois par les Missionnaires de Pékin, Tome premies, Paris: Nyou, 1776, p.432.

第二章 儒家形象的缔造与分裂

表七 刘应《大学》译稿儒学概念译词对比列表

概念	《中国智慧》（1662）	译文回译	《中国哲学家孔夫子·大学》（1687）	译文回译	刘应《大学》手稿（1736）	译文回译
《大学》	Tá Hiŏ	音译	Tá-Hiŏ, Magnae Scientiae	音译，"伟大的学问"	Ta hio Magna scientia	音译"伟大的学问"
明德	spiritualis potentia à coelo indita, nempe Anima	上天赋予的精神潜力，即灵魂	rationalis natura a coelo indita①	上天赋予的理性本性	clara virtus	明亮的美德
亲民	(in) renovando populum adhortatione	通过劝诫革新民众	(in) renovando seu reparando populum	对人民的革新与复兴	刘应漏译或傅圣泽漏抄	
至善	summum bonum①	最高的善	summum bonum	最高的善	summum bonum	最高的善
道②	scientiae magnorum virorum/regula	伟大人物的学问/准则	magnum illud Virorum Principum sciendi-institutum/regula	君王们学习的伟大纲领/准则	praxis	践行
天下	imperium	帝国	imperium	帝国	universus orbis /orbis terrarum	世界
治国	recte gubernare sua regna	管理他们的国家	recte-administrare suum Regnum/ bene instituere privati Regni sui populum	正确地治理国家/很好地教化本国的民众	gubernare recte regnum suum	正确地治理国家

---

① 拉丁文译词summum bonum，出自以托马斯·阿奎那为代表的经院哲学，其意恰为"至善"。
② 例如在"大学之道"，"物有本末，事有终始，知所先后，则近道矣"，"生财有大道，生之者众，食之者寡"等处。

（续表）

概念	《中国智慧》（1662）	译文回译	《中国哲学家孔夫子·大学》（1687）	译文回译	刘应《大学》手稿（1736）	译文回译
齐家	recte instituere suas familias	正确地教导家庭	recte instituere suam familiam domesticam/ omnis domesticae familiae recta institutio/ ordinari sua familia domestica	正确地教导自己的家庭/管理好自己的家庭	moderari domus sua/ domus probe administare	指导自己的家庭/管理好家庭
修身	ornare suas personas/ excolere virtutibus personam	装备自身人格/借助美德发展人格	componere seu excolere suum-ipsorum corpus/ recte componere proriam personam/ sua ipsius-persona recte composita	正确地构建或完善自身的身体/正确地组建个人的人格/构建好自身的人格	perficere personam suam	完善自身人格
正心	recte componere suum cor	正确地安置自己的内心①	rectificare suum animum/ rectificare cor	端正自己的心灵/端正内心	efficere rectum suum cor	使自己的内心端正
诚意	solidare suam intentionem	坚定自己的意图	verificare, seu veram, sinceram intentionem	证实自己的意图或者意志是真实挚诚的/证实意图	sinceram praestare suam mentem	实现自己的思想真诚

---

① 涉及"正心"一词时，SS使用cor（内心）来对译，CSP兼用cor和animus（精神、心灵）来对译，刘应则统一处理为cor。

（续表）

概念	《中国智慧》（1662）	译文回译	《中国哲学家孔夫子·大学》（1687）	译文回译	刘应《大学》手稿（1736）	译文回译
致知	extendere notitiam	扩展认识	perficiebare & ad summum quem potere apicem perducere suum intellectum, seu potentiam intellectivam/ ad apicem perducere vim intellectivam	完善并引领自己的智力或者理解力达到最高点/引领智力达到顶点	ad summum perducere suam cognitionem	引领自己的认知达到顶点
格物	comprehendere negotia	理解事物	in penetrando, sive exhauriendo res omnes, seu rerum omnium rationes/ penetrare intime res omnes	看透或竭尽所有事物/洞察所有的事物	penetrare res	洞察事物
天子	coeli filius (sic dicitur imperator)	天的儿子（亦即帝王）	Coeli filius seu Imperator	天的儿子或称帝王	coeli filius	天的儿子

（续表）

概念	《中国智慧》（1662）	译文回译	《中国哲学家孔夫子·大学》（1687）	译文回译	刘应《大学》手稿（1736）	译文回译
本①	principale	主要原则	（magis）principale	主要原则	radix	根/基础
	magis principale		magis principale	主要原则		
	magis principale		expolitio propriae naturae rationalis est prius quid ac magis principale […]	它对自身理性本性的完善是最首要的，亦即主要原则		
末②	minus principale	次要原则	secundarium, seu minus principale	次要原则	rami（extremi）	（向外的）枝干
					rami	枝干
君子③	vir perfectus	完美的人	absolutae-virtutis Princeps	绝对美德的统治者	sapiens	智者
	vir perfectus	完美的人	perfectus vir	完美的人	vir probus	诚实的人
	vir perfectus	完美的人	bonus Princeps	贤明的君主	vir honestus	可敬的人
	reges(posteri ipsorum successores)	君王（后世的继承人）	reges	君王	sapientes	智者

---

① 此处"本"的三个含义分别出自："其本乱而末治者否矣"，"德者本也"和"无情者不得尽其辞。大畏民志，此谓知本"。

② 此处"末"的两个含义分别出自："财者末也"和"外本内末，争民施夺"。SS和CSP在这两处的释义相同。

③ 此处涉及"君子"的七个出处分别是："是故君子无所不用其极"，"故君子必慎其独也"，"故君子不出家而成教于国"，"君子贤其贤"，"有斐君子"，"见君子而后厌然"，"故君子必诚其意"。

（续表）

概念	《中国智慧》（1662）	译文回译	《中国哲学家孔夫子·大学》（1687）	译文回译	刘应《大学》手稿（1736）	译文回译
	ornatus virtutibus Rex/ ornatissimus Rex	拥有美德的君王/如此卓越的君王	ornatus virtutibus Princeps	修行美德的君主	sapiens	智者
	vir probus	诚实的人	probus vir	诚实的人	vir probus	诚实的人
	vir perfectus	完美的人	virtutis studiosus	献身于美德的人	vir probus	诚实的人
小人①	populi	民众	populi	民众	populi	民众
			improbus	道德低劣的人	improbus	道德低劣的人
	improbis et abiectae indolis consiliariis	本质邪恶卑鄙的谋臣	vilis & abjectus homo	邪恶卑鄙的人	improbus homo	道德低劣的人
仁②	pietas	仁慈	charitas③	仁爱	charitas	仁爱
	pia/pietas	仁慈之心/仁慈	pia esse amoremque mutuum (inter domesticos fovere)/ pietas benevolenti-aque mutua	仁慈之心且培养相互间的关爱/慈爱之心和互相关爱	charitas/ urbanitas	仁爱/礼貌文雅

---

① 此处"小人"的三个含义分别出自："小人乐其乐而利其利","小人闲居为不善"和"长国家而务财用者，必自小人矣"。

② 此处"仁"的四个含义分别出自："为人君，止于仁","一家仁，一国兴仁","帅天下以仁"和"未有上好仁而下不好义者也"。

③ 此处"仁"的译词charitas，在17世纪的西方经常被用来表达一种总体上的、包含一切德性的美德，这与《论语》中孔子所谈论的"仁"这一总德十分近似。在基督宗教中，该词时常指向神对世人的爱，但有时亦会用它来表达君王对臣民的照顾。被视为入华耶稣会士中最后一位大汉学家的钱德明，后来把此处的"仁"翻译为"幸福"："提供给自己的人民幸福"（procurer le bonheur de ses peuples），参见 Jean-Joseph-Marie Amiot, *Ta-hio ou La Grande Science*, in *Mémoires concernant l'histoire, les sciences, les arts, les mœurs, les usages, etc. des Chinois par les Missionnaires de Pékin*, Tome premier, Paris: Nyon, 1776, p.441。

（续表）

概念	《中国智慧》（1662）	译文回译	《中国哲学家孔夫子·大学》（1687）	译文回译	刘应《大学》手稿（1736）	译文回译
	pietas	仁慈	pietas & clementia	仁慈和同情	charitas	仁爱
	pietas ergo subditos	对下级仁慈	pietas clementiaque ergà subditos	对下级仁慈和同情		
孝	obedientia	孝顺	obedentia	孝顺①	pietas	仁慈
慈②	affectus ac benevolentia	关爱和仁慈	filiorum amor	对子女的爱	amor	爱
			pietas sive benignitas, fovere domi suae benigneque habere pusillos ac imbecilles	责任或者同情，在家庭中善良地养护弱小者	benignitas	同情
弟/悌	subiectio erga maiores	服从兄长	fraterna observantia/amare & colere se invicem fratres natu majores	兄弟间的尊从/幼弟和兄长之间相互关爱和尊敬	minorum natu erga majores reverentia	幼弟对兄长的敬畏
慎其独	serio intendere suo interiori, seu cordi	谨慎地加强其内在或内心	seriò attendere & invigilare suo interiori	谨慎地关注自己的内心	attendere animum ad ea in quibus se unum pro teste habere	当只有自己独知（他人皆不知）时，关注自己的精神

① CSP在"孝者，所以事君也"一句补充说明"孝"的内涵：尊敬和服从父辈（observans & obsequens esse patrifillias）。

② 此处"慈"的两个含义分别出自："为人父，止于慈"和"慈者，所以使众也"。

（续表）

概念	《中国智慧》（1662）	译文回译	《中国哲学家孔夫子·大学》（1687）	译文回译	刘应《大学》手稿（1736）	译文回译
上帝①	supremus Imperator, seu coelum	天上的帝王，或者天	supremus coeli Imperator	天上的帝王、天帝	xam ti-us	音译"上帝"
命②	altissimum caeli mandatum	上天的最高任命	altissimum enim coeli mandatum seu coeli favor, quo Imperia conferuntur	凭借上天的最高任命和恩惠去统领天下	mandatum	命令
	imperium	帝国	coeli mandatum seu Imperium	天命或帝国		
过	peccare	犯错	crimen est	罪恶③	peccatum	过错
性④	(communis hominum) natura	众人共同的本性	(communis hominum) natura	众人共同的本性	(hominis) natura	（人的）本性
诗（云）	carmen ait	《诗（经）》中说	oda ait/ex Odarum libris; carmen ait	《诗经》中说	oda ait	《诗（经）》中说
絜矩之道	normae ratio	规范的原则	mensurae normaeque ratio	衡量与规范之原则	mensoria norma (ad quam omnia exigere)	用于要求一切事物的衡量的规范

---

① "上帝"一词在《大学》中仅出现一次："诗云：'殷之未丧师，克配上帝；仪监于殷，峻命不易。'"
② 此处"命"的两个含义分别出自："峻命不易"和"惟命不于常"。
③ 该词出自"见不善而不能退，退而不能远，过也"。张居正在《四书直解》中注"过"为"过失"，但以该书为翻译底本的CSP，其耶稣会士却将之译为更严重的"罪恶"。刘应的译文更贴近中文原义。
④ "性"一词在《大学》中仅出现一次："好人之所恶，恶人之所好，是谓拂人之性。"

（续表）

概念	《中国智慧》（1662）	译文回译	《中国哲学家孔夫子·大学》（1687）	译文回译	刘应《大学》手稿（1736）	译文回译
孟献子	Me hién çù, magnus Mandarinus Regni lù	孟献子，鲁国大官	magnus ille Vir mén hién çu dictus qui praecipuâ Regni Lù Praefecturâ olim functus erat	伟人孟献子曾在鲁国担任大夫	（lu-ti magnas）Mem hien çe-us	（鲁国大夫）孟献子
伐冰之家	findentium glaciem familia (hi erant magni Mandarini Imperatoris, et dicebantur kīm: ab his numerando usq. ad supremum ordinem, omnes in sacrificiis utebantur glacie)	可使用冰块的家庭（这些人是帝王的大臣，据《礼记》记载他们的地位属于最高等级，在祭祀中可以使用冰块）	Findentium item glaciem familia (superior hic Dynastarum ordo erat, Kím dictorum, à quibus numerando ad usque supremum ordinem, omnes in officiis parentalibus glacie utebantur) quia ampliore quàm optimates gaudent censu	（被《礼记》视作最高地位等级之一的）可使用冰块的家庭，（即父母丧祭用冰者），他们的俸禄高于那些乘坐驷马的大夫	caedens glaciem domus (Secundi ordinis magnates caeterique dignitate ipsis superiores in parentotionibus et sacrificiis glacie uti polerant, qui ad eam digitatem evectus est, magna stipendia a rege obtinet)	在家里凿冰的人（第二等级的大夫及位居其上的人，在父母丧葬及祭祀时他们有权使用冰块，并从君王那里获取丰厚的俸禄）

基于上表刘氏译文中拉丁译词的选择及其所在句式的行文，笔者总结出其译稿具有以下特征：

1. 在对专有名词进行音译时，例如标题《大学》的音译、《康诰》（刘应译为Cam Cao，CSP译作cam caó）、《太甲》（刘氏译作Tai Kia，CSP译作tái-kia）、《帝典》（刘氏译作Ti Tien，CSP译作tí-tièn）等篇名的音译，刘应皆延续"郭居敬—利玛窦注音体系"的注法，保持前人的译名；但针对具体历史人物姓名的音译，例如文王（刘氏译作Ven vam-tus，CSP译作Ven-vam）、武王（刘氏译作Vu vam-tus，CSP译作vù-vâm）、上帝（刘氏译作xam ti-tus，CSP译作Xam Tí）、孟献子（刘氏译作Mem hien çe-us，CSP译作mén hién çu）、曾子（刘氏译作Çem çe-us，CSP译作çem-çu）、孔子（刘氏译作cum fu çe-us，CSP译作Confucius①）等，可发现刘应一方面调整了部分汉字的注音，例如"子"从çu改为çe②，另一方面还为这些专有名词的拉丁化注音在词尾专门添加了表示词性的后缀，例如这里频繁出现的阳性词尾-us，用于表示男性。

2. 刘应《大学》译文中儒学概念的译介，与其名下其他儒学典籍的手稿都存在一个明显有别于前人的共同特征：译语简洁（例如上表中"明德"的如实对译），绝少使用利玛窦善用的中西文化意象附会手法。譬如上表中刘氏对"上帝""天子"③的翻译，完全是音译以及字面直译，一方面似为如实保留汉语译

---

① 关于孔子姓名的拉丁化亦是中西文化交流史上的有趣话题。耶稣会士神父在将"孔子"之名译介到西方时，率先把该词拉丁化为意大利文的Confucio，后由金尼阁改写为拉丁文的Confutius。1662年殷铎泽又把Confutius改写成Confucius，1711年卫方济在译介四书时，依旧沿用了这一拉丁译名，此后四书的英文版和法文版中也都采用此译法，德文则转写为Konfuzius。到了刘应，他放弃了前人固有的译法，同时使用音译（例如在其《大学》拉丁译文中）和新拉丁化的Kumfucius（例如在其撰写的拉丁文孔子传和孔庙介绍中）来再现孔子之名。

② 因刘应入华后主要在北京教区活动—并为清廷服务，他所接触到的应是当时北京本地所使用的汉语官话，故其对早期郭居敬—利玛窦注音体系的修订，或可视为更接近其所在时期的汉语发音原貌。

③ 有关"上帝"这一名词，《中国智慧》一书专门作注予以解释："上帝"指天上的帝王，人们承认它代表上天，但事实上他们似乎是想承认"天"代表天主，正如《中庸》书中清楚呈现的，在中国人这里使用这样的观点并不是什么新鲜事，正如他们也把"朝廷"——这个词的本意是指帝王的宫殿——理解为帝王（quod significat supremum Imperatorem, pro caelo accipiunt, sed revera caelum pro caeli Domino videntur accipere, ut in lib. chūm yûm clarius patebit, nec novum apud sinas continens pro contento usurpari, uti dicunt chao tim, quae verba proprie significant palatium imperatorium, et tamen Imperatorem intelligunt. ）。《中国哲学家孔夫子》亦为"天子"专门作注："注：中国人用'天子'（意思是上天的儿子）这两个字指代他们的皇帝。他们甚至相信王国以及天下都是上天给予的，也会被上天带走，正如古代的各种记载中所示。他们声称皇帝来自上天，应称作'天子'，即上天的儿子。'天获'即是通过上天或从上天获得的特殊权利。"（Nota. Sinas binis hisce litteris tien çu, quae Coeli Filium significant, Imperatorem suum denotare: credunt enim etiam Sinae Regna et Imperia coelitùs conferri necnon auferri, ut patet ex variis Priscorum monumentis. Unde Imperatorem, afferunt, à Coelo esse dicique tien çu, id est, Coeli Filium; quia est tian hoe, id est, à Coelo seu Coelitùs obtentus, peculiari scilicet privilegio. ）

名的特征，这种小心谨慎、强调他者异质性的译介方式，与他对中国礼仪本质的看法确为一脉相承；另一方面，刘氏的《大学》译稿似乎只是作为其个人学习中国典籍、研究中国文化的翻译习作，最多是作为上呈的证词材料而存在，并未有面向西方受众正式出版的意图。作此判断的依据有二，一是译稿中存在部分漏译的现象，例如《大学》开篇三纲领部分，刘氏漏译"在亲民"，而后传一章部分，又漏译"《帝典》曰：'克明峻德。'"二是刘氏并未像修会前辈在其正式出版物中那样，针对西方读者阅读儒学典籍时可能遇到的难以理解的问题，例如就文王、武王、孟献子等历史人物所处的年代、事迹及身份等，在译介过程中插入译者个人的说明，而仅在译稿的最后补充三个注释：①关于"道"的内涵（从上表中亦可发现，刘应对儒家之"道"的理解，有别于早期耶稣会士将其等同于"道理""准则"，更强调其所具备的"实践性"的意涵）；②《大学》文本中存在与希腊哲学思想类似的三段论，亦即修身—齐家—治国（平天下）的政治道德学说以及其中所体现的儒家推己及人思想的合理性；③《大学》题解。

3. 刘氏儒学概念的译词保持高度统一，有别于前人一词多译的做法（可见于上表"道""本""末""仁""命"等译词的对比），已有明确的一词一译的译介风格。上表中唯一的例外是"君子"一词，刘氏使用sapientes（智者）、vir probus（诚实的人）和vir honestus（可敬的人）三种译法。产生这一现象的原因，一是与其翻译时所利用的中文底本有关，例如《中国哲学家孔夫子》多基于朱熹和张居正的注解，根据不同文段中"君子"意涵的变化（或是表示先王君子，或是指向在个人道德修为上的完善者），选择不同的拉丁文译词予以对应，刘应的译法也应与此有关；二是从刘氏对"君子"的译词选择来看，但凡在中国注疏传统中"君子"被解释为"（先）王"的文句，他都倾向于用"智者"来对译（其中或许也有古希腊哲人王治国理念的凸显），明显是基于个人道德修为的程度而不是个人的社会地位的高低来定义儒家的"君子"。与之对应的做法也体现在刘应有关"小人"的译词选择中：除去注疏中明确指出此处"小人"为"民众"之意，在其他的文句中都统一用improbus（道德低劣的人）来予以翻译。

4. 经笔者逐句比对，刘应拉丁文《大学》译稿的翻译底本乃康熙朝官方的钦定教材《日讲四书解义·大学》（1677），在章节划分和讲解的排版上以及概念、句意的理解上都保持高度一致。这应该也与他从1693年至1699年都在北京教区活动并为清廷完成了许多任务有关。而前人研究成果也显示：此时同属北京教区的白晋，在撰写他的《古今敬天鉴》时，同样主要借助《日讲四书解义》及《日讲易经解义》（1683）来阐述"今儒"的观点。①

另外，从梵蒂冈所藏刘应儒学译稿可以发现，傅圣泽与其关系密切。尽管同为法国来华耶稣会士，刘应比傅圣泽早12年入华（刘应与白晋同属1687年第一批入华的法国耶稣会士，傅圣泽则是白晋再度返欧后招募来华的新传教士，于1699年入华），论资历刘应是其修会前辈，且当傅圣泽所带领的一行5位新来华传教士进入中国时，正是刘应奉康熙帝之令前去迎接他们，使得他们得以顺利入华并获安顿。来华初期，傅氏主要在福建省活动，隶属北京会院的刘应曾多次赴闽拜访他并有书信往来，可见两人一直保持着较为密切的联系。但随着铎罗来华后，刘应在对待中国礼仪问题的立场上公然转向在华耶稣会士的对立面，甚至有说：原本刘应亦是中国耶稣会布道团选出，要与卫方济一同赴欧为在华耶稣会立场予以辩护的人选，但此时因他患病且"在礼仪问题的所有观点上都与卫方济有分歧"，故由庞嘉宾代为前往。而刘应反对中国礼仪的看法，随后也影响了傅圣泽观点的转变（这从傅圣泽在中国乃至返欧之后，锲而不舍地重阅和抄录刘应的译稿和书信可窥一斑，尽管傅氏本人在誊写的过程中，并未作出任何评论），使得他们都成为康熙朝来华耶稣会士中少数的、对在华耶稣会关于中国礼仪的解释持反对意见的人，且他们二人后来也都被教廷晋升为主教。② 刘、傅二人都非常熟悉中国经典并留下多篇译文，但刘应从来都不是以白晋为首的索隐派成员，且旗帜鲜明地认定了中国礼仪的迷信特质；傅圣泽非常了解（至少可以说部分认同）刘应的观点，但同时他又隶属于索隐派，承认中国经典的神圣地位并试图将中国经典中出现历史事件以及人物形象与旧约中的记载相比附，并曾经试图基于自己在中国文献中的"新发现"来改变教廷对于"中国礼仪"的否定性观点。基于刘、傅二人的关系，可以发现来华传教士彼此之间及个体思想的复杂、矛盾程度。而在此中，以白晋、傅圣泽等为代表的索隐派观点可谓是最为激进的一派，

---

① Claudia von Collani, "François Noël and his Treatise on God in China," in *History of the Catholic Church in China*, Leuven: Ferdinand Verbiest Institute, 2015, p.36.

② [美]魏若望：《耶稣会士傅圣泽神甫传：索隐派思想在中国及欧洲》，吴莉苇译，郑州：大象出版社，2006年，第88、98、104—105、107—109页。

下文遂对该派的产生及其主要观点予以总括式呈现。

（二）激进的文化适应派：耶稣会索隐派

因应利玛窦所奠定的"文化适应路线"，来华传教士中有一支将其对中西文化意象予以附会并进行神、哲学阐释的手法，进一步发扬光大甚至最终被教廷视为"误入歧途"，以致其全部著述及观点被禁止发表和讨论，这便是以法国耶稣会士白晋（Joachim Bouvet, 1656—1730）为首的中国"索隐派"（Figurism）。①

1. 源于基督宗教传统的索隐思想

索隐派思想原本是天主教对《旧约》的一种注解方式，用以研究《旧约》中记载的具体事情所蕴含的象征意义，以此揭示出隐含其中的信仰在未来的秘密发展及教会发展。基于这一理念，早期践行者大多从《新约》所载与耶稣有关且已

---

① 学界关于"索隐派"的研究颇为丰硕，除围绕该派成员生平及著作简介的梳理，亦涉及各位成员索隐思想形成原因的分析及其主要思想特征概述。相关的研究有：[美]魏若望：《耶稣会士傅圣泽神甫传：索隐派思想在中国及欧洲》，吴莉苇译，郑州：大象出版社，2006年；[美]孟德卫：《耶稣会适应政策在白晋索隐主义中的演变》，载于《奇异的国度：耶稣会适应政策及汉学的起源》，陈怡译，郑州：大象出版社，2010年，第329—355页；[丹]龙伯格：《清代来华传教士马若瑟研究》，李真等译，郑州：大象出版社，2009年；[德]柯兰霓：《耶稣会士白晋的生平与著作》，李岩译，郑州：大象出版社，2009年；陈欣雨：《白晋易学思想研究——以梵蒂冈图书馆见存中文易学资料为基础》，北京：人民出版社，2017年；张西平：《中西文化的一次对话：清初传教士与〈易经〉研究》，载《历史研究》2006年第3期，第74—85页；韩琦：《科学与宗教之间：耶稣会士白晋的〈易经〉研究》，载《东亚基督教再诠释》，香港中文大学宗教与中国社会研究中心，2004年，第413—434页；刘耘华：《白晋的〈古今敬天鉴〉：传教士对儒家经典的诠释个案》，载《基督教文化学刊》2005年第14辑，第147—169页；[丹]龙伯格：《韩国英——中国最后的索隐派》，高建惠译，载《国际汉学》2005年02期，第59—63页；全慧：《浅论耶稣会"索隐派"的思想之源：以白晋为中心》，载《汉学研究》2011年第13辑，第192—203页；肖清和：《诠释与更新：清初传教士白晋的敬天学初探》，载《比较经学》2014年第4辑，第197—242页；肖清和：《索隐天学：马若瑟的索隐神学体系研究》，载《学术月刊》2016年01期，第156—178页；于明华：《清代耶稣会士索隐释经之型态与意义——以马若瑟为中心》，台湾暨南国际大学硕士学位论文，2003年；祝平一：《经传众说——马若瑟的中国经学史》，《"中研院"历史语言研究所集刊》第78本，2007年；Arnold H. Rowbotham, "The Jesuit Figurists and Eighteenth-Century Religious Thought", in *Journal of the History of Ideas* 4 (1956), pp. 471-485; Claudia von Collani, "Tian xue ben yi"-Joachim Bouvet's Forschungen zum Monotheismus in China", in *China mission studies (1550—1800)* Bulletin 10 (1988), pp. 9-33 等。

为人们熟知的事件入手，以之来解读《旧约》中那些晦涩且充满矛盾的文字、人物和事件背后隐藏的奥秘，亦即将《旧约》所载视为《新约》所现的"预言"，从而也使《新约》成为《旧约》的发展和印证，《旧约》《新约》也因此合为一体。这种对圣经的阐释方式，最初是教父奥利金（Origenens, 185—253）受到犹太学者斐洛在希腊传播犹太教时使用寓意阐释法解读圣经旧约《七十子译本》（Septuagint）的影响，奥利金认为：正如人的身体是由肉体、精神和思想所构成，《圣经》的文字里同样蕴含着神的启示，而这些文字具有三重含义：字面上的、精神伦理上的和寓意上的。① 此后，奥氏的思想亦影响了法国神学家伯里耶（Paul Beurrier, 1608—1696）以及耶稣会士基歇尔。基歇尔名下两部最重要的著作《埃及俄狄浦斯》（Oedipus Aegyptiacus, Romae 1652）以及《庞菲留方尖塔》（Obeliscus Pamphilius, Romae 1650）都是其践行索隐解释法的重要成果。而他的耶稣会后学白晋同样深受这一解释方式的吸引，终其一生都致力于在中国最古老的经典——《易经》中去发现"神的启示"。

2. 索隐思想在中国的实践

（1）预设的前提：索隐释经作为一个源自基督宗教的外来解释方法，它可适用于中国古代典籍的解读需建基于一个共同前提，即人类拥有共同的起源（对基督宗教而言，人类共同的缔造者自然就是Deus），因此在不同区域、民族和文化背景下所产生的民族经典中都会包含一些共同的痕迹，无论是从无到有的创世论、圣三论抑或童贞女受孕的神迹，都是原始神学家"从摩西、诺亚及他的两个儿子"那里所获得的基督宗教知识并经由其书写保留下来。因此"最伟大的异教徒哲学家们已经得到了上主的启示"，这便是由拉克坦奇乌斯（Lactantius, 240—320）、尤西比乌斯（Eusebius, 260—340）等基督教学者所开创的"原始神学"（Prisca Theologia）理论。② 事实上，殷铎泽、柏应理等人在《中国哲学家孔夫子》一书的译文中，曾多次提及拉克坦奇乌斯之名，卫方济在《中国哲

---

① [德]柯兰霓：《耶稣会士白晋的生平与著作》，李岩译，郑州：大象出版社，2009年，第1—5页。
② 同上书，第5页。

学》一书的论证中,也频频征引拉克坦奇乌斯的观点。① 据此可见,支持文化适应政策一派的耶稣会士大多认同"原始神学"的观点,以白晋为首的中国索隐派更是以此预设为前提,开辟了他们重构中国经学解释史的事业。

(2)中国索隐派诠释中国经典的方法:作为深受康熙帝信任并被委以《易经》研究重任的来华耶稣会士,白晋为了更好地完成这一工作,曾先后招募了三名法国助手/弟子,分别是耶稣会士傅圣泽、马若瑟和郭中传(Jean-Alexis de Gollet, 1664—1741)。② 同为耶稣会中国索隐派的成员,他们都致力于继承和发扬利玛窦接受并利用中国人的传统思维、凸显耶儒共通之处并在中国经典中注入天主教教义的做法。他们极力证明中国古籍可能具有两种意义:"一种是中国人以某种错误方式诠释的明显意义,因为他们不懂基督教(按:在索隐派看来,中国传统的经学注疏是一种误读,尤其是宋明理学的解读更是误入歧途);另一种是唯有传教士才可以理解的宗教意义,因为他们掌握有其钥匙——《圣经》。"③ 在突破字面深入实质的旗帜之下,他们个人的具体研究却有不同的侧重点,例如白晋以《易经》为中心,以探寻卦爻符号的意旨为目标;马若瑟则在《易经》的基础上,试图尽可能地将其阐释对象扩大至字义、诗歌乃至中国各类典籍,打通雅俗文学以寻求基督的奥迹;傅圣泽和郭中传则以中国古史记载与《旧约》一致之处作为搜寻重点(白晋、马若瑟、傅圣泽三人名下的儒学著述及

---

① 《中国哲学家孔夫子》在"前言"部分就已多次征引拉克坦奇乌斯《神圣原理》(*Divinarum Institutionum*)一书,详见 *Confucius Sinarum philosphus*, Proëmialis declaratio, Paris 1687, pp. lviii, lxxv, lxxxiii, lxxxxiii 等,在《中庸》译文的阐释部分也曾引用该书,参见 *Confucius Sinarum philosphus*, Liber secundus, Paris 1687, p. 96. 卫方济在其《中国哲学·第一论》第二章第七问中,亦征引了拉氏《神圣原理》一书第一卷《论虚假的宗教》(de falsa Religione Lib. I),详见 *Philosophia sinica*, Tract. I., Praga 1711, p.147。

② 据钟鸣旦的研究,清朝来华的法国耶稣会士之中,约有三分之一都与索隐思想有关联。参见 Nicolas Standaert ed., *Handbook of Christianity in China*, Volume one: 635-1800, Leiden, Boston: Brill, 2001, p. 671. 除了白晋与其三位助手,18世纪后期中国索隐派的支持者还有韩国英和钱德明,参见[丹]龙伯格:《韩国英——中国最后的索隐派》,载《国际汉学》第十三辑2005年,第59—63页。另外卫方济亦被认为具有索隐思想倾向:"方济谙练中国语文,昔有传教师若干人,以为曾在中国古籍中发现基督教网,而为热烈辩护者,方济盖为其中之一人也。"参见[法]费赖之:《在华耶稣会士列传及书目》(上),冯承钧译,北京:中华书局,1995年,第419页。

③ [法]毕诺:《中国对法国哲学思想形成的影响》,耿昇译,北京:商务印书馆,2013年,第401页。

其主要观点可参见前表）。

　　他们具体使用的索隐方法亦与其所受《圣经》释经学训练密切相关。白晋和马若瑟旨在中国典籍中寻找隐藏着基督宗教的真谛"启示"，多使用"寓意解经法"。有别于借助相关的历史及文学材料、经由辨认文句的修辞、语意、体裁或风格，并结合上下文语境最终确定经文意义的一般解经法，寓意解经法多用于《圣经》中诗歌、预言、比喻和神迹的解释，认为在经文可见的字面意义之下，还有一层隐秘的、真正的意义（也因此时时常会出现阐释者依据自身的"前见"从文献中解读出符合其观点的结果）；傅圣泽和郭中传旨在中国古代史籍中发现"世界和人类起源的普遍事实"，多使用《旧约》"预示论"的诠释法，亦即将《旧约》所载视为《新约》中各种人事的预示。① 在中国索隐派的中文著述中，亦可发现其行文、排版明显仿效了中国传统注疏的风格，营造出一种西来儒士基于基督教义点评中国古代经典的风格。尽管索隐派的目标明显是要参与乃至改变中国"儒教"思想史的撰写，但就其实质性功效而言，他们颇为"离经叛道"的论断在传统儒家士子眼中，通常会被包容为一种西儒个人的有趣联想，愈发凸显中国古代经典的内涵丰富，若论能否动摇及影响传统儒家士大夫的精神世界，甚至是否可能影响中国注疏传统的书写，笔者认为恐收效甚微。②

　　（3）思想观点的差异：白晋的索隐研究以《易经》为中心，主要原因在于：他发现骄傲的中国文人对于西来蛮夷的轻蔑，明白唯有熟读中国典籍才能与

---

① 关于白晋、马若瑟、傅圣泽和郭中传各人的索隐思想特点及其异同的深入研究，参见[德]柯兰霓：《耶稣会士白晋的生平与著作》，李岩译，郑州：大象出版社，2009年，第131—209页；[丹]龙伯格：《清代来华传教士马若瑟研究》，李真等译，郑州：大象出版社，2009年，第142—186页；[美]魏若望：《耶稣会士傅圣泽神甫传：索隐派思想在中国及欧洲》，吴莉苇译，郑州：大象出版社，2006年，第185—196、276—283页；于明华：《清末耶稣会士索隐释经之型态与意义：以马若瑟为中心》，台湾暨南国际大学中国语文学系硕士论文，2003年，第21—23页。
② 虽有部分传教士的中文著述被四库全书收录，例如收入子部的《几何原本》和收入史部的《职方外纪》等，多为实学类著作，但文献数量之少，加上清初"西学中源"思想的流行，致使传教士的著述并未在真正意义上促进当时社会思想的近代化。

中国文人展开有效的对话；《易经》作为古老的五经之中最为深奥者①，远比四书权威，且内容多涉数字与隐喻性符号适于索隐，若能藉由天主教义来解释该书，证明耶儒理念的相契，既能有效消除中国人对基督宗教的不信任，亦能为中国礼仪之争中的耶稣会提供辩护。白晋本人的索隐观点在《天学本义》（后增补修订为《古今敬天鉴》一书）得到集中呈现：他致力于从中文文献中搜寻证据来附会天主教教义，目的是要证明中国先民对于"天/上帝"（Deus）有清楚的认识，并认定中国古籍中的 "天/上帝"是一个有位格的神，并在解释儒家之"天"时，融入基督宗教有关原罪、降生救赎、三位一体等教义内容，强调"孔子的学说和他们的古代典籍中实际包含着几乎所有的、基本的基督教的教义""中国古代的学说和基督教的教义是完全相同的"，而唯有借助西国的天学诠释中国的古儒经典，才能复其原义。② 白晋的学生马若瑟，尽管他曾批评白晋的索隐思想缺乏足够的论据来支撑其假设，但仍在白晋去世之后撰文肯定其创立中国索隐学派的贡献。③ 志在打通字学—经学—理学，用以解析中西经典之中所蕴藏的共同真理的马若瑟，其索隐思想的代表作是《中国古籍中之基督宗教主要教义遗迹》（Selectae quaedam vestigia praecipiorum religionis christianae dogmatum ex antiquis Sinarum libris eruta, 1729，该文具体内容及观点，参见第一章第四节来华耶稣会士儒学译述书目条目26）一文，也正是基于对中国经典的高度重视——事实上马若瑟对于中国俗文学乃至禁书也都展现出接纳的胸怀，他与关注中国古史索隐的傅圣泽产生了极大的意见分歧：傅氏认为中国上古的夏、商、周三代并非真实的存在，而马氏深信中国"经"典是蕴含基督宗教神迹的神圣文本，认为在此问题上西儒不应越俎代庖，而应由中国人自己来判定这一问

---

① 这一判断亦是白晋目睹太子胤礽与刘应见面时，曾考察传教士对中国经典的理解程度，并指出《易经》乃中国经书中最深奥者，世人尚无法完全理解该书真谛。太子的判语加上后来康熙帝极力提倡其从事《易经》研究，都对其选择《易经》作为索隐对象起到推动作用。参见[美]魏若望：《耶稣会士傅圣泽神甫传：索隐派思想在中国及欧洲》，吴莉苇译，郑州：大象出版社，2006年，第55—56页。

② 参见[德]柯兰霓：《耶稣会士白晋的生平与著作》，李岩译，郑州：大象出版社，2009年，第131—209页和肖清和：《天儒同异：清初儒家基督徒研究》，上海：上海大学出版社，2019年，第142—163页。

③ [丹]龙伯格：《清代来华传教士马若瑟研究》，李真等译，郑州：大象出版社，2009年，第155页。

题。^① 此外，傅圣泽在与白晋合作阐释《易经》期间（1711—1720年一同在京）亦出现意见分歧，傅氏的注意力因其对道教的兴趣发生了转移，最终超出了白晋所专注的《易经》。据魏若望的研究，傅圣泽曾总结出他有别于自己老师的三条索隐主义原则：第一，中国人普遍认为中国古代的文献源自天启，来自上天，因此它们的来源是神性的；第二，中国文献中的"道"字意指永恒的智慧，它就是基督徒崇拜的真神；^②第三，就其真正含义而言，"'太极'一词代表了相当于'上帝'和'天'的意义上的'道'"，而唯有掌握这些原则，才能真正理解中国文献。^③

（4）索隐派思想对于传教工作的影响：白晋及其弟子的索隐思想事实上从未被真正投入到传教实践中去，因他们的理论一直都以碎片的形式，散见于他们的著述书信之中，无法形成具有可信度以及可被检验的理论系统。在华耶稣会内部的不和也影响了白晋等人索隐事业的发展，即使在白晋的研究达到至盛、深受康熙信任之时，他仍时时遭到其他修会会士的质疑，同时也受到会内同袍的讥讽[例如来自纪理安和汤尚贤（Pierre Vincent du Tatre, 1669—1724）的强烈批评^④]。因马若瑟与傅圣泽的关系日益疏远，且无法忍受北京充满敌意的生存环境，马若瑟遂于1716年离京，甚至此后开始反对自己的老师白晋和同伴傅圣泽的索隐观点，而疲于应战的傅圣泽也于1720年如愿被调回欧洲。失去所有助手的白晋，其索隐著作亦受到教会的严厉谴责，借助康熙晚年的支持庇护，白晋最终凭借一己之力为其索隐事业奋斗终生。

---

① [丹]龙伯格：《清代来华传教士马若瑟研究》，李真等译，郑州：大象出版社，2009年，第176页。
② 笔者曾在罗马国家图书馆发现一份佚名的拉丁文手稿，据其内容判定依次是《道德经》首章、第14章、第4章和第42章的拉丁文译文，并附注释重点谈及"道生一"（Tao sem y）应如何理解。手稿中有已逝的魏若望神父另附纸亲笔说明，证实该手稿为傅圣泽的笔迹。
③ [美]魏若望：《耶稣会士傅圣泽神甫传：索隐派思想在中国及欧洲》，吴莉苇译，郑州：大象出版社，2006年，第190页。
④ 纪理安多次在他写给罗马的书信、报告中，嘲讽抑或贬低白晋的索隐释经事业。此外，1713年4月23日与纪理安一起向康熙帝面呈控告状，驳斥白晋索隐观点的耶稣会士还有苏霖、巴多明（Dominique Parrenin, 1663—1741）、杜德美（Pierre Jartoux, 1668—1720）、杨秉义（François Thilisch, 1667—1716）、公类思（Luigi Gonzaga, 1673—1718）、汤尚贤、贾迪我（João Francisco Cardoso, 1677—1723）和穆敬远（João Mourão, 1681—1726），参见[德]柯兰霓：《耶稣会士白晋的生平与著作》，李岩译，郑州：大象出版社，2009年，第82—85页。

尽管中国索隐派的著述因教廷下令查封而未获发表，但中国索隐派的成员们却与当时欧洲重要的知识分子保持着通讯关系，并藉由"书信的共和国"来传播他们所理解的中国经典和儒家。例如莱布尼茨正是通过与白晋的通讯，获其提供有关《易经》象数方面的详细介绍，促使其将《易经》与他所设想的二进制进行比较并最终确定二进制论文的发表；马若瑟在与傅尔蒙的通信中，时常附上自己所写的专题文章来言说自己的索隐思想（参见前表相关内容），而马氏亦与傅尔蒙的敌人弗雷烈（Nicolas Fréret, 1685—1749，他被认为是当时法国最关心中国的人文学者之一）保持通信，因弗雷烈对中国历史纪年及汉字都非常感兴趣。① 至于顺利返欧、笔耕不辍，后来亦升任主教的傅圣泽，他试图游说教廷接受索隐主义作为一种解释中国文明的可行办法的努力，最终亦被证明只是徒劳。但众多慕名前来拜访抑或与之保持通信的著名知识分子，例如伏尔泰、孟德斯鸠（Charles-Louis de Secondat Montesquieu, 1689—1755）、圣西门（Claude-Henri de Rouvroy, Comte de Saint-Simon, 1760—1825）、傅尔蒙等人②，都成为其中国索隐思想在欧洲最好的听众。

---

① 此外，法国耶稣会士巴多明与法国皇家科学院的科学家德梅朗（Dortous de Mairan, 1678—1771）、宋君荣与弗雷烈和天文学家德利勒（de L'isle）也都保持长期的通讯关系，分享各自的知识积累。参见[法] 毕诺著，耿昇译：《中国对法国哲学思想形成的影响》，第158页。除来华耶稣会有明确的义务需定期撰写信函，或是汇报工作或为交换信息情报，来华托钵修会会士同样留下了大量的信件，例如方济各会士伊大仁主教名下就有他与教廷、耶稣会士、同会兄弟以及家乡亲友的大量信件，数量之多甚至占据了《方济各会中国教区档案汇编》（*Sinica Franciscana*）丛书中的两卷。
② [美]魏若望：《耶稣会士傅圣泽神甫传：索隐派思想在中国及欧洲》，吴莉苇译，郑州：大象出版社，2006年，第283页。有关傅圣泽致傅尔蒙和罗特兰修道院院长的信件，傅圣泽与马若瑟、郭中传等中国索隐派成员，以及与宋君荣、巴多明、雷孝思等法国耶稣会士未刊通信的具体内容，参见[法]毕诺：《中国对法国哲学思想形成的影响》，耿昇译，北京：商务印书馆，2013年，第506—693页。

第三章　明末清初来华传教士儒学观分析

第一节　三种传教士儒学观的根本性分歧及其评判标准

来华耶稣会士内部，因应传教理念的不同，对当时中国社会现状的认知，尤其是中国祭祖祭孔礼仪性质的定位、基督宗教最高神的中文译名问题等存在意见分歧。他们彼此之间争论不休并就此出版了一系列的拉丁文儒学译述，据其观点及评判依据的不同，可将明末清初来华传教士的儒学观对比整理如下：

表八　明末清初来华传教士三种儒学观一览

	代表人物	主要观点及立论依据
支持文化适应政策	奠定者：耶稣会士范礼安（理论指导）、罗明坚（初步实践）和利玛窦（确立为传教路线）	该派观点为来华耶稣会中的主流，基于早期入华后由僧转儒的调整[①]以及对中国社会的现实认识（例如直接展示受难的耶稣像、宣扬被钉死的死人会复活等会被视为邪门歪道；在公开场合直接布道甚至公然反对中国礼仪，时常招致人身危险并受到地方官府的驱逐），利玛窦等主张采取表面上温和求同、在内部进行福音渗透的渐进路线，他们愿意通过"暂时地"宽

[①] 关于早期入华的耶稣会士罗明坚、利玛窦等人由"僧"入"儒"的过程，参见宋黎明：《神父的新装——利玛窦在中国（1582—1610）》，南京：南京大学出版社，2011年。事实上托钵修会一开始在菲律宾向当地华人、日本人传教时，亦是以"西僧"的身份自称，高母羡在其《明心宝鉴》和《辩正教真传实录》中，将Obispo（主教）译作"和尚王"、sacerdote/Padre（神父）译作"僧/和尚"等译词是为佐证。

（续表）

	代表人物	主要观点及立论依据
	继承和发展：耶稣会士金尼阁、卫匡国、艾儒略、殷铎泽、柏应理、南怀仁、安多、纪理安等。①	容中国人祭祖祭孔礼仪来淡化文化间的矛盾，尤其是中国奉教者所承受的家族伦理压力，以强调共性从而博取信任及好感便于传教。 儒学观方面则肯定以孔子为首的原儒认识真神的存在，反对宋明理学对于原儒思想的扭曲并严厉批驳佛道的偶像崇拜思想，宣称天主教思想是要帮助儒学回复到其最初纯洁的"原儒"思想。 Cummins 认为文化适应政策是利玛窦基于自己 20 余年的在华传教经验，依据天主教"盖然说"（Probabilism，亦即在神学权威意见出现分歧时，奉教者可遵从任何一位神学大师的阐释），选择极端地去践行圣保禄异教传教方法的冒险之举②；詹森派强烈批评耶稣会士的适应政策是对"决疑论"（casuistique，指天主教神父用于指导普通信众在其实际生活中分辨行为善恶的一套评判方法。）的滥用，是其"道德败坏的一种表现"③。但事实证明：耶稣会士宁愿在初期牺牲部分教义的贯彻、妥协异教礼仪、争取培养本土神职人员的许可并逐步使宗教圣礼、《圣经》语言中国化，用以保全中国基督宗教事业的生存机会，实际上是一种长远、渐进的发展策略。
反对文化适应政策	**耶稣会**：龙华民、熊三拔、陆安德、聂仲迁、张玛诺、汪儒望 **托钵修会**：以黎玉范、闵明我为首的多明我会和以利安当为首的方济各会	龙华民在继任会长一职后随即对利玛窦路线公开予以质疑，很大程度上此举与他们二人截然不同的传教阶层和经验体会有关。擅长在下层民众中布道的龙氏，曾对宋明理学的著述及其观点有相当深入的了解，但其与利玛窦在审视儒学思想时处于截然不同的立足点：利氏以古儒为权威，批评今儒的无神论倾向；龙氏则以今儒的看法为权威，认为若无今儒注解则无法理解古经，并以今儒倒推古儒，得出从古至今儒家皆为无神论的结论。此外，龙华民、熊三拔等耶稣会内反对派身上，亦

---

① 事实上在礼仪之争期间，多明我会的马尼拉当局亦曾经由仲裁，同意仿效圣保禄的做法，允许来华传教士遵循中国礼仪，有部分年轻的传教士（例如Juan García）开始参与其中。万济国也曾在他的专题论文中指出：因为传教士懂得中国礼仪，中国人不再视他们为野蛮人。闵明我曾批评耶稣会士送给中国皇帝和官员的礼物，有时太过贵重。但他也承认送礼属于中国社交礼仪的一部分，因为钱财上的损失总比宗教迫害好。参见Biermann, *Die Anfänge der neueren Dominkanermission in China*, Münster: Aschendorffsche Verlagsbuchhandlung, 1927.

② J. S. Cummins, "Two Missionary Methods in China: Mendicants and Jesuits", in *Archivo Ibero-Americano XXXVIII*. Madrid, 1978, p. 46.

③ 关于耶稣会士的决疑论倾向以及詹森派对此的指责，参见谢子卿：《中国礼仪之争和路易十四时期的法国（1640—1710）：早期全球化时代的天主教海外扩张》，上海：上海远东出版社，2019年，第64—66页。

（续表）

	代表人物	主要观点及立论依据
	巴黎外方传教会：陆方济、颜珰、梁弘仁 **教廷特使**：铎罗、嘉乐（Carlos Mezzabarba，1685—1741）	有奥古斯丁"唯灵论"学说的鲜明特质[1]，这些最终导致来华耶稣会内部传教路线的分裂。 　　作为精通神学教义、擅长向异教徒宣教的托钵修会，他们对于适应政策的反对主要围绕中国礼仪具有偶像崇拜的性质展开。他们坚守严厉的"取代论"（supersessionism，即强调在救赎史上，基督宗教的《新约》权威已然取代了犹太教的《旧约》，进而否定犹太教及其他宗教祭祀行为的合法性）[2]，明确反对基督宗教迎合儒家的做法并要求正视耶儒之间的本质差异，主张在传教的起步阶段就应确保宗教信仰的纯粹性。后来利安当、闵明我等亦借助/利用耶稣会内部的意见分歧（即以耶稣会士龙华民的报告为其理论支持）对之予以打击。 　　专以海外传教为己任的巴黎外方传教会，入华后同样基于信仰虔诚的唯灵论要求，迅速加入反对文化适应政策的队伍并在礼仪之争的后期成为在华耶稣会的主要论敌，并成功促使教宗多次派出特使前往中国正式下达中国礼仪的禁令。
文化调和派	**激进派**：耶稣会士白晋、马若瑟、傅圣泽、郭中传所组成的"中国索隐派"，其明确的支持者还有韩国英和钱德明 **温和派**：耶稣会士卫方济	该派本质上隶属于支持适应政策一派，但由于入华之时礼仪之争已愈演愈烈且舆论趋势日益不利于在华耶稣会，这群博学且好发玄思的西士，其眼中的当务之急并不在于继续为中国礼仪予以辩解，而是要在清廷和教廷双重权威的夹缝中，寻找发展中国基督福音事业的有效新路径。以白晋为首的索隐派将其宏大的解经事业，建基于自己的一系列假设：中国古代文献是充满神性的书写，其中隐藏着基督宗教的真谛；中国文人的错误解读源于他们不识西来天学，唯有传教士才拥有此"钥匙"；又因天下同源，那么从中国经典中重新发现的"事实"，则不只限于中国历史，而是能代表世界历史的起源和发展。但最后的结果表明：中国索隐派不成体系且超出教廷容忍范畴的理论成果，无法为其传教事业起到实质性的推动作用。 　　将卫方济归于温和派，是因为他并未像中国索隐派那样，公然宣称自己从中国文献中解读出基督教义的遗迹；相反，作为原始神学的追随者，卫方济得益于经院哲学训练的出色理性思维、对中国文献的娴熟擅用以及在地方传教活动中对民间祭祀的深入接触，他（包括马若瑟）试图摆脱托钵修会基于天主教义来框定中国礼仪外在祭祀形式不合法的做法，转向祭祀礼仪内在的情感需求，强调不同范畴和级别的中国礼仪其最终目

---

[1] 关于来华传教士因应各自对待托马斯·阿奎那的"经验论"和奥古斯丁"唯灵论"不同的选择接受，分裂出对待中国礼仪的不同意见，参见李天纲：《中国礼仪之争》，上海：上海古籍出版社，1998年，第292—294页。

[2] 王定安：《中国礼仪之争中的儒家宗教性问题》，载《学术月刊》2016年第7期，第181—182页。

（续表）

	代表人物	主要观点及立论依据
		标是寻求祭祀个体内心的情感归宿①，而非基督宗教祭礼所要求的全然崇拜和敬畏，从而将利玛窦、殷铎泽等人所树立的"非宗教"定性进一步中国化。如果说利玛窦的文化适应更多是从言行举止（着儒服说汉语）、撰文刊书（书籍传教）等外在行为方式上进行文化间的调试，卫方济则是试图从中国古代文献所承载的精神世界和今人祭祀礼仪的内在情感上接近真实的中国，以之为中国礼仪正名。尽管卫氏名下的拉丁文著述，仍旧是以西方神哲学为其理论基础，但从他的设问立论、征引文献的方式以及最后得出的结论，可以察觉在他身上开始以中国人精神情感为基准、由外而内地完成范畴的转向。另外，卫方济所实践的文化调和方向，明显也具有弥合耶稣会内围绕中国礼仪所产生的分歧的用意。

因三派传教士名下的外文儒学著述甚多，下文拟以儒学概念的译介作为其思想的出口，进一步地对比呈现他们对于儒家思想的认知异同。

第二节 对于重要儒学概念的认知异同及立论分析

本节将以各派传教士关于"天/上帝"与Deus、"鬼神"（spiritus/angelus）与理气说、"仁"与amor/charitas这三组涉及真神崇拜、世界起源及构成、伦理道德的概念跨文化翻译作为分析样例，尝试经由这些"不稳定的思想裂口"来窥探那个时代的思想斗争，探究天主教会关于"正统"与"迷信"话语的生产以及各修会组织之间的争论矛盾等一系列历史"现实"如何在跨文化译介中得到生动的呈现。在此，笔者试图借用"概念史"的研究方法来切入分析。"概念史"作为德国学术研究中特有的一种方法论，其在史学界的代表人物是Reinhart Koselleck（1923—2006）。以Koselleck为代表的史学家，一方面将"概念"视为历史现实的指示器，另一方面也视之为发现现实的要素，因为概念是在某一社会现实基础上形成的，但同时概念也描绘、编撰了生产它的这一社会现实。

---

① 卫方济有关中国祭礼性质的分析，详见前文第二章第四节中《中国哲学·第二论》的内容。马若瑟亦对中国祭礼予以分类，划分出隶属于上帝、鬼神及人世的不同范畴的礼仪，并指明中国祭礼的特征是重在内心情感的安顿，参见于明华：《清末耶稣会士索隐释经之型态与意义：以马若瑟为中心》，台湾暨南国际大学中国语文学系硕士论文，2003年，第160—161页。

Koselleck本人非常关注所谓的"基本概念"（Grundbegriffe），并将历史上的"基本概念"视为具体时代的产物。他所理解的"基本概念"是指所有发生冲突的阶层和党派都要共同依赖于这些概念的使用，以相互传递各自不同的经验、特殊的阶级利益以及党派纲领。① 而正是这些概念成为引领历史运动的主导力量。有基于此，本节的具体分析步骤如下：

首先，选取出与礼仪之争这一时代历史语境有密切关联的"基本概念"，它们应归属于耶稣会内部以及各个来华天主教修会之间的争议范畴，可视为其"话语"建构的薄弱区域以及裂口。其次，经由一方面梳理儒学系统中该基本概念在历史上的意义变迁（亦即其在中国思想史上的原义），另一方面勾勒三派传教士对这一儒学概念具体而矛盾的认知，用以明确它在礼仪之争这一时代语境中的具体意指。经由上述两方面的比对，最终有助于我们呈现跨文化背景下，17—18世纪欧洲有关儒家"话语"的建构过程以及在此过程中，西方的排斥、控制机制（个人前见、宗教信仰、民族情绪、神学真理）如何参与到"概念"内涵的再生产中。

一、"天"/"上帝"与Deus

（一）古儒今儒论"天"

《说文解字》解"天"为"颠"，颠者，人之顶也。以为凡高之称。至高无上，是其大无有二也。按照王国维所考，古文的天字本像人形，不管是在殷墟卜辞上还是在盂鼎上的天字，"其首独巨……是天本谓人颠顶，故像人形"。因而，"天"的本意为头顶，而后又引申出天空、自然、天性乃至天神上帝，以及君主等义。孔子在《论语》在亦多次提及"天"②，主要有两层意思：（1）自然之天；（2）天神或天理。由此可见，"天"在中国思想史上自先秦始便一直交织着自然之天和神性之天的双重身份，只是在不同的时期各有偏重，比如

---

① Otto Brunner, Werner Conze, Reinhart Koselleck: *Geschichtliche Grundbegriffe. Historisches Lexikon zur politisch-sozialen Sprache in Deutschland*, Stuttgart: Klett-Cotta, 1992, pp. V-VIII.

② 可参见杨伯峻：《论语译注》，北京：中华书局，2004年。具体是《论语》中3.13、3.24、6.28、8.19、9.5、9.6、9.12、11.9、12.5、14.35、17.19、19.25、20.1等处含有"天"的文句。

《诗经》《尚书》中的"天"明显富于神性与主宰性，到孔子、孟子、墨子那里"天"的双重身份仍俱在，但神性之天的倾向较为明显；相对的，在庄周、荀子的著作中则更突出了自然之天的含义；待《易经》和《中庸》出，又演变出"德性之天"的观点。

　　明末传教士入华时，理学已居于正统官学的地位。经历明清鼎革，清初的理学虽不及其鼎盛之时，但就康熙治下而言（1662—1722），他本人由于受到熊赐履、李光地等理学名臣的引导和影响，早年就已形成"崇儒重道""崇朱轻王"的思想，对程朱理学分外推重。根据《清史稿》记载：清朝顺治时期仍然沿袭明朝科举的考试安排及经书传注，但从康熙二年（1663），尤其是从康熙二十四年（1685）开始，科举在考试内容和程序上都有了大变动。四书被安排在首场考试且由皇帝亲自出题，程朱理学由此成为清朝官方的统治思想，这也使得四书在清初教育和科举考试中获得相当凸显的地位。康熙朝来华传教士译介四书时多选朱子《四书章句集注》为底本，一方面可能是与清初官方统治思想，特别是康熙对理学的大力提倡有关，另一方面或许是受到他们所接触的文人、教友们的建议和影响[①]，传教士在其著述中频频提及的"今儒"即是指宋明理学的思想。作为理学的领军人物，从朱熹的著作可以看出，他对"天"的认知亦有多重：既有自然之天，又有德性之天。在认同"德性之天"的基础之上，他亦进一步分疏出了：主宰之天和驳杂之天[②]，尤其后者更是朱熹的个人创见。前人论天多以单纯论，主要是就"理"来论天，而论及天人关系则每每呈现出一种两者对立的姿态，将善的归之于天，恶的归之于人，而朱熹论"天"更愿意以一种一体两分的通达眼光予以界定："天"因"理"而成主宰，也因"气"而驳杂。在《朱子语类》中，朱熹指出：对于世间万物而言，"天命之谓性"，这"天"就是"主宰之天"，此天"自然如此，运转不息"，"亦须是上面有个道理教如此始得"，因此主宰此天的是在它上面的一个"理"。既然人之性本由天出，亦即是说"天命

[①] 关于清初科举制内容及四书地位等历史背景，可参见史革新：《清代理学史》，广州：广东教育出版社，2007年。
[②] 这对概念的提出和深入论述可见于钱穆和王孺松的著作，详见钱穆：《朱子新学案》（上），成都：巴蜀书社，1986年，第251—258页；王孺松：《朱子学》（上册），台北：教育文物出版印行社，1985年，第107—112页。

之性"（理）自始至终都备于己，只因禀气而生恶，因此，他继而提出率性行道、修身自诚的具体实践也就是顺理成章的事。

察于古儒今儒之间，可以看到：中国的"天"背负着丰富的文化内涵，一如上文已提到的那样，既有自然之天也有主宰之天，尤其"天"在殷商文化中（后来在商朝出土的甲骨文中又出现了"帝"字）直接等同于最高神，这也在后来中国人翻译佛经、基督教《圣经》等宗教文献的用语选择中获得印证，比如Deva（天、提婆）、"天父""天国""天堂""天使"等，但是周代以后，一如王国维所说："中国政治文化之变革，莫剧于殷、周之际"，① 殷商巫文化的色彩很快被伦理道德、人文关爱等内容冲淡。虽然中国的"天"并无西方严格意义上一神论中的位格特征，却从不失其神性抑或说始终扮演着一种超自然的准则和监督惩戒力量，不管是从孔子的"获罪于天，无所祷也""巍巍乎，唯天为大，唯尧则之"，还是民间小传统里面的祭天活动，都可以一窥中国人的"天命观"。但中国人从来都不是无条件地相信、赎罪式地奉献并被动地服从于具有普遍性、绝对性和创世者身份的唯一神，我们相信人与天的互动互爱，人可以"与天地相参"以入天时。周以后"天"在中国文化大传统中几乎从未被实体化过（实际上这使其避免了多神抑或偶像崇拜的嫌疑），儒家更是主动避免将其人格化以及由此可能导致的人类对信仰的偏执②、决断（"毋意、毋必、毋固、毋我"）、盲从等非理性行为，而是突出人所充当的主动追求者的角色。

自古各朝各代的天子纷纷借天命以正其治国之名，视自己为承继天道以安排人事这一人间秩序的最高管理者。儒家知识分子基于对天道下落为人事的积极担待之心，对于如何辅助乃至约束天子以建立一个合理的人间秩序有着深入的

---

① 王国维：《观堂集林》卷第十《殷周制度论》，石家庄：河北教育出版社，2003年，第231页。
② 张祥龙对孔子面对"怪""力""乱""神""鬼"所采取的"不语"和"远之"的态度有自己独特的看法："（孔子）他躲避的就是一种认为终极者（天、神、性等等）可以成为我们的断言对象和把握对象的'固执'态度……对于孔子而言，信仰和信念根本就不是现成的，可以被断定式地表达出来，以接受外在经验的检验，而是就在我们的人生经验中构成的……孔子发展出'中庸'和'诚'的学说的一个重要动机就是避免合理信仰的困境，使我们具有至诚的和合乎理性的信仰。"详见张祥龙：《从现象学到孔夫子》，北京：商务印书馆，2001年，第335—336页。另外，关于"天""道""人"三者之间的关系，可参看李泽厚：《中国古代思想史论》，天津：天津社会科学院出版社，2003年，第121—125页。

思考，例如据此就生发出"以德配天"的宗教伦理思想。此外，在朱熹眼中，"天"与"人"的关系一如他讨论"理"与"气"的关系，乃是一体之两分："天即人，人即天。人之始生，得于天也。既生此人，则天又在人矣"（《朱子语类·一七》）。因此，儒家文化始终坚持：人生于此天地之间，必定求能与天地参，君子修身以敬天配天，"诚者，天之道也""圣人能赞天地之化育"（《朱子语类·六七》）。总而言之，在儒家的天人关系之中，"天"具有明确的神性意义，既支配人类的命运，又具有惩恶扬善的权威性，因此"人"需敬天畏天命，但有突出修为的圣人同样也能"与天地参"，可见儒家高度肯定"人"身上的能动性，这一点明显有别于基督宗教中更强调神人之间的契约关系以及"人"需服从神律才能获得救赎的允诺。

（二）来华传教士论"天"

在17—18世纪来华传教士四书拉丁文译本中，儒家之"天"最常见的译词是coelum（参见前文《中庸》拉丁译词对照表）。按照西方宗教史的观点，coelum被定义为在土地之上并与之相分离的宇宙空间。[1] 在《圣经·旧约》中，"天"被视为雅威的居住地（Theologisch gilt der Himmel im AT als Wohnort Jahwes），但是与东方宗教不同的是，旧约中的"天"并没有被神圣化，而是被视为雅威的受造物——他造出了穹苍[2]，从而"把穹苍下的水和穹苍上的水分开，并称这穹苍叫天"。很明显，儒家之"天"是coelum这一译词所无法囊括的。

从利玛窦开始，他从《诗经》《尚书》等古经中找到中国人实有"上帝"（"上天""天""天主"）这一原始信仰的证据，此后亦有意使用这些传统术语来指代Deus，使基督宗教能够适应中国文化，试图建构起中国的"基督论"。随着托钵修会入华后发现译名和中国礼仪的问题并在龙华民报告中找到证据：基督的上帝与中国的天之间的差异要远大于其相似之处，[3] 随即向耶稣会发难。这

---

[1] "Der religionsgeschichtliche Glaube betrachtete den oberhalb der Erde ausgespannten räumlichen Kosmos als Himmel," in *Lexikon für Theologie und Kirche*, Freiburg im Breisgau: Herder, 1993—2001, pp. 115-122.

[2] 《牧灵圣经》，圣保罗国际出版公司、圣母圣心爱子会国际出版公司、圣言国际出版公司，第3页。

[3] [法]谢和耐：《中国与基督教——中西文化的首次撞击》，耿昇译，上海：上海古籍出版社，2003年，第47、53页。

也使得礼仪之争期间的耶稣会译者在处理相关术语时变得更为小心谨慎，殷铎泽在《中国政治道德学说》《中国哲学家孔夫子·中庸》、卫方济的《中华帝国六经》和《中国哲学》中，都有意选用更倾向于"自然之天"含义的coelum，避免将其与Deus对译。但《中国哲学家孔夫子》的另一位译者——柏应理却依旧高调延续利玛窦的路线，在他出版《中国哲学家孔夫子》译稿前的修订工作中，他甚至为了推动"上帝"译名的继续使用，不惜删改殷氏的译文，使中国经典中出现过的"上帝"等同于Deus[①]，尽管这有违在华耶稣会早在1627年嘉定会议上已成的共识，即禁用"上帝""天"等其他译名。而在康熙朝来华传教士与儒学相关的中文著述中，将"天"等同于Deus的做法更是屡见不鲜，这不仅出现在以白晋、马若瑟为代表的中国索隐派著作中，亦出现在方济各会士利安当的《天儒印》一书中。来华传教士各派都利用儒学典籍服务于自己不同见解的做法，体现了传教士对中国典籍的诠释、译介不仅能反映部分的现实，甚至还能塑造他们所需要的现实，是为维柯（Giambattista Vico, 1668—1744）为史学所下判语 Verum et factum convertuntur.（真实的事物与人为的事物是可以互换的。）的最好注脚。

不管是利氏所强调的神性之"天"还是殷铎泽传递出的自然之"天"，他们都只刻意反映出中国之"天"的某个侧面。直至卫方济在《中国哲学·第一论》中正式开诚布公地揭示中国之"天"所具有的多重内涵，并直言中国之"天"能够干涉世俗统治与民众的生活，具有意志、主宰权能、立法奖惩等属性，这与《圣经》中的唯一真神Deus非常接近，并引古儒今儒的言论来证明这一观点从古至今都得到中国人的充分承认。只惜卫氏之书问世时，教廷已正式下令禁止中国礼仪，不再就此继续予以讨论。强弩之末，卫氏已难挽颓势。

---

① 最明显的例证是在翻译《中庸》"郊社之礼，所以事上帝也，宗庙之礼，所以祀乎其先也。明乎郊社之礼、禘尝之义，治国其如示诸掌乎"一段时，柏应理特地在殷氏译文后补充说明，此处出现的"上帝"即是基督宗教中的最高神Deus："Hic locus illustris est ad probandum ex Confucii sententia unum esse primum principium; nam cum dixisset esse duo sacrificia, caeli et terrae, non dixit, ad serviendum caelo et terrae, nec ad serviendum coeli et terrae distinctis numinibus, sed ad serviendum superno seu supremo Imperatori qui est Deus [...]" *Confucius Sinarum philosophus*, Paris 1687, p. 59.

二、"鬼神"与spiritus，angelus

（一）儒家论"鬼神"

1. 孔子的鬼神观

与喜言"天"形成鲜明对比，孔子在《论语》中很少谈及"鬼神"，只有诸如"务民之义，敬鬼神而远之，可谓知矣"（《论语·雍也》）、"禹，吾无间然矣。菲饮食，而致孝乎鬼神"（《论语·泰伯》）、"季路问事鬼神，子曰：'未能事人，焉能事鬼？'"（《论语·先进》）几处，体现他"不语怪、力、乱、神"的主张，因而后世有学者据此强调孔子关注当下、对于"鬼神"所表现出的理性态度。但事实上，从其他典籍中的记载，我们可以看到一个具有鲜明宗教感的孔子，他不仅明确肯定鬼神的存在，还提倡对之保持敬畏并进行庄重的祭祀。相关记载如下：

> 宰我曰：吾闻鬼神之名，不知其所谓。子曰：气也者，神之盛也；魄也者，鬼之盛也。合鬼与神，教之至也……因物之精，制为之极，明命鬼神，以为黔首，则百众以畏，万民以服。（《礼记·祭义》）

从这段话可以看出孔子将"鬼神"视为气，"合鬼神"以为教，目的是要借此使万民敬畏顺从，表现出一种将宗教视为教化手段用以维护政治稳定的倾向，这一点在后世宋儒身上被进一步发扬。其实耶稣会士在《中国哲学家孔夫子》一书《前言》部分也明确抨击了中国士大夫对于宗教的实用主义态度，指责他们把宗教作为维护社会稳定的手段来为政治服务，很容易使人陷入虚无及无神论的危险之中。① 只是耶稣会士将这些问题全部归咎于后世宋儒思想的荼毒，却避而不谈孔子"合鬼神以为教"的训示。②

另一处表露孔子鬼神观的文段出现在《中庸》：

---

① 详见《中国哲学家孔夫子·前言》：*Proëmialis declaratio, pars secunda, paragraphus secundus*, p. lxi；*Proëmialis declaratio, pars secunda, paragraphus septimus*, Paris 1687, p. lxxxvj.

② 关于儒家鬼神观念的演变发展以及相应的祭祀原则，参见李申：《儒教的鬼神观念和祭祀原则》，载《复旦学报（社会科学版）》，2007年第4期。

> 子曰：鬼神之为德，其盛矣乎！视之而弗见，听之而弗闻，体物而不可遗。使天下之人齐明盛服，以承祭祀。洋洋乎！如在其上，如在其左右。（《中庸》）

此处，孔子不仅肯定鬼神的无处不在，而且盛赞鬼神之德：鬼神无形影声息，却能体现在万事万物身上。孔子还具体谈到应如何虔诚庄重地对鬼神进行祭祀。

由此可见，尽管孔子选择对鬼神语焉不详，但无论是他在思想态度上的"敬而远之"、在内心深处的时刻保持敬畏（"如在其上，如在其左右"），以及在行动上提倡"合鬼与神，教之至也"，"使天下之人齐明盛服，以承祭祀"，甚至直陈心志："明命鬼神，以为黔首"，以使"百众以畏，万民以服"。笔者认为，孔子身上并没有所谓后世学者所认为的：对于"鬼神"的矛盾态度抑或理性观念与宗教观念的强烈冲突。或许孔子确实有意悬置那些容易导致人们盲从偏执的终极性话语和信仰困局，但根据上文的种种记载笔者所看到的是：在他身上，现实的政治关怀、实践仁德的理性精神以及明确的宗教观念实现了圆融交汇，三者之间的关系固然会因应不同的现实境况存在此消彼长的张力，但身为儒士之宗的孔子，恰恰通过他的学生们记载下来的这些"无意识"的言行，展现出一位大儒协调平衡信仰与理性之间张力的能力。所谓孔子内心的矛盾挣扎，更多是深受西方"理性与非理性""宗教与迷信"等二元对立话语浸染的我们，以今天的时代精神与视角所得出的后世观感。

2. 后儒的鬼神观

孔子敬鬼神而远之的态度以及《周易》《礼记》皆以"精气"释鬼神的论说，奠定了后世儒家鬼神观的基础。但由于孔子悬置"鬼神"的本质及其是否真实存在等问题的讨论，促使后世儒生各自从其思想资源中寻求有神或是无神的因素予以发挥。例如荀子、王充、范缜乃至明代王廷相围绕"无鬼神""形谢神灭"进行阐发，成为无鬼神论一派的代表；而汉儒董仲舒作为有鬼神论的代表，他所提出的天人感应、天命理论和神权政治皆旨在为儒家设教，尽管后世亦有康有为式的效法者，该派亦未成主流。而关于"鬼神"的本质问题最终是在宋儒处获得深入分梳。

宋儒对于"鬼神"的讨论表现出一种内在理性的克制：一方面因鬼神之说载于六经，基于捍卫自身思想来源的正统性，他们一致肯定鬼神的存在；但另一方面，他们又极为反对民间鬼神妖怪之说以及淫祀之风，强调做好日常紧要处的工夫远比鬼神之事重要。但不管是张载以"二气之良能定鬼神"（《正蒙·太和篇》），还是二程以"造化之迹"定鬼神（《易传·一》），他们对"鬼神"的探讨都甚为简短，至朱熹解释始详。他对"鬼神"的讨论，正是建立在气分阴阳的基础之上，由此进行的延伸："鬼神只是气"，"鬼神不过阴阳消长而已"，"神，伸也。鬼，屈也。"（《朱子语类·三》）他对"鬼神"的讨论可细分为以下三个层面：

（1）自然界的鬼神。但凡讨论世间万物与宇宙本原，朱熹都是借助"理""气"之说来解释。朱熹认为自然界中鬼神的来源是阴阳二气的相对，也可以说是一气的消长："以二气言，则鬼者阴之灵也，神者阳之灵也。以一气言，则至而伸者为神，反而归者为鬼，其实一物而已"[①]；而"气"之所以能如此往来屈伸，又是"理"使之然。

（2）人死为鬼。关于人死后的去处，这是解释"鬼神"的关键所在。朱熹视人的身体为一个小天地，阴阳之气充溢其中："人与万物皆得之气。聚则为人，散则为鬼。""魄者形之神，魂者气之神。魂魄是形气之精英，谓之灵。故张子曰：二气之良能。良能是其灵处。"（《朱子语类·八十七》）关于人死后的去处问题，朱熹也给出明确解释："魂气升于天，形魄归于地而死矣。"（《朱子语类·三》）。另外，朱熹极力反对除现实世界之外，还有一个鬼神的世界存在，他强调"一去便休耳。岂有散而复聚之气""气尽则知觉亦尽"（《朱子语类·一、六十三》），提出这样的观点也与他对佛教所持的批判态度有关。

（3）祭祀时的鬼神，是指神示祖考。朱熹划分了两种祭祀，一种是子孙祭祖；另一种是"各随其分之所至"的古人祭典，即天子祭天地、诸侯祭社稷及境内的名山大川、大夫祭五祀，不容混淆。[②] 因天人一体，进行祭祀的人倘若怀

---

① 朱熹：《仪礼经传通解》（卷十七），收于《朱子全书》（第2册），上海：上海古籍出版社、合肥：安徽教育出版社，2002年，第567页。

② 关于古人祭祀祀典的具体内容，详见陈淳：《北溪字义》，北京：中华书局，1983年，第60—62页。

着诚敬之心，"发于心，达于气，天地与吾身，共只是一团物事"（《朱子语类·九十八》），因而能感而遂通，这便是朱熹的"感格之理"，而所有的这些都是基于"气"的功能。

针对祭祀之礼，朱熹将"鬼神"划分为天神与人鬼，并强调人与天地鬼神之间，因理气相通所以在祭祀时存在通过诚心实现相互感知的可能。具体来说：在家庭内部，祖孙之间因血脉相通从而存在连续的正气，该气又可通于天地间的正气从而实现祭祀时的感通；而皇帝祭天地，以及诸侯、士大夫所参与的对山川五祠的祭祀，则不是基于家族的血统正气，而是源于"理"的正当性。只要祭祀时能诚心敬意，而且祭祀的对象也符合祭祀者的身份地位（"是其当祭"），也就是说必须基于正当之"理"，这样即可藉此理实现"气"的汇通以及感通，因为"周礼所谓天神、地示、人鬼，虽有三样，其实只是一般"（《朱子语类·三》），因天地之间万物并生，并且都同属一气，自然也就存在天地人之间可以相通的道理。①

（二）来华耶稣会士论"鬼神"

目前学界发现的最早四书拉丁文译稿藏于罗马伊曼努尔二世国家图书馆（编号FG[3314]1185），围绕该份手稿的译者归属是罗明坚还是利玛窦现仍存在争论。② 但藉由该拉丁文手稿并与罗、利中文著作中有关"鬼神"的讨论作比，可

---

① 关于朱熹对"鬼神"的讨论，详见王孺松：《朱子学》（上册），台北：教育文物出版印行社，1985年，第77—105页；钱穆：《朱子新学案》（上），成都：巴蜀书社，1986年，第205—236页。
② 除四书译文外，罗马手稿中还收录了一部《各家名言汇编》的拉丁文译稿（Diversorum autorum sententiae ex diversis codicibus collectae）并有罗明坚本人作为该部分译者的声明及署名："本人罗明坚于1592年11月20日晚完成该册书的翻译并将其献给万福圣母。"（Die 20 mensis Novembris 1592 in Vesperis Presentationis Beatissi.ae Virginis traductio huius libelli fuit absoluta per me Michaelem de Ruggeris.）经笔者逐句考察，该部分实为明朝范立本所编《明心宝鉴》的节译本，原书分上下两卷共20篇，罗氏只选译其中的15篇。目前，学界对这部四书手稿的研究大多从书信史料考证的角度入手，其中最重要的成果，一是来自耶稣会士德礼贤（Pasquale D'Elia）在该部手稿封面的正反面所作的笔记以及在《利玛窦全集》中的多处注释；二是历史学家达仁利（Francesco D'Arelli）借助传教士间的书信往来，考证此部手稿译者身份的一系列研究论文。详见Pasquale D'Elia, *Fonti Ricciane vol. I & II*, Roma: Libreria dello Stato, 1942—1949; Francesco D'Arelli, "Michele Ruggieri S.I., l'apprendimendo della lingua cinese e la traduzione latina dei *Si Shu* (Quattro Libri)", in *Annali*（转下页）

罗马国家图书馆藏四书手稿之《大学》

对早期来华耶稣会士的鬼神观给予较为清晰的呈现。

1. 16世纪的鬼神观：罗马国图手稿及其对"鬼神"的介绍

在罗马国图手稿开篇空白页的背面，标注着"由罗明坚神父整理"的字样（A P. Michele Rogeri collecta）。经与罗马耶稣会档案馆所藏的罗明坚亲笔书信以及罗氏和利玛窦所编《葡华辞典》作比，无论是从字母的书写习惯、固定缩写法的使用（16世纪意大利语及葡语的正字法）、地名人名等专有名词的注音方式抑或具体日期的表示法来看①，笔者可以确定整部手稿（除《论

（接上页）[dell'] Istituto Universario Orientali di Napoli, LIV, 1994, pp. 479-487; Francesco D' Arelli, "Matteo Ricci S.I. e la traduzione latina dei Quattro Libri (Sishu) dalla tradizione storiografica alle nuove ricerche", in LE MARCHE E L'ORIENTE, Atti del Convegno Internazionale Macerata, 23-26 ottobre 1996, Roma: Istituto Italiano per l'Africa e l'Oriente, 1998, pp. 163-164. 此外，施省三（Joseph Shin）、龙伯格（Knud Lundbaek）、孟德卫（David E. Mungello）、陈伦绪（Albert Chan）、梅谦立（Thierry Meynard）等人亦在其研究中提及此部四书手稿。笔者亦曾对该部手稿的《大学》《中庸》译文进行专题研究，参见《耶稣会士罗明坚〈中庸〉拉丁文译本手稿初探》，《道风：基督教文化评论》2015年第42期；以及《耶稣会士罗明坚〈大学〉手稿研究》，《澳门理工学报（人文社会科学版）》2016年第4期。

① 通过对《葡华辞典》中罗马注音系统的研究，杨福绵发现罗明坚注音系统有别于利玛窦系统的特点是"既没有送气符号，也没有声调符号""拼写方法经常是不固定的"并总结出罗氏注音在声母和韵母上的规律。经考察核对，笔者发现罗马国家图书馆藏四书手稿中许多专有名词的注音，例如tà schio（大学），cium yum（中庸），Nanchin（南京），Ceu（周），Chieu Iu（丘隅）等，皆符合罗氏注音系统的标注法。详见杨福绵：《罗明坚和利玛窦的〈葡汉辞典〉（历史语言学导论）》，载于[意]罗明坚、[意]利玛窦著，[美]魏若望编：《葡汉辞典》，葡萄牙国家图书馆、东方葡萄牙学会、利玛窦中西文化历史研究所出版，2001年，第112—119页。此外，罗明坚在自己著述结尾处时常标注有Laus Deo Virginque Matri (Mariae)抑或其缩写L.D.V.M.（意为"赞美上帝和圣母玛利亚"），而《葡华辞典》以及罗马国家图书馆藏四书手稿中的《论语》《各家名言汇编》和《孟子》在结尾处都出现了这一结语；罗明坚也惯于使用天主教各个圣人的纪念日来指代具体日期，例如《论语》译稿结尾处标注的完稿日期"圣劳伦斯日"（亦即每年的8月10日，Laus Deo Virginique matri Mariae ac Beato Laurentio cuius die impositus est finis huic opera.）以及《葡华辞典》结尾处的完稿日期"圣杰尔瓦西奥和普罗塔西奥日"（亦即每年的6月19日，Laus Deo Virginique Matri, Divis Gervasio et Protasio. Amen. Jesus.）皆是如此。

语》中《八佾》《里仁》《公治长》三章）的字迹出自罗明坚笔下。借助手稿中的三处日期标注可大致推断：这部成形于"罗明坚—利玛窦时代"的四书译稿，其编纂始于1591年11月，终结于1593年或更晚的时间。究其翻译底本，依据译文中大量字词的理解皆出自朱熹的《四书章句集注》，四书各部分译稿的体例亦明确依据朱子《集注》中的文段划分、逐段翻译，且在《大学》和《中庸》译文部分出现三处对于朱子所增评注的翻译：（1）"至此，曾子的回忆都基于孔子的言谈"；（2）"此处省略曾子所作的补充"；（3）"接下来的十章，是由子思从那些与孔子相关的记载中摘录而成，以证明其观点"①，由此可确定：罗马手稿翻译时所使用的中文底本包含朱子的《四书章句集注》。

与此后被视为"儒学西传"扛鼎之作的《中国哲学家孔夫子》（*Confucius Sinarum philosophus*）相比，手稿译文中多处出现节译/漏译的现象，无论在内容翻译的信实度或是译文的流畅性上，都与《中国哲学家孔夫子》存在很大的差距，且个别文段的理解明显有误，究其深层原因应与译者自身理解儒学典籍的程度有关。但正是这种朴素简约的译文，不仅真实反映了首批在中国长期居住的耶稣会士对于儒学典籍的原初理解，还提供了一种有别于礼仪之争时期所生产的四书译本、看待儒学经典的新眼光。

四书中有关"鬼神"一词的翻译集中在《中庸》和《论语》，《大学》原

---

① (1) Hactenus Confusii verba nunc seguuntur Centii commentationes. 翻译朱熹在《大学章句》中的评注"盖孔子之言，而曾子述之"；(2) Hic aliquid deest quod ita per Centius suppletur. 此处省略了朱熹在《大学章句》中有关"传之四章"和"传之五章"的大段评注；(3) Hactenus Cincius qui sequitur decem ex Confusii monumentis excerpti à Cintio afferuntur ad suam hanc sententiam confirmandam. 翻译朱熹在《中庸章句》中的评注"其下十章，盖子思引夫子之言，以终此章之义"，而此处"子思"之名被误拼为"程子"。依据罗明坚在整部手稿中的注音方法，他将"曾子"拼为Centius（出现于《大学》译文中）或Cencius（出现于《论语》译文中），将"程子"拼为Cincius（出现在《论语》手稿的开篇，罗氏翻译朱熹在《论语序说》中引用程子的一段话"程子曰：'读论语：有读了全然无所事者……'"一处），这一注音方式亦与罗氏在《葡汉辞典》中的注音方式相符。参见[意]罗明坚、[意]利玛窦著，[美]魏若望编：《葡汉辞典》，葡萄牙国家图书馆、东方葡萄牙学会、利玛窦中西文化历史研究所出版，2001年，第116—118页。比较蹊跷的是，在《论语·泰伯》开篇提及"曾子有疾，召门弟子曰""曾子有疾，孟敬子问之"两处，罗明坚都将曾子之名误拼为程子（Cincius/Cintius），似乎他在无意中混淆了两者的拼法。

文未出现该词,《孟子》仅出现"神"的说法。① 在罗氏手稿中,"鬼神"被统一译作spiritus,该词含义广泛,可译为"有知觉的精神体、气息"。来华耶稣会士在其教育体系中,深受托马斯·阿奎那神学思想的影响,以致成为其不可摆脱的"先见",而阿奎那对于spiritus的定性是incorruptio(不会腐朽)。② 其中,《中庸》译文有两处涉及"鬼神"的性质及职能:(1)在"子曰:鬼神之为德"一句,译文指出"鬼"为邪恶的精神体,而"神"为美善的精神体(Bonorum et malorum spirituum opera mira ac magna sunt.)。(2)在"(鬼神)视之而弗见,听之而弗闻"一句后面,译者补注"鬼神"的功能:它们赋予一切事物其开始及终点,没有它们什么都无法发生(Hos aspicientes non vides, auditu non sentis, dant esse et principium et finis rebus omnibus et sine illis nihil fieri potest.)。《论语》手稿谈及"鬼神"时,针对"神"的解释是"精神体""天上的神""天地的精神体(spiritus/caeleste numem, caelestes spiritus et terrestres)";针对"鬼"时,除spiritus外还出现"邪恶的精神体""魔鬼

---

① 《孟子》手稿中谈及"神"的语句有:1.圣而不可知之之谓神。(Cum sanctus vir penetrari et intelligi non potest dicitur **spiritus**.)2.使之主祭而百神享之,是天受之。(Mencius ait sacrificiis praefecit eum, **spiritus** quod omnes eius sacrificium receperunt, hoc est caelum recipisse, illam quod summam res habent fecissi eo optimo guberatore.)。文中的"神"皆译作spiritus。

② 在阿奎那的神学著述中,spiritus的具体含义包括:动物的精神,或者说有知觉的精神体(spiritus animalis sive sensibilis);善的和恶的精神体(s. bonus & s. malus sive malignus);天上的和地上的精神体(s. caelestis & s. terrenus);欲望的力量和精神(s. concupiscentiae);与肉体相结合的精神,或者说人的灵魂,以及与肉体相分离的纯粹精神(s. coniunctus & s. separatus);上帝的精神,或者说圣神(s. Dei sive divinus sive Domini sive sanctus);超自然认知的精神或能力(s. intelligibilis);看得见的和看不见的气息(s. invisibilis & s. visibilis);施行神迹与进行预言的能力(s. miraculorum & s. prophetiae sive propheticus);理性的精神(s. rationalis)等,各项含义所在章节以及部分原著引文详见:http://www.corpusthomisticum.org/tls.html#spiritus,最后访问日期:2022年7月21日。

（diabolicus spiritus/daemones）"这样的贬义译词①——罗明坚在《葡汉辞典》中将"鬼"译为diabo（魔鬼），将"无形—神魂"（即神）译作esprito（精神，罗明坚的拼写如此，该词正确的葡语写法应为espírito），这与《论语》手稿中的译法相同②——这一区分方式亦与《中庸》手稿中的说法相符。

综上可见：手稿的译者毫不讳言"鬼""神"之间显著的性质差异。事实上，罗明坚在《天主圣教实录》中，亦依据天主教教理逐条分辨同为天主所造的有灵无形之物："神/天神"和"魔/鬼"之间的种种不同，并针对中国文化的特点，在"十诫"的第一条明确否定偶像崇拜的行为："要诚心奉敬一天主，不可祭拜别等神像……违诫之罪有四，敬其天地日月，及诸鬼神，罪之一也。信其夜梦不祥，而吉凶有兆，罪之二也。寻择日辰而用事，罪之三也。信其占卜卦术，罪之四也。"态度语气之全然坚决，绝非此后追随利氏"文化适应政策"一派——例如《中国哲学家孔夫子》一书的四位译者——所敢企及，亦与利玛窦在《天主实录》中对待"鬼神"的态度有所不同。基于传教策略上的差异，利氏应巡按使范礼安的要求撰写新的"要理本"《天主实义》以取代罗氏的《天主实录》。在书中，利氏删去关于创世、天使因冒犯天主被逐为恶魔、耶稣复活以及十诫等介绍，侧重于援引中国典籍并以哲学论证的形式来证明天主的存在、特征和灵魂不灭，并大力批驳佛、道以及宋明理学。谈及"鬼神"时，利氏一方面借《尚书》《诗经》所言，肯定中国古人祭祀"鬼神"是一种相信灵魂不朽的纯粹

---

① 《论语》手稿中涉及"鬼神"的译文包括：1.子不语怪，力，乱，神。（Confusius monstruosa, ac incredibilia non logitur; de viribus ac mier? Principes et Reges pugnis bellisque non tractat; nec de **spiritibus**, qui non videntur.）2.季路问事鬼神。子曰："未能事人，焉能事鬼？"（Chilo rotanti de servandis **spiritibus**. Confusius ait quod hominibus servire nescit, qui **spiritibus** serviri poterit?）3.子疾病，子路请祷。子曰："有诸？"子路对曰："有之。诔曰：'祷尔于上下神祇。'"（Confusio aegritudini oppresso Zilus invitat, sese caelo et terrae commendaret, conscientiamque excureret? Confusius ait hoc est ne ita? Zilus ait. est nonne luius liber ait commendemus nos **caelesti numini, caelistibus spiritibus et terrestribus**!）4."菲饮食，而致孝乎鬼神。"（Leniter et porre? bibit ac comedit, ut **spiritus et daemones** veneretur.）5.子曰："务民之义，敬鬼神而远之，可谓知矣。"（Confusius ait ad populi regimen cum ratione diligenter incumbere. non dubitare, sed **Diabolico spiritus** scire, ac longe abire; hic vocari pro sapiens, seu prudentia praedictus.）
② [意]罗明坚、[意]利玛窦著，[美]魏若望编：《葡汉辞典》，辞典手稿影印件部分，葡萄牙国家图书馆、东方葡萄牙学会、利玛窦中西文化历史研究所，2001年，第83、97页。

信仰，激烈反对理学家以"气之屈伸"来解释鬼神的产生，指出这与古代典籍的记载明显相悖；另一方面强调唯一天主对鬼神的主导权（"但有物自或无灵，或无知觉，则天主命鬼神引导之，以适其所"；"夫鬼神非物之分，乃无形别物之类。其本职惟以天主之命司造化之事，无柄世之专权。故仲尼曰：'敬鬼神而远之。'彼福禄、免罪，非鬼神所能，由天主耳。"①），在避免迷信鬼神力量的同时，也反对因鬼神无形不可见而否认其存在的无神论观点（夫'远之'意与'获罪于天，无所祷'同，岂可以'远之'解'无之'，而陷仲尼于无鬼神之惑哉？"②）。尽管罗氏与利氏都强调天主是鬼神及众生的主宰，但利氏在书中并未仔细分梳"鬼""神"两者的差异，更未像罗明坚那样明言禁止祭祀鬼神，以求合儒补儒。罗马四书手稿就其"鬼神"译介观而言，更符合罗明坚在其《天主实录》中所传达出的看法。

2. 17世纪的鬼神观：《中国哲学家孔夫子》一书及其鬼神观

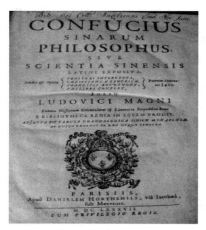

《中国哲学家孔夫子》
（1687，巴黎）的扉页

作为明清来华耶稣会士译介儒学的集大成之作，《中国哲学家孔夫子》一书收录了《大学》（Liber Primus）、《中庸》（Liber Secundus）和《论语》（Liber Tertius）"三书"的拉丁文翻译③，其中在《中庸》译文部分较为频繁地论及"鬼神"问题。尽管书中各册并无具体译者的署名，笔者主要基于下列两项依据，推断出《中庸》一书的译者为意大利籍耶稣会士殷铎泽：一是从手稿字迹判断。现藏于巴黎国家图书馆的《中国哲学家孔夫子》原

---

① [意]利玛窦著，[法]梅谦立注，谭杰校勘：《天主实义今注》，北京：商务印书馆，2014年，第125、131页。

② 同上书，第131页。

③ 《中国哲学家孔夫子》一书中的"三书"译文实际上是在前代来华耶稣会士的口述以及译文基础上，不断加工整理所得，实属几代来华耶稣会士合作翻译的成果。出版时，扉页上有四位译者的联合署名：殷铎泽、恩理格（Christian Wolfgang Henriques Herdtrich, 1625—1684）、鲁日满（François de Rougemont, 1624—1676）和柏应理。

始手稿分上下两部①，第一部（其中包括了《中庸》一书的原始译文手稿）字迹通过与藏于罗马耶稣会档案馆殷铎泽的亲笔信比照，不管是在字母书写形态还是缩写习惯上都保持高度一致，可以确定是殷铎泽本人的字迹；二是从译文内容的一致性进行判断。通过与殷铎泽1667年、1669年所出版的《中国政治道德学说》（*Sinarum scientia politico-moralis*, 1667/1669）一书进行比照——该书是殷铎泽在广州及果阿翻译出版的早期《中庸》拉丁文译本，以直译为主，底本为朱熹的《四书集注》——殷铎泽的早期译文在《中国哲学家孔夫子》一书中得到充分保留，尤其是从译词的选择以及句式安排上都与他之前的译文保持一致。此外，译者亦在译文中的注释部分，明确标识自己参考了张居正的注解，亦即《四书直解》一书。

《中国哲学家孔夫子·中庸》书中涉及"鬼神"的之处颇多，其中最具代表性的一段如下：

表九　《中国哲学家孔夫子·中庸》"鬼神"译文举隅

《中庸》	拉丁文译文	现代汉语翻译
原文：子曰：<u>鬼神</u>之为德，其盛矣乎！	Confucius, ut ostendat, ad supradictam medii virtutem adeò amplam & sublimem, constanti conatu enitendum esse, exemplum desumit à spiritibus②, quorum uti vis intellectiva③ est excellentior, ita & in operando est efficacitas magna: sic igitur ait: Spiritibus inest operativa virtus & efficacitas; & haec o quàm praestans est! quàm multiplex! Quàm sublimes④.	孔子以"鬼神"为例来解释之前提到的"中"，这一如此宏大而精微的美德，他认为人们都应该坚定不移地努力去达到它。对于鬼神来说，倘若它们的智力越卓越，其行动成效就会越显著。因此孔子说："神灵所具备的行动能力和成效是如此的显著、多样而精微！"

---

① 现藏于法国巴黎国家图书馆西文手稿部，藏书号：Ms. Lat., 6277/1 et 2。
② 耶稣会译者用spiritus来翻译"鬼神"，该拉丁文词的本义为"气息""灵魂"。
③ vis intellective是经院哲学中托马斯·阿奎那神学思想的一个重要概念，意指人借助"理性"拥有了理解认知的能力，这一潜在的能力（in potentia）被称为智力。拉丁译文在此强调了"鬼神"作为一种不会腐朽的、非物质的存在，它比起较为低等的肉身具备更好的智力。
④ 原始手稿在此处正文及页边注上标有"An Sinae cognoverint et coluerint spiritus. Digressio 1. quèi 鬼xin 神"，这是手稿译者殷铎泽所作的第一篇专题小论文，用于进一步补充说明中国典籍中的"鬼神"之说。他明确提到古代中国人有丰富而重要的典籍，耶稣会士可以利用这些典籍从中寻找与他们观点接近的地方（Quoniam autem Priscorum testimonia locupletissima sunt gravissimaque, utemur nos eis identidem, propterea quod ab eis plurimum lucidae roboris sententiae nostrae accedat.）。这段小论文的内容主要介绍了孔子与张居正对"鬼神"的不同看法，也提及中国人对鬼神的祭祀以及《尚书》和《礼记》中有相关记载，其内容与后面正文中的斜体注释部分多有重合，正式出版时编者柏应理删除了其中的大部分内容（第76—83页）。

（续表）

《中庸》	拉丁文译文	现代汉语翻译
朱熹注解：程子曰："鬼神，天地之功用，而造化之迹也。"张子曰："鬼神者，二气之良能也。"愚谓以二气言，则鬼者阴之灵也，神者阳之灵也。以一气言，则至而伸者为神，反而归者为鬼，其实一物而已。为德，犹言性情功效。**张居正注解：**鬼神，即是祭祀的鬼神，如天神、地祇、人鬼之类。为德，犹言性情功效。孔子说："鬼神之在天地间，微妙莫测，神应无方，其为德也，其至盛而无以加乎。"	*Tametsi duabus vocibus*, quèi xin *seu disjunctim, seu unitim sumptis varia attribuantur significata quae in ipsorum Dictionariis videre est, hoc tamen loco rejectis aliquorum Interpretum, qui multis erroribus imbuti tum inter sese mutuò, tum secum ipsi pugnant, commentis aeriis* Colaus Interpres *noster cum aliis multis per* quèi xin *intelligit eos spiritus quorum venerationi vel opi implorandae instituta sunt sacrificia. Favet hic autem* Colao, *ea quae communis est toti Imperio, vocis utriusque acceptio: favent item multi Priscorum textus et hic praecipuè, quem modò explanamus, ubi distinctè Philosophus eos et eorum operationes definit, atque ea tribui illis, quae nonnisi spiritibus intelligentia praeditis tribuique ant: favet denique tot ubique Templorum, tot quoque rituum et sacrificorum, quae dictis* quèi-xin *ab omni aevo dicata sunt communis usus. Quis enim non explodat posteriorum temporum Interpretes dum per* quèi-xin *intelligi volunt duarum qualitatum* Yn et Yam, *id est frigidi et calidi seu perfecti et imperfecti naturales operationes, vel earumdem remissionem et intensionem et nihil amplius; ecquis enim sine rubore ausit dicere meras has qualitates materiales et inanimes tot tantisque honoribus, sacrificiis atque jejuniis coli debere, ab iis exaudiri supplicum preces ac vota, et quae ex virtute fiant approbari, damnari verò quae cum vitio negligentiaque conjuncta sunt? Quid quod hosce spiritus incorporeos passim vocant, vestigium sui nullum relinquere humanis sensibus asserunt, rationem item loci aut mensurae, sicut corpora, habere negant? Quamvis autem non desint qui per duas illas voces intelligi volunt unicum numen supremum eò quod in libris officiorum et alibi modo nominetur* coeli spiritus *modo* coeli terraeque spiritus, *modo* supremus spiritus,	"鬼神"可以是分开的两个字，也可以合为一个词，字典里对此有不同的释义。此处，我们排除了一些阐释者的解释，因为他们的释义中不仅掺杂了许多的错误，而且他们之间还为"气"的假说争论不休。我们的阐释者张阁老以及很多其他的人都认为：祭祀是为了向神灵表示崇敬并祈求它们的帮助。张阁老本人倾向于将"鬼神"只看作一个词，这一看法在整个帝国也相当普遍，许多古代的文本也支持这种说法，正如我们之前解释过的。哲学家[指孔子]对"鬼""神"及其行动进行区分，并指出其中唯有借助鬼神的智能才会出现的现象。也正因为如此，在各个时期才会有如此之多的寺庙、礼仪和祭祀，普遍用于祭拜这些所谓的"鬼神"。而后世的阐释者[指理学家]则把"鬼神"的本质[指"气"]理解为阴阳二元，亦即冷的和热的，或者说完善和不完善的自然运动、又或者说是气的伸和归，此外别无其他。怎会有人胆敢如此毫不羞愧地说鬼神在本质上是纯粹无生命的物质，却又怀着极大敬意通过祭祀和斋戒来表示对它们的崇拜。而从祈祷者那些被听得一清二楚的恳求和誓言，也能证实这样的行径是源于美德，那么这些又怎能被判定是与不道德的行为和疏忽相关呢？他们为何到处召唤无形的神灵，却又声称鬼神不会在人们的感知中留下任何痕迹，否认鬼神拥有——就像人的身体那样——位置或是尺寸？然而也不乏这样的一些人，他们想通过这两个字来理解一种最高的存在，它被记录在《礼记》以及其他的书中，有时它被命名为天神，有时被命名为天地之神，有的地方则称之为最

（续表）

《中庸》	拉丁文译文	现代汉语翻译
	modo spiritus, *vel* spirituum supremus Imperator, *modo* supremi Imperatoris spiritus, *plerumque tamen hic agi videtur de spiritibus illis seu intelligentiis quos Deus tuendis et conservandis rebus creatis seu praesides et administros constituit, quos alibi Interpres vocat* Xámtí chi xin, *id est* supremi Imperatoris clientes & subditos *qui Planetis et reliquis Astrorum, qui Elementorum nec non regionum rerumque sublunarium curam habeant: sic enim diserte* 1. Xu-kim p.1.f.12. *de* Xún *Imperatore simul et Legislatore refertur, quod quoties lustraret Imperium sacrificabat supremo coeli Imperatori, dein ritu inferiori litabat sex Principibus spiritibus videlicet* 4. *tempestatum anni, frigoris et caloris, Solis, Lunae,* 5. *Planetarum praesidibus, exinde tamquam longiùs à se remotis litabat montium & fluminum spiritibus, denique litabat circum quaque diffusae miltitudini spirituum. Quin et libro* 3. *Officiorum f.*67. *sic habetur: Imperatores (qui immolando suo tempore animalia ali jubebant per centum hoc est omnes Imperii urbes) mandabant populo ut nemo esset qui non omnino exereret suas vires ad honorandum magni caeli supremum Imperatorem, celebriorium insuper montium & majorum fluminum & quartuor regionum terrae spiritus ut pro populo flagitarent felicitatem, sed prosequamur textum et expositione*m. [...]	高的神灵，或者神灵，或者最高的神灵帝王，或者最高帝王的神灵。看起来这些名字大部分都是指那些鬼神，上帝（Deus）创造他们作为看守者和管理者，用于看守及保护上帝的受造物。在其他地方，阐释者称之为"上帝之臣"，他们依附于最高的帝王（即上帝），是他的臣民，他们负责掌管行星以及其他星辰，肯定也掌管了尘世间的事物。确切的表达如下：《书经》第1卷第12叶第1面提到舜，他是帝王同时也是立法者，常常巡视帝国并向最高的天帝献祭，然后用次一级的仪式向六方（指东、南、西、北、上、下六个方位）的主神，向一年四季、寒暑、日、月、五大行星的守护者们，以及向那些遥远的山川与河流的神灵献祭，此外，他也祭祀自己身边广泛存在的众多神灵。①在《礼记》第3卷第67叶，帝王对人民下令（在特定的时间用动物来献祭，命令国内数以百计的城市都要饲养这些动物，也就是说所有的城市都要这么做②），为了使所有人都倾尽全力去崇敬那伟大的上天的最高帝王，以及掌管那些较为著名的山峰、较大的河流和四大疆域的神灵，是为了替民众祈求好运。但我们现在要回到原文。③

① 《尚书·舜典》："舜典：在璇玑玉衡，以齐七政。肆类于上帝，禋于六宗，望于山川，遍于群神。"

② 指《礼记·月令》："是月也，命四监大合百县之秩刍，以养牺牲。"

③ 此处据手稿页边注音，其参考文献出处为《礼记·月令》："令民无不咸出其力，以共皇天上帝名山大川四方之神，以祠宗庙社稷之灵，以为民祈福。"（Lím mîn uû pú hiên chŏ kî liĕ y cūm hoâm tiēn xám tí; mîm xān tá chuēn sú fām chī xîn y guéi mîn kî fŏ. Ex Lì-kí lib. 3 f. 67, id est : Imperator (qui immolanda suo tempore animalia, imbebat ali per censum, seu omnes urbes Imperii sui) mandabat populo ut nemo esset qui non omnino exareret suas vives ad honorandum magni caeli supremum Imperatorem; celebriorum（转下页）

此处耶稣会士在《中庸》译文中增添了冗长的解释。这些注释内容不仅涉及《礼记》和《尚书》中关于皇帝祭天的记载，还特别强调对"鬼神"——关于鬼神的性质，耶稣会士借中国人之口指出：它们源于"理性"（spiritus, utique verè est hoc è ratione）——进行祭祀是源于对美德，并不是什么罪恶的行为或是对神的有意疏忽，为中国礼仪的性质辩护。尤其值得注意的是：耶稣会士关于"鬼神"的翻译处理充分体现了他们对于中国礼仪的"理性化"处理以及寻求儒家文化与基督教文化共性的目标。如何在捍卫孔子形象的同时——在《中国哲学家孔夫子·前言》中，孔子已被塑造成一位借助个人理性对于真神已有正确认识的伟大哲人——适当地解释中国人的鬼神观，耶稣会翻译团队对此做出了两种处理：（1）反对理学家将"鬼神"解释为纯粹的自然力（亦即"气"），否认"鬼神"是"纯粹无生命的物质"；（2）将"鬼神"与基督宗教中"天使"（Angelus）的形象相联系："这样的一些人，他们想通过这两个字来理解一种最高的存在……这些名字大部分都是指那些鬼神，上帝（Deus）创造他们作为看守者和管理者，用于看守及保护上帝的受造物。"看到这段译文，在一个西方读者的脑海中所浮现的是基督宗教中"天使"的形象。"天使"作为纯精神的受

（接上页）insuper montium, et maiorum fluminum, et quatuor regionum terrae spiritus ; ut ab his pro populi incolumitate flagivarent prosperitatem. 第80页）。殷铎泽的这段注释中，由于涉及敏感术语"鬼神"，他在此特意给出详尽的引文来说明：虽然中国古人祭神，但他们并不是信奉多神教而是"一神教"，因为他们把"神"的等级划分得非常清楚。此后在翻译"视之而弗见，听之而弗闻，体物而不可遗"时，殷铎泽在手稿译文中（第84页）补充说明了中国"祭祀"的情况：中国的祭祀有时与欧洲通常所指的含义一样，用于表达对于最高天主的敬意和崇拜；但更多的时候，中国的祭祀是对负责看守事物和疆土的神灵表示崇敬（具有宗教意义），或是子女祭祀已逝父母以表孝顺，这是纯粹非宗教性的；或是追随者和学生们向他们的老师，或是为了国家的福祉向他们的君王进行祭祀，以证明和表达感激之情。因而在中国"祭""祀"分三种：世俗（非宗教性）祭祀、宗教祭祀以及政治祭祀，都用于表示敬意（Non offendant lectorem haec祭çí祀sú. Idest. Sacrificium, sacrificare, etc. Quibus identidem in hisce libris utimur: admodum quipped varia vocum istarum acceptio est apud Sinas: quibus tametsi non nunquam significent, quod europaeis significant semper, honorem scilicet et cultum qui Supremo Numini Dominoque solet deferri; plerumque tamen accipiuntur vel pro cultu illo rerum locorumque Praesides Spritus venerantur, (religioso illo quidem non tamen cultu latriae) vel prodelatione honoris merecivilis (ut infra patebit) quo vel filii suam erga parentes defunctos pietatem; vel clientes, atque discipuli, hi quidem magistrorum suorum, illi vero Principum bene de Republica meritorum, gratam memoriam officiose testantur ac seruant. Sic ut hisce vocibus ci et su triplex maxime vis insit significandi; cultus scilicet latriae, cultus religiosi, cultus politici, vel honorificae cuiusdam oblationis. 第84页），出版前殷氏上述说明皆被柏应理删去。

造体，它既没有肉体也没有感觉，因而也不会腐朽或死亡。^① 译文中提到的"作为看守者和管理者，用于看守及保护上帝的受造物"其实是基督宗教中"天使"所肩负的两大职责。耶稣会士在注释中巧妙地实现了"鬼神"与"天使"之名的隐形替换，使欧洲读者在阅读时无意识地将"鬼神"之名与"天使"之内涵相重合，从而人为地制造一种文化认同进而引发欧洲读者内心的共鸣抑或好感，而这一诠释手段早在利玛窦的《天主实义》已初见端倪——与这种"归化"翻译相反的手段便是"异化"或者说"陌生化"的处理手法：在翻译中刻意使用突兀陌生的词汇（譬如将Deus音译为"斗斯"），提醒读者对翻译这一"不透明"行为的注意，进而强调译文与目的语中主流文化价值观之间的差异。这从强调信仰纯粹性、反对祭祖祭孔礼仪的来华托钵修会更倾向于在其教理手册中使用音译来翻译天主教术语即可窥一斑。

身处礼仪之争旋涡中，《中国哲学家孔夫子》的译者遵循利玛窦开辟的适应路线，在其注释中努力撇清与理学家的关系（"我们排除了一些阐释者的解释，因为他们的释义中不仅掺杂了许多的错误，而且他们之间还为'气'的假说争论不休。"），并在书中前言苛刻地辟佛批道，目的在于借这三者之名去承担所有"后世"中国文化中的无神、物质主义以及迷信堕落之罪，转而肯定"先儒对真神有纯粹理解"这一话语正统性。此外，其译文中也不时透露出17世纪来华耶稣会士经院哲学"前理解"："他们（按：指天使/鬼神）依附于最高的帝王（按：指上帝），是他的臣民，他们负责掌管行星以及其他星辰，肯定也掌管了尘世间的事物"，此处涉及亚里士多德天文学知识以及托马斯·阿奎那讨论行星的专著 *De Indiciis Astrorum* 以及 *De Sortibus*。阿奎那在书中试图解决的问题是：中世纪以降占星术兴起，人们普遍相信行星的运行和位置对于人及事物的形体会产生影响；而亚里士多德哲学认为，由于灵魂具有三种作用：生产、感觉和思想，因此它具有创造和追求的能力^②，此即灵魂自由。这样就因灵魂自由、意志自由

---

① [奥]雷立柏编：《汉语神学术语辞典》，北京：宗教文化出版社，2007年，第15页，教会里有关"天使"的神学论述可在奥古斯丁（Augustine, 354–430）、额我略一世（Gregory I, 590–604）等早期教父的著述中找到。被称为"天使博士"（Doctor Angelicus）的托马斯·阿奎那在他的《神学大全》第一部分，从第50个到第64个问题都是在谈论"天使"这一上帝的受造物及其职责、功能。

② 邬昆如：《西洋哲学史话》，台北：三民书局，2004年，第170页。

而可能出现灵魂可以不受管束的危险倾向。为了填补其中有可能造成歧义的"知识断层",阿奎那著书对此进行解释——"新知识的生产"——他提出:一方面各大行星都由上帝所造的各位天使掌管;另一方面,天使作为上帝的使者,它们也能够对人的灵魂施加影响。经由阿奎那的系统调和,人从形体到灵魂都获得了"管束":天使不仅推动着各个行星的运行,使行星影响着人与事物的形体;同时,天使们也能影响人的灵魂。

(三)小结

藉由"鬼神"一词的翻译,可以看到甫初入华的耶稣会士在罗马手稿中毫不掩饰地将两者区分为"恶的精神体/魔鬼"和"善的精神体",而随着礼仪之争不断白热化,遵循利氏"文化适应政策"的耶稣会士们在其所缔造的《中国政治道德学说》《中国哲学家孔夫子》《中华帝国六经》等四书译本谱系中,开始试图模糊"鬼""神"二字的差异,并借张居正权威注释之名,将两者视为一物并定义为类似基督宗教中天使的角色。类似的文化意向附会手段未能扭转耶稣会在"中国礼仪之争"中的不利境地,来到卫方济的《中国哲学》一书,他在肯定"鬼""神"同为精神受造物的基础上——此处反驳了龙华民的观点,对"鬼神"的译介又回到正本清源的"毁灭及缔造的神灵"(spiritus destruens & producens),他再次像前辈罗明坚那样,明确区分两者在性质上具有消极和积极的差别,以求如实呈现中国人对于"鬼神"的真实理解。从来华耶稣会士译介"鬼神"时对于概念"名""实"之间的人为重新设定,我们也看到儒家思想在跨文化译介时所产生的意义损耗及偏差。出发语与目的语之间无法等值翻译的难题始终横亘于前,大部分儒学概念在传教士译文的转化过程中,其内涵都因"神圣信仰"之名被盗换了,而由此产生的新的话语权力形态则是:来华耶稣会士不但成为欧洲有关"中国"话语的生产者,更以代言人的身份与启蒙思想家保持密切的通信,不自觉地参与到欧洲启蒙思想运动的历史建构之中。

此外,从不同时代的译者对于"鬼神"内涵进行"新知识生产"这一事例,我们也可以清楚地看到:没有任何知识具有不可侵犯不容置疑的原初性,貌似权威而稳固的知识体系,回顾它过去的历史往往是多元而不定的。中国礼仪之争本质上是基督宗教内部对于"真宗教"和"假宗教(例如偶像崇拜)"的区分并围绕其判断标准产生的激烈讨论，事实上隐藏着一神论对于多神论、泛神论尤其是无神论思想的恐惧和排斥。而其中所涉及的神学"知识"的生产，是由不同时期不同教父对于异教徒质疑的回应，进而形成自身神学思想的系统表述，加上宗教裁判所的各种判决（宗教裁判所的判决及其行刑，充分体现了"话语"不仅具有陈述"真理与正统"的功能，还具有行动的力量）以及巴黎大学神学院的辩论著述等多重阐释相互覆盖相互补充而成，最后还要取决于历代各任教宗的主观判断和最终决策。也正是这一系列关系之间的同谋，导致礼仪之争时期罗马教廷屡次推翻有关中国礼仪性质的裁决，并最终颁布严禁教徒践行中国礼仪的禁令，致使教廷与清廷之间的关系日益紧张。假如说奉行文化适应政策的来华耶稣会士因其对中国政治体制、哲学思想及道德教化的认同，尚能透过"非理性"的文化躯壳（祭天祭祖、八卦算命等）发现并欣赏中国文化的内在理性，礼仪之争的最后裁决则明显是基于外在理性的缺乏——亦即不符合西方基督宗教的神学规范及判断标准——对异质文化内在理性的粗暴否定。

三、"仁"与amor/charitas

（一）儒家论"仁"

1. 先儒论"仁"

《说文解字》注：仁，亲也。见部曰：亲，密至也。古汉语中，"仁"字原义为爱人，仁德乃根于心，其现于外为仁恩，与人相处为互爱。在古代，"仁"作为一种以爱人为核心而含义较广泛的道德范畴，并不只见于儒家，例如墨家亦谈及"仁，仁爱也"（《墨子·经说下》），法家则认为"仁者，谓其中心欣然爱人也。其喜人之有福而恶人之有祸也，生心之所不能已也，非求其报也"（《韩非子·解老》）等。"仁"作为孔子理想中的君子身上最重要的美德（或者说各种主要美德的总和，即总德），它在孔子教导中的重要性不言而喻。而将"仁"作为个体追求实践的中心，确以孔门为代表。据王孺松先生的统计，《论语》中"仁"出现了109次，其中出自孔子之口的"仁"就有79次之多。[①] 孟子、荀子也对"仁"有所论述，纵观二人之言，虽然他们所言之"仁"的内涵不

---

① 王孺松：《朱子学》（上册），台北：教育文物出版印行社，1985年，第265页。

尽相同，但他们都认为"仁"的意旨应该是人人发挥其爱心，由近及远、由家及国、推己及人地相亲互爱。"仁"作为儒家对于"人"的最高理想，孔子曾清楚概括了"仁"这一被他视为道德标准的概念："子张问仁于孔子。孔子曰：'能行五者于天下，为仁矣。'请问之。曰：'恭、宽、信、敏、惠。'"（《论语·阳货》）。"夫仁者，己欲立而立人，己欲达而达人。能近取譬，可谓仁之方也已。"（《论语·雍也》）"颜渊问仁。子曰：'克己复礼为仁。一日克己复礼，天下归仁焉。为仁由己，而由人乎哉？'颜渊曰：'请问其目。'子曰：'非礼勿视，非礼勿听，非礼勿言，非礼勿动。'"（《论语·颜渊》）① 在孔子眼里，如果一个人能在为人处事时做到恭敬、宽厚、为人守信、敏捷、以恩惠之心对待他人，就可以称为拥有"仁"的美德。孔子认为"仁"是内在于每个人生命之中，"仁"的自觉精神必须落实在工夫之上，而工夫又必须是在日常生活之中来实践的，即所谓"我欲仁，斯仁至矣"。"仁"的实践在他看来是不分阶级、不分时间、不分环境的。

孔子论"仁"，亦在《论语》中讲"义"，但未曾将"仁义"相连并举。最早将二者并举的论述，可能始于《中庸》："仁者人也，亲亲为大；义者宜也，尊贤为大；亲亲之杀，尊贤之等，礼所生也。"其中，"仁者人也"一句可谓影

---

① 《论语》中孔子对于自己的"仁"观有详尽的阐述，详见杨伯峻《论语译注》中以下谈及"仁"的内涵及实践方式条目：4.15"仁"其实是指忠和恕，"忠"偏重于对人的态度（对君主的态度详见3.19；对他人的态度详见1.4）；"恕"即是指"己所不欲，勿施于人"，偏重于对己。18.1 仁的实现方式有多种多样，只要以自己的方式践行了仁道的都可以算得上是仁人。微子丢下职位、箕子成了奴隶、比干进谏身亡，他们可谓殊途同归，都算的上是仁人。谈及"仁人""君子"具体品质修为的条目有：6.30 仁者要通过自己立身来使他人立身，自己通达而使他人通达。近取己身为例是为仁的途径。12.22 仁者要爱护他人、理解他人，"举直错诸枉"举用正直的人来代替不正直的人，使不正直的人变得正直。完善个体即自身人格的同时，也要尊重、爱护、理解他人。19.3 仁人君子有教化世人的使命，与人交往不能以好恶为取舍，但也并非来者不拒。孔子附带指出有三种朋友是有害的（详见16.4）。1.2 "君子务本，本立而道生。孝弟也者，其为仁之本与！"指明孝悌娣爱乃实行仁的根本。1.6 "弟子入则孝、出则弟，谨而信，汎爱众而亲仁。"强调个人应以学习修身、实践为本、艺文为次。这里指出理想的个人应在家孝顺、出外娣爱，谨慎而守信，泛爱众而亲近仁者。才艺是次于道德的修养。2.8 强调孝以恭敬为本，表情上顺从父母的意愿也是恭敬的一种具体表现。4.19 孝道之一是父母在世不远游，出游必须有定规，子女要体恤父母的爱心。4.20 三年不改父亲的准则为之孝。4.21 记住父母的年岁，一为喜悦，一为担心，在其有生之年要更尽心孝顺。17.21 讨论守孝三年的问题。杨伯峻：《论语译注》，北京：中华书局，2004年。

响深远,汉儒郑玄、孔颖达都曾为其作注疏予以遵奉。① 而《中庸》之后,"仁义"并举作为儒家的核心理念亦开始流传开来。继《孟子》《礼记》对"仁义"各有侧重点的深入论述,董仲舒亦对"仁义"提出新见。其中关于"仁",他在认同"仁者爱人"的基础上,进一步强调仅仅自爱尚不能称为仁爱,必能爱人才可称为仁,且爱人还需无害人之心。②

汉儒之后对于"仁"较为著名的延续性阐发,还有韩愈在《原道》中主张的以博爱释仁。到了宋代,虽然周敦颐、王安石等还是支持仁学旧说,部分理学家已开始反思批评孔孟之以爱训仁,尤以程明道为代表。在他看来,爱为情,仁是性,情是性之动,由性而来,因而反对以情为性的说法。既然欲反以爱训仁,自然需要标榜己见、鲜明立论,因而宋儒对于"仁"的诠释愈加纷呈:(1)程伊川的"以人体公"为仁,他认为仁之理是公,公即无私,以人体之,能做到去人欲之私,故为仁。但是,公乃仁之理,因而不可说公即是仁,否则就犯了跟孔孟一样的错误,因而程颐才说:公而以仁体之谓仁;(2)程明道和张载都主张:仁即"万物与我合一"。此外,还有二程的学生谢上蔡的"以觉为仁",但是他的观点实际上是对程伊川观点的误解。面对如此观点各异的仁论,却无一能折服天下人心。朱熹遂对先贤学说予以会通并加以改进。

2. 朱熹论"仁"

孔孟以来,儒家论"仁"多指向人生、人心、人事,而朱熹却在此基础上进一步拓宽了"仁"的涵盖范围,以"仁"兼释宇宙界和人生界,眼光始大。朱熹论"仁"可以划分为:(1)论自然界中之"仁",即天地生物之心;(2)论人生界之仁,即人心之仁。

朱熹曾说过:"仁是天地之生气","仁是个生底意思,如四时之有春"(《朱子语类·二十》),"天地生这物时,便有个仁。它只知生而已"(《朱

---

① 在《礼记正文》中,郑玄注:"人也读如'相人偶'之人,以人意相存问之言。"孔颖达疏:"'仁者人也亲亲为大'者,仁谓仁爱相亲偶也,言行仁之法在于亲偶,欲亲偶疏人,先亲己亲,然后比亲及疏,故云亲亲为大。"
② "何谓仁?仁者憯怛爱人,谨翕不争,好恶敦伦,无伤恶之心,无隐忌之志,无嫉妒之气,无感愁之欲,无险诐之事,无辟违之行。故其心舒,其志平,其气和,其欲节,其事易,其行道,故能平易和理而无争也。如此者谓之仁。"(《春秋繁露·必仁且智》)。关于董氏的"仁义"新见的详细论述,参见张岱年:《中国古典哲学概念范畴要论》,北京:中华书局,2017年,第117页。

子语类·十七》），指出自然中天地万物皆由一气所生成，万物其生其化即是其生"理"之所在。朱熹本着他在思考时一贯喜好会通易经、阴阳、五行、汉儒各家学说的特点，又提出"天有春夏秋冬，地有金木水火，人有仁义礼智，皆以四者相为用"（《朱子语类·一》），"元亨利贞，仁义礼智，金木水火，春夏秋冬，将这四个只管涵泳玩味尽好"（《朱子语类·七十五》），从而将天地生生不已的生机与"仁"相会通，这是他在"仁说"上超越前人的地方。需要注意的还有：朱熹的"仁"是"动而善"（《朱子语类·二十》）的，他强调"仁"是天地的造化之心，是它使得自然界生生不息，但他只想谈论万物生机从何而来，从而使得天地万物能够如此循环以复，而不像老子那样喜欢去穷究该本源的有无与动静。

继而朱熹又指出："天地以生物为心，天包着地，别无所作为，只是生物而已。亘古亘今，生生不穷，人物则得此生物之心以为心"（《朱子语类·五十三》）；"天地以此心普及万物。人得之遂为人之心，物得之遂为物之心。草木禽兽接著，遂为草木禽兽之心。只是一个天地之心尔。"（《朱子语类·七十四》）这样，他就从讨论自然界中天地有生物之心，此心为仁，又转入讨论人生界中，人与万物为天地所生而各得此天地之仁，并因获得此"仁"于己身才各成其为人与万物，即所谓"流行时，便是公共一个。到得成就处，便是各具一个"（《朱子语类·七十四》）。虽然说天地之"仁"降落于人与万物身上，使之皆有欲生好生的求生之心，但朱熹特别指出：人心与天地之心有同有异。相同之处是人与草木禽兽一样，都生而具有天地生物之心（求生存、趋利避害），但不同之处则在于："天命至公，人心便私。天命至大，人心便小"，尽管人心中有隐而未现的仁心仁道，人心却因私欲而"便邪""便私""便小"。正是由于此诸仁"动处便是恻隐。若不会动，却不成人"，人需在后天通过克己复礼的内在修为实践才能使得隐藏于人性中的诸仁，通过恻隐之心发而始得见，只有这样才能显诸仁者并转为用，人也才能称得上是成就了此一"温和柔软"的人心之仁。①

---

① 有关于朱熹的人心之仁，钱穆先生有详尽的叙述："仁"包四德，即仁义礼智；仁者心之德爱之理，即仁是体，爱是用，爱自仁出也；温和柔软者为仁；无私欲是仁；仁与公与恕的关系；知觉为仁；仁是全体不息；为仁之方；仁与智的关系；仁与义的关系。详见钱穆：《朱子新学案》（上），成都：巴蜀书社，1986年，第386—414页。

（二）耶稣会士译"仁"

依据前文耶稣会士《大学》《中庸》译词对照表可知，来华耶稣会士译"仁"方式颇多，其中多见amor，pietas和charitas。殷铎泽在翻译《中庸》"修道以仁"一句时，给出他对于儒家之"仁"的基本理解：内心那种坚定的美德以及对于每个人的爱和责任感（[…] Perficitur verò dicta regula per solidam illam animi virtutem & amorem pietatemque universalem erga omnes Gin dictam.）。关于该句的理解，朱熹在集注中解释："道"是指天下达道，"仁"指天地生物之心，而人得以生者，所谓元者善之长也。张居正基本沿袭朱注，仅将"仁"进一步细化为"本心之全德"。联系上文，这句话的意思其实是：国君要遵循天下的大道就应以"仁"为本来修自身，即一国之君应该注意尽本心中的天德，通过克己复礼修善其身，使自己人性中隐藏的善（天命之性，人性之道）发显成为恻隐慈爱的美德，真心实意地将之用于五伦之间，则道无不修，政无不举。殷铎泽在此处将"仁"这一造化人的"天地生物之心"译为内心的美德、普遍的关爱和孝敬，明显是参照后世的注解将"仁"的内涵具体化，以便于欧洲读者的理解。但需注意的是：他在这里使用amor一词，其意义与基督宗教中的charitas，即博爱一词是有所区别的。amor指代的是审美层面上的爱，是指人与人之间，尤其是指男女之间的爱恋（als ästhetische und erotische Liebe, lat.: amor）①；而基督宗教中用于指代自我奉献和牺牲的博爱精神的则是用charitas一词（als dienende, sich schenkende und opfernde Liebe, lat.: caritas）。② 由此可以看出殷铎泽有意将儒家以爱训"仁"的思想与基督宗教的博爱相区分，甚至可以说：他或深或浅地认识到儒家所谈仁爱与基督宗教博爱之间的差别。儒家主张的爱是具有等阶性的，其亲亲尊尊，乃至韩愈曾提出的"博爱之谓仁"都是以爱的等差性为其预设前提，所以孟子才会如此严厉地抨击墨家的"兼爱"——墨家思想其实更为接近基督宗教的博爱精神——"墨氏兼爱，是无父也。无父无君，是禽兽也。"殷铎泽神父在这里选择用amor来翻译"仁"，一方面强调了儒家所谈之爱与基督宗教"信望

---

① Volker Drehsen usw. (hg.), *Wörterbuch des Christentum*, Zürich: Gütersloher Verlagshaus Gerd Mohn, 1988, p. 727.

② *Ibid.*

爱"三德中的"博爱"有本质差别，从而也暗示了世俗的儒家思想与基督宗教信仰之间的差异；另一方面，他译"仁"为美德、普遍关爱乃至责任感，虽可以表达出"仁"内涵的丰富及其适用范围之广，同时也模糊了儒家之爱是以血缘亲属关系为其重要维系、主张爱具有等差性这一关键性特点。

在翻译"好学近乎知，力行近乎仁，知耻近乎勇"①时，殷铎泽虽然还是用amor universalis（普遍的关爱）来翻译"仁"，但译文中也补充说明了如何经由个人修为，实现"一己之爱"到"普遍关爱"的升华。这一补充明显参照了朱注。因《中庸》原文并无此段举例说明，正是朱熹在其集注中，将此处的"仁"解释为"然足忘其私"，即所谓仁以体道，若能勤勉自强、事事实践省察，则可以去除人性之私的蒙蔽，本心复还而近于仁。此外在翻译"肫肫其仁"时②，殷铎泽将"仁"译为爱与虔敬（amor et pietas），他对这句话的理解是：圣人的关爱和虔敬将被延伸扩展成为世间的伟大秩序。这在一方面流露出他对朱注的熟悉了解——朱熹注解"肫肫"为"恳至貌，以经纶而言也"，意思是说在人伦日用之间有着圣人般的仁德，真挚恳切——另一方面，殷氏却用基督宗教中指向获得封圣的"圣人"（sanctus）一词来对应儒家的"圣人"，这种简单对应的背后隐藏着的却是儒家和天主教对于圣人以及成圣路径上的巨大差别。宋朝理学家有一共同之观点：圣人可为。只是各家对于圣人的标准以及如何成圣在陈述上各有不同，朱熹对此也有讨论。在他眼中，只有才德兼具、体用兼尽的人才能称为圣人，而其中道德修为是根本，道德无妨碍于事功，但事功却一定是在道德修为的基础上才能完成。朱熹以德、才、事功为标准，划分出贤人—君子—圣人这样等阶式的成圣过程，教导学人要历级而上。至于如何成圣，伴随着人生经验和感悟的沉淀，朱熹对此的看法有一变动过程：早年朱熹认为学成圣人并不难，知道如

---

① 殷氏的拉丁译文是："Confucius, ut ostendat, omnes, si modò velint, posse sic proficere ut tandem propè absint à dictis virtutibus, prudentia scilicet, amore & fortitudine ait: quamvis rudis sit quispiam, si tamen amet ardeatque discere, nec fatigetur in studio virtutis, jam is appropinquat ad prudentiam: si quis amore privato sui ipsius adhuc quidem implicitus, tamen nitatur rectè operari, jam is appropinquat ad amorem illum universalem ergà omnes; si quis denique ita est constitutus animo, ut constanter norit verecundari, & erubescere cùm turpia & illicita proponuntur, jam is appropinquat ad fortitudinem."

② 殷氏的拉丁译文是："Summè benevolus & beneficus est ejusmodi Sancti amor ac pietas quae se se extendit ad Mundi hujus magnum ordinem."

何做好一个士人是成圣之途的起点，只要方向、方法把握对了，虽然修行之路漫漫，还是可以实现的。①三十七岁时朱熹强调要成为士人，首先就要以成为圣人作为终生为学的目标，没有这一目标，连士人都当不了。虽然他也认为要成为像舜那样的大圣人其实是可望而不可及的目标，但是又不能不为。②四十七岁时朱熹在答学生问，指出成圣也需下学而上达，不要把圣人过度抬高，其实是在强调不要过度关注圣人所成就的功业，而要先看到他们身上的德性，士人以成圣为目标都是从下学德性开始（《朱子语类·四十四、五十八》）。待朱熹年过五旬，由于象山之学影响始大，且主张圣人之道就在各人心中，人人皆可以成圣。针对这种看法，朱熹开始强调圣人难做。晚年的朱熹认为圣人难做的理由是："天只生得许多人物，与你许多道理，然天却自做不得，所以必得圣人为之修道立教，以教化百姓"（《朱子语类·十四》），圣人就是要做天地所不能做的事情，以德才事功继天地之志，述天地之事，在新民明德上尽此工夫，即《中庸》中提到的"赞天地之化育"，这样的聪明多能之士才能算得上是圣人，而做到这一切绝对不是一件容易的事。

基督宗教从早期开始就有关于信徒成圣的记载，也一直有通过某些仪式对圣人表达崇拜的传统。根据新约，"神圣"乃是经由洗礼使上帝的神灵注入到信徒的身上，而"圣人"则是受到上帝的召唤并称职地完成上帝赋予他的使命的人。"神圣"也因此被规定为教会四大基本标志之一（vier grundlegenden "Merkmale der Kirche" - "notae ecclesiae"）。后来教会基于"圣人"对于信徒在崇拜和虔诚方面的重要示范作用，开始制定出"封圣"的标准，一开始是指那些为捍卫、传播基督信仰而殉教的信徒，这从2世纪开始就有记载，后来在4世纪后期出现了第一位非殉难的"圣人"Martin von Tour，此后，如果某位虔诚的信徒在美德修行、天主事功方面作出了卓越的成就，乃至他因此而显现出了某些奇异之处，比如能行奇迹，也可以经教会认可后由教宗封圣。一经教宗封圣，"圣人"将会以教会认可的礼拜仪式，定期接受信徒的崇拜和祈祷，有关"圣人"生活及其修行的记载也会被视为他成圣的证明、教诲，被虔诚的信徒们广加传颂，后世流芳。

---

① 参见钱穆：《朱子新学案》（上），成都：巴蜀书社，1995年，第266页。
② 同上书，第267页。

在殷铎泽的译文中，孔子这样的异教哲学家也因应他的智慧、仁德与才能而修道成"圣"了，这种翻译是基于一种字面的直译，还是暗示了在中国，除了基督救恩以外，孔子以及其他拥有极高政治道德智慧的"君子"（殷铎泽译为"完美之人"）也有其他成圣的方式？而随后在中国索隐派的著述中，儒家的"圣人"更是被变本加厉地推向顶峰。据潘凤娟研究，在马若瑟的中文著作中，"圣人"一词所指涉的对象非常多元，有时指耶稣的两位使徒，有时指孔子及其之前的圣王；而在其拉丁文、法文著述中，他用于"圣人"的译词既有音译又有意译，如 Sanctus (le Saint)，le Saint Homme，Dieu-Homme，Chin-gin 等。尤其是在《经传遗迹》这一马氏索隐思想的拉丁文代表作中，他经常或隐或显地将中国经典中的"圣人"形象与基督信仰里的基督形象连结。①

　　除上述所析概念译文，"太极\理"的理解亦是一个折射出来华传教士眼中"儒学观"的多样性、矛盾性的突出例子。利玛窦及其追随者殷铎泽、柏应理等人，基于扬先儒抑后儒的立场，将宋明理学的"理"解释为一种"原初的物质"（materia prima，以之指明今儒皆为无神论者，因其视世界的起源为物质性的），龙华民在这点上亦罕见地与利氏持相同主张，且经由托钵会士的转译，龙氏的观点在欧洲被广为传播，乃至带动莱布尼茨等一众欧洲启蒙家，因应中国人究竟是无神论者还是自然神论者展开长篇论证。由此可见，儒学概念的名实在跨文化的语境中被传教士重新进行人为设定，他们或者对概念的内涵进行文化意象的比附，或者对其丰富内涵断章取义地予以割裂，从而使词意在跨语境的传递中出现了偏差及变异。但经由他们缔造的中国知识和儒家形象，却对当时的欧洲启蒙思想家产生极其深远的影响，莱布尼茨、孟德斯鸠、伏尔泰、法国哲学家培尔（Pierre Bayle）、英国的东方学家威廉·琼斯（William Jones）等人在其书信、著述中都对《中国哲学家孔夫子》一书以及龙华民、利安当的论文不断进行议论和引用。从其翻译信息的传递及接受度来看，传教士300年前的译述所企及的高度竟是我们后人所不及。究其原因，一方面固然是与启蒙时代的精神需求、文化氛围以及礼仪之争在当时欧洲极高的热度，亦即"时机"有关；另一方面则与传

---

① 参见潘凤娟：《翻译"圣人"：马若瑟与十字的索隐回转》，载《国际比较文学》2018 年第1卷第1期，第80—84页。

教士自身的素养和特质密不可分，作为译介者来华耶稣会士自身兼通中西的深厚文化修养，因而他们才能基于西方的主流价值观（即所谓的"以耶释儒"，借助中西文化意象的附会将异质文化吸纳到自身文化框架的解释之中），借助当时西方的学术语言（借助西方的神哲学术语来转译、套用儒学概念）灵活纯熟地改写他们所需要的儒学文本；而作为适应政策批评者的托钵会士，神学教义的纯熟、良知的拷问和信仰的力量赋予他们的控诉报告极大的冲击力，甚至对来华耶稣会士所塑造的欧洲儒家形象起到祛魅化的作用。或许，原本就没有所谓绝对的真理，所有人类知识的书写和认识的深化都是在种种充满矛盾困惑的分歧、辩难、反思和修正中不断推进的。

第四章 结语

一、体悟式表达：反思传教士对"地方性知识"的处理

中国礼仪之争的一大症结其实是"宗教"话语之争：天主教教廷作为"机构"，它在西方宗教"话语"生产建构上具有绝对的权威性，但它在一种社会现实中生产出来的"话语"在另一种异质社会现实中——不同于西方文明的儒家传统社会、南美印第安文化等——受到了动摇并出现断裂。这其中也颇有名实之辩的意味，原本一个事物的"名"（语言符号的能指）与"实"（语言符合的所指）的相互关联并最终确立它们之间的对应关系，即有其偶然性和地方性的特点。而礼仪之争最为荒诞之处即在于：托钵会士乃至教廷已先有其"名"（亦即何谓真宗教、假宗教；何为迷信，何为真神等），而在其发现地方性信仰（新的真实）的过程中，他们创立普遍性宗教的野心促使其试图将所有新发现纳入其名下，且必须通过与神学教义对勘、倒推查证的方式来判定其"真理性"程度的高低，对于"新的真实"中不符合宗教之"名"的部分，随即划入"异端""偶像"的名下予以禁止、限制并试图将其从原文化的生命整体中割裂出来予以抛弃。这既是文化中心论的思维，亦是殖民主义者惯用的手段，恰恰可在礼仪之争所处的时代背景中得到解释。

在全球性知识体系形成的过程中，地方性知识是相对于"文化中心"而存在，而从长时段来看，所谓的"中心"形成后也并非一劳永逸，而是与新崛起的

"地方"处于不断的角力和转化之中。此外，伴随着全球性知识体系的形成[①]，其命名机制也势必会对地方知识进行统一界定和重新描述，对共同性的巩固和凸显也意味着个性、地方性知识的消除或改造。传教士作为《圣经》文本的使徒，因应基督宗教的自我定义乃普遍性宗教，进而将所有的异教文化皆定义为地方性知识。而在"中心"统一界定"地方"的过程中，把握《圣经》及福音书阐释权威、注重神学真理边界的教廷，尤其是以多明我会为代表的托钵修会在面对中国教徒独特的祭祖祭孔祭城隍等地方性习俗时，强硬地运用他们所认定的"真理教导的文本"（教父神学中所界定的"宗教"和"迷信"的定义）作为理解和评价地方性知识合法与否的唯一标注，甚至企图篡夺"地方性"思想的生命主权，用文本上的真理来仲裁真实生活的问题，甚至扼制、取代其存在并激起反抗，最终这反而凸显"经典文本"明显的自限性（异端、偶像崇拜、迷信活动的层出不穷）。主张文化适应路线的耶稣会士一派，某种程度上他们对中国国力与文化的欣赏认可、对中国的宗族传统、民族性格与文人奉教面临的诸多障碍的务实洞悉，弱化了他们基于"经典文本"进行定性描述的坚守，反而加剧了他们"要归化中国人，就先要变成中国人"的努力。[②] 而在其中，以卫方济、马若瑟，乃至晚年的利安当为代表的、致力于中西文化调适的传教士，可谓是超越民族主义的禁锢、切实践行宗教关怀的代表。尤其卫方济和马若瑟对中国祭礼性质的重新定位，试图摆脱强硬的托钵修会基于天主教义来框定中国礼仪外在祭祀形式不合法的做法，从中国人的真实感受和视角出发，将私人性的表述（从日常平民传教的接触、中国文人的证词等渠道获得）转换为公共性话语，用以强调不同范畴和级别的中国礼仪其最终目标是寻求祭祀个体内心的情感归宿，而中国礼仪这一实践性智慧，对于个体道德的完善、个人操守的监督、宗族的凝聚、社会秩序的建构都具有重要历史意义和现实作用，绝非以个人的纯洁信仰之名即可割舍。卫氏

---

① 关于全球性知识体系形成过程中，全球性命名体系对地方性知识的依赖、吸收并最终予以替代，参见Anna Tsing, *Friction: An Ethnography of Global Connection*, Princeton and Oxford: Princeton University Press, 2004.

② 关于明清来华耶稣会士对自身身份的刻意"翻转"，以适应当时的中国文化并进入其中对中国本土传统予以命名的努力，参见[美]詹启华：《制造儒家——中国传统与全球文明》，徐思源译，北京：北京大学出版社，2019年。

等人能实现这种思维范式的转换以及对"地方性知识"的体悟性表达绝非易事，或许是因为他们已经认识到：真实地呈现是作出客观判断的前提（亦即深入的实证描述必须先于价值判断）。放弃对地方异质性的消除批判，直面差异所在并转向与他者的对话，共同思考如何使全球知识秩序的建构能力具有异地的有效性，从而使全球性共存于无数真实的地方性之中，这是明清礼仪之争为后世带来的启示，而近现代基督新教和东正教传教士都主张要用本土语言传教，以本土的语言和生活方式去追求共同信仰的实现，包括后来天主教"梵二"会议的召开，都体现了这一思维范式的转换。此外，经由上文对于礼仪之争核心争论术语的梳理，我们也会发现：越是在坚守基督信仰纯粹性的来华传教士笔下被激烈反对的东西，越会成为中国本土民族性和传统宗教性的体现，而其中有许多的内容在中国社会近现代化的过程中，已下落积淀为今天的"民间宗教"，正是得益于传教士的宗教观作为参照，我们得以争论旁观者的视角，重新发现中国的宗族礼制和多元民间信仰所具有的建构身份认同、抚慰安顿人心、协调群体关系进而完善民族心理的本土意义。

二、在西方参照系之下中国文化的身份转换

钟鸣旦指出：在16世纪以及17世纪的早期传教士眼中，其实并没有所谓"宗教"与"非宗教"的区别，而只有"真宗教"和"假宗教"（例如偶像崇拜）的区分。① 从利玛窦开始，龙华民、利安当、闵明我等来华传教士一直称儒家为"文人的教派"（secta litteratorum）。这里所用的secta一词，本义有路线纲领、政党、哲学流派、宗教派别等多种含义②，结合利玛窦、殷铎泽等将"儒""释""道"都统称为secta而且强烈批评后两者充满偶像崇拜的迷信活动，据此可以推断，耶稣会士对于这三者的定性都是宗教教派。所以在《中国哲学家孔夫子·前言》中，殷铎泽、柏应理才会如此尖锐地指责佛、道是"虚假而有危害的"（falsae pravaeque, p.lxv）；在讨论佛教时将"五戒"定义为"外部

---

① Carmen Bernand and Serge Gruzinski, De l'idolâtrie. Une archéologie des sciences religieuses, Paris: Seuil, 1988，转引自Nicolas Standaert, "The Jesuits Did Not Manufacture 'Confucianism'", in *EASTM 16*, 1999, p. 128.

② *Wörterbuch Schule und Studium Latein-Deutsch*, Stuttgart: Pons, 2007, p. 830.

教义",把"空"和"无"称为"内部教义",批评中国士大夫利用这种"双重教义"(duplex doctrina, p.lxxxvj)来维护政治统治。而其实"双重教义"一词,最早是他们的修会前辈龙华民用来批评儒家,意指士大夫通过献祭伪造出一个外在的宗教,但内在却是无神论者。① 亦即,来华传教士明确承认了"儒教"(乃至佛、道)与基督宗教都具备了宗教性,只是在信仰体系中最高神的属性、教会组织、神学思想内涵以及信众构成上,他们以天主教会及其一神论为真理标准,划分出所谓"正确"和"不正确"的信仰方式。而且,传教士认为真正的宗教其实并不稳定,很可能会偏右或偏左,这样就产生了迷信和无神论。② 而后面这两种看似相距甚远的信仰错误,却是托钵修会和龙华民在当时中国社会中都亲眼观察到、详细论证并给予严厉遣责的,与此同时,利玛窦路线的支持者们仍旧在他们刊行于欧洲的著述中肯定着中国先儒的"正确信仰"。如此矛盾且分裂的"儒教"认知,直至1711年卫方济《中国哲学·第一论》才得以弥合,卫氏引用古儒、今儒关于"天""上帝"的众多引文,推翻修会前辈的所有立论,明确肯定古儒和今儒之间在学统、道统上的连续性以及在"天""上帝"等核心概念理解上的一致性,也据此重新评估"太极""理""气"等概念所具有的双重意向,凸显了这些儒学哲学概念内涵中贴近于西方神学所认定的Deus属性的层面。他甚至强调今儒比古儒更为准确(expressius)、有效(efficacius)且清晰地(clarius)解释了真神存在的问题。但需要注意的是:来华传教士从利玛窦、龙华民直至堪称中国哲学"反向格义"第一人的卫方济,他们对于儒家思想脉络的解读并不完整,藉由考证其儒学专论中所征引的中文文献,可以发现其中最明显的思想链条缺失是汉儒对先秦儒学的注疏("汉学")以及董仲舒借助"天人感应说"对儒家所进行的宗教信仰阐释并使之成为其政治意识形态的重要理论支持的深入研究。马若瑟在其对"中国经学史"的评点中,专章提及"汉儒",但其文稿并不存于世(如其《经传议论》原定十二章,其中就有《汉儒论》的写作计划,但实际仅存《春秋论》一章),仅从《经传众说》马氏对汉儒的简要评论中

---

① 龙华民在1623年《论中国宗教的几个问题》的报告里,把中国的民间信仰和士大夫的无神论思想区分开来:虽然平民比较相信灵魂不朽和上帝的存在,但是士大夫都怀着很坚定的无神论和唯物主义。而且,士大夫故意不告诉无知的人民,因为他们希望利用宗教来维持国家的有序治理。

② [意]利玛窦:《耶稣会与天主教进入中国史》,文铮译,北京:商务印书馆,2014年,第68页。

得知：他认为秦王焚书使儒经之道中断，汉儒在时间上虽距前朝很近，但此时中国经书已错乱散亡，且"汉儒不訾无以复先王之道，况从而害六经于秦火殆有甚矣"。马若瑟的立论明显引用了宋儒贬低汉儒重训诂以致观点驳杂的判断，并非个人深入研读所得。明清来华传教士的儒学观中，重上古先王之道、先秦儒教及"宋学"，而忽视"汉学"的倾向非常明显。①

无论如何，来华传教士所撰述的如此之多自相矛盾的报告和记载，将一个丰富且充满了矛盾张力的"儒教"介绍到了欧洲，随即促成了启蒙思想家之间对于中国信仰内在理性的发现和讨论，莱布尼茨等人基于中国人的信仰有别于基督宗教启示神学的种种证据所进行的思考，又直接促成了"自然神论"的诞生。由此可见，来华传教士对于中国文化中宗教性元素的寻找和定位，无疑也丰富了西方自身对于所谓"宗教"的认识乃至日后有关宗教信仰本土化的思考和进步。

反观中国，自17—18世纪传教士引入基督宗教作为信仰的唯一标准，质疑"中国礼仪"的合法性，在之后的整个近现代的进程中，各种西方参照系的接连引入致使中国哲学、宗教乃至学科门类标准皆成疑案。② 近代的落后和救亡图存的迫切意愿，使五四以来的中国知识分子热烈拥抱西方科学进步的范式，19—20世纪之交中国知识分子所兴起的"整理国故"，将不符合西方标准的中国文化视为糟粕予以抛弃，又何尝不是礼仪之争的再度重演，只是这一次的主导者由传教士变成主动追求西化的国人。归根结底，倘若在跨文化、跨语境的对话中，制定

---

① 明清来华传教士研读儒学典籍时皆倚重明清文人的注疏，博学广识如卫方济亦是如此，考察其在《中国哲学》《中华帝国六经》等拉丁文儒学译述中征引的中文文献，多为宋儒及明清的注解，其中亦有元儒陈澔的《礼记集说》，未见其征引汉儒的重要著述。反倒是杜赫德在其《中华帝国全志》一书所收《御选古文渊鉴》（杜氏认定为赫苍璧所译）的法文节译中，藉由宋儒真德秀的评议将董仲舒视为儒家学统的典范予以介绍并收录了董仲舒应汉武帝征询所献三篇策论的摘译及评述。参见[法]蓝莉：《请中国作证：杜赫德的〈中华帝国全志〉》，许明龙译，北京：商务印书馆，2015年，第201—207、278—279页。笔者认为：以赫苍璧为代表的清朝来华法籍耶稣会士，他们对汉儒在中国思想史中的学术地位及其重要著述名目有所了解，甚至参阅过郑玄、孔颖达乃至董仲舒等人的著述，这亦体现在马若瑟《经传议论》一书中亦含《汉儒论》的写作计划及其曾在翻译《尚书》时借鉴孔颖达的《尚书正义》。但实际上，他们并未对以董仲舒为代表的汉儒"天人合一"论进行深入研究和征引，与之相关的评论多是基于司马光（1019—1086）、真德秀等宋儒的看法。
② 有关于近代以来，中国思想结构以西方分类为准重新进行切换以及随之而来的问题反思，参见赵汀阳：《中国哲学的身份疑案》，载《哲学研究》2020年第7期，第3—19页。

话语规范、知识体系合法性的标准及发言权始终掌握在一方手中，那么另一方要么选择默默承受不合规范的指责，以自我异化/西化的手段来实现被动适应，而这只会使话语暴力的控制与排斥愈演愈烈；或者另一方需采取激进反抗的手段，以行动暴力来宣扬自己不被聆听和理解的声音，以实现异质文化价值认可的暴力平衡。而福柯在其知识谱系学的研究中走出了第三种"反抗"方式，亦即通过找出过去被传统历史编纂所控制、排斥的异数，来质疑消解"目的论"与"客观性"共同生产出的所谓历史本源和普遍真理，从知识生产的源头及背后的权力机制上对之予以剖析和打击。要打破当下种种在现代化历程中，由于西方范式的引入与自我文化身份转换所造成困境，需要今天的我们对过往所"拿来"的和所"抛弃"的都进行诚恳的反思和质疑。全球化时代的中国，不可能拒绝和回避西方的各种主流范式，亦不可能回到先秦去重新建构一个所谓"真正中国"的新范式。今天的西方正与蓬勃生长、变动中的中国传统紧密交织在一起，亦不可避免地成为中国当代文化的组成部分，唯有与其进行开诚布公的辩难，切换视角发现问题，继而在国内学界营造起应而不藏的宽容交流氛围用以消解问题，才可能在西学崇拜和自我成圣的两个极端中间，找到重构中国学术传统的中正之道。

三、对跨文化译介的启示

从传教士的儒学外文原始文献来看，明清来华传教士对儒学典籍进行跨文化译介时，会依据所处时代语境的需要，将不同文化体系中概念符号的"名"与"实"进行人为的"虚拟对等"，使其译介活动成为理念辩争乃至争夺中国问题发言权的手段。尽管许多的儒学概念在跨语境的传递中出现了含义偏差及变异，但从其翻译信息的传递及接受度来看，17—18世纪耶稣会士西译四书所企及的高度竟是我们今天所不及。究其原因，其中固然有启蒙时代的精神需求、文化氛围，亦即与译介的"时机"有关，但在传教士典籍译介的具体实践中，值得当下借鉴的主要有以下两点：一是就翻译主体而言，承担其译介工作的耶稣会士自身兼通中西的深厚文化修养，因此他们才能基于西方的主流价值观（即所谓的"以耶释儒"，借助中西文化意象的附会将异质文化吸纳到自身文化框架的解释之中），借助当时西方的学术语言（使用西方的神哲学术语来转译、套用儒学概念）灵活纯熟地改写他们所需要的儒学文本。此外，来华传教士主笔的背后时常隐匿着中国文人的解说和润笔,早期典籍译介史中譬如利玛窦—徐光启、理雅各—王韬、卫礼贤—劳乃宣等"中西合璧"的译者组合都是践行典籍外译的最优组合,这亦是在有限的翻译时间内最大程度上实现两种语言及文化之间高效、信实转换的保障。二是就译介策略而言,早期耶稣会士皆践行归化式译介(指译者更多地使用译入语固有的表达习惯和文化意象,使读者易于接受,这也是当下英美文化社会中占主导地位的翻译策略),他们借用阿奎那神学的"理性"、亚里士多德哲学的"美德""伦理""幸福"、斯多葛学派的"节制""做自己的主人"、西塞罗的"中道"和"义务"等字眼来打造儒家四书中君子勤勉自律的个人修为及其兼济天下的担当情怀,在欧洲启蒙思想圈投射出一个他们向往已久的哲人王治国的古老国度。能够准确地命中当下接受者的期待视域及其审美品位,无疑是其译介成功的关键。通常一部充分考虑、尊重并回应受众群体感受的译作能有效淡化异质文化特质中的突兀感,甚至能将"他者"身上的诸多陌生特质转化为解决读者自身精神危机的思想资源,这亦是明清传教士儒学译本能在启蒙时代的欧洲引发崇尚之风的原因。而在通达中国史籍经传、"以史注经""以经注经"的同时,从不避讳中国文化中的神话传说、民间信仰乃至占卜解梦之说,以及穿插在其典籍译作之中的《周易》卦图、中国历史年表、中国语言文字图谱、孔子像、中国地图等精心绘制的"图像说史"部分,都使其儒学译作不乏真实而独特的异国情调。

但纵观西方汉学史的发展历程,颇为反讽的是:明清来华天主教传教士的汉学译介成果,时常是以匿名乃至背负恶名的形式为19世纪来华的新教传教士和西方早期专业汉学家所借用。早期入华的新教传教士,从奠定基业的先驱式人物马士曼(Joshua Marshman, 1768—1837)、马礼逊(Robert Morrison),到继承开教事业一并接连担任英华书院院长的柯大卫(David Collie, 1791?—1828)、理雅各(James Legge),都曾以英文选译四书用以研习中国语言文化。但除了在《中国经典》(*The Chinese Classics*)中明确给出自己儒学译著中外文参考书目的理雅各,早期来华新教传教士皆未曾明言自己参考过耶稣会士打造的儒学译本,尽管在部分译词选择的"雷同"处仍可发现其蛛丝马迹①;而欧洲专业汉学的奠基人雷慕沙在其《中庸》译本(*L'invariable milieu, ouvrage moral de Tseu-ssé*, Paris 1817)的《译四书小引》所作的学术史回顾中,尽管承认17—18世纪传教士汉学为19世纪欧洲专业汉学诞生初期提供了宝贵的知识积累和研究经验,但却声称除了同为《中庸》译本,自己的翻译与传教士的诸多译本截然不同(j'ose l'assurer, n'a de commun que le fond avec les differens travaux des missionnaires),并点名批评耶稣会士卫方济,认为在严格意义上传教士的翻译只能称之为改写,并未如实呈现汉籍原文,而事实上经由核心概念译词的比对,仍发现雷慕沙在翻译《中庸》时选用了诸多与殷铎泽相近乃至完全相同的拉丁文译词。② 由其对待传教士儒学译作的复杂态度,可窥探到早期来华传教士的汉学成果已然成为雷慕沙乃至他的学生儒莲(Stanislas Julien, 1797—1873)、鲍狄埃等专业汉学家亟欲超越的对象。甚至到了20世纪,安乐哲(Roger Ames)、郝大维(David Hall)的《论语》《中庸》译本在西方学术界掀起关于中国古代哲学典籍英译新范式的激烈争论,其明确的针对目标仍是传教士译作中追求中西文化意象附会的技法以及大量使用基督宗教术语对译儒学概念的牢笼。另一方面,经由中国典籍外译而萌生的域外中国学研究,反过来又对中国近现代的学术研究范式的变迁产生极大冲击,据此来看,传教士对中国古代文化典籍的译述及其汉学研究成果,是为中

---

① 马士曼父子的《大学》译本在"明明德"的翻译上,与耶稣会士一致,都使用了reason/ratio(理性)这一西方哲学术语来翻译"德",且对"天下"的理解及注解内容亦极为近似,马氏父子译本参见Joshua Marshman, *Elements of Chinese Grammar, with a Preliminary Dissertation on the Characters and the Colloquial Medium of the Chinese, and an Appendix Containing the TA-HYOH of Confucius with a Translation*, Serampore: The Mission Press, 1814;马礼逊在处理《大学》标题英译时则径直将耶稣会士在《中国哲学家孔夫子·大学》的拉丁文标题,转译为The great science(伟大的知识),亦时常借用耶稣会士喜用的ratio来对译儒家之"道",马礼逊的译本参见Robert Morrison, *Horae Sinicae: Translations from the Popular Literature of the Chinese*, London: Printed for Black and Parry, 1812;柯大卫英译四书中的《大学》译本,是以其老师马礼逊的《大学》译本为英文底本,并对马礼逊译本中的诸多误译、漏译进行有针对性的修订,故其对儒学核心概念的译词选择与马氏译本具有明显的继承性,而柯氏在译本的序言、脚注等副文本处,亦未曾提及来华耶稣会士的译本,故目前尚难以判断柯大卫是否直接参阅过来华耶稣会士的拉丁文四书译作,柯氏译本参见David Collie, *The Chinese Classical Work Commonly Called The Four Books*, Malacca: Printed at the Mission Press, 1828.

② 罗莹:《雷慕沙〈中庸〉译文新探——兼论传教士汉学与早期专业汉学的关系》,《国际汉学》2014年第1期,第97—106、125页。

国近现代学术史的重要组成部分。此外，在中国印刷史上，学界通常认为以马礼逊为首的 19 世纪新教来华传教士创立与经营西式中文印刷所①，经由输入西式活字取代木刻印刷中文，是继佛经汉译之后中国出版史上的第二次"范式转移"，而马礼逊所编《华英字典》（澳门，1815—1823）亦被认为是西式横排法运用到中文典籍的伊始。但实际上，意大利耶稣会士殷铎泽早在 1662 年《中国智慧》一书已对《大学》《论语》的原文采取横排。他也是中国印刷史上首位实践并不断改良中拉双语刻印技术的先驱，其《中庸》双语译著《中国政治道德学说》中双语逐字对照排版的方式，不仅直接影响马士曼、理雅各等新教传教士儒学双语译著的排版，亦直观地将汉字的"音形义"系统正式介绍到欧洲，极大地激发了欧洲学者对于东方语言的兴趣，巴耶尔（Gottlieb Siegfried Bayer）、傅尔蒙（Étienne Fourmont）、雷慕沙等人在研究中国典籍、文字和语法时，都充分借鉴了来华传教士的研究成果。另一方面，恰逢 17—18 世纪欧洲语言文化界兴起寻求"普遍语言学"的思潮，传教士所提供的双语译本以及双语字典，直接促使洪堡（Wilhelm von Humboldt, 1767—1835）等语言学家从比较语言学的角度，对中国语言开展研究，直至今日仍方兴未艾。

　　以史为鉴，藉由来华传教士眼中"儒学观"的多样性、矛盾性及其不同的理论依据，亦有助于我们更好地反观自身的儒学传统，在明确中西方文化差异的具体分歧基础之上，有的放矢地重塑中国文化对外的"自我表述"。作为一个拥有如此丰富文化典籍资源的东方大国，实现民族文化的自觉自信、主动进入不同文明体受众的话语体系，共情理解、不畏辩难并能准确地言说历史中国和现实中国的独特价值、转变历程以及明确交流互鉴、美美与共这一发展目标，努力培养拥有跨越中西的学术视野和跨学科研究能力的中国译者及研究者团队，这些都将是中国文化典籍外译工作长远的发展目标。

---

① 苏精：《铸以代刻：十九世纪中文印刷变局》，北京：中华书局，2018 年，第 14—15 页。

参考文献

原始文献

Anciens traitez de divers auteurs sur les cérémonies de la China, Paris: Louis Guerin, 1701.

Confucius Sinarum philosophus. (Bibliotheque Nationale Paris: Ms. Lat., 6277/1 et 2).

Costa, Inácio da et Prospero Intorcetta, *Sapientia sinica*.(Archivum Historicum Societatis Jesu Romae: Jap-Sin III, 3. 3a, 3b).

Couplet, Philippe, *Catalogus patrum Societatis Jesu qui, post obitum S. Francisci Xaverii... sive ab anno 1581, usque ad 1681, in Imperio Sinarum Jesu-Christi fidem propagarunt. Ubi singulorum nomina, patria, ingressus, praedicatio, mors, sepultura, libri sinicae editi recensentur Parigi*, 1686. (Österreichische Nationalbibliothek: 42.W.39; Bibliotheque Nationale Paris: Cote: 4- O2N- 365; Cote: 8- O2N- 365 (A)).

Couplet, Philippe, *Tabula chronologica Monarchiae Sinicae*, Paris 1686.

Couplet, Philippus, *Confucius Sinarum philosophus scientia sinensis*. Paris, 1687. (Biblioteca Nazionale V. Emanuele II di Roma: Collocazione: 13.11.F.27; Bibliotheque Nationale Paris: Cote: O2N-206 (A,3); Wolfenbüttel Herzog August Bibliothek: M: Gv 4° 35; Erlangen-Nürnberger Universitätsbibliothek: H00/2 OR-III 2 ad; Österreichische Nationalbibliothek: BE. 4. G.7)

Couplet, Filippo, *Breve ragguaglio delle cose più notabili spettanti al grad' Imperio della Cina*.

Roma, 1694. (Archivum Historicum Societatis Jesu Romae: Polem.III 33)

Diatriba theologica de sapientia Dei beneficia, Paris 1672.

Fondo scritture referite nei congressi (SC), Indie Orientali, Cina, vol.1: 1623—1674, fols. 198r-214r.

Foresius, Johannes, *Historica relatio de ortu et progressu fidei orthodoxæ in Regno Chinensi per missionarios Societatis Jesu ab anno 1581. usque ad annum 1669.* Novissimè collecta ex literis eorundem patrum Societatis Jesu praecipuè R. P. Joannis Adami Schall Coloniensis ex eadem societate. Ratisbona: Hanckwitz, 1672.

Foucquet, Jean-François, *Factorum congeries quibus probatur voce et littera* 天 *bene significari Deum apud Sinas*, 1705.（梵蒂冈图书馆藏，编号Borg. Lat. 515）

Foucquet, Jean-François, *An diei possit et qua ratione dici possit in unico vero et genuino veterum librorum sinensium sensu per charatterem* 道 *significari Deum illum quem nos christiani colimus* （梵蒂冈图书馆藏，编号Borg. lat. 566）

Foucquet, Jean-François, *Dissertatio de vera origine doctrinae et monumentorum sinensium contenta quatuor propositionibus*（梵蒂冈图书馆藏，Borg. lat. 566, Borg. Cin. 358(1)）

Gaubil, Antoine, *Le Chou-King. ou le livre sacré, nommé aussi* 尚书 *Chang-chou ou le livre supérieur,* in *Les livres sacrés de l'Orient*, 1875.

Intorcetta, Prospero, *Compendiosa narratio de statu Missionis Chinensis. Ab anno 1581 usque ad annum 1669. Oblata Eminentissimis DD. Cardinalibus Sacrae Congregationis de Propaganda Fide.* Roma, 1671. (Wolfenbüttel: M: QuN 699 (2))

Intorcetta, Prospero, *Sinarum scientia politico-moralis*. Guamcheu, Goa, 1667/1669. (Archivum Historicum Societatis Jesu Romae: Jap-Sin III, 3. 3a, 3b)

Intorcetta, Prospero, *Testimonium de cultu sinensis datum anno 1668*, Paris 1700.

Labrune, Jean de, *La morale de Confucius, philosophe de La Chine/Confucius.* Amsterdam: Savouret, 1688. (Wolfenbüttel: M: Lf 92)

Libros Ethicorum Aristotelis ad Nichomachum aliquot Conimbricensis cursus disputationes in quibus praecipua quaedam Ethicae disciplinae capita continentur，Lisboa, 1593.

Magalhães, Gabriel de, *Nouvelle relation de la Chine, contenant la description des particularitez les plus, considérables de ce grand empire.* Paris: Marbin, 1688. (Wolfenbüttel: M: Gv 4° 39)

Martini, Martino, *Sinicae historiae decas prima*, Monachium 1658.

Mohl, Joseph, *Y-King. Antiquissimus Sinarum liber quem ex Latina interpretatione P. Regis aliorumque ex Soc. Jesu. P. P.*, vol. 1, Stuttgartia et Tubinga 1834.

Navarrete, Domingo Fernández, *Tratados históricos, éthicos y religiosos de la monarchia de China. Tratado Quinto, y especial de la Secta Literaria.* Madrid, 1676. (Google books 扫描文档)

Noël, François, *Philosophia sinica*, Praga 1711.

Noël, François, *Sinensis imperii libri classici sex*, Praga 1711.

Noël, François, *Historia notitia rituum et ceremoniarum sinicarum*, Praga 1711.

Noël, François, et Kaspar Castner, *Summarium novorum autenticorum testimoniorum*, Roma 1703.

Noël, François, et Kaspar Castner, *Memoriale et summarium novissimorum testimoniorum Sinensium…*, Roma 1704.

Possevino, Antonio, *Bibliotheca selecta qua agitur de ratione studiorum in historia, in disciplinis, in salute omnium procuranda... ex typographia apostolica vaticana*, Roma: 1593.（Google Books 扫描文档）

Prémare, Joseph Henry-Marie de, *L'ancienne histoire du monde suivant les chinois*, 1731.

Prémare, Joseph Henry-Marie de, *Note critiques pour entrer dans l'intelligence de l'Y King*, 1731.

Prémare, Joseph Henry-Marie de, *Selecta quaedam vestigia praecipiorum religionis christianae dogmatum ex antiquis Sinarum libris eruta*, 1729.

Prémare, Joseph Henry-Marie de, *Lettre inédite du P. Prémare sur le monothéisme des Chinois*, 1861.

Thévenot, Melchisédech, *Relations de divers voyages curieux, qui n'ont point esté publiées, et qu'on a traduit ou tiré des Originaux des Voyageurs Français, Espagnols, Allemands ...* Paris: Moette, 1696. (Wolfenbüttel: M: Cc 2° 5)

Visdelou, Claude de, "Notice du livre chinois nommé 易经 Y-King, ou livre canonique des changements...", in *Les livres sacrés de l'Orient*, 1875.

[法]白晋，《古今敬天鉴》(*De cultu coelesti Sinarum veterum et modernorum*), 1706/1707, 刊本。

[葡]李西满：《辩祭参评》，中文抄本，1681年，收于钟鸣旦、杜鼎克编：《耶稣会罗马档案馆明清天主教文献》（第十册），台北：台北利氏学社，2002年

[法]马若瑟，《儒教实义》，中文抄本，1715—1718年，收于吴相湘编：《天主教东传文献续编》（第三册），台北：学生书局，1966年。

[法]马若瑟，《天学总论》，中文抄本，1710年，法国国家图书馆。

[法]马若瑟,《经传众说》,中文抄本,1710年,法国国家图书馆。

[法]马若瑟,《经传议论》,中文抄本,1710年,法国国家图书馆。

[法]马若瑟,《三一三论》,中文抄本,1730—1736年,法国巴黎耶稣会档案馆,编号GBro 120。

吴相湘主编:《天主教东传文献续编》(三册),台北:学生书局,2000年。

张居正:《张阁老正字四书直解》,1635年(罗马耶稣会档案馆藏书号:Jap-Sin, I-14)

钟鸣旦、杜鼎克、蒙曦编:《法国国家图书馆明清天主教文献》,台北:台北利氏学社,2009年。

钟鸣旦、杜鼎克编:《耶稣会罗马档案馆明清天主教文献》(第十册),台北:台北利氏学社,2002年。

朱熹:《四书章句集注》,北京:中华书局,2005年。

朱熹:《仪礼经传通解》(卷十七),收于《朱子全书》(第2册),上海:上海古籍出版社、合肥:安徽教育出版社,2002年。

辞典及书目

Brunner, Otto und Werner Conze, Reinhart Koselleck, *Geschichtliche Grundbegriffe. Historisches Lexikon zur politisch-sozialen Sprache in Deutschland*. Stuttgart: Klett-Cotta, 1992.

Buchberger, Michael (hg.), *Lexikon für Theologie und Kirche. Zweite, Neubearbeitete Auflage des Kirchlichen Handlexikons*. Zweiter Band, Freiburg: Herder, 1931.

Drehsen, Volker usw. (hg.) *Wörterbuch des Christentum*. Zürich 1988.

Höfer, Josef und Karl Rahner (hg.), *Lexikon für Theologie und Kirche,* Achter Band. Freiburg im Breisgau: Herder, 1963.

Kasper, W. (hg.) *Lexikon für Theologie und Kirche*. Freiburg im Breisgau: Herder, 1993—2001.

Lust, John, *Western Books on China Published up to 1850. In the library of the School of Oriental and African Studies, University of London*. London: Bamboo Publishing, 1987.

Malek, Roman (ed.), *Monumenta Serica Index to Volumes I-XXXV (1935—1983)* 华裔学志引得. Sankt Augustin, 1993.

O'Neill, Charles E., *Joaquín María Domínguez(ed.), Diccionario Histórico de la Compañía de Jesús*

Biográfico-Temático. Madrid: Universidad Pontifica de Comillas, 2001.

Schütz, Ludwig, *Thomas-Lexikon. Sammlung, Übersetzung und Erklärung der in sämtlichen Werken des h. Thomas von Aquin vorkommenden Kunstausdrücke und wissenschaftlichen Aussprüche.* Paderborn: Ferdinand Schöningh, 1895.

Streit, Robert, O.M.I. und Joseph Dinginger, O.M.I.(hg.), *Bibliotheca Missionum. Bd. V: Asiatische Missionsliteratur 1600—1699*, Aachen: Franziskus Xaverius Missionsverein Zentrale, 1929.

Traupman，John C. ed. *The New College Latin & English Dictionary*. New York: Bantam Books, 1995.

Wörterbuch Schule und Studium Latein-Deutsch. Stuttgart: Pons, 2007.

[法]考狄（Henri Cordier）：《西人论中国书目》(*Bibliotheca Sinica-Dictionnaire Bibliographique des Ouvrages Relatifs à l'Empire Chinois*)，北京：文典阁书庄，1939年。

汉语大字典编辑委员会编纂：《汉语大字典》，武汉：湖北辞书出版社、成都：四川辞书出版社，1996年。

[奥]雷立柏编：《汉语神学术语辞典》，北京：宗教文化出版社，2007年。

[奥]雷立柏编：《基督宗教知识词典》，北京：宗教文化出版社，2003年。

梁东汉主编，王宁副主编：《新编说文解字》，太原：山西教育出版社，2005年。

[意]罗明坚、[意]利玛窦著，[美]魏若望编：《葡汉辞典》，葡萄牙国家图书馆、东方葡萄牙学会、利玛窦中西文化历史研究所出版，2001年。

《神学辞典》，天主教上海教区光启社，1999年。

《天主教教理》，河北天主教信德室，2000年。

王延林编：《常用古文字字典》，上海：上海书画出版社，1987年。

韦政通主编：《中国哲学辞典大全》，台北：水牛出版社，1988年。

许慎撰，段玉裁注：《说文解字注》，郑州：中州古籍出版社，2006年。

中外文专著及论文

西文专著

Ames, Roger T. & David L.Hall, *Focusing the Familiar. A Translation and Philosophical Interpretation of the Zhongyong*. Honolulu: University of Hawai'i Press, 2001.

Beonio-Brocchieri, P., *Confucio e il cristianesimo*. Milano: Luni Editrice, 2017.

Biermann, Benno M., *Die Anfänge der neueren Dominkanermission in China*, Münster: Aschendorffsche Verlagsbuchhandlung, 1927.

Brockey, Liam Matthew, *Journey to the East. The Jesuit mission to China, 1579—1724*. London: The Belknap Press of Harvard University Press, 2007.

Chan, Albert, *Chinese Books and Documents in the Jesuit Archives in Rome: A Descriptive Catalogue*. New York & London: M. E. Sharpe, 2002.

Cummins, J.S., *A Question of Rites, Friar Domingo Navarrete and the Jesuits in China*. Cambridge: Scolar Press, 1993.

D'Elia, Pasquale, *Fonti Ricciane 3 vols*, Roma: Libreria dello Stato, 1942—1949.

Ferrero, Michele, *The Cultivation of Virtue in Matteo Ricci's The True Meaning of the Lord of Heaven. Issues for Moral Theology*. Taiwan: Fu Jen Catholic University Press, 2004.

Foucault, Michel, *Die Ordnung des Diskurses*. Frankfurt am Main: Fischer Taschenbuch Verlag, 2010.

Foucault, Michel, Daniel Defert & François Ewald (hg.): *Schriften in vier Bänden. Dits et Ecrits, Bd.4: 1980—1988*. Frankfurt am Mainz, 2005.

Gatta, Secondino, *Il natural lume de Cinesi: teoria e prassi dell'evangelizzazione in Cina nella Breve relatione di Philippe Couplet SJ (1623—1693)*, Sankt Augustin: Institut Monumenta Serica, 1998.

González, José María, *Historia de las Misiones Dominicanas de China*, vol.1-5, Madrid: Juan Bravo, 1962—1964.

Harnack, A. von, *Die Mission und Ausbreitung des Christentums in den ersten drei Jahrhunderten*, Leipzig, 1924.

Heyndrickx, J. (ed.), *Philippe Couplet, S.J. (1623—1693). The man who brought China to Europe*. Sankt Augustin: Steyler Verlag, 1990.

Heyndrickx, J. (ed.), *Western Learning and Christianity in China. The Contribution and Impact of Johann Adam Schall von Bell, S.J. (1592—1666), XXXV*. Sankt Augustin: Steyler Verlag, 1998.

Hummel, Arthur W. ed., *Eminent Chinese of the Ch'ing Period (1644—1912)*. Taipei: Literature House, 1964.

Koselleck, Reinhart, und Ulrike Spree, Willibald Steinmetz, Carsten Dutt, *Reinhart Koselleck*

Begriffsgeschichten. Studien zur Semantik und Pragmatik der politischen und sozialen Sprache. Frankfurt am Main: Suhrkamp Verlag, 2010.

Koselleck, Reinhart, *Studien zum Beginn der modernen Welt.* Stuttgart, 1977.

Lach, Donald F. and Edwin J. Van Kley, *Asia in the Making of Europe. Volume III: A Century of Advance.* Chicago: The University of Chicago Press, 1993.

Landwehr, Achim, *Historische Diskursanalyse.* Frankfurt/New York: Campus Verlag, 2009.

Leibniz, Gottfried Wilhelm, *Der Briefwechsel mit den Jesuiten in China (1689—1714), Herausgegeben und mit einer Einleitung versehen von Rita Widmaier, Textherstellung und Übersetzung von Malte-Ludolf Babin, Französisch/lateinisch-deutsch.* Hamburg: Felix Meiner Verlag, 2006.

Lundbaek, Knud, *The Traditional History of the Chinese Script. From a Seventeenth Century Jesuit Manuscript.* Denmark: Aarhus University Press, 1988.

Jensen, Lionel M., *Manufacturing Confucianism, Chinese Tradition and Universal Civilization.* Durham and London: Duke University Press, 1997.

Jordan, Stefan, *Theorien und Methoden der Geschichtswissenschaft. Orientierung Geschichte.* Paderborn, Müchen, Wien, Zürich: Ferdinand Schönigh, 2009.

Li, Wenchao, *Die Christliche China-Mission im 17. Jahrhundert, Verständnis, Unverständnis, Missverständnis. Eine Geistesgeschichliche Studie zum Christentum, Buddhismus und Konfuzianismus.* Stuttgart: Franz Steiner Verlag, 2000.

Lothar Knauth, "El inicio de la sinología occidental. Las traducciones españolas del *Ming Hisin Pao Chien*", Segundo Congreso Sinológico Internacional, Taipei, 1969.

Lühmann, Werner, *Konfuzius, Aufgeklärter Philosoph oder reaktionärer Moralapostel?* Wiesbaden: Harrassowitz, 2003.

Lühmann, Werner, *Konfuzius in Eutin. Confucius Sinarum Philosophus-Die früheste lateinische Übersetzung chinesischer Klassiker in der Eutiner Landesbibliothek.* Eutiner Bibliothekshefte 7. Deutschland: Eutiner Landesbibliothek, 2003.

Masini, Federico (ed.), *Western Humanistic Culture Presented to China by Jesuit Missionaries (XVII-XVIII centuries), Proceedings of the Conference held in Rome, October 25-27, 1993. BIBLIOTHECA INSTITUTI HISTORICI S.I. Vol.XLIX.* Roma: Institutum Historicum S.I., 1996.

Metzler, Josef. *Die Synoden in China, Japan und Korea, 1570—1931*. Paderborn: Ferdinand Schöningh, 1980.

Minamike, George S.J., *The Chinese Rites Controversy from its Beginning to Modern Times*. Chicago: Loyola University Press, 1985.

Mungello, D. E., *The Great Encounter of China and the West, 1500—1800*. Lanham, Maryland: Rowman & Littlefield Publishers, 1999.

Mungello, D. E., *The Forgotten Christians of Hangzhou*. Honolulu: University of Hawaii Press, 1994.

Mungello, D. E., *The Curious Land. Jesuit Accommodation and the Origins of Sinology*. Honolulu: University of Hawaii Press, 1989.

Pasnau, Robert: *Thomas Aquinas on Human Nature*, UK: Cambridge University Press, 2002.

Paul, Gregor, *Konfuzius, Meister der Spiritualität*. Freiburg · Basel · Wien: Herder, 2001.

Pauthier, Guillaume, *Les livres sacrés de l'Orient*, Paris 1875.

Pauthier, Guillaume (ed.), *Lettre inédite du P. Prémare sur le monothéisme des Chinois*, Paris: B. Duprat, 1861.

Reil, Sebald, *Kilian Stumpf: 1655—1720, ein Würzburger Jesuit am Kaiserhof zu Peking*, Münster: Aschendorff, 1978.

Ronan, Charles E. and Bonnie B. C. OH (ed.), *East meets West. The Jesuits in China, 1582—1773*. Chicago: Loyala University Press, 1988.

Rule, Paul A., *K'ung-tzu or Confucius? The Jesuit interpretation of Confucianism*. Sydney, London, Boston: Allen & Unwin, 1986.

Rule, Paul, & Claudia Von Collani (trans.), *The Acta Pekinensia or Historical Records of the Maillard de Tournon Legation (December 1705—August 1706)*, Rome: Institutum Historicum Societatis Iesu, 2015.

Rule, Paul, & Claudia Von Collani (trans.), *The Acta Pekinensia or Historical Records of the Maillard de Tournon Legation: Volume II: September 1706—December 1707*, Brill, 2019.

Standaert, Nicolas, *Handbook of Christianity in China. Volume One: 635—1800*. Leiden, Boston: Brill, 2001.

Standaert, Nicolas, *Chinese Voices in the Rites Controversy*, Rome: Institutum Historicum Societatis Iesu, 2012.

Van den Wyngaert, Anastasius (ed.), *Sinica Franciscana Vol.II*, Quaracchi-Firenze, 1933.

Walravens, Hartmut, *China illustrata: das europäische Chinaverständnis im Spiegel des 16. bis 18. Jahrhunderts.* Wolfenbüttel: Herzog-August-Bibliothek; Weinheim: Acta humaniora, VCH [in Komm.], 1987.

Wilson, Thomas A. (ed.), *On Sacred Grounds, Culture, Society, Politics, and the Formation of the Cult of Confucius.* Cambridge (Massachusetts): Harvard University Press, 2002.

西文论文

Allinson, Robert E., "The Golden Rule in Confucianism and Christianity," in *Asian Culture XVI*, Taipei: Asian-Pacific Cultural Center, 1988.

Boxer, C.R., "Some Sino-European Xylographic Works, 1662—1718", in *Journal of the Royal Asiatic Society*, December 1947.

Campbell, Gerard, "On the Principles of Nature (De principiis naturae)", http://www4.desales.edu/~philtheo/aquinas/Nature.html, 2008/04/20.

Collani, Claudia von, "François Noël and his Treatise on God in China," in History of the Catholic Church in China. Leuven: Ferdinand Verbiest Institute, 2015.

Collani, Claudia von, "Tian xue ben yi-Joachim Bouvet's Forschungen zum Monotheismus in China", in China mission studies (1550—1800) Bulletin 10 (1988).

Crawford, Robert, "Chang Chü-cheng's Confucian Legalism", in S*elf and Society in Ming Thought.* New York and London: Columbia University Press, 1970.

Cummins, J.S., "Two Missionary Methods in China: Mendicants and Jesuits*"*, in *Jesuit and Friar in the Spanish Expansion to the East.* London: Variorum Reprints, 1986.

D'Arelli, Francesco, "Matteo Ricci S.I. e la traduzione latina dei Quattro Libri (Sishu) dalla tradizione storiografica alle nuove ricerche," in *LE MARCHE E L'ORIENTE, Atti del Convegno Internazionale Macerata, 23-26 ottobre 1996*, Roma: Istituto Italiano per l'Africa e l'Oriente, 1998.

D' Arelli, Francesco, "Michele Ruggieri S.I., l' apprendimendo della lingua cinese e la traduzione latina dei Si Shu (Quattro Libri)", in *Annali [dell'] Istituto Universitario Orientali di Napoli*, LIV, 1994.

Dipper, Christof & Reinhart Koselleck, "Begriffsgeschichte, Sozialgeschichte, begriffene Geschichte", in: *Neue Politische Literatur 43*, 1998.

Fan, T. C., "Sir William Jones's Chinese Studies", in *The Review of English Studies, Vol. 22*, No. 88, Oct. 1946, Oxford University Press.

Golvers, Noël, "The Development of the Confucius Sinarum Philosophus reconsidered in the light of new material," in *Western Learning and Christianity in China, Monumenta Serica, Monograph Series XXXV*. Sankt Augustin: Steyler Verlag, 1998.

Golvers, Noël, "An unobserved letter of Prospero Intorcetta S.J. to Godefridus Henschens S.J. and the printing of the Jesuit translations of the Confucian classics (Rome-Antwerp, 2 June 1672)", in *Syntagmatia Essays on Neo-Latin Literature in Honour of Monique Mund-Dopchie and Gilbert Tournoy*, Leuven: Leuven University Press, 2009.

Hsia, R. Po-chia, "The Catholic mission and translations in China, 1583—1700", in *Cultural Translation in Early Modern Europe* (eds. by Peter Burke und R. Po-chia Hsia), Cambridge: Cambridge University Press, (March) 2007.

Jenkinson, Matt, "Nathanael Vincent and Confucius's 'great learning' in restoration England", in *Notes and Records of the Royal Society*, vol.60, no.1, 22 January 2006.

King, Gail, "The Four Editions of Couplet's Biography of Madame Candida Xu", in *Sino-Western Cultural Relations Journal XXXI, formerly China Mission Studies (1550—1800)*, vol. 31, 2009.

Lackner, Michael, "Jesuit Figurism", in *China and Europe*, Hong Kong: Hong Kong University Press, 1991.

Lackner, Michael, "A Figurist at Work. The Vestigia of Joseph de Prémare S.J.", in *L'Europe en Chine. Interactions scientifiques, religieuses et culturelles aux XVII et XVIII siècles*, Paris: Collège de France, Mémoires de l'Institut des Hautes Etudes Chinoises, Vol. 34.

Leites, Edmund, "Confucianism in Eighteenth-Century England: Natural Morality and Social Reform", in *Philosophy East and West, Vol.28*, 1978.

Li, Wenchao, "Confucius and the Early Enlightenment in Germany". （电子文档赠阅）

Lundbaek, Knud, "The Image of Neo-Confucianism in Confucius Sinarum Philosophus," in *Journal of the History of Ideas* 44, 1983.

Lundbaek, Knud, "Chief Grand Secretary Chang Chü-cheng & the Early China Jesuits", in *China*

Mission Studies (1550—1800) Bulletin III, 1981.

Lundbaek, Knud, "The First Translation from a Confucian Classic in Europe", in *China Mission Studies (1550—1800) Bulletin I*, 1979.

Malek, Roman, "Verdammt oder heilig? Die ambivalente Haltung der katholischen Kirche zu Konfuzius und Konfuzianismus", in *Zur Debatte—Themen der Katholischen Akademie in Bayern*, 8/2010.

Minacapilli, C, "Il P. Prospero Intorcetta S.J., Missionario in Cina nel secolo XVII", in *Atti e Menorie del Convegno di Geografi-Orientalist*. Macerata, 1911.

Mungello, David E., "Aus den Anfängen der Chinakunde in Europa 1687—1770", in *China illustrata. Das europäische Chinaverständnis im Spiegel des 16. Bis 18. Jahrhunderts*. Wolfenbüttel: Herzog August Biliothek Wolfenbüttel, 1987.

Mungello, D. E., "The Jesuits' Use of Chang Chü-cheng's Commentary in their Translation of the Confucian Four Books (1687)", in *China Mission Studies (1550—1800) Bulletin III*, 1981.

Rouleau, Francis A., "The First Chinese priest of the Society of Jesus: Emmanuel de Siqueira, 1633—1673", in *Archivum Historicum Societatis Iesu, extractum e vol. xxviii*, Roma: Institutum Scriptorum de Historia S.I., 1959.

Rowbotham, Arnold H., "The Impact of Confucianism on Seventeenth Century Europe", in *The Far Eastern Quarterly*, Vol. 4, No. 3 (May, 1945).

Rowbotham, Arnold H., "The Jesuit Figurists and Eighteenth-Century Religious Thought", in *Journal of the History of Ideas* 4 (1956).

Schalk, Helge, "Diskurs. Zwischen Allerweltswort und philosophischem Begriff", in *Archiv für Begriffsgeschichte 40*, 1997/98.

Standaert, Nicolas, "The Jesuits Did Not Manufacture 'Confucianism'", in *EASTM 16*, 1999.

Waldack, C.F., "Le Père Philippe Couplet, malinois, S.I., missionnaire en Chine (1623—1694)", in *Analectes pour servir à l'histoire ecclésiastique de la Belgique, IX*, 1872.

Wills, John E. Jr., "Some Dutch Sources on the Jesuit China Mission, 1662—1687", in *Archivum Historicum Societatis Jesu Vol. LIV*. Roma: Institutum Historicum S.I., 1985.

Witek, John, "Claude Visdelou and the Chinese Paradox", in *Images de la Chine: Le Contexte occidental de la sinologie naissante, Variétés sinologiques, Nouvelle série*, vol. 78, Taipei and

Paris: Institut Ricci 1995.

Wong, Ching Him Felix, "*The Unalterable Mean*: Some Observations on the Presentation and Interpretation of *Zhongyong* of François Noël, SJ", in *Journal of Chinese Studies* No. 60, January 2015.

中文专著

[波]爱德华·卡伊丹斯基：《中国的使臣卜弥格》，郑州：大象出版社，2001年。

[法]埃德蒙·帕里斯：《耶稣会秘史》，张茹萍、勾永东译，罗结珍校，北京：中国社会科学出版社，1990年。

[法] 安田朴：《中国文化西传欧洲史》，耿昇译，北京：商务印书馆，2000年。

[葡]安文思：《中国新史》，何高济、李申译，郑州：大象出版社，2004年。

[法]白晋：《清康乾两帝与天主教传教史》，冯作民译，台北：光启出版社，1966年。

[法]毕诺：《中国对法国哲学思想形成的影响》，耿昇译，北京：商务印书馆，2000年。

[比]柏应理：《一位中国奉教太太——许母徐太夫人甘第大传略》，徐允希译，台北：光启出版社，1965年。

陈淳：《北溪字义》，北京：中华书局，1983年。

陈来：《朱子哲学研究》，上海：华东师范大学出版社，2008年。

陈来：《中国近世思想史研究》，北京：商务印书馆，2004年。

陈荣捷编：《中国哲学文献选编》，杨儒宾、吴有能、朱荣贵、万先法译，黄俊杰校阅，南京：江苏教育出版社，2006年。

陈荣捷：《近思录详注集评》，上海：华东师范大学出版社，2007年。

陈荣捷：《朱学论集》，上海：华东师范大学出版社，2007年。

陈荣捷：《朱子新探索》，上海：华东师范大学出版社，2007年。

陈生玺译解：《张居正讲评〈大学·中庸〉》，上海：上海辞书出版社，2007年。

陈卫平：《第一页与胚胎——明清之际的中西文化比较》，上海：上海人民出版社，1992年。

陈欣雨：《白晋易学思想研究》，北京：人民出版社，2017年。

崔维孝：《明清之际西班牙方济会在华传教研究（1579—1732）》，北京：中华书局，2006年。

[法]杜赫德编：《耶稣会士中国书简集——中国回忆录》，朱静、耿昇译，郑州：大象出版社，2005年。

杜维明：《论儒学的宗教性》，段德智译，林同奇校，武汉：武汉大学出版社，1999年。

范存忠：《中国文化在启蒙时期的英国》，上海：上海外语教育出版社，1991年。

方豪：《方豪六十自订稿》，台北：学生书局，1969年。

方豪：《中国天主教史人物传》（第二册），香港：香港公教真理学会，1970年。

方豪：《中西交通史》，台北：台湾中华文化出版事业委员会，1954年。

[西]圣依纳爵：《圣依纳爵神操》，房志荣译，侯景文校，台北：光启文化事业，2005年。

[法]费赖之：《在华耶稣会士列传及书目》（上下），冯承钧译，北京：中华书局，1995年。

[法]费赖之：《明清间在华耶稣会士列传（1552—1773）》，梅乘骐、梅乘骏译，上海：天主教上海教区光启社，1997年。

《西域南海史地考证译丛》，冯承钧译，北京：商务印书馆，1999年。

冯友兰：《中国哲学简史》，北京：新世界出版社，2004年。

冯友兰：《中国哲学史》，北京：生活·读书·新知三联书店，2009年。

[法]伏尔泰：《风俗论》，北京：商务印书馆，2008年。

[比]高华士：《清初耶稣会士鲁日满常熟账本及灵修笔记研究》，郑州：大象出版社，2007年。

高凌霞：《论分享》，参见：2006年台北辅仁大学外语学院西洋古典暨中世纪文化学程"中世纪哲学"教学讲义。

高凌霞：《人的位格和人性尊严》，参见：2006年台北辅仁大学外语学院西洋古典暨中世纪文化学程"中世纪哲学"教学讲义。

[意]高一志著，[法]梅谦立等编注：《修身西学今注》，北京：商务印书馆，2019年。

[英]葛瑞汉：《中国的两位哲学家：二程兄弟的新儒学》，程德祥译，郑州：大象出版社，2000年。

顾卫民：《中国与罗马教廷关系史略》，北京：东方出版社，2000年。

古伟瀛：《东西交流史的新局面——以基督宗教为中心》，台北：台湾大学出版社，2005年。

韩凌：《洛克与中国：洛克"中国笔记"考辨》，北京：北京大学出版社，2019年。

《熙朝崇正集　熙朝定案（外三种）》，韩琦、吴旻校注，北京：中华书局，2006年。

《神操通俗译本》，侯景文译，台北：光启文化事业，2003年。

侯外庐、赵纪彬、杜国庠：《中国思想通史》，北京：人民出版社，2004年。

侯外庐、邱汉生、张岂之主编：《宋明理学史》，北京：人民出版社，1984年。

黄一农：《两头蛇——明末清初的第一代天主教徒》，上海：上海古籍出版社，2006年。

黄正谦：《西学东渐之序章——明末清初耶稣会史新论》，香港：中华书局（香港）有限公司，2010年。

计翔翔：《十七世纪中期汉学著作研究——以曾德昭〈大中国志〉和安文思〈中国新志〉为中心》，上海：上海古籍出版社，2002年。

金国平：《西力东渐——中葡早期接触追昔》，澳门：澳门基金会，2000年。

[荷]金普斯（Arnulf Camps, OFM）、麦克罗斯基（Pat McCloskey, OFM）：《方济会来华史（1294—1955）》，李志忠译，香港：香港天主教方济会，2000年。

康志杰：《中国天主教财务经济研究（1582—1949）》，北京：人民出版社，2019年。

[德]柯兰霓：《耶稣会士白晋的生平与著作》，李岩译，郑州：大象出版社，2009年。

[德]莱布尼茨：《中国近事——为了照亮我们这个时代的历史》，[法]梅谦立、杨保筠译，郑州：大象出版社，2005年。

[法]蓝莉：《请中国作证：杜赫德的〈中华帝国全志〉》，许明龙译，北京：商务印书馆，2015年。

黎靖德编：《朱子语类》，北京：中华书局，1994年。

[法]李明：《中国近事报道（1687——1692）》，郭强、龙云、李伟译，郑州：大象出版社，2004年。

李炽昌主编，李天纲、孙尚扬副主编：《文本实践与身份辨识——中国基督徒知识分子的中文著述1583——1949》，上海：上海古籍出版社，2005年，

李天纲：《中国礼仪之争　历史·文献和意义》，上海：上海古籍出版社，1998年。

李天纲：《跨文化的诠释——经学与神学的相遇》，北京：新星出版社，2007年。

李新德：《明清时期西方传教士中国儒道释典籍之翻译与诠释》，北京：商务印书馆，2015年。

李泽厚：《中国古代思想史论》，天津：天津社会科学院出版社，2003年。

[意]利玛窦：《耶稣会与天主教进入中国史》，文铮译，北京：商务印书馆，2014年。

[德]利奇温：《十八世纪中国与欧洲文化的接触》，朱杰勤译，北京：商务印书馆，1991年。

[意]利玛窦、[比]金尼阁：《利玛窦中国札记》，何高济译，桂林：广西师范大学出版社，2001。

[意]利玛窦著：《天主实义今注》、[法]梅谦立注、谭杰校勘，北京：商务印书馆，2014年。

刘禾：《帝国的话语政治——从近代中西冲突看现代世界秩序的形成》，北京：生活·读书·新知三联书店，2009年。

刘禾：《跨语际实践——文学，民族文化与被译介的现代性（中国，1900——1937）》，宋伟杰等译，北京：生活·读书·新知三联书店，2002年。

刘耘华：《阐释的圆环——明末清初传教士对儒家经典的解释及其本土回应》，北京：北京大学出版社，2005年。

[丹]龙伯格：《清代来华传教士马若瑟研究》，李真等译，郑州：大象出版社，2009年。

吕穆迪：《圣多玛斯古传述评》，加利福尼亚：圣多玛斯中心，1999年。

[法]梅谦立：《从邂逅到相识：孔子与亚里士多德相遇在明清》，北京：北京大学出版社，2019年。

[美]孟德卫：《奇异的国度：耶稣会适应政策及汉学的起源》，陈怡译，郑州：大象出版社，2010年。

孟华：《伏尔泰与孔子》，北京：中国书籍出版社，2016年。

[法]米歇尔·福柯：《知识考古学》，谢强、马月译，顾嘉琛校，北京：生活·读书·新知三联书店，2007年。

《牧灵圣经》，圣保罗国际出版公司，圣母圣心爱子会国际出版公司，圣言会国际出版公司。

庞景仁：《马勒伯朗士的"神"的观念和朱熹的"理"的观念》，冯俊译，北京：商务印书馆，2005年。

[法]裴化行：《天主教十六世纪在华传教志》，萧浚华译，上海：商务印书馆，1937年。

[德]彼得·克劳斯·哈特曼：《耶稣会简史》，谷裕译，北京：宗教文化出版社，2003年。

戚印平：《远东耶稣会史研究》，北京：中华书局，2007年。

钱穆：《朱子新学案》（上中下），成都：巴蜀书社，1986年。

秦家懿编译：《德国哲学家论中国》，北京：生活·读书·新知三联书店，1993年。

[法]荣振华等：《16—20世纪入华天主教传教士列传》，耿昇译，桂林：广西师范大学出版社，2010年

[法]荣振华：《在华耶稣会士列传及书目补编》（上下），耿昇译，北京：中华书局，1995年。

[美]苏尔、诺尔编：《中国礼仪之争西文文献一百篇》，沈保义、顾卫民、朱静译，上海：上海古籍出版社，2001年。

孙尚扬：《基督教与明末儒学》，北京：东方出版社，1994年。

孙尚扬、[比]钟鸣旦：《一八四〇年前的中国基督教》，北京：学苑出版社，2004年。

孙小礼：《莱布尼茨与中国文化》，北京：首都师范大学出版社，2006年。

谭树林：《传教士与中西文化交流》：北京：生活·读书·新知三联书店，2013年。

王汎森：《中国近代思想与学术的系谱》，石家庄：河北教育出版社，2001年。

王汎森：《晚明清初思想十论》，上海：复旦大学出版社，2004年。

王汎森：《近代中国的史家与史学》，北京：生活·读书·新知三联书店，2008年。

王健：《在现实真实与价值真实之间——朱熹思想研究》，上海：华东师范大学出版社，2007年。

王孺松：《朱子学》（上下），台北：教育文物出版印行社，1985年。

[德]魏特（Alfons Väth）：《汤若望传》，杨丙辰译，上海：商务印书馆，1949年。

文牧编：《解经学讲义》，世界华文圣经学会，2000年。

邬昆如：《西洋哲学史话》，台北：三民书局，2004年。

[美]魏若望：《耶稣会士傅圣泽神甫传：索隐派思想在中国及欧洲》，吴莉苇译，郑州：大象出版社，2006年。

吴孟雪、曾丽雅：《明代欧洲汉学史》，北京：东方出版社，2000年。

吴孟雪：《明清时期欧洲人眼中的中国》，北京：中华书局，2000年。

吴历撰，章文钦笺注：《吴渔山集笺注》，北京：中华书局，2007年。

吴莉苇：《当诺亚方舟遭遇伏羲神农》，北京：中国人民大学出版社，2005年。

吴莉苇：《天理与上帝：诠释学视角下的中西文化交流》，北京：宗教文化出版社，2014年。

吴怡：《中庸诚的哲学》，台北：东大图书公司，1993年。

吴志良、汤开建、金国平主编：《澳门编年史》，广州：广东人民出版社，2009年。

肖清和：《天儒同异：清初儒家基督徒研究》，上海：上海大学出版社，2019年。

[法]谢和耐：《中国与基督教——中西文化的首次撞击》，耿昇译，上海：上海古籍出版社，

2003年。

谢天振:《译介学》,上海:上海外语教育出版社,2005年。

谢子卿:《中国礼仪之争和路易十四时期的法国(1640—1710):早期全球化时代的天主教海外扩张》,上海:上海远东出版社,2019年。

许钧:《翻译论》,武汉:湖北教育出版社,2003年。

许理和:《跨文化想象:耶稣会与中国》,载于《文本实践与身份辨识——中国基督徒知识分子的中文著述1583—1949》,上海:上海古籍出版社,2005年。

许明龙:《欧洲十八世纪中国热》,北京:外语教学与研究出版社,2007年。

徐宗泽:《明清间耶稣会士译著提要》,上海:上海书店出版社,2006年。

阎宗临:《传教士与法国早期汉学》,郑州:大象出版社,2003年。

[美]布鲁斯·雪莱:《基督教会史》,北京:北京大学出版社,2005年。

[古希腊]亚里士多德:《尼各马可伦理学》,廖申白译注,北京:商务印书馆,2003年。

杨伯峻:《论语译注》,北京:中华书局,2004年。

余英时:《朱熹的历史世界》(上下),北京:生活·读书·新知三联书店,2004年。

余英时:《论天人之际:中国古代思想起源试探》,北京:中华书局,2014年。

[葡]曾德昭:《大中国志》,何高济译,北京:商务印书馆,2012年。

张春申:《神学简史》,台北:光启出版社,1993年。

张国刚、吴莉苇:《启蒙时代欧洲的中国观——一个历史的巡礼与反思》,上海:上海古籍出版社,2006年。

张国刚:《从中西初识到礼仪之争:明清传教士与中西文化交流》,北京:人民出版社,2003年。

张铠:《庞迪我与中国——耶稣会"适应"策略研究》,北京:北京图书馆出版社,1997年。

张铠:《西班牙的汉学研究(1552—2016)》,北京:中国社会科学出版社,2017年。

张立文:《宋明理学研究》,北京:人民出版社,2002年。

张立文、李甦平:《中外儒学比较研究》,北京:东方出版社,1998年。

张祥龙:《从现象学到孔夫子》,北京:商务印书馆,2001年。

张西平:《欧洲早期汉学史——中西文化交流与西方汉学的兴起》,北京:中华书局,2009年。

张西平:《传教士汉学研究》,郑州:大象出版社,2005年。

张西平：《中国与欧洲早期宗教和哲学交流史》，北京：东方出版社，2001年。

张西平：《儒学西传欧洲研究导论——16—18世纪中学西传的轨迹与影响》，北京：北京大学出版社，2016年。

周岩编校：《明末清初天主教史文献新编·儒教实义》，北京：国家图书馆出版社，2013年。

[比]钟鸣旦：《杨廷筠——明末天主教儒者》，北京：社会科学文献出版社，2002年。

朱谦之：《中国哲学对欧洲的影响》，福州：福建人民出版社，1983年。

朱维铮：《走出中世纪》（增订本），上海：复旦大学出版社，2007年。

卓新平编：《相遇与对话》，北京：宗教文化出版社，2003年。

中文论文

陈义海：《对明清之际中西异质文化碰撞的文化思考》，北京国家图书馆博士论文库。

陈庆浩：《第一部翻译成西方文字的中国书〈明心宝鉴〉》，载《中外文学》第21卷第4期，1992年。

崔维孝：《方济各会中国教区中、西文档案史料介绍》，载《暨南史学》2002年第1辑。

杜欣欣：《马若瑟〈诗经〉翻译初探》，载《中国文哲研究通讯·中国翻译史专辑》（上），第二十二卷第一期。

方豪：《杭州大方井古墓之沿革》，《方豪六十自定稿》，台北：学生书局，1969年。

郭丽娜、陈静：《论巴黎外方传教会对天主教中国本土化的影响》，载《宗教学研究》2006年04期。

郭丽娜：《法国巴黎外方传教会的中国学研究及其影响》，载《汕头大学学报（人文社会科学版）》2010年04期。

韩琦：《科学与宗教之间：耶稣会士白晋的〈易经〉研究》，载《东亚基督教再诠释》，香港中文大学宗教与中国社会研究中心，2004年。

黄佳：《詹森派视野中的"利玛窦规矩"——以〈耶稣会士的实用伦理学〉第二卷为中心》，载《浙江社会科学》2013年第9期。

洪惟仁：《十六、十七世纪之间吕宋的漳州方言》，载《中欧语言接触的先声：闽南语与卡斯蒂里亚语初接触》，上海：复旦大学出版社，2018年。

计翔翔：《西方早期汉学试析》，载《浙江大学学报（人文社会科学版）》2002年1月第32卷第一期。

纪建勋：《历史与汉语神学——明末清初天主（上帝）存在的证明研究》，知网博士论文库，2012年。

蒋向艳：《法国耶稣会士马若瑟〈诗经〉八篇法译研究》，载《天主教思想与文化》，香港：香港原道出版有限公司，2014年。

蒋向艳：《迁移的文学和文化：耶稣会士韩国英法译〈诗经.蓼莪〉解析》，载《中西文化》，北京：社会科学文献出版社，2018年。

金国平、吴志良：《吴历'入吞不果'隐因探究》，载于金国平、吴志良：《早期澳门史论》，广州：广东人民出版社，2007年。

[德]郎宓榭：《"'孔子：中国哲人'与'中庸'的理性化"》，载《德国汉学的回顾与前瞻：德国汉学史研究论集》，北京：外语教学与研究出版社，2013年。

李长林：《柏应理在欧洲早期汉学发展中的贡献》，载《社会科学战线》1998年1期。

李慧：《西方首部〈诗经〉全译本——孙璋〈孔子的诗经〉》，载《国际儒学研究通讯》第四辑，北京：学苑出版社，2020年。

李申：《儒教的鬼神观念和祭祀原则》，载《复旦学报（社会科学版）》2007年第4期。

李文波：《论中庸——思想、文本与传统》，北京国家图书馆博士论文库。

林金水：《明清之际士大夫与中西礼仪之争》，载《历史研究》1993年第2期。

林金水：《明清之际朱熹理学在西方的传播与影响(续)》，载《朱子学刊》1995年第1辑。

刘莉美：《当西方遇见东方——从〈明心宝鉴〉两本西班牙黄金时期译本看宗教理解下的偏见与对话》，载《中外文学》第33卷第10期，2005年。

刘耘华：《白晋的〈古今敬天鉴〉：传教士对儒家经典的诠释个案》，载《基督教文化学刊》2005年第14辑。

[丹]龙伯格：《宋程理学在欧洲的传播》，载《国际汉学》第五期，郑州：大象出版社，2000年。

[丹]龙伯格：《韩国英——中国最后的索隐派》，高建惠译，载《国际汉学》2005年02期。

罗莹：《耶稣会士罗明坚〈中庸〉拉丁文译本手稿初探》，载《道风：基督教文化评论》第四十二期，2015年1月。

吕颖：《清代来华法国传教士刘应研究》，载《福建师范大学学报（哲学社会科学版）》2014年第3期。

[法]梅谦立：《〈孔夫子〉：最初西文翻译的儒家经典》，载《中山大学学报（社会科学版）》2008年02期。

[法]梅谦立：《重新思考耶稣会士与新儒家之间的关系》，"纪念《几何原本》翻译四百周年暨徐光启国际学术研讨会"，2007年。

[法]梅谦立：《耶稣会士与儒家经典：翻译者，抑或叛逆者？》，载《现代哲学》2014年06期。

[法]梅谦立：《耶稣会士卫方济对鬼神的理解》，载《北京行政学院学报》2018年第5期。

[法]梅谦立：《耶稣会士卫方济〈中国哲学〉及其儒家诠释学的初探》，发表于2016年11月26—28日"儒家思想在启蒙时代的译介与接受"国际学术研讨会，未刊稿。

[法]梅谦立：《对〈大明会典〉的两种冲突诠释——1668年闵明我与潘国光在广州就祭孔礼仪的争论》，载《贵州社会科学》2020年第8期。

莫小也：《近年来传教士与西画东渐研究评述》，载《美术观察》1997年第三期。

潘凤娟：《中国礼仪之争脉络中的孝道：卫方济与〈孝经〉翻译初探》，载《道风：基督教文化评论》第33辑，2010年。

潘凤娟：《早期耶稣会士与〈道德经〉翻译：马若瑟、聂若望与韩国英对"夷希微"与"三一"的讨论》，载《香港中文大学中国文化研究所学报》2017年第65期。

潘凤娟：《龙华民、利安当与中国宗教:以〈论中国宗教的几点问题〉的四幅图像与诠释为中心》，载《澳门理工学报》（人文社会科学版）2018年第70期。

潘凤娟：《翻译"圣人"：马若瑟与十字的索隐回转》，载《国际比较文学》2018 年第 1 卷第 1 期。

潘吉星：《沈福宗在十七世纪欧洲的学术活动》，载《北京教育学院学报（自然科学版）》2007年第2卷第3期。

钱林森：《18世纪法国传教士汉学家对〈诗经〉的译介与研究——以马若瑟、白晋、韩国英为例》，载《华文文学》2015年第5期。

全慧：《浅论耶稣会"索隐派"的思想之源：以白晋为中心》，载《汉学研究》第13辑，2011年。

宋孟洪：《马若瑟〈诗经〉翻译策略研究》，载《海外英语》2016年09期。

孙丽莹：《柏应理与中西文化交流》，载《世界历史》2000年04期。

孙尚扬：《明末基督教与儒学的交流》，北京国家图书馆博士论文库。

汤开建、周孝雷：《清前期来华巴黎外方传教会会士及其传教活动（1684—1732）——以该会〈中国各地买地建堂单〉为中心》，载《清史研究》2018年04期。

汤开建：《明清之际中国天主教会传教经费之来源》，载《世界宗教研究》2001年第4期。

王定安：《中国礼仪之争中的儒家宗教性问题》，载《学术月刊》2016年第7期。

文德泉：《第一个中国耶稣会神父》，载《文化杂志》第10期，1992年

王硕丰、张西平：《索隐派与〈儒教实义〉的"以耶合儒"路线》，载《北京行政学院学报》2012年第5期。

韦羽：《清中前期巴黎外方传教会与中国礼仪问题——以丧葬为中心》，载《社会科学论坛（学术研究卷）》2009年05期。

吴蕙仪：《清初中西科学交流的一个非宫廷视角——法国耶稣会传教士殷弘绪的行迹与学术》，载《北京行政学院学报》2018年第6期。

吴莉苇：《明清传教士中国上古编年史研究探源》，载《中国史研究》2004年第3期。

吴孟雪、曾丽雅：《利玛窦及其会友在江西》，载《国际汉学》第五期，郑州：大象出版社，2000年。

吴旻、韩琦：《礼仪之争与中国天主教徒——以福建教徒和颜珰的冲突为例》，载《历史研究》2004年第6期。

夏伯嘉：《天主教与明末社会——崇祯朝龙华民山东传教的几个问题》，载《历史研究》2009年第2期。

肖清和：《清初索隐派传教士马若瑟的三一论与跨文化诠释——以〈三一三〉为中心》，载《北京行政学院学报》2018年第4期。

肖清和：《诠释与更新：清初传教士白晋的敬天学初探》，载《比较经学》2014年第4辑。

肖清和：《索隐天学：马若瑟的索隐神学体系研究》，载《学术月刊》2016年第1期。

许明龙：《17、18世纪欧洲对中国古代史的研究及其后果》，载《世界历史》1991年第5期。

许璐斌：《16—17世纪的远东保教权之争》，浙江师范大学硕士论文，2009年。

许苏民：《王夫之与耶儒哲学对话》，载《武汉大学学报（人文科学版）》2012年第1期。

许序雅、许璐斌：《葡系耶稣会士对葡萄牙远东殖民利益的促进作用》，载《文史博览(理论)》2008年12期。

杨福绵：《罗明坚和利玛窦的〈葡汉辞典〉（历史语言学导论）》，载于[意]罗明坚、[意]利玛窦着，[美]魏若望编：《葡汉辞典》，葡萄牙国家图书馆、东方葡萄牙学会、利玛窦中

西文化历史研究所，2001年。

[德]叶格正：《以亚里斯多德解读〈四书〉——卫方济（François Noël）的汉学著作》，赵娟译，载《华文文学》2018年第3期。

叶农：《明清之际西画东来与传教士》，载《美术研究》2004年第2期。

于明华：《清末耶稣会士索隐释经之型态与意义：以马若瑟为中心》，台湾暨南国际大学中国语文学系硕士论文，2003年。

张铠：《利安当与历狱》，载《跨越东西方的思考：世界语境下的中国文化研究》，北京：外语教学与研究出版社，2010年。

张廷茂：《16—17世纪澳门与葡萄牙远东保教权关系的若干问题》，载《杭州师范学院学报》2005年第4期。

张廷茂：《耶稣会士与澳门海上贸易》，载《文化杂志》第40—41期。

张万民：《耶稣会士与欧洲早期〈诗经〉知识》，载《国际儒学研究通讯》第四辑，北京：学苑出版社，2020年。

张西平：《中西文化的一次对话：清初传教士与〈易经〉研究》，载《历史研究》2006年第3期。

张先清：《多明我会与明末中西交往》，载《学术月刊》2006年第10期。

张先清：《多明我会士黎玉范与中国礼仪之争》，载《世界宗教研究》2008年第3期。

章文钦：《吴渔山天学诗研究》，澳门"宗教与文化国际学术研讨会"研讨会论文集，1994年。

赵殿红：《"康熙历狱"中被拘押传教士在广州的活动：1662——1667》，北京国家图书馆硕士论文库。

赵殿红：《清初耶稣会士在江南的传教活动》，北京国家图书馆博士论文库。

赵继明、[丹]伦贝：《早期欧洲汉学线索》，载《文史哲》1998年第4期。

赵晓阳：《传教士与中国国学的翻译——以〈四书〉〈五经〉为中心》，载《恒道》第2辑，2003年。

周萍萍：《明清间入华耶稣会士与江南信徒》，北京国家图书馆博士论文库。

周萍萍：《清初法国对葡萄牙保教权的挑战》，载《文化杂志》2003年第46期。

朱修春：《四书学史研究》，北京国家图书馆博士论文库。

祝平一：《经传众说——马若瑟的中国经学史》，载《"中研院"历史语言研究所集刊》第78本，2007年。

索引

人名

A

艾儒略（Giulio Aleni） 15，17，18，47，100，131，139，150，160，172，220

艾斯加兰蒂（Bernardino de Escalante） 73，104

艾玉汉（Juan de Astudillo） 87

安多（Antoine Thomas） 33，48，49，68，69，72，163，164，172，194，220

安文思（Gabriel de Magalhães） 30，81，109，138

B

巴耶尔（Gottlieb Siegfried Bayer） 34，44，260

白晋（Joachim Bouvet） 6，12，48，53，54，61，63，66，101，130，194，195，211—218，221，227

白敏峩（Domingo Sarpetri de Sto. Domingo） 84—87，131

班安德（André Palmeiro） 19

班固 172

鲍迪埃（Guillaume Pauthier） 50—52，56，58，162

鲍良高（Juan de Polanco） 82

卞芳世（Francisco a Concepcion Peris） 99

波塞维诺（Antonio Possevino） 36，37

柏拉图（Plato） 11，170，189

柏应理（Philippe Couplet） 17，19，23，24，31，33，41，44，45，59，101，109，112，113，127—136，160，166，213，220，227，236，237，240，250，254

毕嘉（Giandomenico Gabiani） 72

卜弥格（Michał Piotr Boym） 107

C

蔡清 164，171，178，181，184

蔡沈 70，164，172

陈淳 47，164，172，183，256

陈仁锡 172

陈仪 172

成际理（Feliciano Pacheco） 26，43，46，47，90，94，161

D

大阿尔伯特（Albertus Magnus） 13

董仲舒 69，70，148，229，245，255，256

杜赫德（Jean Baptiste du Halde） 49，54—56，69—72，110，127，256

多明我·古斯曼（Domingo de Guzman） 13

铎罗（Carlo Tommaso Maillard de Tournon） 22，53，68，69，87，88，99，196，199，211，221

E

恩理格（Christian Wolfgang Henriques Herdtrich） 44，109，112，113，236

二程（程颢、程颐） 145，148，178，199，224，230，233，238，245

F

范礼安（Alessandro Valignano） 17，25，36，39，105，179，219，235

方济各（Francesco d'Assisi，方济各会创始人） 13

方济各（Francisco Savier Filippucci，来华耶稣会士） 98，101，163

费隐（Xavier-Ehrenbert Fridelli） 68

冯秉正（Joseph- Marie- Anne de Moyriac de Mailla） 52，53，110

冯应京 172

傅尔蒙（Étienne Fourmont） 34，56—58，218，260

傅劳理（Miguel Flores de Reya） 97，98

傅圣泽（Jean-François Foucquet） 6，51，63—66，195—201，211，212，214—218，221

伏尔泰（Voltaire） 4，45，218，250

弗雷烈（Nicolas Fréret） 218

伏羲 4，41，57，107，129，130，135，141，173，174，193，199

G

甘类思（Luís da Gama） 94，154，160

高母羡（Juan Cobo） 7，26，34，143，219

高琦（Angelo Cocchi） 15，16，18，89

龚尚实（Pedro Tomas da Cruz） 31

郭多敏（Domingo Coronado） 78，138

郭纳璧（Bernardo de la Encarnación） 99

郭纳爵（Inácio da Costa） 42，107，111，112，114，125，138

郭中传（Jean-Alexis de Gollet） 214，215，218，221

H

韩国英（Pierre-Martial Cibot） 5，110，195，212，214，221

韩霖 172

韩愈 70，245，247

何大化（António de Gouvea） 27，79，141，155

赫苍璧（Julien-Placide Hervieu） 53，70—72，256

洪济 172

洪若翰（Jean de Fontaney） 195

胡广 56

黄洪宪 172，176

J

纪理安（Kilian Stumpf） 12，17，28，66—69，87，98，101，217，220

基歇尔（Athanasius Kircher） 108，130，141，213

嘉乐（Carlos Mezzabarba） 221

教宗保罗五世（Paul VI） 30

教宗克莱门十一世（Clemens XI） 22，67

金尼阁（Nicolas Trigault） 17，20，30，38，39，106，131，140，141，209，220

K

康和子（Antonio Orazi） 101，102

康熙 22，28，29，48，53，56，60—62，67，69，70，99—101，131，171，172，175，184，186，196，199，211，214，216，217，224

柯大卫（David Collie） 258，259

克鲁兹（Gaspar da Cruz） 72，73，104

孔子/孔夫子 4—6，12，15，17，19，37，41—45，50，54，59，60，62，65，67，71，74—77，80，82—85，87，92，97，99，102，107—109，114—124，126—130，132，134，135，137，140，142，143，145，146，148，154—157，159，161，165，170，180，183，184，191，195，196，198—210，213，214，216，220，223—225，227—229，233，235—237，238，240—243，244，250，254，258，259

L

赖蒙笃（Raimundo del Valle） 78，99

郎世宁（Giuseppe Castiglione） 12

莱布尼茨（Gottfried Wilhelm Leibniz） 2，4，6，22，45，218，250，256

雷慕沙（Jean Pierre Abel Rémusat） 34，53，162，196，259，260

雷孝思（Jean Baptiste Regis） 48，51—53，194，218

利安当（Antonio Caballero de Santa Maria） 5，15—22，24，26，28，30，35，40，41，47，74，81，89—97，129，137，139，143，144，149，150，152—161，164，165，172，220，221，227，250，253，254

利安定（原名"顾安定"，Augustinus a S. Paschale） 96，97，100

利类思（Lodovico Buglio） 30，138，151

利玛窦（Matteo Ricci） 15，17，19—22，25，26，28，36—39，42，47，54，59，60，80，86，89，91，98，100，101，105—107，109，110，125，127，128，130—132，137，139，144，147，149，150，154—162，166，169，171，172，176—181，193，209，212，214，219，220，222，226，227，231—233，235，236，241，250，254，255，258

李明（Louis Le Comte） 109，195

李西满（Simon Rodrigues） 46，77

李之藻 131，172

理雅各（James Legge） 44，56，258，260

黎玉范（Juan Bautista de Morales） 5，16，18，19，30，74，75，77—79，81，85，90，91，149，152，160，164，220

林本笃（Bento de Matos） 16

刘迪我（Jacques Le Faure） 42，72

刘应（Claude de Visdelou） 50—52，194—211，216

龙华民（Niccolò Longobardo） 5，17，19—22，25，28，29，36，39—41，54，80，86，90—93，109，129，131，137—139，142，144—148，153—158，161，162，164—166，169，171，176，178—181，193，220，221，226，242，250，254，255

鲁日满（François de Rougemont） 23，25，44，81，109，112，113，129，135，236

陆安德（Andrea-Giovanni Lubelli） 21，154，220

陆若汉（João Rodrigues） 19
路易十四（Louis XIV） 33，44
骆保禄（Giampaolo Gozani） 68，69
罗明坚（Michele Ruggieri）15，17，26，36—39，105，106，114—126，143，144，150，151，158，160，178，179，181，219，231—233，235，236，242
罗文藻 18，30，31，81，87，99，112
罗耀拉（Ignatius de Loyola） 9，10，12

M

马端临 173
玛方济（Francisco Bermúdez de la Madre de Dios） 18，74，152
马勒伯朗士（Nicolas de Malebranche） 2，4，21，22
马礼逊（Robert Morrison） 43，258—260
马若瑟（Joseph Henry-Marie de Prémare） 5，6，25，53—63，129，194—196，212，214—218，221，222，227，250，253，255，256
马士曼（Joshua Marshman） 44，258—260
马熹诺（Magino Ventallol） 74，78，88
麦都思（Walter Henry Medhurst） 56
梅膺祚 173
门多萨（Juan González de Mendoza） 73，104，111，140，
孟德斯鸠（Charles-Louis de Secondat Montesquieu） 218，250
孟子 107，134，135，192，224，243，247
闵明我（Claudio Filippo Grimaldi，来华耶稣会士） 68，172
闵明我（Domingo Navarrete，来华多明我会士） 7，17，20，21，26—28，35，40，41，47，73，74，78—82，84—86，90，100，108，109，137—144，147，148，152，154，156，160，161，164，166，197，220，221，254
莫尔（Joseph Mohl） 52，53
穆若瑟（José Monteiro） 88

N

南怀德（Miguel Fernandez Oliver） 88，99，100

南怀仁（Ferdinand Verbiest） 11，17，30，138，220

聂仲迁（Adrien Greslon） 21，131，154，220

O

欧阳修 70，199

P

潘国光（Francesco Brancati） 47，74，76，77，81，85，172，197

庞迪我（Diego de Pantoja） 5，131，158，160，172

庞嘉宾（Kaspar Castner） 33，48，67，163，164，211

Q

钱德明（Jean Joseph-Marie Amiot） 110，200，205，214，221

丘晟 172

R

儒莲（Stanislas Julien） 259

S

塞内卡（Lucius Annaeus Seneca） 11

闪（Sem） 130

沈福宗（Michel Alfonso Shen） 31

圣西门（Claude-Henri de Rouvroy, Comte de Saint-Simon） 218

石铎禄（Pedro de la Piñuela） 97—99，102，172

舜 57，70，122，125，126，132，184，192，193，199，239，249

宋君荣（Antoine Gaubil） 51，52，58，72，194，196，218

苏芳积（Francisco Díez） 18，74，152

苏霖（Joseph Suarez） 68，217

T

汤若望（Johann Adam Schall von Bell） 11，26，47，90，138，139，151，161

汤尚贤（Pierre Vincent du Tatre） 53，217

托马斯·阿奎那（Thomas Aquinas） 10，13，27，46，77，128，130，132，154，164，171，180，182，189，201，221，234，237，241，242，258

W

万济国（Francisco Varo） 35，46，74，76—79，85，99，220

汪儒望（Jean Valat） 17，20，21，25，26，149，154，161，220

王昌会 172

王路嘉，又名王德望（Lucas Estevan） 97，100

王樵 56

王阳明 66，71

卫方济（François Noël） 5，33，48—50，59，67，115，125，160，162—178，180—187，189—191，193，194，197，200，209，211，213，214，221，222，227，242，253，255，256，259

卫匡国（Martino Martini） 26，41，42，48，74，79，83，90，107，111，140，154，160，161，220

文王（Ven Vam） 57，173，184，199，209，210

文都辣（Bonaventura Ibañez） 89—91，149，150，153

沃尔夫（Christian Wolff） 6，46，49，165

吴荪右 164，172

武王（Vu Vam） 57，173，174，199，209，210

X

西塞罗（Marcus Tullius Cicero） 11，258

夏尔莫（Nicolas Charmot） 66，67

熊三拔（Sabatino de Ursis） 17，19，131，220

徐光启（Paul Siu） 5，131，136，146，147，172，258

Y

亚里士多德（Aristotle） 5，10，11，49，127，135，140，150，165，170，175，176，181，186，187，189—192，200，241，258

颜珰（Charles Maigrot） 2，19，65，66，69，74，88，97，100，221

阳玛诺（Manuel Diaz） 17，155

杨廷筠 146，147，172

尧（Yao） 57，70，125，126，132，184，193，199，225

叶尊孝（Basilio Brollo，又名叶崇贤、叶宗贤） 102

伊大任（Bernardino della Chiesa） 97，100，101

殷铎泽（Prospero Intorcetta） 17，30，31，33，34，42—44，46，47，59，60，84，86，87，101，107—109，111—114，125，127—129，131，133，135，136，138，139，145，159，165—167，209，213，220，222，227，236，237，240，247，248，250，254，259，260

殷弘绪（François-Xavier Dentrecolles） 71，72

余宜阁（Francisco de Nicolai） 101

Z

曾德昭（Alvaro Semedo，又名谢务禄） 19，81，107，159

章潢 199

张诚（Jean-François Gerbillon） 12，172，195

张庚 172

张居正（Cham Kiuchim） 55，56，92，109，113，114，125，134，160，164，167，171，189，207，210，237，238，242，247

张玛诺（Manuel Jorge） 21，154，220

张星曜 172

张载 230，245

张自烈 173

真德秀 70，199，256

周公（Cheu Cum） 125，199

朱熹（Chu Hi）/朱子　4，22，59，60，65，66，72，87，91，92，109，114，133，134，145，148，160，167，178，180，184，193，210，224，226，230，231，233，237，238，243，245—249

朱宗元　150，155，160，172

书名

1668年中国礼仪证词（*Testimonium de cultu Sinensis datum anno 1668*）　46，47，139

白虎通　172，184

被确认的新证言摘要（*Summarium nouorum autenticorum testimoniorum*）　48

辩祭参评　46，77

薄[即傅]先生辨析儒理　65

超性学要　151

春秋（*Chuncieu*）　42，62，134，255

大明会典　47，197

大学　36，42—45，105—109，111—121，125，126，134，143，193，198，200—210，232，233，236，247，259，260

大中国志（*Relacao da grande monarquia da China*）　107，159，

方济各会中国教区档案汇编（*Sinica Franciscana*）　89，96—102，149，151，152，218

[福安]辩祭　46，77

更新的中国证言备忘录摘要（*Memoriale et summarium novissimorum testimoniorum Sinensium...*）　48

古今敬天鉴　53，54，194，211，212，216

古文字考　90，154，160

古周礼　172

关于孔子道德观的信札（*Lettre sur la Morale de Confucius, Philosophe de la Chine*）　45

关于中华帝国和其他国家的不同记载并附孔子传（*Notizie varie dell'Imperio della*

Cina e di qualche altro Paese Adiacente con la Vita di Confucio） 44

汉语博览（*Museum Sinicum*） 44

记大明朝中国的事情（*Relación de las cosas de China que propiamente se llama Taylin*） 104

记葡萄牙人在世界东部国家和省份所作的航行，以及他们获得中国大事的消息（*Discurso de la navegación que los Portugueses hazen à los Reinos y Provincias del Oriente, y de la noticia que se tiene de las grandezas del Reino de la China*） 73，104

家语 65，134

借助不同的材料撰写而成的论文，用以解释和启迪那些观点和争议（*Tractatus ex diversis materiis compositus ad explicandas et elucidandas opiniones et controversias...*） 75

经传议论 61，62，255，256

经传众说 61，212，255

科因布拉课程中就亚里士多德尼各马可伦理学展开的辩论，其中包括伦理学说的主要章节（*In libros ethicorum Aristotelis ad Nicomachum aliquot Conimbricensis cursus disputationes in quibus praecipua quaedam ethicae disciplinae capita continentur*） 187—189

孔子传 42—44，102，107—109，114，196，198，209

礼记集说 47，164，172，183，256

利玛窦中国札记 38，105，107

论语 42—45，65，107，109，111—114，125，134，135，143，151，154，160，192，205，223，228，232—236，243，244，259，260

孟子 112，134，135，190，232，234，245

明心宝鉴 7，26，35，36，80，109，140，143，144，219，231

七克 151，172

全史详要 172，174

日讲四书解义 54，164，172，210，211

日讲易经解义 211

儒教实义 58—61

三山论学 150

三一三论 62

神学大全（*Summa Theologica*） 151，164，171，180，182，189，241

圣教四规 172

圣教孝亲解 75

圣经 27，31，42，55，61，62，64，132，135—137，142，161，163，164，167，168，213—215，220，225—227，253

诗集传 184

诗经 54，55，66，72，109，126，132，134，143，144，155，179，184，193—195，198，207，224，226，235

十三经注疏 54

史记 41，65，114，143

书经 109，132，134，239

书经集传 70，164，172

四书 2，4，5，26，33，34，36，44，49，51，62，72，95，105—107，109—115，125，127，128，133，134，143，150，158，165—167，178，190，194，196，200，209，216，224，226，231—233，236，242，257—259

四书蒙引 164，171，176，181，186，190

四书章句集注 114，224，233

四书直解 95，114，134，160，164，171，189—192，207，237

天儒印 26，95，149，150，155，158，161，172，227

天学略义 150

天学总论 60，61

天主实录 26，37—39，150，151，158，179，235，236

天主实义 17，39，86，90，91，101，128，131，150，157，158，160，161，172，179，235，241

为荣誉正名（*The Right Notion of Honour*） 43

文献通考 173，174，176，184

五经　4，61，72，95，105，107，109，128，133，134，136，143，194，216

小学　49，62，134，191，192

孝经　5，49，134，192

性理大全　95，129，145，154，160，191，192

性理标题　164，172

性理标题捷览　172，176

性学觕述　150，172

选集文库（*Bibliotheca selecta*）　36，37，106

易经　41，42，45，51—55，57，58，63，65，66，72，107，128，134，144，188，190，194，196，212—218，224，246

易经——最古老的中国著作，附有雷孝思等耶稣会神父的阐释（*Y-King. Antiquissimus Sinarum liber quem ex Latina interpretatione P. Regis aliorumque ex Soc. Jesu. P. P.*）　52，53

易经简介（*Notice du livre Chinois nommé 易经 Y-King, ou livre canonique des changements...*）　51

游记奇谈（*Relations de divers voyages curieux*）　44

御纂古文渊鉴　62

正字通　173

中国近事报道（1687—1692）（*Nouveaux mémoires sur l'état présent de la Chine 1687—1692*）　109

中国经典（*The Chinese Classics*）　258

中国礼仪的历史介绍（*Historica notitia rituum et ceremoniarum sinicarum*）　50

中国上古史（*Sinicae historiae decas prima*）　41，107，111

中国图说（*China monumentis qua sacris qua profanis, nec non variis naturae et artis spectaculis, aliarumque rerum memorabilium argumentis illustrata*）　107，108

中国新史（*Doze excellencias da China*）　109

中国哲学（*Philosophia sinica*）　49，50，59，162，165，171，173，174，181，194，197，227，242，256

中国哲学家孔夫子（*Confucius Sinarum philosophus*）　12，19，41，44，45，

84，85，109—124，126—128，134，135，137，145，159，165，180，200—210，213，214，227，228，233，235—237，240—242，250，254，259

中国哲学家孔子的道德（*La morale de Confucius, philosophe de la Chine*） 45

中国政治道德学说（*Sinarum scientia politico-moralis*） 43，47，108，110—114，121—124，128，227，237，242，260

中国志（*Tratado em que se cõtam muito por estêso as cousas da China*） 73，104

中国智慧（*Sapientia sinica*） 42，43，107，110，111，113，115—121，125，126，200—209，260

中华大帝国传教士古今争辩（*Controversias antiguas y modernas de la Mission de la gran China*） 47，80，197

中华大帝国史（*Historia de las cosas mas notables, ritos y costumbres del gran Reyno de la China*） 73，104，111

中华帝国的历史、政治、伦理及宗教概论（*Tratados históricos, políticos, éthicos, y religiosos de la monarchia de China*） 20，21，40，80，90，108，139，140，152，154，156，161

中华帝国六经（*Sinensis imerpii libri classici sex*） 49，110，115，121—124，165，166，181，200，227，242，256

中华帝国全志（*Description géographique, historique, chronologique, politique et physique de L'Empire de La Chine et de la Tartarie Chinoise*） 54—56，69—72，110，127，256

中庸 33，37，43—45，65，84，108，109，111，112，114，115，120—124，126—128，134，150，151，154，165，167，178，181，190，196，198，209，214，224，226—229，232—240，244，245，247—249，259，260

周易正解 164，169，172，177，178

朱文公家礼 95，155

朱子语类 92，145，180，224，226，230，231，245，246，249

主制群征 151

字汇 47，90，95，154，158，160，173

后记

尽管本书的诞生最终得益于国家社科基金青年项目立项的助力，但相关研究思路的设定、资料的收集、个案的探索及细节的厘清，直接接续自10年前我在完成博士论文之后亟欲拓展自身研究视野的冲动，以及对于在国内学界形象如此正面、致力于践行文化适应政策的来华耶稣会士，为何会在中国礼仪之争的问题上树敌无数的好奇。作为"学外语出身"的一介新人，在驾驭这一较长时段、涉及多个天主教来华修会、囊括多种欧洲语种且散见于诸多欧洲档案馆的儒学文献研究时，自会面临诸多先天不足的质疑和困惑，在此，首先要感谢我的导师张西平教授，以其勇猛奋进的开拓精神、直率务实的劝导勉励，以及对于有限生命的无限热忱、慈悲与担当，多年来一直激励我守护好心中的学术理想和研究热情，在迷雾叠嶂的漫漫前路上不断跋涉。京师二十载，感谢我的母校北京外国语大学以及我供职的国际中国文化研究院的诸位同仁，在求学、治学以及教学工作上给予我的支持和理解。国际儒学联合会、北京外国语大学中华文化国际传播研究院以及北京外国语大学北京中外交流文化研究基地为本书的出版提供了学术及经费支持，在此一并致谢。此外，本书亦是国家社科基金重大项目《17—18世纪西方汉学的兴起》（22&ZD229）的前期研究成果，我将继续对其中具有代表性的文献个案研究予以深化。

不尽的感谢，也要献给我在跋涉途中相遇相知的一众良师益友。感谢我的儒学精神导师任大援教授和传教士外文文献专家麦克雷教授（Michele Ferrero），他们一直以圣人般的宽容和理解勉励我在耶儒对辩互释的路径上勇往直前；感谢在我的拉丁文学习及研究过程中，慷慨相助的雷立柏老师（Leopold Leeb）、康士林老师（Nicolas Koss）、梅谦立老师（Thierry Meynard）、马雷凯博士（Roman Malek），尤其是我当年的德国导师郎宓榭教授（Michael Lackner），倘若没有那些懒惰懈怠时的鞭策、雪中送炭般的支持和对我顽固较劲时的宽容，就不会有今天的我和眼前的这本专著；感谢我的西语同窗蒋薇和师弟魏京翔，多得他们弥补了我在欧洲语言和文献收集上的弱项，谢谢我的学生马佳琪对我所收集的法语文献书目给予了细心校订。感谢与我无私分享其学术心得的李文潮老师、夏伯嘉老师、柯兰霓老师（Claudia von Collani）、宋黎明老师，指引我在梵蒂冈图书馆爬梳文献的余东女士、宽慰我要以耐心和时间解决拉丁文手稿识别问题的高华士博士（Noël Golvers），以及我在欧洲档案馆查询资料时，帮助过我的一众文献管理员和萍水相逢的年轻学者们。感谢卓新平教授、李天纲教授在2021年中国宗教学会全国会议上带给我深入启示的发言。谢谢本书的责任编辑严悦先生屡屡帮助我发现和勘正书稿中的各色问题。

最后，感谢我的家人。愿这部尚不成熟的著述，可以告慰那些在我心中永生的逝者们以及时时牵挂着我的亲友们，不断提醒我要学会用无畏而理性的态度去面对跨语际对话中的非我辩难，并用宽宏且温暖的内心去理解他者身上的不同。

罗莹　谨记

2023年4月14日 于北京